ことわざのタマゴ

当世コトワザ読本

時田昌瑞［著］

朝倉書店

序

ことわざの世界を大勢の役者たちの演じる舞台に見立てるとすれば、本書はさながら〈ことわざ劇場〉が上演されている現場といえるかもしれない。この舞台に立つことわざたちは明治生まれから戦後生まれまで若い新顔などが登場し、いろいろな役を演じている。

社会事象の場面の一幕では、NHKテレビの人気クイズ番組「事実は小説より奇なり」、三池闘争「去るも地獄残るも地獄」、ロッキード事件裁判「蜂のひと刺し」、日航機ハイジャック事件「人の命は地球より重い」、パンダブーム「人寄せパンダ」、石油危機「油の一滴は血の一滴」、成田空港建設反対闘争「児孫のために自由を律す」、雲仙普賢岳の噴火「島原大変、肥後迷惑」、新興国開発支援「魚を与えるより釣り方を教えろ」、中国残留孤児問題「木の葉も落ちて根に帰る」、イラク戦争「一夜の無政府主義より数百年にわたる圧政の方がまし」、原発「トイレなきマンション」、少子高齢化問題「八十過ぎたら生き仏」、医療体制「三時間待ちの三分診察」、テレビコマーシャル「亭主元気で留守がいい」、環境問題「森は海の恋人」、米軍基地移転「針の穴にロープを通す」、東日本大震災「津波てんでんこ」、ネット炎上「水に落ちた犬を打て」などが登場する。

登場人物に目を向けると、思想家や政治家・経済人は、勝海舟、福沢諭吉、内村鑑三、新渡戸稲造、幸徳秋水、渋沢栄一、松下幸之助、田中角栄、大平正芳、細川護熙、小泉純一郎、小沢一郎、田中真紀子、安倍晋三など錚々たる顔ぶれとなる。文芸関連では芥川龍之介、有吉佐和子、五木寛之、井上ひさし、尾崎紅葉、幸田露伴、小林秀雄、佐藤春夫、里見弴、谷崎潤一郎、つかこうへい、坪内逍遥、寺山修司、永井荷風、夏目漱石、松本清張、宮尾登美子、向田邦子、村上春樹、森鷗外、山崎豊子、吉川英治ら、ジャーナリズムや評論関連では永六輔、大宅壮一、堺屋太一、佐高信、鈴木健二、田原総一朗、筑紫哲也、寺島実郎、本田靖春、柳田邦男がいる。

芸術では岡本太郎、棟方志功、河井寛次郎、北大路魯山人、映画では監督で小津安二郎、新藤兼人、俳優で渥美清、大原麗子、吉永小百合、歌手では三波春夫、山口百恵、落語の柳家小さん、柳家小三治、お笑いでは爆笑問題、ビートたけし、漫画の黒鉄ヒロシ、さくらももこ、弘兼憲史もいて、スポーツ界では王貞治、野村克也（野球）、若乃花（相撲）、ガッツ石松（ボクシング）、平尾誠二（ラグビー）、高橋尚子（マラソン）、萩原智子（水泳）。

学界では磯田道史（歴史学）、上野千鶴子（社会学）、金子勝（経済学）、河合隼雄（心理学）、河合雅雄（霊長類学）、小出裕章（工学）、寺田寅彦に中谷宇吉郎（物理学）、奈良本辰也（歴史学）、西澤潤一（半導体）、本明寛（心理学）、その他、中坊公平（弁護士）、日野原重明（医師）、羽生善治（将棋棋士）、升田幸三（将棋棋士）、一条さゆり（ストリッパー）、中村喜春（芸者）など多彩を極めるが、意外と思われる皇室関係まで登場する。

役者は日本人に限らない。米国ではリンカーン、オバマ、ヒラリー・クリントンなどの政治家や思想家のエマーソン、公民権運動指導者のキング牧師がいる。英国でもチャーチル、サッチャーなどの首相からシェイクスピアやリットンなどの文学者。ドイツではゲーテやビスマルク、ヴァイツゼッカー、他の国の有名人ではガンジー、シュヴァイツァー博士、経済学者のガルブレイス、アナン国連事務総長、習近平国家主席も顔をだす。

本書の内容はことわざをキーワードとした世相史・社会文化史ともいえるものであり、上記のような３００人余がさまざまに演じ織りなす壮大なる舞台の趣を呈している。

書名について少し触れておきたい。本書が項目として取り上げた語句は、新聞・書籍・テレビなどで実際に使われているものを対象にしている。戦後にでたものを主に明治期以降に発刊された資料から、①既存のことわざ辞典にない語句ではあるが、当該資料にことわざと記されているもの、②中国の古典を除いた外国のことわざ、③ことわざと見なされてはいないものの、ことわざとしての要素をもつもの、④辞典にはあるものの初出が明治期以降のものに限定した。この四つの枠組みに当てはまるものに範囲をしぼり、そのうえでよりことわざらしさが感じられるものを選別した。特に③は筆者がはじめてコトワザとしたもので、カタカナにしたのは社会的にはまだ認知されておらず、筆者の主観の域を出てないものではあるが、将来的にはことわざと認知されるとの期待を込めたもので、筆者の造語で〈タマゴことわざ〉とするもの。いわばことわざの卵で、旨く孵えればことわざになるとの期待を込めたものだ。

最後となったが、日本ことわざ文化学会の蓮見順子さん、藤村美織さんには外国のことわざについて一方ならぬご教示を頂戴した。心から感謝申し上げる。

二〇一八年一月

時　田　昌　瑞

目次

一　訓戒・道しるべ……一
二　人と神様……三一
三　人と人……五一
四　世の中……七七
五　気象・地理など……一〇三
六　衣食住・道具など……一二五
七　動植物……一五九
八　ことばの戯れ……一九七
索引1／人名索引23／トピックス索引30

コラム目次

1　現代のことわざベスト40……三〇
2　ことわざの歴史①古代編……四九
3　ことわざの歴史②日本のことわざの流れ……五〇
4　ことわざの歴史③江戸時代……七五
5　ことわざの歴史④明治時代から……七六
6　言語芸術としてのことわざ①……一〇二
7　言語芸術としてのことわざ②……一二三
8　ことわざの常識について……一二四
9　現代の常用ことわざ……一五八
10　国際語？としてのことわざ……一九六
11　いろはカルタは日本のことわざの真髄……二〇四
12　ことわざの視覚的な展開……二〇五

凡例

編纂趣旨

一口にことわざと言っても古くからあるものもあれば新しいものもあるとの観点から、戦後の日本を中心に明治時代から今日までの日本のメディアや出版物に見られることわざやことわざ的表現のありようや実態を探り、その中から現代の新しいことわざの存在を明示するために企図した。

ことわざの範囲

ことわざを生活の中から生まれた口調がよく意味を有した短めの言語表現と規定し、その口調のよさ・意味・短さ、の三つをことわざ的要素とすると、この要素を満たした近接領域（慣用句・四字熟語・名言・形容句・流行語など）もことわざの範囲に入るものとする。補足になるが、従来のことわざたる要件の一つであった「ことわざは古くから伝えられた慣用表現である」との立場は、ここではとらない。

見出し項目

一、実際に使用された語句を対象にするとの観点から、明治時代より2015年までのメディアや出版物から該当する語句を取り上げた。ことわざ辞典に掲載されたものは対象にしていない（解説八参照）。

二、原則として、中国の古典にある古いものと、岩波ことわざ辞典に収録したもののうち西洋からの伝来でないものは、立項していない。中国の古典は江戸期前に日本にあったとみられるし、西洋のものはほとんどが明治期以降に用いられているという理由による。また、現代のメディアなどで散見できることわざは約3000前後あり、紙幅の制約などから選別せざるを得なかったことによる。

三、項目選定の基準は、二に相当するものを前提に未掲載のことわざ及び近接領域の慣用句・名言・形容句・流行語などから、ことわざ的要素の濃い語句に絞り選別した。

四、本書は800余のことわざを取り上げ、それを内容に即して分類した。ことわざの内容は多岐にわたるものがほとんどであることから、一つのことわざを一つの分野にはめ込むことは原理的にも無理があるが、読み物としての性格と読者の便宜を図り、八つの分野に分け、それぞれを五十音順に配列した。

五、ことわざには微妙に異なる表現が多くあるが、最も多く用いられている言い回しを項目に立て、バリエーションなどは解説の中で触れた。

解説

一、解説では意味を記したうえで用法・背景・類例などにも触れるように努めた。解説を補うものとしてことわざ絵を入れたものもある。

二、立項した語句は、明治期から現代までに出版された文献、文芸を主とした文献と、1992年から2015年までのメディア調査によるものに基づいているが、ごく一部は筆者の体験などによっているものもある。

三、解説文中にでてくるメディア調査とは、1992年10月から2015年末までに全国紙など（毎日・朝日・日経・読売・産経・東京）や、テレビ・ラジオ放送のほかにスポーツ紙・夕刊紙・週刊誌などからことわざの類を採集してリスト化した筆者による作業事例をいう。

四、解説文に引用した文献は、複数あった場合には原則として早いものを優先した。

五、引用した文は多岐にわたり、なかには現代人には手強いものがある関係から、読みやすいように一部を改変して掲載したものもある。

六、調査対象にした文献の著者は新聞などを除き500人程度に上るが、より多くの人々の関わりを示すために、できるだけ特定の人に片寄らないように配慮した。

七、世界のことわざに言及したものがあるが、その際には以下の文献を主に参照した。

アラブの格言（曽野綾子、新潮社）、インドネシアのことわざ1320と日本のことわざ（中川重徳）、英語諺辞典（大塚高信、高瀬省三、三省堂）、現代英語ことわざ辞典（戸田豊、リーベル出版）、スペイン語諺読本（並松征四郎、駿河台出版社）、世界ことわざ辞典（北村孝一、東京堂出版）、世界ことわざ大事典（柴田武ほか、大修館書店）、世界のことわざ（矢崎源九郎、社会思想社）、世界のことわざ・1000句集（石垣幸雄ほか、自由国民社）、他諺の空似（米原万里、光文社）、朝鮮と日本のことわざ選（呉平韓、朝鮮青年社）、ヌビア―アフリカの智慧の言葉（ルイ・クワミ・ボストン、宝島社）、ポルトガル語ことわざ辞典（高橋宏明）、モンゴル語ことわざ用法辞典（塩谷茂樹、E・プレブジャブ、大学書林）、ロシア語ことわざ集（吉岡正敞、駿河台出版社）。

八、解説文中に「当該項目はことわざ辞典にはない」と記したものが多くあるが、その具体的な辞典は以下の17冊を指す。

慣用句・故事ことわざ・四字熟語使いさばき辞典（東京書籍編集部）、故事俗信ことわざ大辞典第二版（北村孝一、小学館）、ことわざ事典7000語（延原政行、金園社）、ことわざと故事・名言分類辞典（野本拓夫、法学書院）、知って得することわざ大全集（メトロポリタンプレス）、実用新ことわざ辞典（荻久保泰幸、ナツメ社）、新修ことわざ辞典第2版（折井英治、集英社）、新編故事ことわざ辞典（鈴木棠三、創拓社）、新明解故事ことわざ辞典（三省堂編修所）、成語林（尾上兼英、旺文社）、日本語の慣用表現辞典（森田良行、東京堂出版）、文芸作品例解故事ことわざ活用辞典（戸谷高明、創拓社）、明鏡ことわざ成句使い方辞典（北原保雄、大修館書店）、名言・格言・ことわざ辞典（増井金典、ミネルヴァ書房）、岩波ことわざ辞典（時田昌瑞、岩波書店）、図説ことわざ事典（時田昌瑞、東京書籍）、用例でわかることわざ辞典改訂第2版（学研辞典編集部）。

九、解説文中に「新案系いろはカルタ」との語句が何度かでてくるが、新案系いろはカルタとは、「犬も歩けば棒に当たる」の冒頭句で知られる江戸系いろはカルタや、上方で大正時代まで存在した上方系いろはカルタとは異なる、別の第三の系統となるものを指している。

コラム

収録したことわざが明治期から現代までのもの８００余に限られていることから、もっとはるかに広大で歴史のあることわざの世界を知り楽しんでもらうため、その概要を12本のコラムにして紹介した。

索　引

一、見出し項目と解説文中にでてくることわざを、五十音順に配列し収録した。

二、本書は新しいことわざの提示を目的としながら、同時に社会文化史の様相をなす趣があり、解説文中に大勢の人や事象が登場する。そうした人物や事象がどんなことわざに関わっているかといった点を調べる便宜を図るため、関係する人名や引用文の著者名と事象（トピックス）を五十音順に配列し人名索引・トピックス索引として収録した。

一　訓戒・道しるべ

秋鯖は嫁に食わすな

江戸時代からよく知られる「秋茄子は嫁に食わすな」を元にした言い回しで明治期からみられる。見出し語は、秋のサバは脂がのり美味であることからいわれるもの。ナスの方の意味は嫁いじめの説が有力ながら、反対に、秋のナスはアクが強く毒だとみる労わりの説もあるのだが、サバには労わり説はない。実は全国各地にはさまざまな食物が嫁に食わすなとされていた。魚ではカマス・タイ・コチ・タラ・タコ・カレイであり、山菜ではフキやワラビなどであった。最も有名なのはナスであるが、サバはそれに続くとことわざは示している。メディアでは１９９２年10月15日の朝日新聞夕刊の釣り記事に見られる。

商いは飽きない

商売は根気よく地道にやるのが大事だということ。同音異義語となる「あきない」を二つつなげただけの、一見すると、シンプルにみえる言い回しではあるが、逆に、そこに耳目を集め、強いアピール力を発揮している。日本のことわざの大きな特色の一つが、同音異義語の巧みな使いこなしなのだが、ここの語句は、その典型であり、最も美質なレベルのものだろう。同類のことわざには、「花の下より鼻の下」「情けの酒より酒屋の酒」「うどん蕎麦よりかか（カカア）の側」「日暈《ひがさ》雨傘《あまがさ》月暈《つきがさ》日傘《ひがさ》」などがある。聞いただけとか、一見しただけでは、何をいっているのか、即座に理解しにくい面があるが、理解できれば、そこに味わい深い含蓄があることがわかり、どれも強い印象を受ける。実際の用例としては、昭和36年の里見弴の小説『極楽とんぼ』（十）に「そんなわけで、名もなき吉米商事が、ともかくも七年間、三人の男を食い繋がせたり、遊ばせたりして来たのだから、『商業《あきない》は飽きない』の俚諺《ことわざ》もあながち馬鹿にならないものだ」とでてくる。なお、ことわざ辞典では、ここの言い回しを収録したものは見当らない。

諦めは心の養生

いつまでもくよくよせずきっぱりと諦めてしまうことが心の健康にはよいということ。もっとも、諦めといっても色々で、粘り強く頑張らねばならないような事柄に対して、たいして努力もせずに諦めてしまうというのはダメ。世の中には、どんなに必死にやっても事態を好転させることができない場合もあるし、個人の力だけでは到底及ばないこともある。特に恋愛などの感情に関する事柄は、相手のあることで自分ひとりだけでは如何ともしがたい。思わずやらかしてしまった失敗などを悔やみ続けても埒が明かない場合など、そんな時こそに諦めが必要になる。明治期に使われ始めた言い回しで現在もそこそこ使われている。

なお、文化も民族性も違うアフリカのスワヒリ語には「忘れることは人間の薬」との言い回しがある。「諦め」と「忘れ」で用語こそ異なるものの言わんとする内容は同じだから、いささか驚かされる。

朝の果物は金

果物は朝に食べるのが一番健康によいということ。見出し語を最も早く目にしたのは1988年に刊行された落合敏『ことわざ栄養学』だ。その後1993年から新聞の類に時折顔を出すようになっていた。もともとは西洋のもので、イギリスでは「午前中の果物は金、昼から3時までが銀、3時から6時までは鉄、6時以降は鉛」という言い方のものもあったという。いくつかバリエーションもあり、アメリカでは「朝の果物は銀、昼は金、夜は鉛」といっていた（A DICTIONARY OF AMERICAN PROVERBS 1992年 OXFORD UNIVERSITY PRESS）ので、時代や地域によって微妙に違っていたことがわかる。

朝は王様のように、昼は女王様のように食べなさい、夜は粗食にしなさい

朝と昼の食事は十分かつしっかり食べ、夜は軽めにしなさいというもの。現代の一般的な日本人の食事は朝ごはんをきちんと取らない人の割合はけっこう高い。女子大生を対象とした調査では朝食抜きは30％に上る例も報告されている。見出しの語句がみられたのは1995年7月9日の毎日新聞での朝食摂取に関する記事だ。夜行型が増えるのに伴って朝起きが苦手な人が多くなっているのも大きな原因のようだ。朝食をきちんと摂取することは健康を維持するために欠かせないとするのは、医学的にも明らかだ。見出し語は西洋のことわざで他にもいくつかバリエーションがある。「朝は王様のように、昼は貴族のように、夜は貧者のように食べよ」、ドイツには「朝は騎士のように、昼は王様のように、夜は乞食のように」とある。

明日できることは今日するな

これと逆のものが「今日できることを明日に延ばすな」で、英語はNever put off till tomorrow what you can do today. と表記される。英語には、この他、いくつものバリエーションがあり、このことわざが広く行き渡っていたことがうかがえる。日本にも似た発想のものとして「思い立ったが吉日」「好機逸すべからず」「善は急げ」「旨いものは宵に食え」などと色々ある。見出し語はトルコのことわざで、明日という日にやれば済むことをわざわざ先取りしてやってはならないということだから、まったくのあべこべだ。遊牧民の発想なのだろうか。もっとも、英語にも「明日に延ばせることは今日するな（Never do today what you can put off until tomorrow.）」との言い回しがあるのだが、こちらは先の英語のもじり。日本にも「急いては事を仕損じる」とか「あわてる乞食はもらいが少ない」という少し意味の近いものはあるが、トルコのようなゆったりした構えのものはない。せわしない現代にはトルコのもののような発想も必要かも知れない。

新しい皮袋には新しい酒

新しい考えや思想は新しい形式や方法で表現すべきだということの譬え。『新約聖書』マタイ伝に基づく言葉。ことわざとしては色々な言い方がされている。「新しい酒は新しい皮袋に入れろ」「新しい革袋に古い酒」「古い革袋に新しい酒は入れられぬ」「古いワインを新しい革袋に入れるな」などとあり、明治期より現代まで常用されているものの語句の定型をみるまでには至っていない。早い用例は1929年の大宅壮一『後継作家論』（『文学的戦術論』所収）に「作者はこうした知識階級的潔癖を清算し、従来の表現形式をどしどし破壊して、もっと直截簡明なものを選ぶべきだ。新しい酒は新しい革袋に盛らねばならぬ」とある。

雨が降れば傘をさせ

ことが起きたら適切に対処すればよいということの譬え。もちろん、雨が予想されていることを事前に知っていれば傘を用意しておけば済む。この句の本意は、必要以上に先々のことを案じるなということ。他のことわざもいうように「一寸先は闇」であり、「来年のことを言えば鬼が笑う」のだ。とにかく、先のことは何が起きるか誰にもわからないのだから、心配しても始まらない。そんないらぬ心配よりいま必要なことをやることが大事。大阪の船場の格言として知られ、かの松下幸之助も使っていた語句だ。それもあってか、新聞では経済のコラムで使われていた。

r《あーる》のつかない月の牡蠣《かき》は食べるな

英語で月をあらわす単語にrの字がついていない月（5月から8月）に牡蠣は食べてはいけないということ。北半球では、この時期は産卵期である上、気温も高くなり傷みやすくなることからいわれる。rがつくといっても、september, octoberなどのように語尾にrがくるものはわかりやすいが、january, marchのような中にあるものもあるので、英語が苦手な人には明快とはいえないようだ。それより「花見過ぎたら牡蠣食うな」との言い回しなら日本人には明快だ。もっとも、「花見過ぎたら…」は明治期に英語を訳した言い回しなのだが…。

案じるより団子汁《じる》

あれこれ心配するよりも、腹ごしらえしながら待っていればよいとの意。「案じる」に「餡《あん》汁（汁粉）」を掛けた洒落言葉でもあり、さらに団子汁の「じる」を重ねた耳響きのよい作品になっている。同音異義語が多い日本語の特性を存分に生かした小気味のよいことわざの代表格だろう。類句も多く、「案じるより芋汁」「案じるより豆腐汁」「餡子汁より芋汁」「案じるより感じる」などとある。明治末期ころから使われた比較的若い部類のおしゃれなことわざたちなのだ。

意志あるところに道あり

何ごとにせよ、やろうとする強い気持ちさえあれば手立ては見つかり道がひらけるということ。西洋のことわざで、英語ではWhere there's a will, there's a way. という。物事をなすに最も大事なことは気持ち。問題が困難であればあるほど気持ちが大事となる。抽象的な語句による言い回しで、味も素っ気もないものながら、困難に立ち向かう者を励まし、鼓舞する語句で格言の趣があるものだ。

一円を笑う者は一円に泣く

金は少額でも粗末にしてはならないということの譬え。一円を一銭に替えた言い回しもよく知られる。一銭を使った言い方の方が古い。現代は両方とも使われるが、一円の方の言い方が多くみられる。元アイドル歌手・山口百恵の『蒼い時』（随想）1981年に次のように使われている。「当時、お米はスーパーマーケットで売られる時代ではなく、大半の家庭が米屋からまとめ買いをしていた。しかし、私の家はしばしばそれができなかった。～中略～計画性をもってお金を使うことを覚えなさい、一円を笑う者は一円に泣く。そうおしえられたのもその頃だった」。

一怒一老一笑一若

怒りは体に害となり、笑いは体によいということ。怒りや笑いの感情が体に大きく作用することはよく知られるところだ。怒りと笑いを別々にした「一怒一老」「一笑一若」とか、順を逆にした「一笑一若一怒一老」との言い方もある。昭和40年代以降にみられるもので、イチの音を繰り返し、反対語を対にして配置したなかなか巧みなことわざだ。漫画家・加藤芳郎の原画を絵柄にした引き出物の飾り皿があることから推測できるように、そこそこ注目された言葉であったかと想像される。

一日一個のリンゴは医者いらず

リンゴは健康に役立つので医者にかかる

必要がなくなるということの譬え。「一日一個のリンゴは医者を遠ざける」ともいう。医学的にも裏付けられているようだ。免疫システムを高め、病気の予防する強力な抗酸化物質のケルセチンが豊富。食物繊維も豊富で消化器系によく作用し、目や肝臓・心臓にもよいそうだ。西洋のことわざで英語ではAn apple a day keeps the doctor away. という。有名な英語の童謡・マザーグースには「一日一個のリンゴ」というものがあり、「一日一個のリンゴは　お医者を追っぱらう　朝のリンゴは　お医者のすすめ」とある。日本では2000年代に入ってから一般化したようだ。

一日一笑医者いらず

日々笑顔でいることが健康に有益だということ。ここの一笑はにっこりすること。笑いが健康によいとみるのはいまや常識。医学的にも証明されている。日本のことわざでは「笑いは人の薬」が古いが、「笑いに勝る良薬なし」「笑いは百薬の長」などといわれた。見出し語は新しい言い回しのようで、メディアでは2007年1月31日に毎日新聞のコラムで使われていたのが早い。また、省略して「一日一笑」ともいい、こちらは2009年10月16日の東京新聞一面コラム・筆洗にみられた。

色事と金儲けは人に知られず行うもの

色恋や金儲けは皆に知られないようにやるべきだということ。色事も金儲けもゲームの要素がある。色でも金でも、それがうまくいきそうになれば割り込んだり、横取りしようとする者もでてくる恐れがある。また、ライバルや競争相手がいる場合もあるだろう。とにかく情報が漏れてしまえば厄介な事態となりうるのだ。相場師の話を小説にした1988年の津本陽『最後の相場師』（七章）に「株式市場では、相場の仕手が世間の表面に出ることは禁物とされている。色事と金儲けは、人に知られずにおこなうものであるというのが鉄則である」とみえている。

飢え死ぬるとも二君に仕えず

餓死するような事態であっても主君には忠義を尽くすということ。小説家・石川淳が1941年に出した歴史小説『渡辺崋山』（三十二）で、崋山が長男に宛てた手紙の中に認めたものだ。この語句はことわざ辞典にはみられないものだが、似たものは古くから知られている。「忠臣は二君に仕えず」だ。こちらは中国の古典『史記』に発し、日本でも鎌倉時代から長期にわたって常用され続けた代表的な語句。石川作品のものは、これを意識的に踏まえて新たにつくったか、脳裏の一端にあったものが表に現れ出たものであるかも知れない。

嘘は常備薬、真実は劇薬

嘘は常備薬のように必要に応じて程々に使った方がよいが、真実を口にするのは劇薬となるのでごくごく慎重に扱わなければならないということ。臨床心理学者であり、元文化庁長官であった河合隼雄の言葉。嘘と真実の関係をここまで見事に洞察して言葉にした例はないのではないだろうか。日常的に経験することだが、非難の言葉が動かしようのない真実であれば、言われた方は弁明もできないし、逃げ場がなくなる。そうなれば、非難はその人に対する攻撃と認識されてしまい、人によっては居直るか、反撃することも起こるかも知れない。そこで両者の人間関係は破壊される。ところが、脚色や嘘が混じっていれば、同じ非難の言葉でも、相手には反論の余地もあり、時によっては聞き流すこともできるので、両者の関係は存続できるのだ。言い換えると、両者の関係に限れば、嘘が正しいことになるというわけだ。そうした一方で、声を大にして真実が主張されるべきこともある。戦争とか社会的な正義など、大きな社会問題がそれにあたる。こうした問題では嘘は犯罪や罪であり、真実こそが求められる。見出し語の嘘と真実には、このような二つの面のうちの一つを鮮やかに描き出したものなのだ。

売られた喧嘩は買う

相手からの挑発や挑戦には、引き下がらずに受けてたつということ。戦後になってからいわれるようになったもののようで、メディアでは1993年の時点で数例をスポーツ紙などで確認できており、その他にも社説や政治の世界でも使われている。だが、何といっても影響の大きいのはテレビ。テレビ朝日の人気ドラマ『相棒』で主人公の杉下右京が口にする言葉にも登場している。彼のクールなフレーズは「売られた喧嘩は買います。そして必ず…勝ちます」というもので、これにしびれるファンも多いのではないだろうか。もっとも、売ってしまった喧嘩は自分では買えないから、くれぐれもご用心を！　とあいなるが…。

また、よく似た言い回しで「売られた喧嘩は買わねばならぬ」というのもある。こちらの方が「ねばならぬ」と積極的な反撃の姿勢がうかがえる。それは、売られるものが我が身に実害として降りかかる禍いであるからだ。

売り手よし、買い手よし、世間よし

商品を売る側も、買う側も、そして社会全体にもよいということ。近江商人の経営哲学として知られる「三方よし」の言葉。購買者に喜ばれる商品を売ることが、なぜ、三方によいのだろうか。売る側は売れれば儲けが出るのだから当然なのだが、売れる商品をつくった生産者の儲けにもなるのだ。いわば、商品によって社会が循環することになるのだ。逆に商品が粗悪品であった場合、一度は購買者をだませても何度もだますことはできない。そうなれば商品は売れない。売れないから生産もされなくなるということになってしまうのだ。

膿んだものは潰せ

禍いは思い切って元となるものを断ち切れということ。腫れ物はつぶして膿を出して処理してしまえということからいう。実際のおできなどの処理として素人療法で無理につぶすと皮膚に跡が残ったりするので美容上は勧められない。ただ、ことわざとしては断固たる思いでことに当たる姿勢が感じられるものなのだ。明治期には使われていた語句で、伝承童謡にはよく取り入れられていた。その中の一つが岡山のもので「熟んだら潰せ、潰し柿を焼いて食え」とある。これは子供同士、相手が「うん」といった返事の言葉尻をとらえていうものだった。

笑顔にまさる化粧なし

にこやかな笑顔が最上の身だしなみだということ。また、可愛い笑窪のある笑顔であればいっそうチャーミングであろう。化粧には古くは呪術《じゅじゅつ》的な面もあったが、近代は身を飾ったり、身だしなみとして定着している。しかし、どんなに念入りに化粧を施しても極上の笑顔には勝てないというのがここのことわざが言わんとするところだ。それに、近年では過剰な化粧や変装かと見紛うばかりのものもでてきて、一部の反感を招くようなケースも起きている。見出し語は戦後になってから言い出されたようで、メディアでは古いものは見当たらず、1998年3月10日に朝日新聞夕刊に載ったものが早い方のもののようだ。

老いてなお千里を思う心を持て

年をとっても高い志を持つべきだということ。この主人公は年老いた駿馬で老驥《ろうき》のこと。元になることわざがあり、「老驥千里を思う」といい、中国の詩人・杜甫の詩に由来する。見出し語は1993年8月に発行された週刊新聞『今週の日本』で長寿社会を取り上げた中で用いられていたもの。日本では、江戸期以前から少しは使われてきたものながら、近年はほとんど忘れられかけている。

大嘘はつくとも小嘘はつくな

すぐ嘘とわかるような大げさな嘘は、すぐに嘘とばれるから実害がなく、口にしても許されるが、相手が本当のことと信じるようなもっともらしい嘘はついてはならないということ。「大嘘」には、とんでもない嘘とか、まるっきりの嘘といった意味と、突飛で馬鹿馬鹿しいような嘘といったニュアンスのものがある。ここではその後者になる。見出し語は、1992年9月2日の産経新聞の一面コラム産経抄で東京佐川急便事件を扱った時のもの。この事件は、当時の自民党・金丸信が5億円のヤミ献金を受けた大疑獄事件であった。

お客様は神様

客の言い分や好みは絶対的なものであり、逆らうことはできないということ。もともとは商売の言葉であったが、今はもっと広く一般化している。この言葉とすぐに結びつくのが歌手の三波春夫の歌。見出し語との関連は定かではないが、実は欧米には「買い手は王様（The customer is king）」というものがあった。こちらは第一次世界大戦後に広まったという。時間的にみれば欧米のものが先行している。ただ、現在は本来の意味合いが誤解され、クレーマーの自己正当化のための言葉にもなっているのも事実だろう。あるいは、これは、神様とおだて上げられ餌食となった反動と解釈すべきことなのだろうか。

遅れるよりは待つがよし

時間に遅れるより、少し早めについて待った方がよいということ。こんなことは、時間に几帳面な現代の日本人は日々の生活の中で、ことさら意識もせず、ごく当たり前にやっていることであろうが、百年以上前の明治時代後期にはこうした意識が存在していた。尾崎紅葉・小栗風葉の小作品『片鬢』（四）に「奥様も新橋迄見送りたまはむとてなり。時刻には稍《やや》早けれども、晩《おく》るゝよりは待つがよし、と各《おのおの》車に乗移りて、停車場《ステーション》へ飛ばせば、疾《とく》に切符も売出したるに」と用いられている。比喩もなければ何の変哲もない句ではあるが、むしろ、その直截な表現に訴えるものがあるのかも知れない。

怒っても一日、笑っても一日

一日は明るく楽しく過ごしたいものだということ。怒りといっても一くくりにはできない。国家権力による横暴や社会における不正などに対する抗議として市民の怒りの声などもあるが、ここは個人の日常でのこと。毎日の生活を不愉快に過ごすか、愉快に過ごすか、問いただすまでもあるまい。でも、それは理想であって現実は違うとの声もあろう。であればこそ、むしろ多少無理をしても笑顔をつくるように努めたいもの。怒りは怒りを呼び、笑顔は笑顔を呼び起こすものだから。ここの言葉は2014年9月18日の毎日新聞に載った71歳の読者の投書にあったもの。

押してダメなら引いてみな

相手への強き一辺倒ではなく、時には受け身になることも大事な方法だということ。おそらく、もともとは相撲からきた言葉ではないだろうか。相撲の基本中の基本は「押し」。いくら押してもなかなか押し切れなければ、時に引いてみると、そのタイミングがよければ鮮やかな引き落としが決まる。もちろん、失敗すれば自分が押し出されるのだが…。歌人であり劇作家である寺山修司の『書を捨てよ、町へ出よう』（二章）に「パチンコ屋で三十分ほどの魂の放浪を楽しんでいる無気力なサラリーマンたちは、この親指無宿たちをどう見るか？所詮は押して駄目なら引いてみなと水前寺清子の唄のように、小さな機械の中の偶然の世界に自分たちのアリバイを賭けてみている運命労働者にすぎないと思うだろうか？」とみえている。

押しの一手

相手に積極的な姿勢を示すことが大事であり、決め手になるということ。相撲用語だが、もっと広くにも用いられている。特に恋愛についてよく使われていた。過去形にしたのは、どうも昨今は様子が違ってきているという話を聞くからだ。良くも悪くも男が主になって回っていた社会では、男の強気は強さにつながり、受け入れられていたように思われる。しかし、草食男子なる言葉が流行り、よくいえば優しい男が、悪くいえば軟弱な男子が目立つようになっている時に、強気の押しは、必ずしも有効な方法とは言いがたいからだ。

男は自分の顔に責任を持て

顔の表情はその人の心や性格を表すとみられることから、男は中年になったら自分の顔に責任を持たなくてはならないということ。これはリンカーンの言葉「男は40歳になったら自分の顔に責任を持たなくてはならない（Every man over forty is responsible for his face.)」として知られる。人の内面が外面に現れるものとして、「性格は顔にでる」「感情は声にでる」「センスは服にでる」といった言い回しがあるが、感情が一時的なものであり、センスが主観的なものであるのに対して性格は一定の期間に形成されたものという大きな違いがある。時間がかかっている分、身についたものになっているのだ。つまり、それだけ信頼できるものということができる。歴史作家・塩野七生『男たちへ』33章（1989年）に「それが四十代ともなると、もう明白である。話を少ししただけで、これは幸福な人生を歩むかそれとも不幸で終わるかが、相当に高い確率で予測できるくらいだ。そして、十年経つと、私の予測はだいたい当たっている。これは、顔にもでてくるからである。いくつだったろうか、男は自分の顔に責任をもてという年は」と書かれており、そのまま解説としても読めるものだ。

己れを知り敵を知れば百戦危うからず

敵と味方の双方の事情を熟知しておれば、何度戦うことがあっても負けはしないということ。2004年1月30日の読売新聞で対中国のビジネス問題が取り上げられた際に使われた言い回し。ただし、この言い回しは辞書にはでてこない。でてくるのが「彼を知り己れを知れば百戦殆《あや》うからず」という中国の『孫子』にある言葉。敵と味方の順番が違うだけで意味も同じだ。まったくの推測になるが、読売新聞のものは孫子を踏まえて少し言い換えたか、記憶の誤差によるものではないだろうか。

終わりよければすべてよし

締めくくりがうまくいくならば、途中がどうであっても問題とはならない。大事なことは最後だということ。結果がすべてだとの意味合いも否定されないものの、出だしや途中のプロセスより結果に重きをおく見方を示したものといえようか。英語のAll's well that ends well. が訳されたもの。シェイクスピアの喜劇の題名でも知られる。見出し語は最初からのものではなく、色々に表現された後に定着したものだ。戦後のメディアの世界では常用されることわざの一つで、特にスポーツの分野での使用頻度が高い。白黒がはっきりしているし、勝負の結果が重視されるためだろう。なお、「最後がよければすべてよし」との同義の言い回しもあるが、こちらの支持者は、ごく少数にとどまっている。

恩は石に刻み恨みは水に流せ

自分が受けた恩義は末永く心に留めおかねばならないが、恨みの思いはさっさと忘れてしまえ、ということの譬え。人間としてはぜひとも実行したい最上の金言ともいえるものだが、いささか立派すぎて凡人には少し重い。この言い回しは1998年7月23日の毎日新聞に掲載された新政権の記事にあったもので、同月30日に発足する小渕内閣で総理大臣となる小渕恵三が自らの哲学とするものであった。小渕のオリジナルかも知れないが、何かを参考にしたか、基にしたものがあった可能性もある。手元には17世紀のボローニャの画家・ミテッリの『ことわざ図絵』という版画集がある。その中の1枚に「侮辱を受ける者は大理石に書き、侮辱をする者は砂ぼこりに書く」というものがある。辱められた方はいつまでも覚えているのに侮辱した側はすぐに忘れてしまうという。単語の違いはあるものの基本的な発想が同じでびっくりさせられる。なお、英語にも「侮辱は真鍮に書きつけられる（Injuries are written in brass.）」といっている。

海水が引いたら高台へ逃げろ

海岸付近の海水が沖の方へ引いたら、それは津波が襲ってくる前兆なので、急いで高台へ避難しろということ。この言葉は２００４年12月26日に発生したスマトラ島沖地震による大津波で23万人もの犠牲者を出した時の報道で現地での言い伝えとして毎日新聞夕刊が伝えたもの。この時の情景は、テレビの画面を通して配信されたので、実際の津波の様子が見られ、これまでになかった津波の凄まじい映像に息をのんで見入ったものだった。この時にツナミという単語が数少ない国際語であることも知り、やや複雑な思いを抱いたものだった。

カエサルのものはカエサルへ

「神のものは神にカエサルのものはカエサルに」ともいう。物事は本来あるべきところにあるべきだということ。また、本来の持ち主に返すべきとの意。カエサルはローマの将軍、政治家。カイゼルともいう。『新約聖書』マタイ伝（22）にある言葉で、「カエサルのものはカエサルに、神のものは神に返せ」といったことからいう。明治時代から戦前にも聖書の故事は武者小路実篤や芥川龍之介の作品で用いられていたが、比喩としての使用はもっと後のようだ。１９９２年に刊行された説話の考察書、高橋昌明『酒呑童子の誕生』（第１章）に「なおそれらが生みだした観念や恐怖感が、説話として結晶してゆく複雑なプロセスを可能な限り追求する。カエサルのものはカエサルへ、神のものは神へ。これが本書の立場である」と記されている。

貸さず借りずに子が三人

他人に金を貸すことも、借金もしないで子供が三人いる家庭が理想だというもの。「負わず借らずに子三人」「足らず余らず子三人」等ともいう。このうち、負わず借らずの言い回しは、人様の世話にもならなければの意が加わるものだが、江戸中期の浮世草子や浄瑠璃作品に見えているので、当時にあっても子供は三人がよかったのかとやや意外。もっと子沢山のイメージを持っていたのだが…。見出し語の方の例は、明治後期から昭和初期に活躍した小説家の後藤宙外『会津節』（三）明治36年に「お前の唄では無えけんど、貸さず借りずに子が三人と云ふ所が先ァ一番人間の幸福な程度《ほどあい》で、真実《ほんとう》の長者は是れに限るだァよ」と説明の意味合いが加わる形で用いられている。

金は三角にたまる

金をためるには、義理と人情と交際の三つを欠くようでなければたまらないということ。三つを欠くというのを三角に掛けて面白く表現した言い回しだ。見出し語は明治時代からいわれるものだが、江戸期には「富をいたす者は三かくを専《もっぱ》らとす」といわれていた。なお、メディアでこの語句に言及した毎日新聞夕刊（２０１５年３月30日）の牧太郎の連載エッセイでは交際の代わりに恥としているので、恥とする言い回しもあったようだ。

金は出しても口は出さぬ

元手となるものは提供してもやり方などについて指図はしないで任せるということ。実際に物事を進める側にとってはベストの支援になる。反対に最悪なのが、金は出さずに口は出すというタイプとなる。見出し語のような立場は、それだけ信頼しているということであり、相手の主体性を重んじ、少々の失敗には目をつむるおおらかさがある。将来性のある若者を育てる方法として取り入れられることを期待したいものだ。メディアでは１９９２年11月11日の朝日新聞での国際交流の記事にあった。

金持ちより人持ち

金持ちになるより豊かな友人や知人を持った方がよいということ。人持ちとは、辞書には載っていない新造語と考えられ、力持ちとか、衣装持ちと同じような意味のもので、人を持っているというのが原意だろう。もちろん、この語句はことわざ辞典には掲載されていない。メディアで初めて見たのが2004年3月8日の読売新聞夕刊の一面コラム・よみうり寸評。新しいことわざだとしてみると、言い回しが簡潔で耳への響き具合もよく、しかも新味のある深い思想が込められた素晴らしい作品といえる。見出し語がメディアに取り上げられるには背景があったとみられる。実は、よみうり寸評の4ケ月前に『金持ちよりも人持ち・友持ち』(金森トシエ、ドメス出版)とのタイトルの本が出版されていた。この本の著者は読売新聞の女性記者第1号で、後に初めての女性婦人部長、編集委員になった人物だった。この本は、人生80年時代に明るく心豊かに過ごすためにどうしたらよいかについて書かれている。老人が孤立を防ぐための必須条件が人持ちと友持ちだという。老いを心地よく過ごす最大のポイントが金ではなく、人であり、友なのだと。これは老人に限るまい。老若男女すべてに当てはまる珠玉の言葉であろう。現代の最も輝かしい新しいことわざとして認知され広まることを切望する。

株を買わずに時を買え

　投資の対象として優良株より、投資の時期が大事だということ。ウォール街の株の格言の一つ。2004年3月18日の読売新聞の社説で用いられていた。株は株価が上がらなければ利益を生まないから、安く買って高く売るのが理想。「麦わら帽子は冬に買え」という有名な格言もある。夏に需要のある麦ワラ帽を安い冬に買い、高くなる夏に売るというものだ。だが、現実にはそうはうまくはいかない。優良株といえない安いものは売れれば利益も大きいが、リスクも大きく安定した利益には直結しない。一般的な言い方でいえば、理論と実践の間には乖離があり、物事は理論通りにはいかない。それでも、理論は実践のための一つの参考事例のような存在として位置づけておくのがよいのかも知れない。

川の急流の中で馬を乗り換えるな

　危機的な状況下では指導者や方針、制度はいじりまわしたり、変更すべきではないとの譬え。かつての欧米で二頭の馬を代わる代わる乗り換えながら旅をしたことに由来する。英語のことわざでDon't change horses in mid-stream.(川の真ん中で馬を乗り換えるな)が翻訳されたもの。もっとも、訳の言い回しはいく通りかあり、「川の中で馬を換えるな」「急流に馬を換えるな」「河を渡っている最中に馬を換えるな」などとある。英語のものはアメリカ第16代大統領リンカーンが使ったものとして知られる。日本では、1997年1月15日の読売新聞で中曽根元首相へのインタビュー記事の中で用いられていた。以降、主に政治の世界で使われ、特に東日本大震災時の菅首相を巡る問題で注目を浴びたものだった。

皮を切らせて肉を切れ

　多少の犠牲や損害は覚悟して相手により大きなダメージを与えることの譬え。自分の皮膚を切らせて相手の肉を切るということから。「肉を斬らせて骨を断て」ともいい、捨て身の戦法を指す。剣術などに由来する言い回しと思われるが、明治期以前の古い用例は見当たらない。1982年の岸田秀『ものぐさ精神分析』(日本近代を精神分析する)では「バンザイ突撃と神風特攻はその典型的な例である。それらは追いつめられたあげくのやけっぱちの自殺行為であって、敵に与える打撃効果はほとんどなかった。剣法の極意は皮を斬らせて肉を斬り、肉を斬らせて骨を斬ることにあると言う」とでてくる。

艱難《かんなん》汝《なんじ》を玉にす

　苦労することが人を立派にするということ。「艱難」は多大なる苦しみや苦労。「玉」は美しいものや立派なものを褒める言葉。「艱難は人を玉にする」ともいう。かたい漢語調の言い回しなので中国起源とみられそうだが、古くからあるものではないようだ。使用例の早いものが明治19年の饗庭篁村『当世商人気質《あきうどかたぎ》』（二の巻）に「昨日までは懐育ちのお坊様、今日は老練の市商人、艱難は人を玉にすると承はりしは誠に此のこと」とでてくる。そして明治21年の二葉亭四迷『落葉のはきよせ』に「艱難は人を玉にするか人をケチにするか」とでてくる。見出し語の言い回しは明治30年の女流小説家・清水紫琴『誰が罪』（その七）に「だが待てよ、無一物ではやっぱり食客だ、食客もつまらんなあ。どうしやうかしらむ。いやさうじやない、艱難汝を珠にすだ」とある。同じ明治30年には他の作家（東海散士『佳人之奇遇』十二）も使っているので、このころに定着し出したかと推測される。一方で、西洋が起源だとする見方もある。その根拠は明治期に出たことわざ辞典の記載なのであるが、その辞典には具体的な根拠は示されていないので、この説には疑問符がつかざるを得ない。

聞き上手は話し上手

　人の話をよく聞く人は自分の話も上手だということ。この言い回しはことわざ辞典にはない。関連したもので辞典にあるのが「話し上手に聞き下手」で、自分の話はよくしゃべるのに他人の話は聞かない逆のもの。また「話し上手は聞き上手」は、中身のある話を上手にいう人は他人の話にもよく耳を傾けるというもの。それと、辞典にはないが、実際には「聞き上手の話し下手」の人も少なくない。特に「話し上手は聞き上手」は見出し語と単語の順番が逆になっているだけであることから、これを下敷きにした言い換えか、あるいは、それらとは関係なく新たにつくり出されたのかも知れない。なお、見出し語の言い回しは２０１4年1月27日に毎日新聞に載った84歳の読者からの投稿にあった。

聞くは言うに勝る

　人の話をよく聞くことは、自分がしゃべることより大事なことだということ。しゃべることに関して、誰でもが知っているのが「沈黙は金」であるが、これは西洋からきたもの。かつての日本では「言わぬは言うに勝る」「口は禍の門」「言わぬが花」などといわれていた。以上、挙げたものはすべて多言を戒めるもので、聞くこととの比較ではない。見出し語に近いものでは、「二度聞いて一度物言え」が人の話をよく聞き自分の口数は少ない方がよいとする。また、「ものは言う間に聞くもの」は相手が話している間にしっかり聞くべきだというもの。基本的に相手の話をよく聞けということに尽きるようだ。なお、見出し語は２０１０年11月19日の毎日新聞夕刊の連載コラム・しあわせのトンボに載った創作作品。たしかに見出し語のようなものはありそうでないものだ。

絹のハンカチを雑巾に使うな

　上品で上質なものを汚れたものにおとしめることの譬え。この言葉がいわれたのは昭和32年。当時は、やっと戦後の復興をなし遂げたころで、当時の絹地の製品は高級品だった。この年、岸信介首相の求めで財界のプリンスと呼ばれた藤山愛一郎は外相に就任した。藤山は藤山財閥の二代目となる御曹司。44歳の若さで日本商工会議所会頭の職についていた。そんな藤山がどろどろした汚い政界に入ることを「一億総白痴化」などの命名者として知られる大宅壮一が批評した言葉だった。藤山を絹のハンカチに、汚い政界を雑巾になぞらえている。藤山自身は、後に自民党の総裁争いを経て政界から退くが、この言い回しは、藤山の生き様の象徴でもあるばかりでなく、彼のような境遇を譬えるものとなったのだ。メディアでは２０１０年10月17日の産経新聞一面コラム産経抄にあった。

今日できることを明日に延ばすな

　今日のうちにやれることは今日中に済ませてしまえということ。物事は先延ばしにせず、てきぱきと処理することを勧めるものだ。英語のことわざで、Never put off till tomorrow what you can do today. というが、日本人の時間の観念や几帳面な感覚にもなじむのか、英語のものと意識されずに使われているようだ。とはいえ、英語でも14世紀から使われているお馴染みさんのようなのだが…。日本では、おそらく、戦後から使われるようになったと推測している。メディアでみた最初が1992年11月18日の毎日新聞に掲載された農林中央金庫の広告の中だった。ただ、あまりに真っ当すぎるせいか、やや斜めに構えた視点からの取り扱いを受けることもある。

今日という日は今日しかない

一日は過ぎれば終わってしまうから、一日は大事に過ごすべきだということ。「今日という日は一度しかない」「今日という日は一生に一度しかない」ともいう。人の一日は朝、目が覚めて起床することから始まり、日中は仕事などをし、夜には就寝して終わる。健康な大人であればほとんどの人がそれを繰り返す。たしかに人の一生は毎日の繰り返しでもある。しかし、その一日は、例えば、2016年1月1日は24時間後には1月2日になり、決して後戻りしたりはしない。元プロ野球選手の王貞治は1981年に刊行された著書『回想』（第3章）の中で「私の好きな言葉にこういうのがある。『今日という日は今日しかない』この言葉を思い出すたびに私は、一日一日を大切にしたいと思う。野球選手としての人生は短い、それを大事に使ってほしい」と書いている。他人のうかがいしれぬ日々の努力や研鑽の蓄積と継続が、あの偉大な記録をもたらし、人々を感動させたのであろう。

今日の一針は明日の十針

問題は小さいうちに処理せよということの譬え。小さなほころびは、一針縫えば済むものを先に延ばしたため、十針も縫わなければならなくなることからいう。英語のことわざ A stitch in time saves nine.（ころあいのよい一針は九針の手間を省く）を意訳したもの。現代の日本では、家庭で小さなつくろいものをする針仕事は絶滅寸前で、ここの情景がピンとこないかも知れない。いまある身近なものでなぞらえれば、ミシンで縫った箇所が少しほころび、そのままにしておくとだんだん広がってゆくという事例が当てはまるだろう。衣服の小さなほころび程度であればまだしも、実際には、もっと深刻な問題がたくさんあるから、対処や措置は早めに小さい時にしておくのが、却って手間がかからない。メディアでは2009年5月4日の東京新聞のコラム・けさのことばにあったものだ。

靴が合うかどうかは自分で履いてみて初めてわかる

自分のことが最もよくわかるのは自分自身だということの譬え。この言葉は、2013年3月24日の朝日新聞と東京新聞に載った中国の習近平国家主席が口にしたもの。国家発展の道はその国の人民だけがわかるものなのだから、外国から指図されるものではないということを明示するための比喩のようだ。ところで、ことわざの世界では、自分のことはわからないとするのがほとんどだ。「人の背中は見ゆれど我が背中は見えぬ」「息の臭きは主知らず」「自分で自分の重みが知れぬ」などとあるが、反対のものとなると「靴のどこが痛いかは靴を履いている者しかわからない」くらいだ。これとて古代ギリシャのもので日本では見当たらない。その意味では見出し語はなかなか珍しいことわざといえそうだ。

芸術は長く人生は短い

優れた芸術作品は後世まで長く残るが、人の一生は短いから立派な作品を残すため日々努力せねばならぬとの意。元来は医学の父とされる古代ギリシャのヒポクラテスの言葉に基づくもの。人の一生は短いのに医術の道は究めがたいから、懸命に努力しなければならないとの意のものであった。日本にはラテン語や英語を通して知られるようになったとみられる。英語ではArt is long and life is short. であったが、訳し方は色々あった。大正7年の佐藤春夫の小説『指紋』には「同メタルは目方七匁五分ほどある純金にして、其表面にはラテン語を以て『芸術は長し、生命は短し』の一句を刻めり」とでてくる。見出し語のような言い回しが定着したのは戦後になってからと考えられる。

継続は力なり

一つのことを途中で止めないで、我慢強く続けられることが物事を成功させる道だということ。努力を続けることの重要性を真正面からつづっていることから、座右の銘などとして人気がある。この言葉は現代の高頻度の常用語の一つであるものの、ことわざ辞典にはほとんど載っていない。唯一の例外といえそうなのが『成語林』（1万６５００語句収載、１９９２年、旺文社）。ただ、それも意味を書き示すだけのもので、いつ頃からあるものなのか等は不明なものだ。インターネットで検索したものでは、以下の三つのものが出典の可能性を持つとみられている。一つが明治時代の宗教家・住岡夜晃による讃嘆の詩。二つ目が大正時代の教育者・平松折次の標語。三つ目としてアメリカのイリノイ州のことわざでContinuity is the father of success.（継続は成功の父）だとするものだ。ただ、どれも明確な根拠を持つものではないという。

筆者の長年のことわざの用例探しの旅で出会った事例を紹介する。著者は荷田春満《かだのあずままろ》という江戸中期の国学者で弟子は賀茂真淵。彼の著作『創学校啓』の一節に「首創（初めて作ること）は功を成し難し、経国（国の経営）の大業にあらずや、継続は力を用ゐやすし、真に不朽の盛事なる哉」とでてくる。言い回しも意味も見出し語に近いものだ。しかし、だからといってこれが出典といえるかというと疑問なのだ。少なくとも後の明治期や大正期の出典とされるものとのつながりが不明であるからだ。むしろ、抽象的な語句が用いられたことわざの場合に多くあることだが、言語の違いを超えて同じ内容が表現されている場合が少なくないという事実がある。まして、ここの場合は同じ日本語。発想や着想としてみれば、時代の違いは何の障害にもならないからだ。いずれにせよ、見出し語が頻出するようになるのは平成になってからであり、戦前までの近代の用例は確認できていない。おそらく、戦後に偶然口にされたものが平成以降に広がっていったのではないかと推測するものなのだが…。

結婚する前は両目をあけ、結婚したら片目をつぶれ

結婚をする前は相手のことをしっかり観察し、結婚をしたら相手の欠点は見ないようにせよとの意。人間、誰でも長所と短所があるし、その長所や短所にも色々ある。日本人の結婚年齢は、２０１１年の時点で、男が30・7歳、女が29・0歳。結婚に至るまでの期間はまちまちだろうが、全体として見れば結婚後の期間よりはるかに短いはず。その短い期間に相手のすべてを見たり観察したりすることは至難だ。相手の人柄もよく把握できていなかったり、欠点もわからないことも多々あるはず。であれば結婚後の生活で初めてわかることや相手の難点が判明することも多くなる。直すのが困難な性格上の欠点などには目をつぶることが必要だろう。見出し語をメディアで見たのが２００５年9月20日の毎日新聞の読者の投稿欄で49歳の方のもの。英語のことわざで、Keep your eyes wide open before marriage, and half shut afterwards. という。

結婚は人生の墓場

結婚することは自由気ままな独身生活と別れ、異性との深い関係も持てず、金銭的にも不自由になるので、まるで墓場のようなものだということ。19世紀のフランスの

詩人・ボードレールの言葉として知られる。ただ、当時のフランスは梅毒が流行っていたため、墓場のある教会で身を清めてから結婚しなさい、というものであった。それがいつしか意味合いが変化し、現在のようになった。日本での早い使用例は昭和22年の石川淳『処女懐胎』（五）に「まさか、結婚は墓場だなんて、そんな無意味な泣言をぼくが引合に出すのぢやないことは、きみにもわかるだらう。一生に一度でしまひの墓場なんぞとちがつて、恋愛だの結婚だのは任意に何度やつてもいいし、いつやめたつていいだらう」とある。見出し語の言い回しは昭和24年の松竹映画『晩春』にでてきているので戦後間もなくに広まったかとみられる。

健康と忘却に勝る幸福はない

人間の幸福は健康であることと忘れ去ることだということ。シュヴァイツァー博士が残した言葉。英語でHappiness is nothing more than good health and a bad memory. この言葉をみたのは2015年5月9日の朝日新聞に掲載された日野原重明の連載エッセイ「103歳　私の証・あるがまま行く」の中。健康であることを幸福と感じるのはほとんどの人は納得できるはずだが、忘却が幸福という気持ちには違和感があるのではないだろうか。だが、シュヴァイツァーが「恐ろしい非人間性の罪」と歎き憤った20世紀の世界大戦での罪は、社会としてはしっかりと記憶され続けねばならないが、個人としては、あまりの悲しさは忘れることでしか乗り越えられないものとの解釈ができないだろうか。忘れることで前を向けるのであろう。

健康は富なり

心身が健康であることは財産だということ。西洋のことわざ。明治の文豪・尾崎紅葉は自著『健康と富』や日記の中で、同義のことわざ「健康なるは一の富」とともに3度も用いている。見出し語の方は「健康は富なりと云ふ西諺《せいげん》あり、然《さ》れど人《ひと》一《ひとた》び病《や》むにあらざれば其の富たると暁《さと》ることなし」と、病気になって健康の価値に気付くと記している。この語句の関連で英語のものでHealth is better than wealth.（健康は富にまさる）が知られるが、見出し語の原文が不明なので異同が明らかでない。外国のもので似たものにHealth is a jewel.（健康は宝石）とか、アメリカの思想家・エマーソンの「第一の財産は健康なり」があるので、類句は色々あったかと推測される。日本では「達者満貫目《たっしゃまんがんめ》」といっていた。「健康は失って初めてありがたみがわかる」との言い方もあるが、ことわざとしては口調が今一つよろしくない。

健全なる精神は健全なる身体に宿る

健やかな肉体の持ち主には健やかな精神があるということ。古代ローマの詩人・ユウェナリスの一節に由来するが、原文に「宿る」の語はない。元は、「健全なる身体に健全なる精神」が与えられるように祈るべきだというものだった。これが、後に「健全な精神が健全な身体に」の形で伝承され、いつしか「宿る」の語が補われていったとみられる。日本で最も早いものが明治11年の福沢諭吉『通俗民権論』（七章）に「活発なる精神は健康なる身体に在《あ》りて住す」とでてくる。そして明治34年の徳富蘆花『思出の記』（九の巻）に「健全なる身体は健全なる精神に伴ふ」との形ででてくる。戦後からでも、身体を肉体にしたもの、精神と身体の順番を後先に換えたもの等もあるように色々な言い回しがある。昭和42年の寺山修司『書を捨てよ、町へ出よう』（第二章）に「むかし、小学校の先生はいいことを教えてくれたものだ。『健全なる精神は健全なる身体に宿る』まったくその通りである。彼女の出演している劇場の男子便所にエンピツで『肉体万歳！　くたばれ文明！』と落書きしてあったが、この両者、実は切っても切れない親子のようなものなのだ」とある。

幸運の女神は前髪をつかめ

チャンスは逃すことなくしっかりものにせよとの譬え。英語のことわざでSeize the fortune by the forelock. という。色々な言い回しがあり、「幸運の女神には後ろ髪がない」「チャンスの女神には後ろ髪がない」「チャンスは前髪でつかめ」「女神の前髪をつかめ」「時の前髪をつかめ」などがある。もともとはラテン語でエラスムスの『格言集』に「機会は前額に髪はあるが、後頭は禿である」といっていた。メディアでは1992年10月20日の朝日新聞に政治家・小沢一郎が持論としていると紹介する記事が早い方のもの。それよりも早くの1989年には、半導体の世界的権威である西澤潤一『「技術大国・日本」の未来を読む』(第5章)に「むかしからチャンスは前髪でつかめ、という言葉があるが、前髪でつかむためには平素から勉強していなくてはならない。いままでなにがわかっているのか、新しく出た現象がほんとうに新しいものなのか、新しくないのかがわからなかったら、つかみようがない」とでてくる。

行蔵《こうぞう》は我に存す

出処進退は自らが決めることだということ。あまり一般的な単語ではないが、行蔵とは、世にでて手腕をふるうことと隠遁して世にでないことの意。勝海舟の言葉として知られる。この後に「毀誉《よき》は他人の主張」と続き、さらにその後に「我に与らず、我に関せずと存じ候」と続く。つまり、行いは自分のことであり、評価や批判は他人がすることで、自分には関係のないことだというものだ。この言葉は、徳川の幕臣であったにも拘わらず明治政府の役職についた勝海舟への福沢諭吉の批判に対する勝海舟の返答なのだ。評論家・佐高信『日本を撃つ』(Ⅳ 日本を危うくするジャンク・ブック)に「私は、政治家にモラルを求めるのはゴキブリにモラルを求めるのに等しいとし、~中略~『ゴキブリも民主主義を求めるのか』と皮肉った。それに怒って羽田は抗議してきたのだが、その当人が目の前にいるのだから、羽田の顔はこわばっていた。素直とも言えるし、小心者とも言える。海舟なら、批判する者には批判させておけ、『行蔵は我に存す』だと腕組みするだけだろう」とでてくる。

心は顔をつくり、顔は心を表す

明るい元気な心の持ち主の顔は元気で明るいように、人の心根は顔の表情に現れるということ。この言葉は元水泳選手の萩原智子が尊敬する先生から贈られたものだという。顔と心の関係をいうことわざはいくつかあるし、真反対のものもあってなかなか複雑だ。まず、「顔は人の看板」は顔によってその人がどんな人間かわかるというものがある。また、「顔は心の指標」とは口では何とでもいえるが思っていることは表情に出るというものもある。しかし、反対に顔の表情と内心は違うとする「心は顔に似ぬもの」や、「顔に似ぬ心」「顔と心は裏表」とあるからややこしい。たぶん、どちらも真実であり、本当なのであろう。それほどに人はさまざまであり、複雑ないきものなのかも知れない。とうてい一筋縄ではいかない存在なのだろう。

乞食しても生まれ故郷

たとえ貧乏生活であっても都会より田舎がいいということ。ことわざ辞典では2012年に刊行された『故事俗信ことわざ大辞典 第二版』(小学館)に初めて収載された。実はこの言葉は生田葵山という小説家が明治41年に書いた『都会』の「(不安)」とする章に以下のように記されていたもの。「此の勢《いせ》のい、声に唆《そそのか》されて出て来たのであるが、自分には果して若い妻の云ふ様な善い運に打附《ぶつ》かる丈けの力量があるか知らんと危まれて来て、馴染《なじみ》の少い、競争の烈しい土地へ行くよりも、諺《ことわざ》にも、『乞食しても産まれ故郷…。』と云ふ通り、矢張知つた顔の多い今迄の土地に居た方が宜《よ》かつたかも知れない」とでてくる。この語句は田舎をよしとするが、「田舎の学問より京の昼寝」と逆の意のことわざもあるから、人には色々な価値観や好みがあることもうかがえる。

乞食は茶碗の音に目を覚ます

　絶えず物事に注意を払っている必要があるとの譬え。乞食は物乞い用の茶碗を自分の前に置き、それに小銭をめぐんでもらうのだが、その際にチャリンと音がでて、その音で目が覚めるというもの。この言い回しは1970年の将棋棋士・升田幸三『勝負　人生は日々これ戦場』（第5章）に「将棋の順位戦じゃないが、つねに勝負することによって、人間はきたえられるんですね。どんな剣客でも、もう安心していいとなると、腕はにぶりますよ。武士はクツワの音で目を覚まし、乞食は茶碗の音で目を覚ます、というんでなくちゃ」と用いられている。ところが、升田が使った武士は〜、乞食は〜の部分は、元々が「侍の子は轡《くつわ》の音で目を覚まし、商人の子は算盤《そろばん》の音で目を覚まし、乞食の子は茶碗の音で目を覚ます」という言い回しのものであったのだ。それを、意識的に一部を変えたか、無意識に変えてしまったか、あるいは、変わったものを記憶していたか、いずれかだろう。元々の方の意味は、親の仕事をみながら人は育つものだとの譬えだから大きく異なるのだ。

子供叱るな来た道じゃ、年寄り笑うな行く道じゃ

　むやみに子供をとがめたり、年寄りをばかにしてはならないということ。子供は好奇心が旺盛であり、すぐ行動に移す傾向があることから、勢いそれが、悪戯になってしまうことがある。もちろん、大人の常識は子供にはないわけで、時としてそうした大人の常識とぶつかり、抑え込まれる。しかし、子供は悪戯をしながら成長する存在だとみれば、大人側の見方も変わろう。年寄りの場合も同様で、老化に伴う衰えは誰もが避けて通れない宿命なのだ。だから、もう少し寛容な態度や、長い目で見てやる姿勢が求められるのだ。見出し語は関西方面では明治時代にはいわれていたのだそうだが、全国的に知られるようになったのは1987年の永六輔の『無名人名語録』が取り上げたことによっている。

転んでもただでは起きない

　古くは「倒れる所に土をつかむ」とか「こけても砂をつかむ」と表現され、遠く平安時代の昔から用いられていた。ただ、以前はガメツイ人やそうした行為について否定的にいうものであったが、現代は不利な状況をプラスに転化するような肯定的な意味合いに変わったことわざだ。ただし、辞典の記述は古いものを踏襲している例が多く、実際の言葉の現場に辞典が追いついていないケースとなっている。日本女子マラソンで初の五輪金メダル選手となった高橋尚子の『風になった日』（2001年）の中で、恩師となる小出監督と初めて出会った時の場面にみられる。「リクルートに入りたいという私の希望に対しては、『うちは大学生は採らないから…』という一言で終わってしまった。やはり無理なのか、これで就職浪人になるのかな、と思わざるをえなかった。でも、選んでもらう、採ってもらうこととは関係なしに、監督と出会って何か得て帰りたい、という思いもあった。転んでもタダでは起きない、転んだら何かひとつはもぎ取っていきたいと考えて、『自費でもいいから、合宿に参加させてください』と、お願いした」

酒米買うなら土地を買え

　よい酒を造るにはそれに適した酒米が必要であり、それを育てる土地を選ばねばならないということ。これは日本酒造りに最適の米といわれる山田錦を育てる土地についていっている語句。よい酒米の条件は大粒であることと心白部分（米粒の中心にある白く濁った部分）が多いことだという。山田錦はこの二つの条件を最もよく具えていると認定されている。この山田錦を生産する土地として伊丹や灘の後ろに位置する三木市や吉川町が有名で、山田錦の特上米の生産地として知る人ぞ知るところだ。その土質は、凝灰岩質からなるミネラル類を多く含む粘質である。気候は、穂が出る時以降の昼夜の温度差が十分である。また、地形の上でも川の両側の丘陵地が適当な日陰をつくることによって、日の出の時の気温の上昇と日没の気温の下降を速めて温度の差を大きくしているのだという。

サッカーと政治と宗教について口論してはいけない

話題として話してはならないものをいう。この語句は２０１３年6月21日の毎日新聞の一面コラム・余録にブラジルの格言として掲載されたもの。サッカー王国のブラジルでサッカーがタブーとは意外であるが、サッカーへの国民の思いが強すぎるためなのだろうか。話題として避けた方がよいものは、民族や地域によって多少異なるようだが、共通するものもある。それに状況や場面によっても違いがあるのでとても一概にはいえないことを前提にいえば、最高は宗教で次いで政治になるようだ。反対に無難な話題は、飲食物、料理、美術、音楽、伝統芸術、文化、スポーツなどが挙がるが、日本人同士なら天気・気候が一番だろう。外国人とであれば、それぞれの国の文化や歴史、伝統などの話題は歓迎されるようだ。

三年先の稽古

目先のことに取り組むより、もっと将来を見据え、基礎となる基本的な取り組みをすべきとの譬え。相撲の世界で将来、きちんと結果がでるようなトレーニングをしろということからいう。「三年先の稽古をしろ」ともいう。メディアでは収集を始めた１９９２年10月14日のスポーツニッポンに掲載されているので、もっと古くからいわれていると推測される。現代は、相撲に限らず他の場面でも使われている。

至誠天に通ず

偽りない真心をもって行えば、その心は天に通じ人を動かし、よい結果を生むということ。至誠は純粋な真心のこと。四字熟語で「至誠通天」とも、かみくだいて「誠を尽くせば思いは天に通じる」ともいう。幕末の志士・吉田松陰の言葉で『孟子』の「至誠にして動かざる者は、未だこれあらざるなり」に基づくもの。これまでのことわざ辞典では、この言葉の出所が明らかにされていなかった。この孟子の言葉は、吉田松陰以外にも二宮尊徳「至誠神の如し」、山岡鉄舟「人は至誠をもって万機に接すれば天下に敵はない」、西郷隆盛などに影響を及ぼしている。また、文学者でも二葉亭四迷『浮雲』（明治20～22年）に「至誠は天をも感ずる」、尾崎紅葉『紫』（明治27年）に「至誠は天を貫く」とでてくる。この言葉は内容が極めて真っ当で真っ直ぐな格言の趣を感じさせるせいか、信条とか座右の銘として親しまれている。

児孫のために自由を律す

将来ある人のために現在の自分の欲望は抑制するというもの。腹八分で足るを知るとの考え方。メディアでこの語句をみたのは２０１４年11月18日の朝日新聞の天声人語。この日の記事の末尾に、「『児孫のために自由を律す』という言葉を、かつて成田空港問題の取材で聞いて心に残った。資源の消費や借金に限らない。子孫のために何かを律する意識は一層重みを増してくるだろう。未来が不確かな時代だからこそ」とある。この言葉は成田空港建設に反対する反対同盟から提起されたもので、今の世代が農地提供の補償金を手にしてその付けを子供に押し付けることを拒否し、否定したものなのだ。マクロの視点からすれば、文明の進歩や自然の開発は地球環境の破壊を進めることにつながるとの認識から、これを押しとどめる姿勢として自分の欲望を規制することに着目し、表現したものといえる。地球の温暖化問題への取り組み、多様な生物が共存しうる社会の指向など、持続可能な社会づくりの根幹をなす思想性を持つ言葉とさえいえよう。

失敗は成功のもと

何か物事をしくじっても落ち込むことなく、失敗の原因を解明し、教訓にせよということ。「失敗は成功の母」ともいう。英語ではFailure teaches success.（失敗が成功を教える）とか、Failures are the stepping-stones to success.（失敗は成功への踏み石）といっており、これらを基に翻訳したものと考えられる。日本には明治時代から色々に表現されたが、見出し語のような言い回しはかなり新しく、おそらく昭和40年代以降に定着していったものとみられる。失敗しても、それにめげず前を向けと励まし、マイナスをプラスに転換する積極的なニュアンスを持つことわざといえる。

自分で蒔いた種は自分で刈る

「～種は自分で刈らねばならない」ともいう。自分が犯したことは自分で責任を負わなければならないということ。種まきを自分でした者は、そこになった実は自分で処理しなければいけないことからいう。『新約聖書』の「ガラテヤの信徒への手紙」（6－7）に由来する。日本では明治時代からみられるもので、１９０９年の森田草平『煤煙』（十八）に「留守中に御持参相成りし御状一通り拝見致候。今更御合せいたす顔もなき次第に候。只、お互に自分が蒔きたる種子は自分で刈るだけの覚悟は致居候」とある。

自分の顔に責任を持て

自らの過去の言動や、自分の未来に対してしっかりと責任をもって当たることが大事だということ。アメリカの大統領・リンカーンが口にしたのが「男は40歳になったら自分の顔に責任を持たなくてはならない」というもの。顔の造作は遺伝によるところが多く、本人の問題でも責任でもない。しかし、同じ顔といっても表情や雰囲気は違う。本人の生き方や考え方、感性・性格などが反映する面も強く、年を経るに連れて徐々に形成される。見出し語は１９９２年11月30日の毎日新聞のミニコラム・憂楽帳に載ったもの。リンカーンの言葉を少し言い換えたものかも知れない。

自分のケツは自分で拭け

自らがやってしまった不始末は自分で始末をつけなければならないということの譬え。「自分の尻は自分で拭け」ともいう。自分の出した排泄物の始末は自分ですることからいう。用便後に尻を自分で拭けないのは赤子や身体機能に障害がある人に限られる。そうであるから、自分で始末をつけられずに他人に委ねたり、やってもらうのは大人として恥ずべきことになる。日常では時折耳にするものの、メディアでの使用例が少ないのは、下品な響きのある言い回しによるところもあるかも知れない。

借金も財産のうち

人から借金をしても、その金をうまく使えば利益を生むことから。また、人が金を貸してくれるということは、その人が信頼されている証であるから、人からの信用があるとの意にもなる。意味や理屈の上ではそうであっても現実はそうはいかず、その時の景気や経済の動向に大きく影響される。景気のよい時には、借金してでも事業を拡大して利益をもたらすことができるが、低成長や停滞状態では命取りになりかねないからだ。メディアでは１９９４年12月19日の読売新聞の読者からの投書にあった。この投書の内容は新車の購入の件。新車購入の負債をバネにしてばりばり働き稼ぐ意欲につなげるものだった。いくらプラス思考のものとはいえ、限度がある。返済が可能な範囲か否か、これに尽きるのではないだろうか。

食は命

飲食により人の運命は変わるということ。もう少し具体的にいえば、食生活を変えればその人の運命が変わるというものだ。この言葉は江戸中期の水野南北という観相学の大家が残したものという。観相学とは、平たくいえば人相見のこと。食べ物が人の命に直結していることはいうまでもない。睡眠とともに生命維持に絶対的に不可欠なものだ。江戸初期の『慶長見聞集』(巻八)には「命《いめ》は食にあり」の言い回しが収められている。この他にも「食は命の親」というバリエーションのようなものもある。見出し語を初めてみたのは、２０１４年3月4日の毎日新聞の読者の投書欄だったが、現代のことわざ辞典には収録されていない。

人生には上り坂、下り坂、そしてまさかの坂がある

人生には調子のよい時もあれば悪い時もあるし、その上、予想してない意外なこと、とんでもないことが起こるものだという譬え。「人生の3つの坂」「上り坂、下り坂、そしてまさか」ともいうし、前半を省略して「まさかという坂」といったりもする。江戸中期の儒学者・荻生徂徠の言葉にある「人生には、三つの坂がある。上り坂、下り坂、そして、まさか」との言い回しが元になったもの。元首相の小泉純一郎が使ったことで有名になった。直近では、見出し語に加えて、「真っ逆さまの坂」をつける言い方もでてきている。

すべての芸術は模倣から始まる

どんな芸術でも他人の作品を模倣するところから始まるものだということ。お笑いタレントの清水ミチコの言葉として知られる。ただ、似たような言い回しはいくつかある。「すべての創造は模倣から始まる」というのも一つ。こうしたものを意識してか無意識かは不明ながら、ヒントにしたりして言い換えたものではないだろうか。あるいは、自分の経験から発想したのかも知れないが…。たしかに独創性のある作品とか、独創技術といった類はそれまでのものとまったく無関係に生み出されることは少ないのかも知れない。同じレベルでは扱えまいが、幼児が言葉を覚えるのは通常は親を真似するからだ。成長して自分の言葉でしゃべるといっても、言葉の組み合わせであったりするもので独創性を有するものではない。それでも芸術の場合は自分のオリジナリティーの要素が少しでもあれば独創と呼べるのではないだろうか。

相続三年

遺産の相続には三年もの月日がかかるほど面倒なものであるということ。「泣く泣くもよい方を取る形見分け」という川柳がある。意味は、亡くなった人を前に皆が悲しみにくれているのに、故人の形見の品はよい方をしっかり手に入れようとする人間のあさましい様子をいうものだ。形見の程度のものでさえ欲に駆られるというのであるから、もっと大きな財産や遺産となれば、その欲望は限りなくふくらむことになろう。この語句はことわざ辞典にはみられないものだが、昭和38年の山崎豊子の小説『女系家族』には二度、使われている。第6章には「けんどな、俗に相続三年という諺があるほど、遺産の仰山ある家の相続は、なかなか片付かず、葬式を出してから、まず三年はかかると云いまんな」とあり、終盤の第9章にも「このままでは三竦《さんすく》みの状態になり、何時まで経ってもご相続問題のきりがつかず、うっかりしますと、俗にいう相続三年の揉めごとになりかねまへんさかい、ここのところは、手前にお任せしておくれやす」とでてくる。引用からうかがわれるように、この小説の核心の一つが三姉妹による遺産分けなのであった。

体育は無駄、王になりたければ学問に励め

立派な人になるためにはスポーツより学問に励めということ。インドのことわざ。この語句は２０１２年8月15日の毎日新聞の連載コラム〈水説〉(水曜日のコラムの意)のものだ。この年のロンドンオリンピックでのインドのメダル数を話題にしたもの。銀が2個、銅が4個で計6個がインドの獲得したメダル。近代オリンピックには１９００年の第2回パリ大会に参加している古顔だ。ちなみに、この時の参加国は24で人数は９９７人(女子は22人)。２０１６年

のリオデジャネイロ大会でのメダルは銀1、銅1。しかるにインドの人口は世界の第2位、経済規模は9位の大国だ。人口が世界一の中国のメダル獲得数は70でアメリカに次ぐ第2位。かつてのソ連邦や東ドイツ等のようにオリンピックが国威発揚の場として政治的に利用されたのとインドの姿は対照的だ。学問を奨励するインドの学問のレベルはどうであろうか。指標の一つとしてノーベル賞でみると、1913年にアジア人で初めてタゴールが文学賞を受賞。以降、4人が受賞している。中国は3人。オリンピックとノーベル賞で比べる限り、このことわざの心は実践されているといえそうだ。もちろん、この考えが普遍性を持つものではないのだが、国家ぐるみのドーピング問題や金まみれの五輪を顧みる大いなる材料にも思える。

大事争うべし、些事構うべからず

　大事な事柄は徹底的に議論して自説を主張すべきであるが、些細などうでもよいことは捨てて置けということ。この言葉をメディアで見たのは2005年4月15日の読売新聞で、外交問題に関する記事。当時の小泉首相のお気に入りの格言として紹介されていた。小泉元首相はことわざや格言をよく用いているが、この言い回しはそれまで聞いたことがなかったもの。ネットで検索してみると、2014年4月30日に佐藤静雄という元自民党の代議士が書いたものがでてきた。それによれば、「私の好きな言葉『大事争うべし　些事構うべからず』私が40年前（昭和49年）永年秘書をやっていた福田赳夫元首相の元を離れ、北海道議会議員に出馬するために郷里に帰る際に今後の心構えを記念に書いて下さいました。自宅の床の間に掲げてあります。私の宝物です」とある。この記載からすれば、見出し語は昭和49年にはあったもので当時の福田首相も用いていたことになる。小泉元首相もその当時に知っていたかどうかは不明であるが、少なくても40年以上前にあったことは事実だ。

卵は一つ籠に盛るな

　財産のすべてを一つの事業に注いではならないということ。予想されるリスクは分散させよとの譬え。「すべての卵は一つの籠に入れてはならない」ともいう。相場の格言として知られる。西洋のことわざで英語では、Don't put all your eggs in one basket.（卵をぜんぶ同じ籠にいれるな）という。卵を一つ籠にいれて、もし、転んだら被害は大きいので、二つに分けて運べば被害は抑えられることからいう。メディアでの初見は2002年2月3日の毎日新聞の金融関連の記事で、これ以降も用いられている。否定形ばかりでなく、危険性を顧みない「卵を一つ籠に入れる」との言い回しも使われている。

樽から抜いたワインは飲まねばならぬ

　ひとたび始めたことは最後までやりおおせなければならないということの譬え。樽は保存容器であるので、そこから出せば早めに飲むしかない。でなければ品質が落ちてしまうからだ。フランスのことわざ。ワインの国ならではのことわざといえるだろう。日本には、酒に関することわざは大変多くあるが、ワインも少しある。「海より酒で溺れる人の方が多い（Wine has drowned more men than the sea.）」「新しい酒を古い革袋に入れることはできない（You can't put new wine in old bottles.）」の二つはよく知られるもの。どちらも、酒と訳されているが原語はワインだ。他にも、「酒のなかに真あり（There is truth in wine.）」「酒が入れば知恵は出ていく（When the wine is in, the wit is out.）」なども、これに類するもの。見出し語は、2012年10月13日の朝日新聞に掲載されたベルバラの記事で使われたもので、日本のことわざでは「乗りかかった船」に相当する。

短気は身を滅ぼす腹切り刀

　短気を起こすと自分の身を破滅させることになるということ。短気に関することわざにはいくつかあるが、どれ一つとして肯定的なものがない。「短気は損気」は「キ」が韻を踏み、中では最も有名。「短気は未練の元」とは、現代ではなじみがないが、短気を起こすと後で後悔するということ。「短気は短命」というのもある。「タン」の音が頭韻となり口調がよいばかりでなく、内容も端的だ。見出し語は1993年2月11日の朝日新聞に載ったもの。短気のことわざの中では、最も激しくてインパクトのある印象深い言い回しといえよう。

断じて行わざるもまた勇なり

何が何でも決してやらないということも勇気のあることだということ。長谷川如是閑の言葉。長谷川は明治・大正・昭和の三代にわたるジャーナリスト。「断而不行（断じて行わず）」「行易不行難（行うは易く、行わざるは難し）」など、「行わない」ことをモットーにしたといわれる。ここの語句もそうした一つだ。これの対極に位置するのが「断じて敢行すれば、鬼神もこれを避く」というもので、思い切ってやればどんな障害だって乗り越えられる意の語句だ。見出し語を見たのは1994年の佐高信『日本を撃つ』（Ⅳ　日本を危うくするジャンク・ブック）で、「小沢の言う〝世間の常識〟とは、隣の家がやっているのだから自分の家もやろうではないかという、極めて日本的な他人同調主義である。それでPKO参加を進めたのだから、理想も何もあったものではない。小沢には、『断じて行わざるもまた勇なり』という言葉は理解の外なのだろう」とでてくる。

小さく生んで大きく育てる

小さめな子を産んで大きく成長させること。商売などで小規模に始めて、後に大規模なものに展開することの譬え。出産に関しては、現代はいわゆる未熟児であっても十分育つ。かつては、大きな胎児より小ぶりな方が安産で、母体の負担を考慮すれば見出し語のような出産が奨励もされた。反面、低体重で生まれた子は、将来、心筋梗塞や糖尿病のリスクが高いとの問題も生じているそうだ。2001年に刊行された金子勝『月光仮面の経済学』（Ⅲ　不気味な時代にどう立ち向かうか）で「だから、月光仮面は『部分的にパクられても、すぐに実現しそうになくても、絶えずアイデアを出し続ける』のだ。焦ってはいけない。変わってゆくには、まず小さな声をあげることが大事である。浪花商人も言うではないか、小さく生んで大きく育てるのだ」とでてくるように、出産に関するものより、他の物事の譬えとして使われる傾向が多くなってきているようだ。

小さな苦しみは愚痴を生む、大きな苦しみは知恵を生む

逆境に遭ってこそ、それをはね返す素晴らしい知恵が生まれるものだということ。凡人は日々の生活の中で起こるさまざまなちょっとした困難にあうと、つい不平や不満を口に出してしまうもの。口にしたからと言って問題はさらさら解決はしない。いわゆる愚痴をいっただけで終わってしまう。ところが、その苦しみの大きさが半端ではない場合、愚痴をいったところで慰めにもならない。もっと根本的な対処を講じる必要に迫られるのだ。ピンチをチャンスに変え、苦境に打ち勝つ言葉として最近、目にしたもの。2010年10月26日の朝日新聞に掲載された牛丼の吉野家ホールディングス安部社長のインタビュー記事でみたものだ。安部社長が菩提寺の壁で目にしたものだという。ことわざ辞典などには載っていない語句で、いつごろからいわれるようになったのかわからないが、逆バネの発想がうけるのか座右の銘にする人もいる。

チャンスはピンチの顔をしてやって来る

苦境にある時こそが、反対に好機だということ。これに似た意味合いのことわざは多い。「苦あれば楽あり」「禍福は糾える縄の如し」「人間万事塞翁が馬」「失敗は成功のもと」「楽は苦の種、苦は楽の種」「浮かぶ瀬あれば沈む瀬あり」などとある。また、「禍を転じて福となす」のように、自ら行動を起こす積極的なものもある。見出し語はことわざの辞典類にはみられない語句で、メディアでの初見は2012年7月16日の朝日新聞の天声人語。二つの抽象名詞を人の顔に見立てることわざらしい言い回しになっていて、従来の類似のことわざを表現のレベルで超えるところがあるなかなかの名言だ。言い出されたのは、おそらく平成になってからではないだろうか。メディアではないが、この文句を広告に利用したものが2015年の2月のJR中央線に武蔵野大学が出した車内広告にあった。

注意一秒怪我一生

辺りに気をつけるのはたったの一秒すれば済むのに、それをやらないと一生の間怪我を背負うことになるとの交通標語。「注意一瞬事故一生」ともいう。怪我どころか、死亡することもあるわけで、それを未然に防ぐのがわずかな注意というもの。時間の最小単位と人の命の生涯を対比して簡潔に仕上げられた名作といえる。交通標語は毎年発表され、これまで数々の名作が生み出されてきた。独断で印象に残るものを挙げてみる。「ブレーキは早めにスピードは控えめに」「飲んだら乗るな、乗るなら飲むな」「飛び出すな車は急に止まれない」「年寄りと子供は動く赤信号」「事故を呼ぶ　酒が疲労が　スピードが」「運転は　気配り目配り　思いやり」「事故は瞬間　ベルトは習慣」などだ。選んだ基準は、口調がよいこと、ぱっとイメージがわくこと、そして言わんとすることが面白い表現になっていることの3点だ。ここに挙げたものは、昭和41年から平成5年までの交通安全スローガンで入賞した作品。内閣総理大臣賞を主に選んでみたものだが、見出し語の出来栄えはこの中でも輝くものがある。

津波てんでんこ

津波から逃れるためには一秒でも早い避難が大事だということ。「てんでんこ」は一人一人、めいめい、それぞれの意の東北地方の方言。原意は、津波が来るとわかったら、各自がいち早く高い場所に逃げろということ。この言葉が広まったのは2011年の東日本大震災による巨大津波。膨大な情報の中で、最も肝要な避難対策の問題として脚光を浴びた。ただ、「てんでんこ」の語句の解釈をめぐっては、言葉を知っていて助かったとする例が報道される一方で、災害弱者の切り捨てにつながりかねないとの懸念も提起され、論争も生じた。この言葉は、そもそもは東北地方に伝えられたものであったが、東北以外に知られるようになるのは1990年の「全国沿岸市町村防災津波サミット」であった。全国紙のレベルでは2004年に起きたスマトラ沖地震による津波災害の記事あたりだろう。

強きを挫き弱きを助ける

力の強い相手はやっつけ、弱い者は手助けをしてやること。前後を入れ替えた「弱きを助け強きを挫く」ともいい、こちらは江戸期から用いられている。見出し語の方は明治に入ってからいわれるようになったようだ。その早い例は、1885年の東海散士『佳人之奇遇』(二)に「日本の士風、強を挫き弱きを助け人の為めに急難に趨き」とあり、日本の武士の気風と捉えている。もっとも、外国にだって似たようなことはあるだろう。何といっても、この反対は人として最低な存在になるからだ。

鉄は熱いうちに打て

西洋から入ったことわざで、英語ではStrike while the iron is hot. といって、チャンスは逃すなとの意。日本でも、幕末のオランダ語の辞典『和蘭字彙』に「鉄はあつき内に鍛ふべし」との訳語で紹介されていた。しかし、後には、この意味の他に、若いうちに鍛え教育すべきとの意もでてきた。この教育論は、英語にはみられないもので、日本で生まれた解釈といえるようだ。現代は、教育論の方が優勢であり、使用頻度の高い常用語句の一つ。1989年の元外務大臣・田中真紀子『時の過ぎゆくままに』（父の一言）に、自分がアメリカ留学を目指すことに対して「前略～作戦を立てた。その一つは、とにかく英会話の特訓を続けて実力をつけ、万全の態勢をしくこと。～中略～作戦は奏功し、約一年後、ついに父の承諾をかち得た時は欣喜雀躍、天にも昇る思いであった。切羽詰まった私が、『日頃は〝鉄は熱いうちにうて〟といっているお父さんも、本当は自分の子供を信頼できないのですか』と詰め寄ったことが決め手となったらしい」とある。

天は自ら助ける者を助ける

自らすすんで努力する人には神様の加護があるということ。西洋のことわざで英語では、Heaven helps those who help themselves. という。Heaven を God にした言い方もされる。日本では明治時代のベストセラー『西国立志編』（中村正直訳、明治3～4年）に「天は自ら助くるものを助くと云へる諺」と紹介された。この他の明治期のものでは、明治26年の国木田独歩『欺かざるの記』（二月）に「神は知るも吾は知ること能はず、然れども吾は信ず、神は自ら解く者の為めに解き、自ら助くる者の為に助くるを」と神を用いた言い回しも使われていた。現代のメディアでは、「助くる」とする古風な言い回しの方が数の上では優勢だから、必ずしも後からでてきた表現に取り替わるものではないようだ。

時は金なり

時間というものは金のように大切なものだということ。「時これ金」などともいう。西洋のことわざで、英語では Time is money. 日本では、明治時代から用いられており、1897年、女流作家・清水紫琴の『葛のうら葉』（その上）に「されどその頃の我は、これを何よりの事と思ひて、十六といふまではかくして過ぎしに、実にも時は金なりといへる世の諺に違はず」と、見出し語の言い回しが世の諺としてでてくる。尾崎紅葉の『続編　金色夜叉』（壱）には「時を銭なりとして之《これ》を換算せば、一秒を一毛に見積もりて」との言い回しで用いられている。紅葉作品のような言い方もあったが、おおむね見出し語のような表現が主流であったようだ。

跳ぶ前に見よ

行動を起こす前には、先に起こることを頭にいれて行えということ①。また、入念に準備をして掛かれということ②。英語のことわざで、Look before you leap. という。日本の同類のことわざには、「転ばぬ先の杖」「濡れぬ先の傘」「石橋を叩いて渡る」「念には念をいれ」「暮れぬ先の提灯」など数多い。だが、どれも意味は②のもので①の意味はない。また、①の先行きを見通す視点のことわざも日本には見当たらない。あるのは、「来年のことを言うと鬼が笑う」とか「人の行方と水の流れ」といった先のことはわからないというものばかり。1997年の爆笑問題の『爆笑問題の日本原論』（大江健三郎ノーベル文学賞受賞決定の巻）に「太田―それでも、喜んで宙に舞ってるアラファト議長のようすを見ていた大江さんが一言、『跳ぶ前に見ろ』。田中―くだらねえダジャレ言ってんじゃねえよ！　太田―しかし、ああいう難民の子どもたちが、まだまだ世界中にたくさんいることを考えると、平和賞だなんていって浮かれてる場合じゃないなって思うよね」とある。この大江の一言というのは、1958年に発表された『見るまえに跳べ』のもじりであったが、実は、大江作品自体がことわざのもじりであった。

努力にまさる天才なし

懸命に努力すれば天才にも勝つことができるということ。また、努力することを最大限に評価する言葉。言い回しに譬えや遊びの要素がなくことわざというより格言といった趣がある。一方、別項の「天才とは努力の異名」というものもあり、努力と天才は相反する概念ではない。しかし、がむしゃらに努力すればよいかと言えばノーだろう。闇雲な努力から得られるものは、よい結果もあるだろうが、多大なる徒労か、それに伴う脱力感かも知れないのだ。目的や対象をしっかり見据え、しっかりした計画性を具えた努力というものが、これに当てはまるのではないだろうか。これもことわざ辞典にはないもので、メディアでの初見は１９９２年11月15日のスポーツニッポンのラグビーに関する記事においてであった。

泣いて暮らすも笑うて暮らすも一生

苦しみながら過ごしても、反対に楽しく過ごしても人の一生には変わりはないということ。ただし、この言外に、同じ一生なら楽しく過ごしたいとの願望や願いが込められていよう。現在まで、明治時代からみられるとされている。その明治期の例としては、明治38年の尾崎紅葉『霊符』にみられる。「水ではない、あの、甘露ぢゃわいな。甘露を汲んで好い物を煮て上げるほどに、楽にして待つて居やしゃんせ。私は毎《つい》も〳〵此の様に嬉しうてならぬものを、爺々さん、お前は何で那様に苦い顔してばかり居やしやんす。泣いて暮らすも一生なりや、笑うて暮らすも一生じゃぞえ」とある。

肉を切らせて骨を断つ

自らも犠牲をはらい、相手に大きな打撃を与えることの譬え。譬えるものが少し違うものには別項目の「皮を切らせて肉を切れ」がある。明治時代からあるものだが、戦後になって「皮を切らせて～」とともに比較的よく用いられるようになる。１９７９年のジャーナリスト・筑紫哲也『メディアの海を漂流して』（第２部　記者として）に「政治取材の危険な魔力（または魅力）について書き始めたらきりはない。それは、まじめに立ち向かうとしたら、肉を斬らせて骨を斬るような緊張を要するしんどい業である」とでてくる。

命《ぬち》どぅ宝

命はなにものにも代えがたい最も大事なものであるということ。「命こそ宝」の言い回しを沖縄語で表現したもので、沖縄で反戦平和運動のスローガンとして用いられている。語源は沖縄出身の画家・山里永吉が１９３２年に書いた戯曲『那覇四町昔気質』に基づくとされる。命を重要とみることわざは「命が宝」「命がものの宝」「命あっての物種」「命は宝の宝」「命は金では買えぬ」など多くあるものの、現在でも使われているものになると見出し語に限られてしまうかも知れない。メディアでは古いものは見当たらず、２０１２年の６月からみられるようになるが、翌年になると倍増している。

念ずれば花開く

常に心に抱いて努力すれば、いつか思いは遂げられるということ。これは坂村真民という詩人の詩の一部。「念ずれば花開く　苦しいとき　母がいつも口にしていた　このことばを　わたしも　いつのころからか　となえるようになった　そうして　そのたび　わたしの花が　ふしぎと　ひとつひとつ　ひらいていった」。このような誰にでもわかる平易な言葉でつづる詩は多くの人々の心に染み入るように浸透していった。

坂村真民は１９０９（明治42）年に生まれ２００６年に亡くなった仏教詩人で一遍に共感し、癒しの詩人として知られる。特に見出し語の句の詩碑は全国47都道府県で

■「念ずれば花ひらく」

600余に及び、外国にも20基建てられているほどにあるという。図は東京三鷹市にある井口院に建てられた石像で、真民の名も彫り込まれている。メディアでの調査では、開始した1992年10月24日のスポーツニッポンの野球記事でみたのが初めてあった。以降、今日まで、頻度こそ多くはないものの、ずーっとみられるものであった。

上り坂の儒家、下り坂の老荘

うまくいっている時は儒家の考えに沿って行い、うまくいっていない時は老荘の考えに沿って行けとの意。孔子に代表される儒家の思想の根底的な考えは、現状を肯定した上で、それに改善を加えて行くといえるもの。対する老子や荘子は、現行とは別の方向を進もうとするもの。もっと平たくいえば、儒家思想は現行の成功者に適し、老荘思想は失敗者に適していると考えられるものかも知れない。それぞれの思想の特徴を単純化しすぎたきらいはあるが、的は外れていまい。ことわざ辞典にこの言い回しはなく、メディアでの初出は2011年12月25日の朝日新聞の古典に関する記事にみられたものだ。

飲んだら乗るな、乗るなら飲むな

酒を飲んだら車の運転はしてはならない、運転をするのであれば酒は飲んではならないとの交通標語。この語句は昭和41年の交通安全スローガンで運転者向け部門の入選作品だ。「の」の音が韻を踏み4回も使われ、4・3・4・3の大変リズミカルな口調に仕上がっている。「マッチ一本火事のもと」のような火災予防の標語も人々の間にしっかりと定着すればことわざになるので、この交通標語もことわざとして認定されてもおかしくない。ちなみに、昭和41年の運転者向け内閣総理大臣賞は「ブレーキは早めに　スピードは控えめに」だが、口調の良さでは見出し語の方が優るように思われるが…。

馬鹿も休み休みいえ

下らないことをいつまでも言うなということ。揚げ足取りを承知でいえば、休み休みに馬鹿を言え、とも解釈できようが、趣旨は、馬鹿を言うのを休めということになるはずだ。この語句は明治時代には使われていたもので、早い用例が尾崎紅葉『阿蘭陀芹』に「『阿爺《おとう》さん！　それは貴方の考へ違ひですよ。垂江《たるえ》さんは決して私を瞞《だま》さうなんぞと為《な》すつたのぢやありません、正当に結婚の請求を為すつたのですから、能《よ》く垂江さんから事情をお聞きなすつて、又私からもお話をしますから、どうぞ結婚を許して下さいまし』『待て待て。何じやと、結婚を許してくれ？　馬鹿も休み休み言へ！　誰と結婚為するのじや」とでてくる。

始めよければ終わりよし

物事は出だしや、始めがうまくいけば最後までうまくいくということ。また、最初をしっかりとやれば最後までうまくいくものだということ。古くから日本に伝わることわざではないようだ。英語にA good beginning makes a good ending. とあるので、たぶん、この英語を翻訳したものであろう。日本の伝来のことわざでは、「始めが大事」「始め半分」など始めが大事というものはあっても、終わりもよいとするものは見当たらない。メディアでの用例リストでみると、1992年12月24日の朝日新聞夕刊の釣りに関する記事の冒頭で用いられている。

早く行きたいなら一人で行け、遠くまで行きたいなら人と一緒に行け

速く行動するには一人の方がよいし、長期間をかけて大きなことをするには何人もが協力した方がよい結果になるということ。アフリカに伝わることわざという。また「一人だと早く、一緒だと遠くへ」ともいう。人が生きている現実の社会には種々さまざまな問題があり、具体的な対応も迫られる。その時に対象となる問題をどう認識し、そして、どう行動するか、そうした状況判断の基になる考え方を提示していることわざともいえる。そもそも、一人ででききることを大勢でやるのは賢明ではないし、一人でできないことを一人でやろうとしても何の成果も生まない無駄な骨折りだからだ。要は、物事の適確な認識が必要だということになろう。見出し語のメディアでの初見は2007年10月13日の毎日新聞夕刊の温暖化問題の記事。

早寝早起き病知らず

　早寝早起きは健康によいということ。耳慣れたことわざで古くからあるように思われるが、戦後になってからみられる若いことわざのようだ。早寝早起きを奨励することわざは、「早（朝）起きは三文の得」のような金銭面の得になるようなものが目立って、なぜか、ここのような健康に関わるものはほとんどない。金を稼げるのも健康でなければ難しいはずだから、ここのことわざのような言い回しがもっと奨励されていいはずだ。なお、「早寝早起き健康のもと、財産殖やし知恵を増す」（2015年6月24日毎日新聞一面コラム・余録）という新しい語句も生まれては来ている。

必要は発明の母

　人が必要とするものが発明を生むものだということ。西洋のことわざで、英語ではNecessity is the mother of invention. という。明治時代には日本でも使われるようになり、明治31年の尾崎紅葉『竹の犬』（恐入つたらう）に「『麵包《パン》は蒸気機関の母なり』と云ふ断案を得たよ、何故だ？　言つて聞かせやうか、曰く、『麵包《パン》は必要なり』だらう、曰く『蒸気機関は一の発明なり』だらう、曰く『必要は発明の母なり』だらう、故に『麵包《パン》は蒸気機関の母なり』如何《どう》だ、恐入つたらう」とあるし、坪内逍遥の『当世書生気質』にもみられる。

一つの体験は百冊の本を読むに勝る

　頭で考えているより行動し体験することが大事だということ。この言葉はことわざ辞典の類にはみられない言い回しで1996年11月1日の読売新聞に20歳の読者からの海外交流に関する投書にあったもの。海外交流の体験は机に向かって読書よりよほどためになるとするものだ。これを別の言葉に置き換えると、言葉ないし議論より実践や行動が大事とする考えだろう。ただ、少し異を唱えたい。たしかに漫然と読書をしてもそれほど有効で役立つものではない。だが、読書には実業家・安川第五郎が「チエだけでは世は渡れぬ。そのチエを支える精神が必要だ。その精神をつちかうのが読書である」と言っているのも真理であろう。さらには、読書によって他の人の経験や思考を自分に引き寄せることもできる。以上のことから、見出し語にある百冊の本の前に「漫然と」の語を挿入しておきたい。

百術は一誠《いっせい》に如かず

　いかに術策を弄しようとも一度の誠意には及ばないということ。この言葉は2011年の朝日新聞や読売新聞でみたのが初めてであった。故事ことわざ辞典には掲載されていない。人間にとって誠実を最大限に評価する語句なのだが、政界の壊し屋として名を馳せたあの小沢一郎の座右銘だという。彼の政治生活とは真反対の考えだから、なかなか合点しがたいのだが、色紙にもしっかりと認めているから事実なのだ。出典は平安時代の橘良基の語句に倣うとの説がある。明治41年の吉田庫三『玉木正韞先生伝』（慶応元年八月）に「夙に橘良基の風を慕ひ『百術不レ如《カ》二一清《ニ》一』の印を刻して之れを帯び、郡政を掌る時」とある。が、それ以上のことは不詳だ。出処の件はともかく、この言葉は近年なかなかの人気もので政治家や経済界、医師などが好んで使っている。自分をアピールするにはうってつけの言い回しなのかも知れない。

百考は一つの行いに如かず

　どんなに沢山考えてもたった一つの行動には及ばないということ。「百考は一行に如かず」ともいう。この言葉のメディアでの初見は2013年11月13日の毎日新聞夕刊での元首相・小泉純一郎の発言記事にあったもの。頭の中でただ考えるより行動することが大事だとするもの。故事ことわざ辞典の類にはみられないもので、周知の「百聞は一見に如かず」に続く語句の一つとして、おそらく戦後につくられた語句とみられる。その続く語句というのは、「百聞は一見に如かず、百見は一考に如かず、百考は一行に如かず、百行は一果に如かず」とするものだ。意味するところは、一つの成果をあげるには、百回見て、聞いて、考えて、行動しなければ得られるものではないとの考え方。とにかく、見聞を広げ、熟考を重ね、果敢に行動することが肝要なことだというもの。なお、宗教家・内村鑑三が明治42年に「読書と知識」（『内村鑑三所感集』所収）で「千読一行に及ばず」と類句を記している。おそらく、こうしたものが下敷きになったのではないかと推測している。

ピンピンコロリ

　死ぬ間際まで元気はつらつと長生きして、病気に罹らずそのまま死ぬこと。また、そのような死に方を願望すること。この言葉は１９８０年に長野県下伊那郡高森町で高校教師であった北沢豊治が考案した健康長寿体操。３年後に日本体育学会に「ピンピンコロリ（ＰＰＫ）運動について」と題して発表したものが始まりとされる。核家族社会の進行に伴う老人の介護問題や、病気で苦しみながら長生きすることへの疑問などから、急速に支持されるようになった。メディアでのこの言葉の初見は２００８年４月４日の毎日新聞で、長野県で生まれた保健活動の標語としてのものであった。その後のものは、言葉の出自とは関わりなく現代の新しい死生観を投げかけるものとして受容されている。

貧福はあざなう縄の如し

　貧乏と裕福とは、縄をなう時に二本のワラの束を交互に重ね合わすように代わるがわるやって来るものだということ。「禍福は糾える縄の如し」とか、「吉凶は糾える縄の如し」との言い回しの貧乏版のバリエーションといえるものだろう。明治19年の饗庭篁村の小説『当世商人気質』（第二）に「左《さ》れば裏屋住みとて生涯必らず発達せずとは極らず、又棟高き大店《おおだな》とていつ倒れぬとは請合はれず、貧福は糾ふ縄の如くなれば、目の前の富よりは其身に備はる才覚といふものが貴うござる」とある。

貧乏と子供は宝

　少しくらいの貧乏や子供の存在は、却って生きていくための宝のようなものだということ。貧乏と子供が並列に置かれているが、貧乏人には子供の養育にかかる負担は大きいので、貧乏のダブルパンチなのだろう。そんな貧乏や子供が宝となるとは何だろう。もちろん、生きていく強い気持ちを持つ人であることが前提となろうが、こういう人であれば、少々の貧乏には負けず、逆にバネにしてしまうのだろう。なまじ裕福であったりするとその状況に安住し、いい意味での貪欲さに欠けてしまうだろう。一方、子供の存在は、未来からの贈りものとみなせば希望の塊といえる。２００５年11月２日の毎日新聞で児童文学作家・小暮正夫が書いている。

不機嫌ほど大きな罪はない

　機嫌の悪い感情を露わに示すことは大きな罪悪の一つであるということ。出典とみられるゲーテの『若きウェルテルの悩み』（竹山道雄訳、岩波文庫）には「私はアルベルトに対して敬意を拒むことはできない。その沈着な外貌は、私が動きやすい性格をかくしおおせないのにくらべて、いちじるしい対照をなしている。この人は感情ゆたかな人で、ロッテが自分のものであることを誇らしく思っている。不機嫌になることはほとんどないらしい。君はしっているね、人間の悪徳の中で何よりいとわしいのはこの不機嫌だ、と私が思っていることを」とでてくる。引用文は見出し語そのものではないが、いつの間にか、こうした箇潔な言い回しに変わっていったのではなかろうか。なお、メディアでは１９９４年１月15日の毎日新聞に53歳の読者からの投書でゲーテの言葉として紹介されていた。

降りかかる火の粉は払わねばならぬ

自分の身に危害がおよびそうになれば除去していかなければならないとの譬え。「降りかかる火の粉を払う」「降り注ぐ火の粉を払う」などともいう。火の粉は火が燃え上がる時に辺りに飛び散る小さな火の塊。大きな焚火でもでるが、一般には火事の際のものが思い浮かぶだろう。隣家の火災などで生じるものだから、必死に防がなければ自分の家も燃えてしまう。早い用例の一つは１９６３年の宮本研の戯曲『明治の柩』に「戦争がどうだこうだといっているだがな。…ふりかかった火の粉ははらわねばなるまいが」とでてくる。その後は、１９８８年、エッセイスト・中野翠『偽天国』（アダムたちの冬）に「週刊誌で署名原稿で批判記事を書いた人といったら、それは林真理子と群ようこと私くらいなものだった。国会にまでご注進されたとあっては、無視するわけにもゆきません。いそぎ旅だけど、ふりかかる火の粉くらいは払っておかないとね。キリッ！　アグネスは『すっごく悩んだ』そうだが、いったい何をどう悩んだのだろう。べつに私は彼女のことを『常識はずれ』だからといって批判したわけではない。ハッキリと『まちがっている』と思って、批判したのだ」とでてくる。

屁一つは薬千服にまさる

放屁はたくさんの薬を飲むより健康によいとの譬え。「屁一発は薬百服に向かう」ともいう。おならをするのは人ばかりではない。動物でもしているから、生理現象にすぎない。とは頭ではわかっていても、文化や価値観の問題もあろうが、普通の大人にとってどこでも構わずにはやれない。たしかに「出物腫れ物ところ嫌わず」とのことわざもあるように、放屁は本人の意思に関わりなく出るものだ。これを無理に押しとどめるのは体にはよくないよと健康の観点から警告しているのが、ここのことわざということになる。明治8年の橋爪錦造（＝梅亭金鵞）の『寄笑新聞』第五号に「屁は声有つて形体《かたち》を見せざれば月下の子規《ほととぎす》に類し、匂ひ高きも色無きに因り、暗《やみ》の夜の梅の花に譬ふ人を笑はすも屁又人を怒らすも屁一発の屁能薬《へよくくすり》百服に向ふの徳を現ハす」とでてくる。見出し語の方の言い回しは戦後に用いられている。

学ぶに老いすぎていることはない

いくつになっても知的な好奇心を持って生きていくことが大事だということ。文字通りに解釈すれば、物事を学ぶのに年齢は関係ないということになる。西洋にあることわざで、英語ではNever too old to learn.という。日本にも同じような意味となる「八十の手習い」「老いの学問」「老いの手習い」などがある。特に「老いの学問」は古く、平安時代の『宇津保物語』にでてくる。「八十の手習い」は上方系のいろはカルタの定番の一つ。メディアでの見出し語の初見は、２００９年6月4日の東京新聞一面コラム・筆洗。

磨かぬ玉に光なし

自分を修練し努力しなければ真価は発揮できないとの譬え。どんなに美しく輝く宝石でも磨かなければ輝かないことから。宝石も原石のままでは光らない。同じように人間も持っている優れた才能もしっかり鍛錬することで十分に発揮される。見出し語の言い回しはことわざ辞典にはみられないものだが、鎌倉時代ころから「玉磨かざれば光なし」との同義の語句が知られていたので、これを少し言い換えたものと考えられる。メディアでは１９９３年12月27日の毎日新聞夕刊のひとくちコラム・近事片々でパチンコの問題で取り上げられたものだ。たしかに磨かれたパチンコ玉はピカピカだ。

見切り千両

ちょうどほどのよいところで見切ること

が大切だということ。先を見通し、切り捨てたり、諦めるのが見切り。十分な議論を尽くさず実行に移すようなことを見切り発車という場合もあるが、何ごとによらず取るべきものは取り、捨てるものは捨てるとの発想は、すべての物事を行うのが不可能であることを考えれば、見切りをつけるのは重要な戦略であり、戦術でもある。この適切な見切りは千両に相当する価値があるというもの。千両という江戸時代の貨幣の用語が使われているのだが、意外にも新しいことわざのようだ。メディアでの初見は、１９９４年２月５日の読売新聞の69歳の読者からの投書だが、その後にも出てくる。似たことわざに別項目の「諦めは心の養生」がある。物事は、ただ諦めてしまうよりきちんと先を見通す積極的な姿勢を持って対処した方が得心はゆくであろう。

見るは末代、直すは一時

直すことの労を惜しんではならないということ。「直すは一時、見るは末代」ともいう。誤りなどを恥をしのんで直すのは一時で済むが、直さねば生涯残り、ずっと恥ずかしい思いをしなければならないということ。何ごとをも完璧にできる人は誰もいないだろう。ということは誰でも何かの間違いはすることになる。もちろん、好き好んで間違うわけではないはずだが、時に過ちを犯してしまう、それが人間だということになる。「過ちてはこれを改めるに憚ることなかれ」で、過ちは正しておくべきだ。「聞くは一時の恥、聞かぬは一生の恥」につながる言い回しだが、こちらの方がより能動的な色合いが強い。メディアでの初見は１９９５年１月11日の毎日新聞の68歳の読者からの投書。

麦わら帽子は冬に買え

誰も顧みない時に買い、注目される時に売れば利益がでるとの株の格言。いうまでもなく麦わら帽子がいるのは夏の暑い盛りだから、皆が夏に買う。冬は誰も使わず、売れないから、値段も下がるというわけだ。もちろん、これは譬えであり、冬に麦わら帽子を安く買うことは難しい。まず、生産がされていないし、仮に在庫があってもそれは夏の売れ残りで、翌年に売れる保証はない。さらに夏までの保管料金をかかることも算定しなくてはならない。要するに、この株格言がいわんとするのは、他人が求めていない時に買い、求める時に売れば利益がでるということ。メディアでの初見は２０１０年７月20日の朝日新聞夕刊の経済に関する記事。

難しいことを易しく、易しいことを深く、深いことを面白く

話し方や文章の書き方の真髄を示す言葉。作家・井上ひさしが生前に繰り返していたとされる言い回し。これに続けて、面白いことを真面目に、真面目なことを愉快に、そして愉快なことはあくまで愉快に、となる。ただ、理想や願望としてはあっても、実際のところ、この中の一つでもできれば立派というべきではないだろうか。現実には、専門家による取り扱い説明書や学術論文などの多くが、これとは正反対となるものだろう。さながら、面白いことをつまらなく、やさしいことを小難しく、明快なことを難渋にしている体といわれても仕方があるまい。メディアでの初見は２０１０年４月25日の毎日新聞で同月に死去した井上ひさしのレクイエム欄。

最も名誉ある復讐は許すこと

相手に復讐するより、逆に許してやることが賞讃される復讐だということ。この言葉は１９９６年９月20日の読売新聞の海外特派員の報告記事にあったもので、カンボジアのことわざとして紹介された。この記事は総人口の３分１を虐殺したといわれるポルポト派をめぐる問題を取り上げており、その中で使われた言葉。要するに、ポルポト派への復讐は名誉あるものにするという姿勢を表現したものだった。カンボジアのことわざとして紹介されたものではあるが、実は英語にも The noblest revenge is to forgive.（最も崇高な復讐は許すこと）とあり、一つの言語に限らないことがうかがわれる。それにしても２００万から３００万もの人を殺した者への断罪が許すことだとすれば、俗人には、この上なき寛大な神の領域のことに見えてしまう。

病は市に出せ

　病気や悩みごとはやせ我慢したり、変に隠し立てせず、早めに大っぴらにしろということ。「市に出せ」とは、市場に出して皆に見せろということになろう。徳島県海部町（現・海陽町）に伝わる言い習わし。この語句は、全国でも自殺率が殊のほか低い海部町での聞き取り調査から明らかになったもの。和歌山県立医科大学講師の岡檀による町民３５１人のアンケート結果から、自殺予防の要素となる５つのキーワードの中の一つとして明らかにされたものだ。他の４つのキーワードというのは、〈１〉いろんな人がいてもよい、いろんな人がいた方がよい、〈２〉人物本位主義をつらぬく、〈３〉どうせ自分なんて、と考えない、〈５〉ゆるやかにつながる、というもの。重い病気や悩みごとは一人で抱え込むと鬱々として、事態が深刻化しやすい。それを脱する方法として「市に出す」のが有効であることを裏付けるものは数多い。さまざまな難病や傷害・アルコール中毒などを支える横につながる組織の存在を挙げれば明らかであろう。見出し語のメディアでの初見は２０１４年９月13日の朝日新聞での時代の先駆けを紹介するフロントランナー。

笑いは百薬の長

　笑いは最も優れた薬だということ。ことわざ辞典などには載っていない。推定になるのだが、有名な「酒は百薬の長」を言い換えたものと考えられる。笑いと一口にいっても色々あるものの、楽しい思いを朗らかに笑うことが健康によいことは科学的にも証明されているところ。科学的なことはさておき、笑いを高く評価する代表的なことわざといえば上方系のいろはカルタにもある「笑う門に福きたる」が挙げられるだろう。ただ、これには健康というよりもう少し大きな幸せといったものが得られる意が強い。また、江戸時代には「笑いは人の薬」との言い回しもあったので、これらを参考にして新たにつくり上げたものではないかとも考えられる。見出し語のメディアでの初出は２００８年９月18日の毎日新聞であり、類似の「笑いは最高の良医」が２０１０年４月９日の毎日新聞。外国のものではイタリアに「笑いはよい血をつくる」とか、南米のチリに「悲しむな、笑いは魂の栄養」、タイの「悲しんでばかりいれば寿命がちぢむし、笑ってばかりいれば病気にかかりにくい」という語句もある。

■コラム1　現代のことわざベスト40

この辞典には800余のことわざが載っている。何百とあることわざ辞典の類にも載っていない語句も多い。そうしたものの多くは、外国のことわざや種々の作品で用いられていたものの日の目を見なかったものが、こんにち新たに言い表されたものだ。ことわざの魅力は、絶妙な譬えが駆使された言い得て妙で、耳響きの良い言い回しにあると考えているので、それに適うものに絞ってみた。ここでは、その中からベスト40を選定することにした。ただし、順位はつけてない。順位づけは主観的にならざるを得ないからだ。なお、それぞれの語句には、使用した媒体名や人名を付し、それをカッコで示した。

○赤信号皆で渡れば怖くない（タレント・ビートたけし）
○商いは飽きない（小説家・里見弴）
○蟻が十ならミミズが二十、蛇が二十五で嫁に行く（詩人・北原白秋）
○育児は育自（毎日新聞読者投書）
○一怒一老一笑一若（漫画家・加藤芳郎原画）
○牛に角あり午に角なし（読売新聞コラム）
○嘘つきは盗人より悪い（英語のことわざ）
○遅れた正義はないに等しい（政治家・W・グラッドストン）
○鬼の手と仏の心を持つ（政治家・大平正芳）
○女にはそってみろ、土地には行ってみろ（小説家・五木寛之）
○火事が氷って石が豆腐になる（小説家・夏目漱石）
○河童もけなせば溺れ死ぬ（エッセイスト・坂崎重盛）
○金持ちより人持ち（読売新聞記者・金森トシエ）
○口紅をつけても豚は豚（オバマ前米大統領）
○権力と味噌は上層から腐る（毎日新聞読者投書）
○ゴキブリにモラルを求める（政治評論家・佐高信）
○子供叱るな来た道じゃ、年寄り笑うな行く道じゃ（放送作家・永六輔）
○魚を与えるより釣り方を教えろ（ペルーやベナンのことわざ）
○三時間待ちの三分診療（新聞各紙）
○地獄の中の菩薩（福島原発所長・吉田昌郎）
○しっぺたと頬っぺたの違い（小説家・高橋克彦）
○上手が鼻の先にぶら下がる（小説家・尾崎紅葉）
○築城三年落城三日（安倍首相）
○蝶にも毛虫の時がある（読売新聞コラム）
○でたらめと坊主の頭はゆったことがない（小説家・有吉佐和子）
○冬至冬中冬はじめ（朝日新聞エッセイ）
○トカゲの尻尾切り（劇作家・宮本研）
○亭主元気で留守がいい（テレビコマーシャル）
○トイレなきマンション（新聞各紙）
○ニラレバの世界にタラレバはない（小説家・村上春樹）
○晴れの日に傘を貸し雨が降ったら取り上げる（新聞各紙）
○反省だけならサルでもできる（テレビコマーシャル）
○一人の百人力より百人の一人力（地震防災キャッチコピー）
○百考は一つの行いに如かず（小泉元首相）
○不機嫌ほど大きな罪はない（ゲーテ）
○屁玉と金玉ほど違う（小説家・井上ひさし）
○森が海の魚を育てる（朝日新聞夕刊コラム）
○善き戦争はなく、悪しき平和というものはない（B・フランクリン）
○六、七分の勝ちを十分となす（毎日新聞夕刊コラム）
○笑いは百薬の長（毎日新聞エッセイ）

二　人と神様

空き樽は音が高い

内容の乏しい者ほど得意げによくしゃべるという譬え。西欧のことわざで英語では、An empty barrel makes the most noise.（空の樽が一番うるさい音をたてる）との言い回しがある。日本では明治期に福沢諭吉が二度使っていて、これが早い例だろう。一つは明治30年の『福翁百話』（五十四）に「西洋の諺に、空樽の音は高しと云ふことあり」と記していた。もう一つが明治32年に『時事新報』に発表された「女大学評論」で「諺《ことわざ》に言葉多きは科《しな》少なしと云ひ、西洋にも空樽《あきだる》を叩けば声高しとの語あり」と記している。西洋のことわざとしては明治期に紹介された早い方のものであったが、実際に使われるのは、戦後になってからで、その例も少ない。

悪魔は絵で見るより黒くない

どんな悪人でも評判ほど悪くはないということの譬え。「悪魔は描かれるほど黒くない」などとも訳される。西洋にみられることわざで英語ではThe devil is not so black as he is painted. と表記される。日本では1912年の斎藤秀三郎『Common Saying for Recitation』に図と併せて紹介されている。図からわかるように悪魔の図は黒いのが普通。何故に黒いのかといえば、黒色が死や悪を表すからに他ならない。戦前から英語のことわざの本には載っていたものだが、現代は新聞記事にも使われてきている。２００３年の読売新聞朝刊12月21日の読者からの投書欄で用いられている。

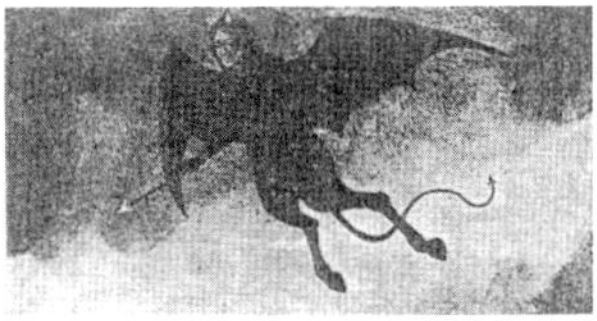
■『Common Saying for Recitation』

足は口ほどにものを言う

少しことわざに関心のある人なら、すぐに、ああ、あれね！　と思うものだろう。そう、もともとは、足ではなく目のものだ。おさらいの意味で目の方を確認しておくと、感情がこもった目の輝きは自分の気持ちを相手に伝えるということ。また、自分の目に心のありようはでてしまうので心を偽ることはできないという意味だ。見出し語は、実は靴屋さんの言葉で２０１４年９月11日の毎日新聞に載ったもの。なので、裸足の足の形状や指の状態をみれば、どういう靴が適しているかすぐにわかるということになろう。やはり「餅は餅屋」ならぬ「靴は靴屋」といったところだ。

足は第二の心臓

足の動きが活発化すれば、血行が良くなり健康な体となることから、足は心臓のような大事な働きがあるということ。ここの心臓は、もちろん、比喩。なぜ、足が心臓かといえば、足にある血液は、足による活発な動きがポンプの役目となって心臓に送られ、血液の循環を促すからだという。特にふくらはぎがポイント。健康に関することわざは昔からたくさんあったが、ここの語句は近年の科学的な知見によって見出された新しい言葉の一つだ。ネット情報では約30年前からあるとされるが、新聞にみられるようになったのは2004年からで大変に新しい言い回しだ。

頭禿げても浮気はやまぬ

浮気心は老人になってもなかなか収まらないとの譬え。独特の風刺と皮肉で有名な明治の作家・斎藤緑雨の「長者短者」(『緑雨警語』所収)に都々逸の一部として引用されている。また、永井荷風も小説『夢の女』で「は、、、は。頭禿げても浮気は止まぬか、然し乃公《おいら》の身にゃア其處が生命《いのち》なんだぜ。此の商売をしてぇて、老込んだ日にゃ最うお了ひだ」と用いている。近年はカツラの技術が進んだせいか、ハゲ頭の人は少ないように感じるし、「死ぬまで現役」とばかり、70~80代の老いらくの恋もなかなか盛んのようで、ここのことわざがおおいに進展をみているようだ。

甘いものは別腹

好きな甘いものは別のお腹に入るように食べられるということ。特に甘党の人は、しっかり食べて満腹にも拘わらず、スウィーツなどはためらうことなく食べられる。これは甘いものを摂るための言い訳かというと、科学的な裏打ちがあるものだという。甘いものに限らず、脳がおいしい食べ物だと認識するとオレキシンというホルモンが分泌され、食欲を刺激するメカニズムによっているというわけだ。言い換えると、おいしいとの過去の記憶が呼び覚まされると、スウィーツであれラーメンであれ、あたかも別の人のお腹に入るがごとく食べられてしまうということ。ことによると、これは食べ物に限らないかも知れない。心底好きな事柄や趣味などであれば、心身の飽和状態にあってもさらに頑張れる、といった場合にも使えるのではなかろうか。

過は人の常、許すは神の業《わざ》

人間は誰でもちょっとした失敗ならしてしまうものなのだから、悪意や故意でしたものでなければ許されるというもの。英語の To err is human, to forgive divine. が訳されたもの。一口に過ちといっても、ケアレスミスもあれば道徳や法律に反したもの、男女間の過失もあれば、若気の過ちもあるというようにさまざま。色々ありすぎて定めがたいが、はっきりしているのは誰でもが犯すものだということ。そうであれば、あまり目くじらを立てずおおらかに見てやることが穏やかな人間関係をつくることの基礎になるのではなかろうか。特に近年の日本は、高齢者のいわゆるキレる現象が目立っている。社会がギスギスし、不寛容な空気が蔓延しているようで息がしづらい。

一芸に秀でる者は多芸に通ず

一つの道で抜きんでた者は他の分野にも応用できるものがあるということ。「一芸に秀でる者は多芸に秀でる」とか、「一芸は道に通ずる」などともいう。江戸中期ころは「一芸に達する人は万芸に通ず」といっていた。スポーツの世界ではさまざまな種目があり、ある一つの種目で優れている者は別の種目でも水準を超えるという例はよく耳にする。逆に、多少できることを鼻にかけ、色々なものに手を染めすぎれば器用貧乏にはなっても大成することはないだろう。

江川、ピーマン、北の湖

子供が嫌うもののこと。江川は元読売巨人軍のプロ野球選手でプロ野球への入団の際、インチキめいた方法が不評を買った。ピーマンは苦みの強さからか子供が嫌う野菜の筆頭といわれる。北の湖は第55代横綱・北の湖のことで強すぎることとふてぶてしい面構えなどから人気がなかった。この言葉の反対になるものが「巨人、大鵬、卵焼き」で子供が好きで人気のあるもののこと。この巨人はプロ野球の巨人軍で川上監督のもと、王・長嶋などスーパースターによって9連覇を達成した。大鵬は柏鵬時代を築き当時、最多の優勝回数の記録を持つ名横綱。時代的には見出し語の方が後にでてきていることからもわかるように、卵焼き版をもじったものであった。ちなみに、両者に共通するものは野球・相撲・食べ物で、3音、4音、5音になっていることだが、順番は異なっている。おそらく、リズム感を意識して順番が決まったのではないだろうか。

エビス様がアンパンを食べたよう

　すごく嬉しいニコニコした顔のこと。「借りる時の恵比寿顔、返す時の閻魔顔」ということわざがある。金を借りる時は嬉しくニコニコ顔なのに返す時はしかめっ面をするというもの。このようにエビスだけでもニコニコ顔をいうものであるし、福の神であるエビスが、丸くふくよかなイメージのあるアンパンを食べるとなればニコニコの度合いは倍加することになるわけだ。見出し語はことわざ辞典にはみられない珍しい語句。２０１１年3月7日の朝日新聞の天声人語で、歌舞伎評論で知られた戸板康二が幼い時におばあさんから聞いた言葉として紹介している。

多くを知る者は語らず知らぬ者は多く語る

　物事を熟知している人はみだりにはしゃべらないが、ぺらぺらしゃべる者は却ってよく知らないのだということ。この言葉は、１９９２年12月26日の日経新聞の社説でアメリカの外交問題を論ずる冒頭にでてきたもので、アメリカで使われることわざだという。これに類似した言葉が中国の『老子』にあり、「知る者は言わず言う者は知らず」といっている。まったくもって、そっくりだ。老子のものは日本でも鎌倉時代から知られ、多言を戒めることわざとして日本人に深く浸透している。現代のもので言えば西洋からのことわざ「沈黙は金、雄弁は銀」といったところだ。類似のものを見てみると、見出し語はこうしたものを参考にしたか、影響を受けてつくられた可能性が高そうだ。なお、見出し語は、元外相で国際派エコノミストの大来佐武郎がワシントンでポピュラーになっている言い回しだと話したものを基に、社説に取り入れたものだそうだ。

男の井戸は汲むほどよし

　適宜なセックスは男性機能にとって健全なことであり、老化を遅らせるものだということ。生理機能の問題として、適度な射精をしないと睾丸の中で古くなった精子が停留することになってしまい睾丸が縮小する。しかし、射精が行われれば、それが引き金になって新しい精子がつくられ睾丸の機能が保持されるという。睾丸だけでなく、ペニスにも時々血液を流れさせて血管を刺激してやらないと海綿体の血管は老化してしまうのだそうだ。歳だからと無理に自制してしまうのは、逆に老化を促してしまうというのだから、老いらくの恋もお勧めなのかも知れない。なお、この文章は大島清『ヒトはなぜヒトを愛するのか―男と女の不思議な科学―』（１９９３年、ＰＨＰ研究所）によっていることをお断りする。

男の顔は履歴書

　男の顔の表情には、それまでの人生経験や生き様などが刻み込まれており、さながら人生の履歴書のようであるということ。40歳ころまでは遺伝子によるところが多いといわれるが、それを超えると、その人なりの経験が顔の表情を形成してくるという。たくさんの徳を積まれた方は優しさに満ちたお顔となり、多大な苦労をされた方は渋みがちの表情に、悪党は悪人面に、という塩梅だ。もちろん、皆が皆、そうなるのではなく一般論や傾向としてのものであることは言うまでもない。この言葉は評論家の大宅壮一が言った言葉とされ、1966年にはこの言葉をタイトルとした映画が松竹でつくられていることからも、当時の社会に一定の影響を及ぼしたことがうかがわれる。なお、見出し語に加えて、「女の顔は請求書」と対にした形もある。こちらは、女性がやみくもに買い物をして請求書が頻発されることを譬えたものだ。

男の子と杉の木は育たぬ

　男の子と杉の木は成長が遅いということ。当然個人差はあるのだが、一般的に女の子の方が育てやすく、成長も早い。杉の木は北海道にもあり、全国各地にあるのだから、それが男の子の成長と同じだとするのは少々合点がいかない。実は、これには根拠があった。ここの杉は新潟地方のものを指すものなのだ。尾崎紅葉の紀行文学『煙霞療養』に「行形亭の庭で独り珍とすべきは杉の木である。其杉は何ぞ異《かわ》りものかと云ふに、然《そう》でもない、やはりただの杉である。其の尋常の杉の珍たる所以《ゆえん》は、土地の諺にも男の子と杉の木は育たぬと云って、新潟市中を尋ねて此木の外に一本の杉の木も無いのであるという」とでてくる。つまり、新潟の土地は水持ちが悪い砂地であり、海からの乾いた潮風や冬の冷たい風が吹くため、湿った土地を好む杉には不向きなのだ。ところで、見出し語との関連は定かではないが、県民性を表す「杉と男は育たない」という語句が新潟にある。こちらは、働き者で色白もち肌の越後女の魅力に男が腑抜けになるというもの。

お神酒あがらぬ神はない

　神様でさえも酒を飲むのだから、自分だって飲むのは当然だという酒飲みの自己弁護の言葉。お神酒は神前にお供えする酒のこと。酒飲みは、何故か自己弁護だとか、弁解することが多いようだ。「下戸の建てた蔵はなし」は酒を飲まない者が酒代に当たる分を貯金して金持ちになったという話は聞かないというものだし、「酒蔵あれど餅蔵なし」は酒飲みが建てた蔵はあるけども下戸が建てた蔵はないというものだ。酒蔵は酒を貯えておく蔵の意が本来的なのであるが、ここでは酒飲みが建てた蔵の意と掛けている。

女が美しいと酒がうまい

　これはエジプトのことわざだそうだが、美しいはいわゆる美人を指しているのだろうか。エジプトといえばかの絶世の美女・クレオパトラがいた国だから、美形をいうのだろう。しかし、日本でもそうかといえば少し違うように思われる。日本では、酒と女を一緒にした言い回しとして「手酌《てじゃく》五合髱《たぼ》一升」ということわざがある。意味は、自分の手でついでひとり飲む酒だと五合飲めるけど、若い女性にお酌をしてもらえば一升も飲めるというもの。髱《たぼ》は日本髪の後ろに張り出した部分のことで、転じて若い女を指す。日本のものは若い女としているが直接は美醜についていっていない。なお、見出し語は1979年、会田雄次の日本人論『表の論理・裏の論理』(三章)に「最初に『妻がよければ酒がうまい』というフランスの諺を書いたが、エジプトには『女が美しいと酒がうまい』という古代王朝時代の有名な諺がある」とでてくる。

女心と冬日和《ふゆびより》

　心変わりしやすい譬え。冬日和は冬の天気とか冬の空模様。これは英語にある言い回し。英語には、Winter weather and women's thoughts change often.(冬の天気と女の考えはよく変わる)、A woman's mind and winter wind change often.(女の心と冬の風はたびたび変わる)などがある。これらは日本の「女心と秋の空」と同じ。英語には A fair day in winter is the mother of a storm.(冬の晴天は嵐の親)ということわざがあることからみると、冬の天気は激変するもののようだ。見出し語は尾崎紅葉の『三人妻』(十二)に「男心と秋の空とて、女は同音《くち》に男を卑《さ》みして、おのればかりを操の堅きやうにいへど、欧羅巴《えうろつぱ》の諺には、女心と冬日和といへり。これにて女にも気紛れはありと知れて、男女を論ぜず、隣の冷飯は好《よ》きものと見えたり」とでてくる。

女ならでは夜の明けぬ

なにごとも女がいてうまくいくということ。また、色気抜きではことは始まらないこと。『古事記』『日本書紀』にある天の岩戸伝説に基づく。天の岩戸の故事は、天照大御神《あまてらすおおみかみ》が岩戸に隠れた時、天鈿女命《あめのうずめのみこと》が乳房や陰部をあらわにエロチックな踊りをしたことで見ていた神々は大笑いした。その笑い声に誘われて岩戸の戸が少し開き世界に光が戻ったというものだ。

谷崎潤一郎の短編『幇間』に「ええ毎度伺ひますが、兎角此の殿方のお失策《しくじり》は酒と女でげして、取り分け御婦人の勢力と申したら大したものでげす。我が国は天の窟戸の始まりから、『女ならでは夜の明けぬ国』なかと申しまする」とあって解説になるような形で使われている。また、明治期初めの仮名垣魯文の『西洋道中膝栗毛』（第四輯）に「義兄弟仮名垣魯文子《かながき、ろぶんし》、平常《つね》に遊里を好んで、夕べに吉原の月に嘯《うそぶ》き、旦《あした》に島原の花に戯《たわぶ》れ、春は初買の二日を待たず。～中略～彼常闇《かのとこやみ》の閨《やね》の中、娼妓《おんな》でなけりや夜が明けぬ」と色気のからむ方の例がでてくる。

女に廃りなし

美貌ではない女でも生涯独身でいることはないということ。また、女はいつまでも役立つ存在だということ。廃りは役に立たなくなるとか、価値がなくなる意。尾崎紅葉の『伽羅枕』（六十）に「此身代今《このしんだいいま》は我物ならねば、手元に有合《ありあわ》せたるを心ばかりと涙金《なみだきん》を貰うて此家を出けるが、世には女人《おんな》に廃物《すたり》なく」と使われており、夫婦関連の意がうかがわれる。ただ、これは明治時代での話。現代は、仕事をリタイアした男が直面する問題はやることを失うことであり、それを如何に克服するかは相当な難題だ。それに対して女は老いても家の中のこまごました仕事などがあり、役に立つ存在でいられるのだ。

女にはそってみろ、土地には行ってみろ

物事は実際にやってみなければ本当のところはわからないということ。これまでのことわざ辞典の類には見当たらない句。作家・五木寛之の『地図のない旅』（日本の旅）に「以前は田んぼだったという平野に市役所、ＮＨＫ、県庁、スポーツセンターなど近代ビルが白亜の偉容を誇っている。花壇の鮮やかな花。陽に光って噴きあげる噴水。女にはそってみろ、土地には行ってみろ、だ。来てみてはじめて自分のイメージの貧しさがわかる」とある。ことわざの中で体験を大事だとするものに「人には添うてみよ、馬には乗ってみよ」という句がある。憶測になるが、おそらく、この句を基に作者がつくり換えたものではないだろうか。

女には乗ってもおだてには乗るな

おだてやおべんちゃらには乗せられるなということ。先の女に乗るとは性交することだが、ここでは後ろのおだてに乗るをいうための引き合いの言葉でそれ以上の意味はない。ことわざは、やたらに褒める人とか、媚びへつらう人には警戒信号を出す。曰く、「褒める人には油断すな」「前で追従する者は陰で謗る」と。見出し語は無頼派、独自孤高の作家といわれる石川淳『おとしばなし管仲』１９５０年に「それでこそ、おれの友だちの管仲だ。えらい、えらい。あっぱれ、あっぱれ。鮑さん、よしてくれ。どうして。はて、女には乗っても、おだてには乗るなさ」とでてくる。既存のことわざ辞典には見当たらない珍しいもの。ことによると「おだてともっこには乗るな」という既知のことわざを言い換えた新作ことわざであるかも知れない。

女は度胸

女は度胸がすわっていなくてはならないということ。「男は度胸、女は愛嬌」という男女が対になった言い回しを下敷きに言い換えたもの。男は度胸の方も明治時代からのもので古いものではないが、見出し語の方はさらに若く、おそらく昭和の40年代以降に広まったものではないだろうか。当時を思い返すと、女性の社会進出も目覚ましく、男女の立場が逆転して「女は度胸、男は愛嬌」との言い回しも聞かれたものだった。

外国を知る者は必ず愛国者になる

外国の事情や文化に詳しい人は却って愛国者になるものだということ。よくある例が、若い時に外国にあこがれ、そのうちどんどんのめり込んでしまう。はてはその国の人を気取ったりしていい気になったりする。しかし、外国を知れば知るほど、よい面も悪い面も明らかになり幻想に気付く。そうなると一種の反動で、それまで評価の対象にならなかった自国の価値が高まるというわけだ。ただ、これは人間の奥深い心理に根差しているもので、外国を知ったのどうのといったレベルの話ではない。「所の神様ありがたからず」という語句がある。身近にあるものはあまりに慣れすぎてありがたみを感じないというものだ。また、「召使に英雄なし」という句もある。どんな英雄といわれるような人でも身の回りの世話をする人にとっては、ご主人さま以上でも以下でもない。要するに、身近なものは近すぎて却って見えなくなり価値がわからないというのだ。それが、いったん外国へ向いた目を持つことで、自国の良さが認識できることになるからだ。メディアでの使用例は、２０１４年7月31日の毎日新聞夕刊での堺屋太一の記事にあった。

過去に目を閉ざす者は現在にも盲目となる

過去の歴史を直視しなければ同じような過ちを繰り返すことになるということ。ドイツの元大統領・ヴァイツゼッカーが西ドイツ国会で演説した中にある言葉で、歴史の直視を促すものだ。この演説は１９８５年5月8日に行われたもので「荒れ野の40年」と題した。『ヴァイツゼッカー大統領演説集』（岩波書店）によれば「前略～問題は過去を克服することではありません。さようなことができるわけはありません。後になって過去を変えたり、起こらなかったことにするわけにはまいりません。しかし過去に目を閉ざす者は結局のところ現在にも盲目となります。非人間的な行為を心に刻もうとしない者は、またそうした危険に陥りやすいのです」とある。ナチスによる犯罪をドイツ人の全員が負っていかねばならないとしたものだ。過去に対するこうした視点は、ドイツだけに限られるものではなく人類に共有される必要がある。それこそが、この言葉の本意なのではなかろうか。

賢い人には友がいない

利口すぎる人は親しみが持てないのか、友人がいないということ。この言い回しは、古くは『孔子家語』にある「水清ければ魚棲まず、人至って賢ければ友なし」の後半部分が言い換えられたもの。水があまりにきれいだと隠れ場所がなく魚は棲まない。人もあまりに賢いと近づきがたくなり、結果として友達ができない。反対に友達が多いのは、「富は多くの友をつくる」というから金が友を呼ぶことになる。であれば、友は多ければよいということにはならないし、さらには、「悪い友と交わるより孤独の方がまし」ということにもなるのだ。やはり、人は誰でも欠点があり完璧な人などいないから、どこか欠点やゆるいところがある方が人間らしく感じられるというのだろう。

下半身には人格なし

性的欲求は理性で制御するのが困難だということ。「下半身は別人格」ともいう。普通は男に対する言葉。これは男の属性で本能的ともいえるもの。相手に対して恋愛感情なしにセックスすることができるというものだ。浮気がばれた時の言い訳にも使われる。もちろん、いくら本能的であっても大多数は、理性によって統御しみだりに行動には移さない。メディアではテレビ・

スポーツ紙・週刊誌で報道される芸能界や有名人の不倫や浮気の騒動に限られる。

神様、仏様、稲尾様

　稲尾投手を神様のように崇め感謝の気持ちを表す言葉。この言葉が生まれたのは1958年。この年のプロ野球のパリーグは西鉄ライオンズが制したが、最大で11ゲームの差をひっくり返しての優勝であった。この時の投手の大黒柱が稲尾投手で鉄腕と称された。なんと72試合に登板し、33勝10敗、防御率が1・42のいう驚異的な数字であった。条件が違うので厳密な比較にはならないが、現代は20勝できる投手はまずいない。そして、セリーグの覇者・巨人軍との日本シリーズでは、西鉄3連敗の後、4連勝しての逆転勝ちであった。稲尾は、このシリーズ中、7試合中6試合に登板し、4試合を完投し、4勝すべてを勝った。この言い回しは、稲尾投手の獅子奮迅の奇跡的な大活躍を地元紙が「神様、仏様、稲尾様」と表現し、記事にしたことから広まり、全国化したものなのだ。この表現が大げさではなく、むしろ、当時の状況にぴったり当てはまったものであった。なお、見出し語はプロ野球に関するキャッチフレーズとして今にも伝えられている。

髪の長さは七難隠す

　女の長い髪の毛は他の欠点を隠してくれるものだということ。「髪は女の命」ともいわれ、女性にとって大事なもの。また、「女の黒髪には大象も繋がる」ともいわれ、男を引き付けるものとみられていた。現代の小説家・柳美里のエッセイ集『男』（髪）には「髪の長さは七難隠す、わたしはつい最近まで、女の長い髪は多くの顔の欠点を隠すものだということわざがあることを知らなかった。わたしは幼いころから髪を長くし、現在でも腰のあたりまであるのだが、自分の顔の欠点を隠すためのものだと思うと、なんだかおかしい」と記している。ただ、この記述には少し誤解というか、限定しすぎている点がある。髪が隠すのは顔の欠点に限らず、性格とか声とかにも及び、そうした諸々の欠点を長い髪の毛の魅力がカバーしてくれるというものだ。

神は細部に宿る

　物事の細部をおろそかにしてはならないということ。「神は細部に宿り給う」ともいう。外国から入ってきたことわざ。ドイツの建築家ミース・ファンデル・ローエが好んで使った言葉として知られる。欧米では建築や美術の世界でよく使われたようだ。日本のメディアで見たのは1997年3月15日の読売新聞夕刊の教会カンタータの奏者の記事。以降、今日まで高い頻度で使われる常用ことわざの一つになっている。ところが、マスメディアでよく用いられる以前の1980年に本のタイトルになっていた。ことわざを本のタイトルにすることは江戸時代よりあり、珍しいものではないが、ことわざ自体が一般に知られる前に、しかも外国のことわざが使われたケースは珍しい。その本は『神は細部に宿り給う』（谷川健一　人文書院）のタイトルのもとで、小さなもの、細部を知ることが重要だとする民俗学の根源的な世界観に因っている。脚本家・向田邦子も1981年の『夜中の薔薇』（男性鑑賞法）で「点は、つまり部分は線の全体を当てることがあるのだ。パスカルだか誰だか忘れたけれど、〝神は細部に宿り給う〟といっている」と記している。

髪結いの亭主

　妻の稼ぎで生活する男のこと、俗にヒモのこと。髪結いは、女の場合なら今でいう女性の美容師、男なら理髪師を指す。ここは女だから美容師のこと。江戸時代では数少ない女性の職業の一つだった。現代では1990年に制作されたフランス映画のタイトルで知られるものだろう。ここの用例は、比喩のものと併せて実例を挙げる。1922年の佐藤春夫『都会の憂鬱』に「女房に女優をさせて自分がのらりくらりしてゐる了見が判らない。—女髪結ひの亭主ぢやあるまい。おらあお前に逢つたら忠告してやらうと思つてゐたんだ。女房に女優をさせるなんてこたあよせやい」とあるのは比喩の例。歌人であり劇作家でもある寺山修司のエッセイ集『書を捨てよ、町へ出よう』（第二章きみもヤクザになれる「ああ日本海」に「彼（日本海の名をもつ）は文字通り髪結いの亭主で、白菊美容院というパーマネント屋の女と結婚して、暇のあるときには神社で相撲の稽古ばかりしていた」とある。

ガラスの心臓

繊細で傷つきやすい心の譬え。英語の heart of glass の和訳。「ガラスのハート」ともいう。メディアでこの言い回しを見聞きしたのは、男子フィギュアスケートの高橋大輔選手に対する批評の言葉としてだ。２０１０年２月20日の毎日新聞一面コラム・余録に載った。同じころ、テレビの実況中継でも聞いていたので、高橋選手が克服すべき精神的な問題点であった。日本のことわざでは「ノミの心臓」が当てはまるだろう。ただ、多少のニュアンスの違いもある。ノミの方は小心、気が小さい、意気地なしとの意が主であるが、デリケートといった意味合いはないと思われるので、同一ではない。

巨人、大鵬、卵焼き

子供が大好きとするもの。巨人はプロ野球の読売巨人軍、大鵬は１９６０年代に大相撲で優勝32回を記録した大横綱。卵焼きはニワトリの卵をといて味付けをして焼いた料理。ところで、どうしてこの３つが子供にとって人気があったのであろうか。巨人がセントラルリーグで９連覇を遂げたのが１９６５年から73年。大鵬が優勝したのは１９６０年から引退の71年までだから、黄金期の巨人と７年重なることになる。輝かしい強者は子供にとってあこがれだ。しかし、卵焼きとなると同じレベルのものではない別物。見出し語を解説するものの中には、卵が高級品であこがれの品であったとみるものもあるが、これは疑問。たしかに卵は物価の優等生といわれるくらいに安定した価格で販売され消費者に歓迎されてきたが、戦後すぐから１９６０年近くまでは高価なものであった。現在の物価に換算してみると、１９５０年が２３７０円で58年に１０１３円、61年に７３７円であったものが62年になると１７０円、65年に１２９円と低落している。つまり、庶民には高嶺の花であった卵は60年代になって庶民が手軽に食べられるものになったのだ。野球や相撲は、庶民にとって娯楽の世界だが、食べ物は自分が口にするものなので食べてこそその良さがわかる。この意味で、三つのものは、日本の高度成長期を庶民の嗜好の面から表現したものといえるようだ。

愚者は経験を語り賢者は歴史を語る

愚かな人は自分の狭い経験にとらわれてしまうが、賢明なる人は他人の経験から学び取るものだということ。見出し語に続けて「そして聖人は経験から悟る」ともいうし、「愚者は経験から学び、賢者は歴史から学ぶ」ともいう。愚者と賢者の順番を入れ替えた「賢者は歴史に学び愚者は経験に学ぶ」ともいうように色々な言い回しがある。見出し語は初代ドイツ帝国宰相・ビスマルクの言葉に由来するとされる。ビスマルクがいったのは、愚者だけが自分の経験から学ぶと信じている。私はむしろ、最初から自分の誤りを避けるため他人の経験から学ぶのを好む、としている。メディアでは１９９４年５月20日の毎日新聞での竹下登元首相の古希祝賀会を報じた記事にあった。これ以降も、政治の世界や環境問題などでしばしば使われている。

健康のためなら死んでもいい

目的と手段を取り違えること。本末が転倒し、手段が目的化したもの。健康の反対の概念は病気だが、死は病の終着。ふつう人は病にかからないようにと健康に気を配り腐心する。ところが、現実はどうも逆の方向になっているらしい。世の中に健康法と呼ばれるものは掃いて捨てるほど色々あり、それも入れ替わり立ち代わりに現れて、どれが信頼できるか甚だ心許ない。極端な健康法がマイナスに作用する場合もある。また、健康のためのダイエットが痩せることが目的化して無理がこうじて却って健康を損なう例もでているという。見出し語の言い回しを知ったのは、2003年6月7日の毎日新聞での化粧を扱った記事の中だった。いうまでもなく、ことわざ辞典にはない。

五十六十は洟垂れ小僧

五十歳代や六十歳代は、まだまだ若造に過ぎないということ。メディアでこの言い回しを最初に見たのは2005年8月7日の朝日新聞で、父親を子供が語る「おやじのせなか」という連載エッセイ。その後は高齢の老政治家や書道家が口にしている。元来は誰が言い出したのか、これについては二つの説があるようだ。安田財閥を築いた安田善次郎が「五十、六十はな垂れ小僧、男盛りは八、九十」と言ったとする見方が一つ。もう一つが財界の大御所・渋沢栄一が言ったとされる「四十、五十は洟垂れ小僧、六十、七十は働き盛り、九十になって迎えが来たら、百まで待てと追い返せ」というものだ。渋沢の方はユーモアがあってなかなか面白いが、何といっても、両方ともが経済界の大物であることが興味深いところだ。

酒が体に入ると理性が器に入る

酒を飲むと人としての理性は失われるということ。ドイツのことわざ。同じようなことわざは多い。同じドイツには「ワインが中に入ると、知恵が外に出る」とあるし、英語でもWhen the wine is in, the wit is out. と同じ言い回しになっている。フランスやハンガリーにもほとんど同じ「酒が入ると理性が出ていく」がある。こうした広がりを持つのはヨーロッパの諸国に影響を及ぼしたラテン語に「酒が入る間に知恵が出ていく」とあるからであろう。日本のもので近いのは「酒極まって乱となる」「酒は気ちがい水」あたりであろう。見出し語は、メディアでは2003年7月4日の毎日新聞の一面コラム・余録でみたものだ。

四十しざかり

女の四十歳は性欲が強くセックスが盛んであるということ。この語句を見たのは2013年5月4日の朝日新聞の人生相談の欄で社会学者・上野千鶴子が回答している中にあった。女性の性欲についての言い回しには「三十させごろ、四十しざかり、五十ゴザやぶり」とか、「三十させ頃四十し頃五十ゴザむしり」というものがある。意味は、三十代は女の魅力があふれ男が寄ってくるので「させごろ」となり、四十代は性の喜びを知り性欲が旺盛になるから「しごろ」となり、五十代は敷いているゴザを掻きむしるほどの快感を覚えることなのだという。個人差もあるはずなので、果たして一般論として言い切れるものか定かではないが、ことわざとしてはなかなかよく出来ている。サんじゅうサせごろ、シじゅうシざかり、ゴじゅうゴざやぶり、とそれぞれが韻を踏んでいる。見方を変えていえば、韻を踏ませるために無理してつくり上げたものかも知れない。

舌先三寸人を殺す

口先だけうまいことを言って相手をだましたり、翻弄すること。また、失言によって我が身を亡ぼすことの譬え。どうやら、日本人の舌の長さは三寸に決まっているらしい。「三寸の舌に五尺の身を亡ぼす」という鎌倉時代からの古いことわざがある。約10センチの舌で150センチ余の人体を破滅させるというもの。言い回しがちょっぴり違うだけで同じ意味のものに「舌三寸のさえずりに五尺の身を果たす」があり、これは室町時代から。「舌三寸の誤りより身を果たす」の方は江戸時代の浄瑠璃にある。見出し語は、以上に挙げた類句より後にでてくるもので、前のものを少し言い換えたものと考えられる。

舌は内臓の鏡

　舌の色や状態に体調の良し悪しが反映されるということ。「舌は体の鏡」ともいう。東洋医学にある言葉。東洋医学の診察方法として舌診というものがある。文字通り舌を診察の対象にするもので、舌を診ればその人の健康状態がわかるというわけだ。口の中で最も体調の変化が表れるのが舌で、表面の粘膜は新陳代謝によって3日ほどで新しい細胞と入れ替わる。粘膜も薄いため血液の色もみえるので体内の健康状態を診るに適しているそうだ。正常な人の舌は、きれいなピンク色で、薄い白色の苔があり、表面に適度な潤いがある。これは、つまり、鏡を見て、自分で手軽にできる健康チェックということになる。もっともあまり神経質になるとマイナスに作用するかも知れないので、なにごとも程々ではあろうが…。

嫉妬に休日はない

　嫉妬心は絶えることなく起きるという譬え。2003年8月4日の読売新聞の人生相談の欄でみたもので西洋のことわざだとしている。ネットでは西洋のものとする情報は載っているが、それ以上の詳細はわからない。手持ちの文献でも確認できない。妬みや嫉妬は人間に共通する感情のようであるから、世界中にたくさんある。「嫉妬のない愛はない（イタリアなど西欧諸国）」「乱心、異端、嫉妬は難治の病（英語）」「嫉妬はカエルの腿からさえ肉をすっかりそぎ落とす（ベルベル人）」。色々ある中で見出し語に近い内容を持つものは英語のEnvy never dies.（嫉妬心は決して死なない）あたりだろう。

死ぬまで現役

　死ぬ間際まで現役としてばりばり活動し終えたいという願望。特に近年は高齢者のセックスについて使われることが多い。この言葉を初めてみたのは1992年12月24日のスポーツニッポンの高齢者を扱った連載記事。このころから日本の高齢化の問題が注目されだした。作家で経済評論家の邱永漢が見出し語と同名の本を書いたのが1989年9月。老年期をいかに上手に生きるかの心構えを書いている。同氏の三大テーマは金儲け、中国の食、死に方なのだそうだ。したがってこの本は死に方になる。誤解を恐れずにいえば同著での根幹は「好きなように生きて、死ぬ時は一気に」のようだ。また、「定年のない人生は自分で選ぶ」「お金に頼るより仕事を探せ」「動けば年をとっている暇はない」など、ポジティブな姿勢が顕著なのだ。

自分に甘く他人に辛い

　自分のことに対しては生温いのに他人には厳しいということ。「自分に甘く人に厳しい」ともいう。順番を変えて「他人に辛く自分に甘い」ともいう。この手の人は、自分を棚上げして人をみる傾向がある。他人の行動や行為は直接的に見ることができるが、自分の姿は鏡に映して見るしかなく間接的だからだろうか。いずれにせよ、自分をしっかり見つめることは決して容易ではない。そんなところからか、見出し語のような人に対する評価は、自分勝手、わがまま、小うるさいなどと芳しいものではない。とはいえ、反対の「自分に厳しく他人に甘い」人は、尊敬はされるものの、やや敬遠される側面もあるようだから、まことに人間は扱いにくい動物だということになる。

自分のことは棚に上げる

　自らの不都合や過ちには素知らぬ態度をとることの譬え。「自分は（を）棚に上げる」ともいう。こうした態度の者は人に嫌われるだろう。というのも、こういう人物に限って、自分を見つめる力がなく、自己を顧みることなく、他人を非難したり、あげつらったりするからだ。いわれた方からすれば、批判が正当であっても、自分だって同じじゃないかと反発してしまうからだ。大正時代にはみられる言い回し。大正3年の小説家・長田幹彦『鳥辺山』（一）に「どうせ藤木の爺《ぢぢ》いと一緒だもの、鶴亭《つるてい》へでも行って飲んでたんだらう。自分のことは棚に上げといて、男のことだと精が出るもないもんだ」とある。近年はよく使われる常用語句の一つといえる。

自分の屁は臭くない

自分の欠点には無自覚だとの譬え。同義のものに「我が糞は臭くない」もある。屁や糞が臭いか、臭くないかは、まず、成分によろう。いったいに肉食すると臭いは強い傾向がある。また、いくら自分の出したものでも、例えば腹の調子が良くない時の臭いは悪臭になるので、これは自分のものでも臭うはず。ただ、ここの話は、心理の問題。江戸時代には「人の屁は臭い我が屁は臭くない」といっていた。この対句のものの片方が外れて見出し語の形になったとみられる。１９７７年の精神分析学の岸田秀『ものぐさ精神分析』で「『汚い』とか『臭い』というのは、人間が自分以外のものにつける形容詞である。母親は自分の赤ちゃんの排泄物や鼻汁を汚いと感じない。自分の屁は臭くない」としている。

手考足思《しゅこうそくし》

自分の手を動かして考え、自分の足を運び思いめぐらすこと。陶芸家・河井寛次郎の言葉として知られる。この言葉はどう解釈するか、定まったものには至っていないようだ。少なくとも言えることは、行動と思考がつながっていることだ。机の上の思考や、やみくもな行動に対しては対極に位置するものだ。このような意味合いを持つ言葉は、これまでのことわざの世界では大変稀な存在であろう。メディアでは２０１４年12月9日の朝日新聞で見たものだ。

人生の楽しみは酒と女

男として生きていて最も楽しみとするものは酒を飲むことと女性との関係を持つことだということ。これに博打をする「打つ」が加わった「飲む打つ買う」は、男の代表的な道楽をいう言葉。見出し語はことわざ辞典にはみられないものだが、大正11年の水上瀧太郎の『大阪』（四の八）に「氏は如才なく大阪の近時の発展の驚くべきものあるを説いたが、記者は経済の大阪に就いては他に聴く人甚だ多ければ芸術家としての観察を望むといへば『ハハハ芸術家としての観察ですか』と一膝乗出して『先づ人生の楽しみは酒と女といふが芸術家にとっては殊に然りです』」とでてくる。

他人は自分の鏡

自分の今ある状況は、本人の周りの人間関係に反映されているものだということ。「他人は自分を映す鏡」ともいう。人の心理や内面はその人の交友関係に反映されるという考え方につながる。もっと卑近な例でいえば、相手を好ましくないと思えば、相手の方も好意を持たなくなるということになる。似たことわざに「人の振り見て我が振り直せ」があるが、こちらは、他人のよい点悪い点をみて自分の参考にしろというもので、自らの行動につなげることを言外に促しているもの。見出し語の方には、そのような行動性はなく、認識や観察のレベルに止まる。ことわざ辞典にはみられない新しい語句のようだ。メディアで初めて見たのは２００９年6月27日の朝日新聞で仕事に関する記事であった。

使わなければ駄目になる

動かしたり、活用していなければ使いものにならなくなるということ。人の体やものについていう英語のことわざ。英語では、Use it or lose it. という。特に足などは、積極的に歩かないとどんどん衰えてゆく。もちろん、頭も然りで、使って脳に刺激を与えていないと萎縮したり、劣化するという。毎日のように使う道具にしても同じ。道具は使ってこそ価値があるのであって、大切にしまっておくものではないからだ。飾り気のないそのままの表現のことわざだが、さりげなく使うには適しているかも知れない。メディアでは２００８年12月26日の毎日新聞の健康に関する記事で紹介された。

天才とは努力の異名

天才といわれる人は人知れぬ努力をして

いるものだということ。「天才は努力の結晶」ともいう。では、生まれながらに人に抜きんでた才能というものは存在しないかといえば、それは、個人の体験からすれば、ごく稀ではあるが、やはりそういう人物は存在すると思われる。非常に近しい間柄で日常生活でも一緒に過ごしたりしても努力の一かけらも見せないのに、抜きんでた能力を発揮する人がいる。断定しないのは、客観性を持った証明ができないからに過ぎないからだ。ただ、この言葉は、例えば、有名なスポーツ選手の姿をみて、そこから教訓として学ぶべき姿勢を評するものとしてあると考えられる。一口に天才といって片づけてしまっては、凡人は学びようがないからだ。この語句は、メディアでは２０１０年10月13日の毎日新聞に掲載された65歳の読者からの投書にあった。

天は人の上に人を造らず、人の下に人を造らず

　人間は平等であり、身分や家柄、職業による貴賤があってはならないということ。福沢諭吉の有名な『学問のすすめ』（初編）の冒頭にでてくる言葉で、福沢の根源的な思想、哲学ともいえるもの。福沢の名言は多くあるが、これは最も有名な一つ。これ一つだけでも明治を代表する知性であったといえる。もっとも立場が変われば異なる見方もでてくる。自由民権運動に関わった明治の女流作家・清水紫琴の随筆『五十歩百歩』（明治23年）には「天は人の上に人を置かず、人の下に人を置かじなど、口には賢しげに唱へたまふ人は多なれど、さてその人達の腹を探ってみれば、やはり己れは世間尋常《なみなみ》の者よりは少し…否むしろよほど賢く、よほど上位に班するものなり」ときれいごとに過ぎないとの疑念を持たれてしまう。戦後のメディアでは頻度は高くないが、しっかり伝承されている。

どの若者の心にも一頭の獅子が横になっている

　どの若者にも大望があるから、決して見くびってはならないということ。トルコのことわざで大望を心の中の獅子に譬えた印象の強い言い回しになっている。若者の将来性に期待を寄せる意味での日本のことわざでは、「若木の下で笠を脱げ」が連想される。こちらは、若者のこれからの可能性に被っている笠を脱いで敬意を払えというものだ。日本のものが若者を若木に譬えているのに対して、トルコは目に直接見えないものの百獣の王・ライオンが存在するので、インパクトは強い。見出し語は２０１３年６月７日の毎日新聞一面コラム・余録にトルコのことわざとして掲載された。

泣く子は育つ

　元気いっぱいに泣く赤ちゃんはよく育つということ。この語句の関連でよく話題になるのが赤子による泣き相撲。赤ちゃんの成長を祝い、健やかに育つことを祈願するもので、全国各地にあり４００年以上の歴史を持つものもあるそうだ。この泣き相撲の行事を執り行う神社の謳い文句に、このことわざが昔からあるものとして使われている。しかし、今日までに明らかになったものでは、明治期の辞典にあるものが古い。実際の使用例になると大正時代にまで下がる。大正９年に発表された久米正雄の短編小説『金魚』に「『こんなにおとなしくても、丈夫に育つんですかね』　私は泣く子は育つといふ、世の諺なぞを思ひながら、嫂に聞いてみた。『えゝ、大丈夫なんです、赤ん坊も或る時期間は、ちつとも泣かない事があるんですよ。尤も性に依るんでせうけれどね』」とある。

七つ下がりの雨と四十過ぎの道楽はやまぬ

　夕方４時過ぎに降り出した雨と40歳を過ぎてからの道楽は止むものではないということ。七つは昔の時刻の呼び方。寅の刻のことで今の４時過ぎに当たる。近代の気象学の観点ではどうなのか明確ではないが、ここでの力点は道楽の方にあって雨は、いわば枕詞だろう。明治時代からいわれるものだが、実際の用例は少ない。ここのは、２００４年８月25日の読売新聞一面コラム・編集手帳。ここの道楽は、もっとはっきり言えば男にとっての女遊びだ。「頭禿げても浮気はやまぬ」とのことわざもあるように老いらくの色恋の魔力は強いようだ。しかも、これは男に限ったものではなく女にもいえるという。「七つ雨と四十女の狂《ふ》れ出しは止まぬ」といい、四十女の色狂いの烈しさをいうものもあるのだ。

涙は女の武器

女性の流す涙は男性に対する有効な手段だということ。とはいえ、泣いて済まないような時に大泣きするような、状況によっては相手をうんざりさせてしまう逆のケースもあるので、武器としての使用には注意も必要なようだ。見出し語はことわざ辞典にもみられない語句で、２００２年の新聞にはいくつかみられるものの、いつごろからいわれるようになったのか不明であった。手元のことわざリストでみると初出は大正７年の坪内逍遥の戯曲『義時の最期』に「先日は、夫の心を引いて見るため、わざとあの泰時をば譏り、また、前将軍家時代からの内証事のいろいろ、―あの深見とわらはとの外には、知る者のない密事―をば言ひ立て、わざと手強う正面から談じて見たのでござつたが、…今思へば、柔よく剛を制すの譬へ、涙こそは女の第一の武器《えもの》であつたを、下手に出なんだのはわらはの誤り」とあるので、ほぼ百年前にはいわれていたということとなる。

難産の子はよく育つ

あれこれさまざまな問題を経過して得られたことは後々はよい結果を生じるとの譬え。いわゆる難産は、医療技術が進歩しても解消されないものの一つだろう。しかし、現代でも出産で死亡するケースは存在している。もちろん、医学の進歩によって難産が死亡に直結するといった状態は改善された。お産の問題とは少し違うが、同じようなものが子育てにはある。赤子の夜泣きや、疳の強い子を育てる際にいわれるのが、「難しい子ほどよく育つ」というもの。そのような子は、良くいえば感情が豊かであり激しい。それ故育てるには苦労がかかる。しかし、それを乗り越えて大きくなれば、かつてはマイナスに作用したものがプラスに反転する。難産の場合も同じなのだろう。見出し語は１９９３年ころの政治の世界で盛んに用いられていたが、昨今ではほとんど耳にしない。すでに廃れてしまったのだろうか。

日本人の奥さんを貰い、英国の家に住み、中華料理を食べ、米国の企業に勤める

最高の人生の送り方についてのジョーク。従順な日本人を妻にし、広いイギリスの家に住み、中華料理を味わい、高給なアメリカで働くというもの。この言い回しは、２０１０年９月18日の朝日新聞に載った連載エッセイで世界で一番幸福なこととして挙げられたもの。ただ、これにはいくつかのバリエーションや反対のものもある。１９５６年の画家・岡本太郎のエッセイ『芸術と青春』（日本女性は世界最良か？）に「なるほど女尊男卑で常日頃手ひどくやられているアメリカ人など、しばしばそんな意見をはくようだ。また〝西洋の住宅に住み、支那料理を食い、日本婦人を妻にしてフランス女を恋人に持つ〟のが人生至上の快楽だなどという世界的な諺がある以上、日本女性はなかなか見上げたものであるに違いない」とある。反対の言い方は、「中国の給料をもらい、イギリスのコックを雇い、日本の家に住み、アメリカ人の妻を持つ」となる。とはいえ、これも時代の推移で変化するだろう。

人間の一生は旅なり

人の一生は生まれてから死ぬまでの旅をすることだということ。旅と一口にいっても色々ある。現代は交通機関が発達したおかげで世界中のどこにでも行ける。しかも、昔に比べ非常に短い期間で可能になった。こうした事情から考えると、ここの旅は、いくつもいくつも旅を重ね連ねるものになるだろうか。明治26年の北村透谷の評論『明治文学管見』（二、精神の自由）に「人間は『生』といふ流れに浮かびて『死』といふ海に漂着する者にして、其行程も甚だ長からず、然るに人間の一生は『生』より『死』にまで旅するを以て、最後の運命と定むべからざるものあるに似たり。人間の一生は旅なり、然れども『生』といふ駅は『死』といふ駅に隣せるものにして、この小時間の旅によりて万事休する事能はざるなり」とでてくる。

人間は病の器

人は色々な病気に罹る存在だということの譬え。人間の体は種々の病気を入れておく入れ物だというくらい、人と病の関係は切っても切れない仲。この語句は明治時代からみられるようになるもので、明治45年に演じられた四代目柳家小三治が口演した『代脈《だいみゃく》』に「銀『変な女か何かなれば煩ふ事もありますが、那《あ》んな美《い》い女が煩ふ訳がありません』良『馬鹿、顔の美《い》い醜《わる》いで煩ふ煩はんといふ事はない。人間は病の器といふ、仮令何《よしんばど》んな美《い》い女だからと云って、必ず煩はぬとは云へない』」とでてくる。

寝る子は達者

よく睡眠をとる子供は健康で元気だということ。「寝る子は息災」「寝る子は肥る」「寝る子は育つ」ともいう。見出し語は、明治41年の野上弥生子『紫苑』に「『今時分になると毎日昼寝をする癖がついてるものですから。お母様、あんなに眠ていゝものでしやうかねぇ、あの子は日によるとお昼から晩までも眠つゞける事があるんですの。』『まァに、寝る子は達者だといふから、よく寝るほどがいゝんだよ。』」とある。見出し語や、別の言い回しの息災、肥る、育つの形のものも明治期ころからみられるが、現在よく使われる育つ以外は、どれも消えてしまい、育つだけに収束したとみられる。

飲む打つ買う

男が道楽の限りを尽くすこと。酒を飲む、博打を打つ、女を買うことの三つをやる意。広辞苑で道楽を引いてみると、①本職以外の趣味などにふけり楽しむこと。また、その趣味。「釣―」、②ものずき。好事《こうず》。③酒色・博打などの遊興にふけること。放蕩。遊蕩。また、その人。以下略。とあるので③がぴったりする。明治時代からいわれるが、早い用例としては、１９２３年の水上瀧太郎『大阪』（一の三）に「君なんざ御存じないでせうが、ステエツでは働きさへすりやあ金はいくらでも入りまさ。その癖、飲む博つ買ふで溜まりつこはありやあしない。矢張女がなくちや真当な根性でものは起こりません。人間、女程有難いものはありませんからねハハハ…」とでてくる。

八十過ぎたら生き仏

八十歳を過ぎたらあるがままでよいとの意。この言葉は老人を介護する側でつくられた新しい言い回し。少子高齢化問題が深刻化している日本が直面する大きな課題が老人の介護。核家族化した社会では、年老いた父母の世話を子供がみるのは至難だし、老人側もそれを望んでいない傾向がある。しかし、老人はやがては確実に死を迎えるし、その前に一人での生活ができなくなるから、何らかの支援が不可欠。その最大の支援が介護だろう。とはいえ、日本での介護の歴史は浅く、これからしっかり社会に根付かせていかなければならない重要な問題だろう。いわば旧来の社会には存在しなかった新たな社会的ジャンルなのだから、新しい試みや既存のもののブラッシュアップを図るような新たな枠組みづくりが欠かせまい。見出し語は２０１０年9月29日の毎日新聞で老いの問題が扱われた記事で紹介された。

人の命は地球より重い

人命は何ものにも換えがたい貴重なものだということ。バリエーションがいくつかある。冒頭部分が「人命は～」「人間の命は～」「命は～」となるものだが、広く知られるようになったのは1977年に日本赤軍による日航機ハイジャック事件に際して、当時の首相であった福田赳夫が「人命は地球より重い」といったもの。この時に超法規的措置で服役囚を釈放し、身代金600万ドルが支払われたものだった。以降、いくつかのバリエーションを生みながら人々に浸透していった。1975年の奈良本辰也『叛骨の士道』（徳川宗春）に「たとひ千金をのべたる物にても、軽き人間の命にはかへがたし という言葉があるが、ここまで言い切った者は誰もいなかった。これは、そのまま現代にも通用する言葉だろう。『人間の生命は地球よりも重い』という考え方と同じなのである。宗春は、こうした考え方に立って、彼のできる限りの施政を行っていった」とあるので、見出し語は、福田がいう前にいわれていたものであることがわかる。

人の幸、不幸は棺桶に片足を入れた時よくわかる

その人が幸せであったか、そうではなかったかは、死に際に明らかになるということ。これまでのことわざ辞典類にはみられない言い回しで、2007年2月28日の毎日新聞で読者からの投書の中にあるものだ。周知の「棺桶に片足を突っ込む（英語ではhave one foot in the grave)」の慣用句を人の幸不幸のありように継ぎ足した表現といえようか。あるいは、生前の真価は死後に定まる意の「棺を蓋《おお》いて事定《ことさだ》まる」も兼ね合わせたものであろうか。どちらにせよ、新しい言い回しといえるであろう。

人の心には天使と悪魔がすむ

人間の心の中には、善なる気持ちとその反対の邪悪な気持ちの両方があるものだということの譬え。ここの善なる心とは、他人を思いやったり、人に尽くしたりすることだろう。逆に、人を傷つけたり、危害を加えることは悪になるだろう。言い換えるとすれば、二重人格をいうジキルとハイドに重なる「昼はかわいく、夜は凶悪」といったところであろうか。実際の生活では、ほとんどの人の悪魔は抑制されて表面にはでてこない。むしろ、天使を演じることが促されるといった面があるだろう。もちろん、人によって、この善悪の感情が起こる比率や度合いは色々であろうが、人間の内奥には、こうした厄介なものがすんでいるということは知っておいた方がよいのかも知れない。メディアでの初見は2002年9月27日の毎日新聞。

人はパンのみにて生きるにあらず

人間は物質的なものだけでは満足は得られないということの譬え。『新約聖書』（マタイ伝第4章）に基づく言葉だ。この言葉は明治時代には知られており、明治40年の中村星湖『少年行』（二十一）に「聖書は教へて、（人はパンのみにて生くる者にあらす）と云ふ、けれどもパン無くして生き得る者でもない」とあり、当時、すでに聖書のものであることが知識としても知られていたのだ。さらに、この前の明治37年には有名な無政府主義者・幸徳秋水が高名なロシア文学者であるトルストイを論じた「トルストイ翁の非戦論を評す」と題する論説（『週刊平民新聞』四十五号）で「吾人は必しも宗教を無用とし有害とするものに非ず、然れども人は麺包《ぱん》のみにて生くる能はざるが如く、又聖書のみにて生くる者に非ず」と記している。少し言い回しが異なるものでは、明治26年に詩人であり評論家である北村透谷が『心の経験』で「人間の生涯は心の経験なり。心とは霊魂の謂《い》ひ《ひ》にして、人間の生命《いのち》の裡《うち》の生命なり。〜中略〜心は麺包《ぱん》によりて活きず、霊によりて生くるものなり」と用いている。

仏の手の平で踊る

やっていることはたいしたことではないのだとの譬え。「釈迦の手の平で踊る」ともいう。『西遊記』で孫悟空が雲に乗って遠出しそこに見つけた柱に自分の名前を書いて自慢したことは、実はお釈迦様の手の平の上でのことであって、まったく取るに足らないことだったということから。有名なエピソードがあるのだが、なぜか、ことわざ辞典には収録されていない。メディアでの初見は1994年3月13日の日経新聞で流通革命に関する記事で用いられていたものだ。

骨皮筋右衛門

痩せこけた人の形容。体が骨と皮と筋からだけでできていることからいう。こうした類は人名化したことわざといえるものであり、日本のことわざの中では、数こそ多くないものの、ユニークな存在となっている。以下、比較的知られているものを紹介する。知っていながら知らんぷりをする「知らぬ顔の半兵衛」、すべてわかった承知したとの「合点承知之助」、やけっぱちになることの「やけの勘八（やん八）」、二月と八月の天気は荒れ模様になることの「二八月荒《にはちがつあ》れ衛門」、これで良しとの洒落の「これで吉田の兼好」、口先ばかり気前がよく、実際はケチなことの「気前与三郎《きまえよさぶろう》、出すこと止八《やめはち》」、弔問の際に念仏を唱えるより接待の汁ものをたらふく食べる「念仏汁吸又左衛門《ねんぶつしるすいまたざえもん》」、木や竹の植え時や土塀の塗り時をいう「木七竹八塀十郎《きしちたけはちへいじゅうろう》」、夏に夕立雲をいう「丹波太郎、信濃次郎、近江三郎」などが挙げられる。

孫の可愛いのと向こう脛の痛いのは堪えられぬ

孫は可愛くて可愛くて仕方がないということ。弁慶のような猛者でさえ泣いて痛がる「弁慶の泣きどころ」である向こう脛をぶつけたり、打たれたら激しい痛みに襲われ我慢できないほどになる。孫の方は、可愛いという感情を我慢できないということで、痛みと感情での我慢ができないという点でだけ両者がつながっているもの。孫の可愛さを表現したものでは「孫は目の中に入れても痛くない」とする言い回しがよく知られているが、果たして、どちらが可愛さの表現として勝っているだろうか。向こう脛は打撃を受けても死ぬことはないが、砂粒一つ入っても痛い目に孫が入ることを想像するだけでも、目の方の誇張度合が大きいといえる。

向かうところ敵なし

行くところどこにも抵抗する者はいないということ、また、そうした強者のこと。似た意味合いの語句には「一騎当千」（一人で千人の相手と戦う）などが知られるが、歴史ものなどに使われるものの一般的には親しまれていない。見出し語の方も現代は、あまり使われるものではないが、それでも政治やスポーツの世界で用いられている。戦前は戦争の関連で常用されていた時期があった。この語句には絵に表わされたものが1点ある。明治前期に活躍した版画家・小林清親による風刺漫画シリーズ『日本萬歳　百撰百笑』の中の1枚にここの語句をテーマにしたものがあった。日清戦争を題材に骨皮道人が文を書き、清親が絵を描いている。文の冒頭部分は「大連湾《だいれんわん》を手に入れて、夫《それ》から間もなく旅順口《りょじゅんこう》二度ある事ハ山東《さんとう》と云ふから無論この地も我物トは思って居たが併《しか》し斯《こ》う無造作に行うとハ思ハなかつた、向ふ處に敵なしとハ此等の事を云ふのだらう…」とみえる。

■向かうところ敵なし（小林清親『日本萬歳　百撰百笑』）

女神は謙虚と笑いを好む

幸運の女神は素直でつつましく、ユーモアのある人にやってくるということ。元将棋名人・米長邦雄の言葉。勝負師として数々の修羅場を体験してきた米長が、勝利を手にする秘密とするもの。逆に女神が嫌うものとなると何だろうか。謙虚の反対は傲慢、横柄あたりか。笑いの反対は陰気、仏頂面、不機嫌あたりか。そういえば不機嫌にはドイツのゲーテの言葉として別項の「不機嫌ほど大きな罪はない」との言い回しもあるから「悪魔は傲慢と不機嫌を好む」なる表現ができそうだ。見出し語のメディアでの初見は１９９６年12月20日の毎日新聞の将棋欄。

目から鱗

　何かがきっかけとなり、突然、わからなかったことがはっきりすることの譬え。「目から鱗の取れる」「目から鱗が落ちる」ともいう。目玉にくっついていた鱗が、何かの拍子にはがれ落ちて、急に目が見えるようになることからいう。『新約聖書』（使徒行伝9章）に由来する言い回しだが、聖書にはことわざの形では収められていない。ことわざとしての早い用例は、物理学者で随筆家の寺田寅彦から夏目漱石門下でドイツ文学者・小宮豊隆宛ての手紙にでてくる。その大正12年4月15日付のものに「ブルメスターとかホルマンとかゴドウスキーとかいろいろな演奏会があるが一つも聞きませんでした。なかなか音楽が流行すると見えます。ヴァイオリンもおりおり先生の所に行っています。いろんな急所を覚える事がおもしろい。聞いてみるとツマラナイような事でも、やはり聞いてみないと気がつかない。『目から鱗が取れるよう』な気がする」とある。昭和初期の浪曲『名月利根の川風』には「ぽんと背中を叩かれて、にっこり笑つて見上げれば、今まで知らない目の中の、鱗が落ちて頼もしい、兄の姿が良く見える」とでてきている。なお、この言葉は、現代の常用ことわざのベスト5に入るもので大変よく使われているもの。

目と鼻の先

　距離が近いということ。目と鼻との距離がごく近いことからいう。ただし、江戸時代では「目と鼻との間」「目と鼻の間」「目と鼻のあひ（あはひ）」といっており、見出し語のような言い回しになったのは明治期からのようだ。他にも「目と鼻」「目と鼻の距離」「目と鼻の近所」との言い方もされていた。見出し語の言い回しの早い例としては明治32年の広津柳浪『二人やもめ』（六）に「だツて、餘《あんま》り見限様《みかぎりよう》が酷《ひど》いぢやないか。遠方へでも行つてお居でならだけれど、つい目と鼻の先に居ながら、餘り酷いと思つて本統《ほんとう》に恨んで居たんだよ」とでてくる。現代でこそ、見出し語の言い方が当たり前になっているが、明治時代くらいまでは「目と鼻の間」の方がはるかに優勢なのであった。見出し語の形に集約されるのは戦後になってからだ。

目には目を歯には歯を

　他人の目を害した者は自らの目を以て償わねばならないということ。また、やられたことはやり返すとの譬え。後半を省略した「目には目を」とも、前半を省略して「歯には歯を」ともいう。目を傷つけられた者は相手の目を、歯を傷つけられた者は相手の歯に相応の報復が許されるとするもの。元々は古代バビロニアのハムラビ法典にある言葉。しかし、同じ言い回しが3度でてくる『旧約聖書』（出エジプト記21章、レビ記24章、申命記19章）や、『新約聖書』（マタイ伝9章）では、復讐を是と解せるものと、逆に否定する相反する解釈となるものがある。レビ記には「人に傷害を加えた者は、それと同一の傷害を受けねばならない。骨折には骨折を、目には目を、歯には歯をもって人に与えたと同じ傷害を受けねばならない。家畜を打ち殺す者は、それを償うことができるが、人を打ち殺す者は死刑に処せられる」とあり、相手への報復ではなく償うことが求められている。他方、申命記には「彼が同胞に対してたくらんだ事を彼自身に報い、あなたの中から悪を取り除かねばならない。ほかの者たちは聞いて恐れを抱き、このような悪事をあなたの中で二度と繰り返すことはないであろう。あなたは憐れみをかけてはならない。命には命、目には目、歯には歯、手には手、足には足を報いねばならない」とあるのだ。さらにマタイ伝にいたっては「あなたがたも聞いているとおり、『目には目を、歯には歯を』と命じられている。しかし、わたしは言っておく。悪人に手向かってはならない。だれかがあなたの右の頬を打つなら、左の頬をも向けなさい」と報復を禁じている。

明治時代の日本では、黒岩涙香訳『岩窟王』に言い回しは微妙に異なるもののなんと5回も使われており、どれも復讐の意味で用いられているのだ。償いの方は大正時代に武者小路実篤によって新約聖書のものが紹介されているものの、戦後からは常用され、復讐一辺倒になってしまっている。

目は心の窓

その人の心のうちは目に表れているということの譬え。また、口では何を言っても目は心を偽りなく映し出しているということ。英語にあることわざで、The eyes are the window of the soul. という。類義で古くからある日本のことわざでは「目は心の鏡」「目は口ほどに物を言う」が知られるが、どれも目が人の心の中を最もよく表しているとしている。また、目はその人を他の人と区別できる最も特徴となるものであるので、その人となりは目からうかがえるというわけ。1984年の元NHKアナウンサー・広瀬久美子『女の器量はことばしだい』（8　あなたってほんとはどんな方かしら）に「『目は心の窓』といいますが、相手の気持ちを知るための手がかりとしては、相手のほかの部分、頭髪とか、鼻とか、耳とか手、胸もとなどの他の部分では代行できないのです」とある。

藪医者の病人選び

能力や実力のない者に限って仕事のえり好みをするとの譬え。では、現代の実際の医者の場合はどうかといえば、良し悪しは別にして、医療は細かく専門に分かれているので、患者はそこで各専門に振り分けられるのであって、医者本人が選んではいない。個人医院であっても、自分の専門以外はそれぞれの専門に委ねるだろうし、自分の及ばない重篤な場合も高度な備えを持つ機関に委ねることになる。つまり、見出し語は現代の医療の現場での話ではなく、あくまで譬え。似た別のことわざでいえば「下手の道具選び」と同じで、腕の良くない者に限って使う道具にうるさいということ。なお、江戸時代は「藪薬師《やぶくすし》の病人選び」といった。薬師は医者のこと。

練習はウソをつかない

地道に努力していれば成果は伴ってくるということ。「練習は裏切らない」ともいう。相撲の場合では「稽古は決して裏切らない」という。ことわざ辞典類にはみられない言い回しで、たぶん、戦後も昭和40年代以降にでてきた若い語句かと推測される。スポーツの世界を主に色々な分野で常用されている人気のある言葉だ。それもあってか、この語句を書いたTシャツも市販されているほどだ。ただ、水を差すようだが、言葉を額面通りに受け取ってはなるまい。やみくもに練習しても必ずしもよい結果に結びつかない場合も少なくないからだ。もっと悪くすれば、悪い癖ばかりがついてマイナスにしか作用しないことだって考えられる。有名なプロ野球選手などは、頭を使って練習しないと嘘をつくよと警告している。それはたしかにその通りなのだ。何といっても、練習は目的ではなく手段の一つだと認識されねばなるまい。成果を導き出す練習が実践されなければ練習の意味はないからだ。マニュアル通りだったり、ワンパターンで固定化されたものではなく、各々の個性に即した個性で磨きこまれた練習というものがあってしかるべきだろう。少なくとも練習のための練習からはプラスは生まれまい。

■コラム2　ことわざの歴史①古代編

世界で古いものは5000年近く前のシュメール人が粘土板に残したくさび形文字のものだが、世界各地にもさまざまある。現代人にもわかるものに限定し、主なものだけを挙げる。

シュメール

○楽しきはビール、苦しきは旅路
○貧乏人に力なし
○金持ちになるほど、見張りの苦労
○祭りの日に妻を選ぶな
○かわいくて彼は結婚、よく考えて離婚
○開けた口にはハエが入ってくる
○力は知性に及ばない
○愛情は家庭をつくり、憎悪は家庭を壊す
○侮辱する人は侮辱され、嘲笑する人は嘲笑される
○見知らぬ人の牛は草を食べ、私の牛は空腹で横たわる（隣の花は赤いの類）
○雌豚がいなくなった後、腰を下ろして待ち、豚小屋を補強した（後の祭りの類）

ギリシャ

○燕一羽では春にならない
○主人の目が馬を太らせる
○人生は短く技術は長い
○賢者は敵からも多くを学ぶもの
○酒は疲れ切った人の勇気を高めるもの
○努力する者には神も援助したもう
○弓は張り過ぎて折れ、精神はゆるんで折れる

ローマ

○野原に目あり、森に耳あり
○習慣は第二の天性
○健全なる精神は健全なる身体に
○民の声は神の声
○酒が入る間に知恵が出て行く
○嘘つきは記憶がよくなければならない
○優れたホメロスも時には居眠りをする
○愛はすべてに打ち勝つ

インド古典

○悪には悪を返せ（目には目の類）
○汚れた服を着ていればどこにでも座れる（徳を失くした者は何でもできる）
○樹々は果実の重みでたわむ（実る程頭の下がる稲穂かなの類）
○愚者にとって沈黙は金
○満ちていない壺は音を立てる（空き樽は音が高い）
○女たちの言葉には蜜、心には毒
○眠れる獅子の口に鹿は入らない
○サソリを恐れて逃げ毒蛇の口に落ちる（一難去ってまた一難）
○瓢箪が水に沈み石が浮く
○腫れ物の上におでき（泣き面に蜂）
○マンゴーに水を注いで祖霊を喜ばせる（一石二鳥）

中　国

○好事門を出でず、悪事は千里を行く
○病は口より入り、禍いは口より出る
○百聞は一見に如かず
○疾風に勁草を知る
○虎を描きて成らず、かえって狗に類す
○よく泳ぐ者は溺れ、よく騎る者は落つ
○桃李物言わざれど、下おのずから蹊をなす
○義は君子を動かし、利は小人を動かす
○楽しみ極まりて悲しみを生ず

日　本

○雉子《きぎし》の頓使《ひたづかい》い（行ったきり帰らぬ使者）
○堅石《かたしわ》も酔人《えいびと》を避く（酔っ払いはみなが避ける）
○虎に翼（鬼に金棒）
○魚と水（親密な間柄）
○水を以て石に投げる（効果のないこと）
○卵《かいご》を累《かさ》ぬる（危ういこと）
○天に二つの日無く、国に二人の王無し（一国の君主は一人）
○鮑《あわび》の貝の片思い
○痛き傷には辛塩をそそぐ（苦痛を増すこと）
○死にたる人は生ける鼠に及《し》かず（生を重視する）
○藤を以て錦につぐ（粗悪品を良いものに付ける）
○重き馬荷《うまに》に上荷《うわに》打つ（重い負担にさらに負担をかける）

■コラム3　ことわざの歴史②日本のことわざの流れ

主な文芸作品や宗教書などから、そこに残されたことわざをピックアップしてみる。平安時代以前のものは古代編で略述してあるので、平安時代から主なものに限定して概観する。

〈平安時代〉

日本霊異記

○貝を以て海を汲む（無意味なこと）
○口は禍の門　○天知る地知る

源氏物語

○言わぬは言うに勝る
○孔子《くじ》の倒れ（偉い人も失敗する）
○水鳥陸《がく》に惑う（陸に上がった河童の類）
○玉に瑕　○花も実もある
○鹿を馬（白を黒にする類）

今昔物語

○石を抱て淵に入る（自殺行為）
○牛に引かれて善光寺詣り　○犬と猿

空海著作

○膿《う》み足を隠して他の腫れ足を発《あら》わす（自分の欠点に気付かず他人を蔑む）
○毛を吹いて疵を求む
○孝経をひっさげて母の頭を打つ（言行不一致）　○雀変じて蛤となる
○虎変じて犬となる　○人面獣心
○始めあるものは終わりあり

〈鎌倉～南北朝時代〉

平家物語

○いさかい果てての棒乳切り木（手遅れ）
○一樹の蔭一河の流れも他生の縁（全ては因縁による）
○奢れる者久しからず　○多勢に無勢
○仏も昔は凡夫　○六日の菖蒲
○昔は昔、今は今　○横紙を破る
○籠鳥の雲を恋う（自由をうらやむ）

徒然草

○家に鼠あり国に賊あり（何処にも悪さをする者がいる）
○命長ければ恥多し　○酒は百薬の長
○去る者は日々に疎し
○紫の朱を奪う（正当なものが不正に負ける）

北条重時家訓

○一寸の虫にも五分の魂
○寸善尺魔（良い事は少なく悪い事が多いこと）
○長者の万灯より貧者の一灯
○身をつみて人の痛さを知れ
○湯を沸かして水に入る

道元著作

○画にかける餅、飢えをやむるにあたわず（絵に描いた餅の古い形）
○雪上に霜を加う
○千聞は一見に如かず　○面壁九年
○竜頭蛇尾　○渡りに船を得る

〈室町時代〉

御伽草子

○会うは別れの始め
○一を聞きては十とさとる
○氏より育ち　○鬼の眼からも涙
○思い立つ日を吉日
○女の眼には鈴を張れ
○神は正直の頭に宿る
○賢人二君に仕えず
○子故の闇に迷う　○好事門を出でず
○住めば都　○鶴は千年亀は万年
○遠きは花の香
○比翼連理の契り（男女の仲が睦まじい）
○焼け野の雉子夜の鶴
○楽あれば苦あり　○綸言汗の如し
○灯心で鐘を釣る（不可能な事）
○禍は下から

幸若舞曲

○朝に紅顔あって夕に白骨となる
○蟻の塔を組む　○砂長じて巌となる
○石に花咲く　○石の物言う世の中
○一眼の亀浮木に逢う　○上見ぬ鷲
○夫の心と川の瀬は一夜に変わる
○智者の辺の童は習わぬ経を読む
○泥中の蓮　○虎の尾を踏む
○飛んで火に入る夏の虫
○百里の道も一足から
○人は一代名は末代

三　人と人

挨拶とほめ言葉にお金はかからない

　挨拶や相手をほめるのは難しいものではないのだから気楽にどしどしするのがよいということ。少し共通する言い回しに「言葉に税金はかからぬ」というのがある。こちらは言うべきことは言えということ。見出し語にもっと近い言い回しでは「言葉に銭金いらず」がある。意味は言いたい放題をいうことになる。これに対して見出し語は、相手を尊重する姿勢のものだから、言われた方も悪い気はしない。そして、言う側に親しみを抱いたり、好意を持ったりする。もっとも、いくらほめ言葉でも気持ちがこもっていなければ逆効果になりかねない。ましてや、やり過ぎてしまったら、不信を招くことになる。何はともあれ根本は心や気持ちのあり方なのだが、それも言葉や行動で示さねば相手に伝わらない。そして、それを伝える言い表し方や表情も大事なポイントだろう。見出し語は既存のことわざ辞典にはみられない新しいもの。１９94年4月30日の朝日新聞に掲載された読者からの投書で使われていた。

挨拶は心の窓を開く鍵

　挨拶の言葉はお互いの心を開き人間関係を円滑にする大事なものだということ。おはよう、こんにちは、ありがとう、さようなら、どれも誰でもが日々の暮らしの中で条件反射的に口にしているものだろう。いわば日常そのものともいえる。それ故か、反対に挨拶を欠くと相手との関係が薄く、距離が離れるとみられてしまう。複雑な人間関係からなる現代社会にあっては、単純で明快な挨拶は大変優れたコミュニケーションツールといえよう。ところが、古くからあることわざには、挨拶の優れた面を表現するものはない。挨拶の文字が使われていることわざの代表格は「挨拶は時の氏神」というもので、喧嘩などを仲裁するという意味のもの。あるいは「挨拶より円札」という言葉の礼より実利がよいとすることわざだ。もっとも、後のは同音の「拶」と「札」を掛けたシャレ表現なのだが…。見出し語は既存のことわざ辞典類にはみられない新しいもので、２００８年の毎日新聞に掲載された27歳の読者の記事にあったものだ。

相手を憎んでも仲直りの余地は残しておけ、仲良くなっても敵になる可能性も考えておけ

　人間関係のあり方を考えるのに熟慮すべき観点を示しているものだろう。普通に感情の問題としてみても、相手を憎む心からは相手の憎しみや反発を招くだろう。長い人類の歴史に絶えることなくあり続ける部族や民族間の争いや宗教抗争の根底に流れるのは憎悪のエートスかも知れない。憎悪

の反対は愛（仲良し・親愛）だが、それも将来裏切られる可能性を頭に入れておけというのが見出し語で、1993年10月に朝日新聞の社説で紹介されたアラブの格言。パレスチナの自治を巡る深刻な争いを論じる中で使われている。日本人としては、憎んでも限界までやるなというのは得心できるが、愛に裏切りの可能性を持てというのは相当距離がある。日本人には考えられないような激烈な争いの歴史から生まれたものなのかも知れない。

赤ちゃんは泣くのが仕事

　赤ちゃんは優しくゆったりとした気持ちで接しなさいということ。産まれて3か月くらいまでの赤ちゃんの睡眠時間は15時間から20時間といわれる。もちろん、個人差や時期の違いはあるので一概にはいえないのだが、少なくとも1日の大半は寝ていることになる。赤ちゃんはうれしくても悲しくても、オッパイが欲しい時も、オシッコやウンチの時も泣くしかない。しっかりと泣くことが成長に直結しているのだ。既存のことわざ辞典類にはみられない語句だが、やさしい子育ての言葉として大きく育みたいものだ。

預ける時の恵比寿顔《えびすがお》、借りる時の閻魔顔《えんまがお》

　金を預ける時はにこにこ顔なのに借りる時になると渋い表情になることの譬え。こんな情景や場面は銀行などの金融機関のことになろう。その時々の経済状況に影響されようが、いったいに金が入ってくる方は喜び、出て行く方は辛く悲しい。恵比寿や閻魔になじみが薄くなっている若い世代のために一言説明すれば、恵比寿は福の神であり、閻魔は地獄の王だから対照的な存在として登場しているわけだ。もともとは「借りる時の地蔵顔、返す時の閻魔顔」といったのを言い換えた言い回し。古いものは江戸期前からいわれる歴史を持ち、現代まで生きている命の長いことわざの一つ。長く生きているということは、それだけ人々に支持されていることになるから、時代の変化に伴って現代の装いに模様替えしたのかも知れない。なお、見出し語は2008年4月1日の毎日新聞の経済コラムに載った。

後出しジャンケン

　ルール違反の不公正な行為をすること。また、そうした行為を非難する言葉。参加者が同時にしなければならないジャンケンで後から手を出すことからいう。子供の世界でも後出し行為は非難を浴びる。たとえわざとではなく、ちょっとタイミングをミスしたのであってもずるいと見なされてしまう。ジャンケンからできた言葉で、新聞などのメディアの世界では2000年過ぎころからみられるようになる。マスメディアでは政治の世界、特に東京都知事選挙のような場合にみられる。いわゆる有力候補が他の候補者の動向をうかがい情勢を見極めてから出るか降りるか判断するからだ。とはいえ、選挙の場合は、ジャンケンとは違いルール違反ではない。ただ、他の人を先に踊らせ自分が最後に登場するいわゆるトリのようなやり方が好まれないのではないのだろうか。

　他方、受け入れられているものもある。高齢者向けのリハビリとしてゲームにされたものだ。進行役は、グー、チョキ、パーを自分の腕と体を使って表現し、そのジェスチャーに勝てとか、負けろ、あいこにしろ等と声で指示する。それに対してその場にいる人たちが反応して手を出すというもの。脳の活性化につながると評価されているという。こんなゲームなら後出しジャンケンも歓迎されよう。

育児は育自

　子供を育てることは、自分を育て成長させるものだということ。「育自」は新たにつくられた造語と思われるが、イクジの同音を繰り返した簡潔で口調のよい言い回しになっている。たしかに育児の苦労は経験してみればわかるが、並大抵ではない。でも、その苦労を負担だけにせず、もっと前向きにとらえ直し、わが身に振り向けている発想が素晴らしい。この言い回しはメディアでは2000年5月9日の毎日新聞に載った61歳の女性の投書でみたものが早いものであった。投書者の年齢から考えると、自らの経験に基づいた言葉であるか、その当時に口に出されたものであろうか。同じ内容で「子育ては自分育て」との言い回しも2004年の朝日新聞の投書欄にみえているが、表現の印象の強さではイクジに軍配が上がろう。

医者学者長者

友達として持ちたい職業のものをいう。古くは「医者智者福者」といい、鎌倉時代の有名な『徒然草』にでてくる。名詞を三つ並べて、同音の「者」が3回繰り返されており、口調のよいことわざになっている。ここでの三者は、みな高く評価されているが、果たして単純に信じてよいのだろうか。必ずしも低評価というわけではないが、どの職業でも「医者の不養生」「学者の不身持ち」「長者に情けなし」とあり、ことわざの世界ではあまり肯定的には扱われていないものもあるのだ。ただ、これは、いわばことわざの特性の一つで肯定と否定を併せ持つとの属性があるからなのだ。

言われるうちが花

叱られたり助言してもらえたりするうちがありがたいのだということ。どんなにきつく言い聞かせたり、何度もしつこいくらいに言ったりしても、「暖簾に腕押し」「糠に釘」の状態であれば、そのうちには言葉も掛けてもらえなくなる。つまり、言ってくれる相手は、まだ見込みがあるから言うのであって、無意味とわかれば、それこそ「骨折り損のくたびれ儲け」になり諦めてしまうものだということ。非難されるのを喜ぶ人はいないだろうが、それでも無視されるよりはましなのかも知れない。

飢えには親子なく、貧には愛もぞ破る

飢餓状態であれば、親子の情が起きる余地はなく、貧困では互いの愛情も壊れてしまうものだということ。この言い回しは1899年に発表された小栗風葉の小説『鬘《かつら》下地』（二十二）で使われている。たしかに、本当の飢餓状態になれば、「飢えた者は食を選ばず」となるだろうし、「飢えた犬は棒を恐れず」で危険を顧みずに食べ物を求めよう。そんな際は親子でも関係ないというもの。また、愛情の方も貧乏が極まれば破綻してしまう。これを別の英語のことわざでは『貧乏が戸口から入ってくると愛は窓から飛び出る（When poverty comes in at the door, love flies out of the window.）』といっている。そして、日本のことわざでも「金の切れ目が縁の切れ目」といっている。とはいえ、他方で親の子に対する情愛の深さをいう「焼野《やけの》の雉子《きぎす》夜の鶴」のようなことわざもある。つまり、飢え死にしそうな状況では親子といえど食争いが起きるのも事実であるし、燃え盛る火や夜の寒さから我が子を守る親がいるのも事実なのだ。

後ろから弾を撃たれる

味方や身内の非難、裏切りにあうことの譬え。「〜から鉄砲を〜」とか、能動形にした「後ろから鉄砲を撃つ」などともいう。古くからある言い回しではなく、戦後からの新しいもの。政治の世界で多く用いられている。ことによると、裏切りは政治の世界にはつきものなのかも知れない。現代のメディアでの使用調査を開始した1992年11月9日の日経新聞の政治関連記事で見たのが古い例なので、おそらくもう少し前から使われていたと想像される。

英雄は英雄を知る

傑出した人は他人の隠れた大きな才能を見抜くということの譬え。『三国志』に由来する語句だが、言い回し自体は後のもの。日本での早い例は、1920年の中村吉蔵の戯曲『淀屋辰五郎』（第3場）には「兎角《とかく》、英雄を知るものは英雄、やくたいも

ない女の子どもには、持てぬ丈人間が偉いのでござらう」と見出し語を踏まえた言い回しがみえる。また、バリエーションとして「英雄は英雄の心を知る」の言い回しが『開運！　なんでも鑑定団』のレギュラー出演者である中島誠之助『南青山骨董通り』（箱割り中誠）１９８９年に「直ちにノミの市実行委員会竹日忠司大会会長への至急報〈ワカイヤツヒトリタノム　ナカセイ〉、これを受けたる竹日会長、英雄は英雄の心を知るとばかりに快諾したり」と用いられている。

多くの知友は多くの黄金に勝る

たくさんの友人を持つことは大きな財産を持つより価値があるということ。豊富な人材は金銭に勝るとする人間の力を社会の根幹と高く評価する思想ともいえるもの。１９８０年の、小説家・宮尾登美子のエッセイ集『母のたもと』（出会い）に「少数よりも多数の人間関係を持つことによって、幼児の大脳によい刺激を与えるという実証なのだけれど、これはそのまま成人社会にも当てはまるとはいえなくはなかろうか。『多くの知友は多くの黄金に勝る』という言葉もあるくらいだから、ＩＱはともかくとして、多くのよい友人に恵まれた人間がこころ豊かな人生を送れることは事実であろう」とある。見出し語は、普通のことわざ辞典にはみられないものなのだが、『旧約聖書』の箴言16章16節には「知恵を得ることは金にまさり分別を得ることは銀より望ましい」とある。箴言にはこうした金言的な語句がちりばめられており、こうしたものが下敷きとなって見出し語が出来上がったかと憶測するのだが…。

夫は妻次第

夫は妻のやり方や妻の良し悪しに左右されるということ。基本的には同じ言い方のものが平安時代からある。「男は妻《め》から」というもので、男の出世や品行は妻の存在に影響されるというものだ。江戸時代でも「男は女《め》からと、男の心の善悪は、連添ふ女房による」と記したのは竹田出雲の浄瑠璃『男作五雁金《おとこだていつつかりがね》』。見出し語は宮尾登美子『母のたもと』（男の欠点）に「外国のことわざにも、『月のみちかけと女の人生はよく似ている。どちらも太陽と男の存在に左右されるからだ』といういささか屈辱的な言葉があるが、日本にも、『夫は妻次第』という格言があるのを思えば、やはり人生お互いさまというところなのであろう」とある。戦前まで支配的であった男尊女卑の思想は、実は表向きのもので、根底には女権の思想が流れていたとみた方が妥当ではないだろうか。少なくともことわざからはそうみえる。

男つかむためには胃袋つかめ

男性の関心をひくには料理上手をアピールせよということ。結婚するに際して、相手に自分の存在をアピールする方法は色々あるだろうが、生活を営むために欠かせないのが食事。同じ食材を使っても料理上手か否かでは味に格段の違いが生まれるだろう。男の側からすれば、性格や相性など大事なポイントは当然あるものの、毎日食べる食事が美味いか、そうでもないかは大きな違いになる。この言葉は古くからあるものではないようで、今日もまだ決まった形になっておらず、「男心をつかむには胃袋をつかめ」とか、「男のハートより胃袋つかめ」ともいっている。どれにしても戦後の昭和30年代以降とみられる。余談になるが、20歳半ばで結婚した時、妻の母親がこの言葉を口にしており、当時初めて聞いたことを覚えている。見出し語の古い形のものとみられるものがあるので触れておく。明治34年の徳富蘆花『思出の記』（巻外）に「もっとも驚いたのは、敏子が何時の間に見聞《みき》いたのか、僕の食性をそらんじて、巧みに僕の嗜好物を調理してすすめた事である。もし西洋の諺《ことわざ》に云う通り、男子を攻落す間道は、即ち食道であるならば、細君は確かに僕の死命を制する手段を有っているのだ」とある。つまり、この言葉は明治時代に西洋から入ってきたことわざだったというわけだ。

鬼でも頼めば人を食わぬ

相手に心から頼めば、むげには断られることはないとの譬え。「頼めば鬼も人食わず」ともいう。ただ、この句には、下手に出ると相手がつけあがるとの別の解釈もあるのでややこしい。この句の古い用例は大正5年の新渡戸稲造『自警録』（第6章）に「そこで僕が自分の恥を晒《さら》して物語り、怖気《けおじ》る人の参考に供したき要点は、相手を信じてかかれということである。渡る世間に鬼はない、鬼でさえ頼めば人を食わぬ。窮鳥懐に入れば猟夫もこれを殺さぬ。怖気たり臆病な人も、他に信じてかかれば怖るることがなくなる」とある。似た意味の三つのことわざの一つとして用いられ前の解釈を示している。後の解釈のものには、「頼めば犬も糞を食わぬ」とか「頼む乞食は冷や飯食わぬ」という句があるが、特に犬バージョンは江戸期からあるものなので、これに影響された解釈ということはありそうだ。

お神酒徳利

恋人や夫婦がいつも一緒にいて仲の良いことの譬え。また、兄弟などが同じような服を着てよく似ていることの形容。本来的には、神様に供えるためのお神酒を入れる一対の徳利がお神酒徳利。現代では使われることのない死語かとみていたら、2003年12月18日のスポーツニッポンのスポーツに関するエッセイで使われている。また、東京新聞の2011年10月23日の歌舞伎の記事でも使われていたので、まだ死語宣言を出すのは早いようだ。

親孝行したくないのに親はいる

長寿の親の存在がままならず、疎ましく思う子供の気持ちをいうもの。これは「孝行をしたい時分に親はなし」という川柳を言い換えたものだ。川柳の方の意味は、子供も授かり、親のありがたみを感じる年にもなったので、孝行をしようと思ったその時には親は死んでいないということから、親が生きているうちに孝行しておくべきだったと悔やむもの。つまり、見出し語は川柳とは真反対のものになっていることがわかる。ただ、これは親不孝の極みとばかり、子供だけを責めるわけにはゆくまい。核家族化によって親子の住まいが遠くなった上、長寿化に伴って子供側の負担も増えるから、親孝行をしたくても容易ではないという状況がある。なお、見出しの言葉は1993年ころによく用いられていたが、この数年は見聞きしない。

親孝行は真似にもせよ

たとえ真似事であっても親孝行は尊いものであるから行うべきとの意。真似事は人の真似とか形ばかりのものといったもの。明治期の劇評家・幸堂得知《こうどうとくち》の小説『酒乱』（十六）に「今度は此方にて老人を雇はんとの事に決したれば老人等も大きに喜び、早速翌日より二組の親孝行で諸方へ稼ぎ廻るに思の外の仕合《しあわせ》。其仕合《そのしあわせ》で温まる吾《ご》八宅助《たくすけ》、親孝行は真似にもせよとの俚言《ことわざ》」とことわざとして用いている。人として善いことは、たとえ真似事でも、何もしないよりした方がよいというわけだ。

親と主人は無理をいうもの

親と仕える主人という者は何かと無理難題をいってくる人間だということ。子供にとって親は、幼い時には有無をいわせぬ絶対的な存在だ。もちろん、甘えたりだだをこねたりもしようが、いざとなれば抗うことなど到底できない。一方、主人の方は、丁稚奉公であれ親方のところでの徒弟であれ、主人には絶対の服従が求められる。現代の企業であっても、基本的に上司には逆らえないのが普通だろう。見出し語は福沢諭吉の有名な『学問のすゝめ』（二編）に「豪商百万両の金も、飴やをこし四文の銭も、己が物としてこれを守るの心は同様なり。世の悪しき諺《ことわざ》に、泣く子と地頭には叶《かな》わずと。又云く、親と主人は無理を云ふものなどゝて、或は人の権理通義をも枉《まぐ》べきものゝやう唱《となう》る者あれども」とでてくる。権力者や駄々っ子にはお手上げとすることわざと並べて用いられていることからも、この語句の意味合いがうかがわれようか。なお、見出し語は既存のことわざ辞典には見当たらない珍しいものなのだ。

親と上司は選べない

子供は自分の親を選ぶことはできないし、仕事や職場での上司を選べないということ。揚げ足取りな言い方をすれば、親であっても別の親に替えられないことはない。法律上のことなどであれば可能。とはいえ、産みの親はどんなことがあっても替えることはできない。上司も同じで、ある職場から別の職場へ移れば上司は替わるが、上司自身を自分が選んだわけではないことに変わりはないのだ。見出し語は、いわゆるダメ上司を持った部下の悲痛な叫びでもある。ダメ上司を親とならべることによって、諦め慰める言葉と云えようか。とはいえ、反対に上司の側からだってダメ部下は存在するのだから、おあいこみたいなものだが、圧倒的に数だけなら部下が多数派、多数の声は大きいというわけだ。

親の甘茶が毒になる

子供に対して親の態度が甘いのは子供によろしくないという譬え。甘茶は甘味のあるお茶で4月8日の灌仏会に釈迦像にかける。ここでは甘さの代わりに用いられている。「親の甘茶は後の毒」との言い回しも同じもの。兵庫県に伝わる子守唄に「可愛い子ぢゃとて、甘茶でそだてな、親の甘茶は後の毒」という唄がある。可愛い可愛いといって甘やかして育ててはだめだよ、親の子に甘いは後で子によくないよ、というものだ。子守唄にあるところが面白い。見出し語の方は２００９年６月12日の朝日新聞の経済コラム経済気象台に掲載された。

親の顔が見てみたい

その人の言動にあきれ果てていう言葉。意味の上では、「その人を育てた」が省略されている。つまり、そこには親がどんか教育をしたのかとか、親子は似るというが、果たしてどうなんだろう、といった類いだ。詩人・伊藤比呂美のエッセイ集『おなかほっぺおしり　そしてふともも』（7）に「よく態度の悪いガキを町なかで見かけます。地べたにひっくりかえって泣きわめいているような、自我と物欲と食欲のカタマリのようなガキ。親の顔が見てみたい、と思わず思うような人迷惑なガキ」と辛らつな描写をしたものがある。

親の背を見て子は育つ

子供は自分の親の振る舞いなどを見て大きくなるものだということの譬え。「範を背で示す」という言葉もあるように、教育法として直接に教えるのではなく、それとなく模範を示す方法があることはよく知られるところ。「子供は親の背を見て育つ」との異形もある。ところで、見出し語は古くからあったことわざではない。異形の方が昭和57年に栃木県教育研究所から刊行された『下野の故事ことわざ辞典』に収められているのが早いもの。だから、歴史は大変浅い。とはいえ、浅い歴史のわりには頻繁に用いられている一つだ。ただ、新しい語句ということが関係するのだろうが、言い回しは多様で「親は後ろ姿で子に教える」「親の後ろ姿をみて子は育つ」「親の背中を見て子は育つ」とある。戦後に生まれたことわざの中では、使用度数がおそらくベスト5に入るのではなかろうか。

親馬鹿に子外道

愚かな親に育てられて子ははずれ者になるということ。ここの親馬鹿は子供に少し甘いといった程度のものではなく愚か者の意。これはどのことわざ辞典にも見当たらないもので、弁士であり漫談家でも有名な徳川夢声の随筆にでてくる。その『親馬鹿』（徳川夢声代表作品集上、昭和28年所収）に「可愛いい息子のために意地も張りもなく、ただひたすらかしこまって、私などのような、あんまり頼りにもならん人間に、心から頭を下げてるように見える。―親馬鹿に子外道　これは、私が子供のころ、よく祖母から聞かされた諺である。もち論、そのころは、なんの意味やらよく分からなかった。それが、自分の子というものを持ち、しかもその自分自身が、いよいよ老いてくるにつれ、実にハッキリとこの諺の真実性が分かってくる」とある。親馬鹿を論難する言葉はいくつもあろうが、ここまで親馬鹿という存在を明確にしたことわざはないだろう。

親は子に育てられる

子供を育てることによって親自身も成長するということ。普通、多大な苦労をしながら親は子を育てて一人前にする。よく似た意味の言い回しに「育児は育自」という言葉がある。こちらの育自は、育児になぞらえて新しくつくられた造語だ。育児をすることが自分を育てるとするもので見出し語と同じ意味合いのものだということがわかる。ということから、見出し語は親の視点にたって育児イコール育自論を表現したものとわかる。この新しい語句は、２０１３年４月22日の朝日新聞の読者欄にある65歳の女性からの投稿にでてくるもので、当然の如く、ことわざ辞典の類にはみられない。珍奇な表現もなく至っておとなしい言い回しだが、なかなか含意は深い。

親を見て子をもらえ

結婚する時には相手を見るより相手の親を見て選べということ。結婚は当事者同士の合意によるから、互いをよく見て選ぶ必要がある。もちろん、その通りではあるが、それだけでは十分とはいえない。特に恋仲となれば夢中になり「恋は盲目」となりやすい。そうでなくても、短期間のうちに相手の性格や癖などを把握するのはたやすいことではない。英語のことわざに「母親をよく見てから娘を娶れ(Observe the mother and take the daughter.)」という言い回しがある。母親は娘の未来を表しているから、母親の言葉遣いや振る舞いは未来の娘を先取りした形で体現していることになるのだ。娘の現在だけでなく将来をも見通した観点のものといえる。見出し語は２０１５年３月６日の朝日新聞に63歳の女性読者から言い伝えとして掲載されたもの。ただ、日本の古いことわざには、こうした類は見当たらないので、英語などのものが下敷きになっていつの間にか言い習わされたものかも知れない。

女の敵は女

味方だと思っていた同性が実は敵であったということ。「男は敷居をまたげば七人の敵がいる」ということわざは知られているが、男の敵は男とはいわない。七人も敵がいるのだからその敵の多くは男のはずなのだが、何故だろう。推測になるが、男の敵はすべて家の外、すなわち外部のものなのだ。それに対して女の敵とされるものは、仲間うちとみられる同性の中からの敵だということ。出産経験を持つ女性同士が最も盛り上がるのはそれぞれのお産にまつわる話だそうだ。そこに男がいたらそんな話にはならない。つまり、出産という生命の根源に関わる事柄を共有したという絶対的な関係があるのではないだろうか。その意味では女の味方は女であるのだが、共有性がない場合には必ずしも味方とはいえなくなるのであろうか。

女の友情はハムより薄い

女同士の友情は薄く切れやすいということの譬え。既存のことわざ辞典にはない言い回しだが、どうしてこんな表現がでてきたのであろうか。一般的な見方では、男の友情に比べ女の友情は薄いとみられている。そのもっともらしい根拠は、女は群れたがる存在である反面、群れでの良好な関係を維持するのがうまくないと考えられている。ところで見出し語の言い回しは２０１１年12月21日の朝日新聞の73歳の読者の投稿で初めて知ったもの。ネットで検索してみると、月９ドラマのセリフからでたとするものが見つかった。この書き込みがあるのが２０１１年10月17日だから、新聞読者の投書はドラマでみたものの可能性が高い。ということから推測すると、ドラマの原作者の創作かと想像される。

女は弱しされど母は強し

女は非力だが、母親になると強くなるということ。特に動物の場合に子連れの母親は子供を護るために強くなる。19世紀のフランスの詩人であり小説家であるユーゴーの言葉として知られる。日本では戦後になってから用いられているようで、１９７９年の脚本家・小山内美江子の『親と子と裁かれる明日』（6章）に「『だって、それが私の一生ですもの。子供のためでなかったら、誰がこんな夜中まで酔っ払いの相手なんか、～中略～子供だけには幸せになって欲しいんですもの』『女は弱し、されど母は…かい』」と使われている。

貸主は借主より物覚えがいい

借りた方は忘れてしまうが、貸した方はちゃんと覚えているということ。似た言い回しに「貸した物は忘れぬが借りた物は忘れる」「貸し物覚えの借り物忘れ」というのもある。どれも古くからあるものではなく明治期以降のもの。特に後者の言い回しは珍しいものながら、口調も歯切れもよいことわざらしいことわざに仕上がっている。自分に都合の悪いものは忘れ、よいものは覚えているということだ。反面、逆の言い回しはないから、これが人間の心理なのであろう。要するに人間は皆自分に都合よく考え、都合よく行動しようとする心理があるというのであろう。メディアでの初見は２０１５年6月24日の毎日新聞の一面コラム・余録。

家人《かじん》の眼には英雄なし

どんな偉い人であっても身近な人には偉くも何ともないということ。ものの評価や価値は相対的なものに過ぎないということの譬え。スーパーヒーローでも大悪党でも、妻やお付の人にとっては普通の人なら誰でも日常的に食べたり寝たりをする存在に過ぎないということ。つまり、偉いのは、世間や社会の中でしたことであって、家庭の中ではないからだ。英語では、No man is a hero to his valet（従僕から見れば英雄はいない）という。見出し語は坪内逍遥の小説『壱円紙幣の履歴ばなし』（明治23年）に「心ともなく人間の内証事、目に触れ、耳に触れ、おのづから知りしも幾《いく》そたび。人間に向うて人間の講釈は異なものなれど、かの家人の眼の中には英雄無し、といひし古人の言葉は、穿ったやうでまだの事也」とある。なお、新渡戸稲造の『自警録』（第二十一章）に「イギリスの諺《ことわざ》に『いかなる英傑も彼の側《そば》に侍《はべ》る小姓の眼には偉大と映じない』とある」と記されており、見出し語の異なる表現になっているものとわかる。

金を友に貸せば金を失い友を失う

友人に金を貸してちゃんと返済してもらえないと友情が壊れてしまうし、貸した金も返ってこないということ。日本の古いものには見出し語のような言い回しはない。英語にLend your money and lose your friend.（金を貸して友を失え）、Lend money to an enemy and you will gain him, to a friend and you will lose him.（敵に金を貸せば敵を得て、友に貸せば友を失う）といったことわざがあるので、たぶん、こうしたものをヒントにしてつくられたとみられる。夏目漱石門下の随筆家・内田百閒の『愚痴の妙技』（昭和13年）に「貧乏人とは附き合ふものでない。僕は金が出来たら絶交しようと思ふ。格言に、『金を友に貸せば、金を失ひ友を失ふ』と云ふのがある。お金を貸した為に失ふ位の友ならば、先に捨てた方が早手廻しである」と使われている。いかにも偏屈で聞こえた百閒らしい使い方だと感じるものだ。

昨日の敵は今日の友

人の心が変わりやすく当てにならないことの譬え。昨日まで敵として戦っていた者が今日は友になることからいう。敵と友を入れ替えた言い方もあるし、少し言い方の異なるバリエーションもいくつかある。最も古い例は明治8年の福沢諭吉『文明論之概略』（巻之二）に「人の心の働は千緒万端、朝は夕に異なり、夜は昼に同じからず。今日の君子は明日の小人と為る可し、今年の敵は明年の朋友と為る可し」とある最後の部分。福沢諭吉は「昔の敵は今の友」（『通俗国権論』四章、明治11年）とした言い回しもしている。戦後のものは1992年の諸井薫『男の流儀』（俄か分限）に「列強諸外国の手口はそれ以上で、国益のためならどのように卑劣な権謀術数も辞せず、風見鶏のように目まぐるしく変る力関係を眺めながら、昨日の友を今日の敵にするのになんの痛痒も感じない」とでてくる。

金銭の上に兄弟はない

金に関しては肉親の情は入らず他人と同じだということ。また、金銭は兄弟であっても他人と同様にけじめをつけなければならないとの戒め。この言葉はことわざ辞典にはない。あるのが類似の「親子の中でも金銭は他人」「金は親子でも他人」「銭金は他人」「金銭は他人」「金に親子はない」などというものなので、見出し語は、おそらく、こうした類似のものを踏まえて言い換えしたものであろう。明治34年の徳富蘆花『思出の記』（一の巻）に「流石《さすが》の父も憤然として最早《もはや》弟とは思はぬ兄とは思ふなと云ひ送つたが、金銭の上に兄弟はない、先方は素《もと》より零落した兄には何の情義《じょうぎ》も無かった」とでてくる。

玄人の底惚れ

お互いを熟知した間柄での奥深く通じる恋愛。ことわざ辞典にはない語句で、小説家・宮尾登美子が作品の中で用いているもの。1980年のエッセイ集『母のたもと』（合縁奇縁）に「私の好きな言葉のひとつに『玄人の底惚れ』というのがあって、私はいつも男女の仲はこんなふうでありたいと思ったりする。底惚れとは、水商売の人間のあいだではよく聞く言葉だが、お互いに相手の放蕩、故事来歴のすべてを知り尽くした上でもなおしんから好きで別れられぬ仲をいい、これを現代ふうなニュアンスでいえば大人同士の恋愛、とでもいうのだろうか」とでてくる。この引用文に従えば、この句は水商売の世界では知られるものだというが、この業界に伝わることわざのような言い回しはほとんど知られていなかっただけに貴重な語句といえる。もちろん、深みのある秘められたニュアンスの存在が感じられることも要因だが…。

喧嘩するほど仲がいい

言いたいことが遠慮なくいえるような間柄だということの譬え。一口に喧嘩といっても色々だが、ここは本心や本音をそのまま相手にぶつけ合うような信頼関係の上に立ったものなのだろう。この語句は一つ二つの例外を除いて普通のことわざ辞典にはない。一方、実際には1990年代にはいくつも実例が確認されている語句でもある。しかも、面白いことに子供の世界で多く用いられている。たった1年間の調査であったが、1994年に当時小学5年生だった娘に子供向けのテレビやマンガ本からことわざの使用例を拾わせたことがある。その記録によれば1月23日はテレビアニメのサザエさんであり、赤ずきんチャチャ（10月28日）にもでていた。少女雑誌『りぼん』2月号の『ガールズHAZU』にもみられた。少なくてもメディアに限れば子供向けが先行して大人物が後を追う珍しいものであった。

恋は盲目

恋に落ちると無我夢中になり、理性や常識の見境もない行動をとるものだということ。また、相手を好きになってしまうと欠点もわからなくなるということ。英語からのことわざでLove is blindが原語。日本語には、「恋は闇」「恋は曲者」「恋は思案の外」など類似のものも少なくない。早い用例は1934年の坂口安吾の短編『訣れも愉し』に「自分の恋心に就《つ》いても毫《ごう》も疑いを持たなかった。彼女はそういう理知的な恋もありうると信じていたのだろう。寧《むし》ろ信じたかったのであろう。けれどもそれは恋ではない。恋は常に盲目だ。お花さんは恋の一歩手前にいながら、それを恋と信じていたのだ」とでている。

小芋が育てば親芋は腐る

子供が成長して一人前になれば親は役割を終え消えていくものだということの譬え。これは芋に限らず、生命の摂理だろう。とはいえ、人の寿命は年齢に関係なくやってくるという「老少不定」といった言葉もあるものの、親が子より先に死ぬのはごく自然なこと。だから反対となる「親に先立つは不孝」は大変な親不孝になるのだ。見出し語は既存のことわざ辞典などどこにも見当たらない新しい言い回し。1997年4月のNHKドラマで放送された中で用いられていたものだ。

子供は大人の父

人の性格は子供の時分につくられるということ。また、大人は子供を鑑にするべきだということ。イギリスの詩人・ワーズワースの詩に由来するもので、英語ではThe child is father of the man. という。日本では戦後になってから使われたかと思われる。メディアでは1993年2月7日の朝日新聞の天声人語の冒頭に引用されている。ソニーの設立者であり幼児教育にも一家言を持った井深大も『幼稚園では遅すぎる』（3章　ほんとうの幼児教育は母親にしかできない）でワーズワースのこの語句を援用している。同著は1971年の刊行。

子供は神様からの授かりもの

子供は人知を超えたところのもので、天の神様から頂戴したものだということ。「子供は神様からの預かりもの」ともいうが、両者はまるまる同じではないようだ。少なくとも、預かりものの方には親としての所有意識はないばかりか、むしろ、否定的に捉えられているようだ。メディアでこの言葉を初めてみたのは1992年9月15日の産経新聞の29歳の女性読者の投書。ここの言葉は、子宝に恵まれず不妊に悩む人にとって、ある種の慰めや、いい意味での諦めの理由になっているようだ。また、幸いに子供を授かった人は、天からの大事な贈りものとして喜ぶ感謝の言葉となっている。

子供は三歳までに一生分の親孝行をする

子供は三歳までに、すでに十分な親孝行をしているということ。「子供は最初の三年で一生分の親孝行する」とも「三歳までに一生分の親孝行を終える」などともいう。これらの言葉は、子育ての経験がないとなかなか理解しにくい。特に1歳までは一番大変。親を寝かせてくれない激しい夜泣きや、熱を出したりぐずったりトラブルも多々おこる。親の心労は大きい。このあたりを表現することわざとして「子を持てば七十五度《しちじゅうごたび》泣く」というものがある。だが、親は泣かされているだけではない。反対に、愛くるしいつぶらな瞳や笑顔によって親への絶対の信頼と愛を赤ちゃんからもらっている。親に対する赤ちゃんの信頼は絶対的なもので、これ以上に人から信頼されることはない。そこに居るだけで人を幸せにしてしまう不思議な赤ちゃんの力や、赤ちゃんから受けた信頼で親は親になり、親として自覚し歓びを味わうのだ。子供によって親も成長させてもらっているという意味で子供は親孝行しているといえるのだ。メディアでこの言葉を最初にみたのは1993年11月7日の朝日新聞の読者からの投書。36歳の男性からの育児に関するものであった。

子供のない家庭には灯火がない

子供のいない家には明るさや希望というものがないとの譬え。2013年4月28日の毎日新聞の一面コラム・余録で曽野綾子『アラブの格言』から、シリアのことわざとして紹介されている。ことわざの世界での子供の扱いは肯定的にみるものと否定的にみるものに大別される。日本の古典で子供の存在を高く評価したものとして、山上憶良の短歌「銀も金も玉も　何せんに　まされる宝　子にしかめやも」が有名。金銀に優る宝は子供だというものだ。同じような意味のことわざも少なくなく「子は第一の宝」「子ほどの宝なし」「子に過ぎたる宝なし」等とあるし、裏側からみた「子供を持たぬ者は天下第一の貧者」というものもある。外国でも同様で、「子供は貧乏人の宝物（北欧諸国、英語）」「子供は生活の塩（ジプシー）」「悪魔は子供たちがいる家には入らない（中東クルド語）」「子供のいる家は市場、子供のいない家は墓場（タタール）」「子供の笑いは家の灯り（スワヒリ語）」などとあるのだ。

子に甘きは世の常の習い

親が自分の子供を甘やかすのは世間にはよくあることだということ。親として子供を一人前に育てるのは、古今東西において最大の問題かも知れない。そのためもあろう、実に多くのことわざがあるが、人間に対する根底的な認識としては「生まれながら貴き者なし」と日本ではいい、英語にはNo man is born wise.（生まれながら賢いものはいない）といっている。であるので教育や躾は必須となる。教育をしなければ「父教えざれば子愚かなり」との結果をみるからだ。教える時期は「矯《た》めるなら若木のうち」と頭が固くならない若いうちとか「鉄は熱いうちに打て」ということになる。その時の教育方法は、徹底して教えろとの「子供は教え殺せ」とか、試練を与えよとの「可愛い子には旅をさせよ」となる。理屈や頭の中では、厳しく育てなければとわかっていても、そこは人間の弱さでもあって、我が子可愛さをはき違え、過剰に甘やかしてしまう場合も稀ではないようだ。そうした情況を指すのが見出し語だということになり、すでに明治32年の菊池幽芳の小説『己が罪』（前編第十三）で用いられている。

子は親の鏡

子供の振る舞いを見ればどういう親であるかがわかるということ。また、親の考えや価値観が子供に反映されるということ。「子は親を映す鏡」「子供は大人を映す鏡」との言い方もされる。幼い子が初めて学ぶのは母親からが大部分であろう。母親は子供にとって最初の先生であり手本でもある。その子供も成長するにつれ、父親や肉親以外の人々の影響も受けるようになる。「子供は親の背を見て育つ」とのことわざはよく知られるが、こちらは、親のよい面も悪い面も子供は見て覚え身につけてしまうというもの。親の一人としては、まことに耳の痛い話だが、ここは素直に聞いて我が身を省みる材料にする他あるまい。なお、ここに挙げた語句は、どれも古いものではないようで広まったのは戦後になってからとみられる。見出し語の早い用例としては、１９５１年の石井桃子『ノンちゃん雲に乗る』に「タロちゃんが、またかわいい。それに、あのおかあさんは、話してみなかったが、わしゃ、すっかり気にいったんじゃ。子は親の鏡ということばがあるが、知っとるか？　子どもを見れば、そのおとうさん、おかあさんがどんな人か、よくわかるということじゃ」と大変わかりやすい解説になっている。

子は十年の預かりもの

子供は親の所有物ではなく、天から授かり一時的に預かったもので大切に育ててから、いつか独り立ちさせなければならないということ。ここの考えには深いものがある。子供だとわかりにくいので他の大事なものとしてみる。例えば、立派な盆栽の鉢を預かったとしよう。両方の大きな違いは、大変大事なものを預かったとの意識があるかないかの点だ。自分の子供の場合だと普通では親側に預かったとの意識は生まれないので、親は意識的に子供が天からの授かりものであり、預かりものだとの意識を自らに植え付けねばならないだろう。メディアでこの言葉をみたのは２００３年５月26日の読売新聞で教育に関する記事の中であった。

子は母の醜きを嫌わず

　外面的なことより本質が大事だとの譬え。子供というものは、自分の母親が醜い顔の持ち主であっても、決して嫌わず母として慕うものだということからいう。中国のユダヤ人と呼ばれる客家の鉄則にある語句の一つ。見出し語に続けて「犬は家の貧しきを嫌わず」という。この言葉と出会ったのは小説家・高橋克彦『偶人館の殺人』（１９９３年）というミステリーであった。この本のユニークな特色を挙げるとすれば、一言でことわざミステリーといえるほどにことわざが縦横に使われていることだろう。３４５ページの文庫本に60回を超えることわざが顔を出している。その中身は、常用のことわざの他に「遠きは花の香、近くは糞の香」「牛に乗って牛を尋ねる」「屁は言いだし」など現代はほとんど使われないものや、著者自身の創作とみられるものもあり、さながらことわざの蔵のようなのだ。目次も変わっており七つある章の章題はことわざそのものか、もじりないし、関連した言い回しになっている。見出し語も目次の一つでもあるし、七章に「『死ぬことよりも辛いことだと、あの子たちが分かってくれるでしょうか？』めぐみの心は揺れ動いていた。『子は母の醜きを嫌わず、ということわざがありますよ。今は無理でも、時間が経てば二人も必ずあなたのことを…』『子は母の醜きを嫌わず…』めぐみは期待に満ちた顔をさせて扉を開いた。嗚咽はいつまでも止まなかった」とでてくる。

今度とお化けは出たことがない

　次にはきっとだと約束しても果たされることがないとの譬え。「今度と化け物には出会った事がない」ともいう。約束の当てにならないことを皮肉っていう。口先だけは調子のよい実のない人間に投げつけてやりたいことわざの一つだろう。それにしても相手の不実を声高に難詰するのではなく、こうした言い回しで対応することができれば、その人のセンスの良さを証明しているとみてよいのかも知れない。言い出されたのは明治期からのようだが、現代も頻度は低いものの使われている。

三歳違えばエイリアン

　三歳も年齢が違えばまったく別の人種に等しいということの譬え。エイリアンは外国人の意から宇宙人とか異星人を指す。常人とはかなり異なるところがあり、理解しがたい人物に対して宇宙人とみる見方はよくある。これを年代の相違の問題とする見方も以前から聞かされている。見出し語は、ゼネレーションギャップより、さらに近い年齢について云うものだ。１９９４年の漫画家・弘兼憲史のエッセイ『覚悟の法則』（法則三）に「安保世代の多くが若い人の動向にあまり関心を持っていないという感じがする。シラケとか、イジメという若い層からのＳＯＳ信号はいろいろ出ている。『しょうがないな』といっとき振り返っても、『三歳違えばエイリアン』などということを平気で言う世代だから」とでてくる。

三方一両損

　三人の者が少し損をすることによって全体が円満に納まるという譬え。落語の話に基づいている。三両が入った財布を拾った左官屋が落とし主の大工に財布を届けにいったところ、大工は落とした物はもはや自分のものではなくなっており、受け取るわけにはいかぬと左官屋の申し出を拒絶する。このいざこざが奉行所のきくところとなった。そのうちに奉行から裁きがでた。それは奉行は自分の懐から1両を提供し4両にした上で、拾い主の左官屋と落とし主の大工には2両ずつ与えるというもの。三者が1両を損をして裁きとしたものなのであった。２００１年の経済学者・金子勝『月光仮面の経済学』（Ⅳ）に「小泉首相の唯一の才能は、権力を維持するための権謀術数に長けていることだ。～中略～彼が政権を維持するには絶えず『悪役』を必要とする。そして、自分に反対する者に『抵抗勢力』というレッテルを貼る一方で、『三方一両損』といった形で『妥協』を図る」とでてくる。

しっかり抱いて下に降ろして歩かせろ

愛情をたっぷり注いで育て、それから決まりや約束事を教え、そして自立させよとの子供に対する教育法をいう。この言葉をメディアで見たのは2012年8月18日の産経新聞の親学に関する記事。子供の自立心をどう育成するかがテーマであった。平成18年当時の、いわゆる党首討論で、「親の責任はどこにあると思うかとの小沢一郎の質問に対して、小泉純一郎が、教育の責任は親にあるとし、『しっかり抱いて　そっと降ろして　歩かせろ』ということわざを引用した。正しくは『そっと』ではなく『下に』であるが」と書かれている。この言葉の主体を親とするのは基本的に間違いないところだろうが、問題は、地域社会から隔たり、肉親からの支援も得られずに夫婦だけでの育児は容易ではないという点が一つ。もう一つは、核家族化した家庭での単独の育児が果たして子供にとってよいのだろうか、むしろ、共同保育によった方が社会性が身につくという考えもあり、軽々には結論づけられるものではないようだ。

十人の一歩は一人の十歩に勝る

大勢の人が協力して努力することが、一人の猛烈な頑張りより大事であり、全体の向上になるということ。ことわざでは、人は一人では生きていけないとみており「一人は立たぬ」といい、片方の手の平では音が出ない「孤掌鳴《こしょうな》らず」ともいう。反対に、協力すれば毛利元就の三本の矢の故事とか、「蟷螂《とうろう》力を合わせて車を覆《くつがえ》す」(非力なカマキリが大きな車をひっくり返す)ことができるとしている。見出し語は、JR東海の「チャレンジ東海」活動の理念という。鉄道事業の要である三つの力の中の一つで「人の力」を象徴する言い回しというものなのだ。平易な言葉ながら、言わんとすることが明確な表現だ。

知らぬは親ばかり

子供の本当のことを知らないのは親だけだということ。とかく親という存在は、自分の子供のことは何でも知っていると思いがち。特に赤ちゃんの時から片時も離れずに密着して育てている母親にその傾向は強くありそうだ。しかし、子供はいつまでも幼いままではない。成長すれば自分の交友関係もできるだろうし、他人に知られたくないこともあろう。子供だって一人の人格なので、いくら親とはいえ干渉は慎まねばならない。とはいえ、例えばいじめの問題のように親や大人に秘密にして本人ひとり苦しみ悩むケースのような場合、親や大人側が関心を寄せなければ重大な結果を招きかねない。あとで笑って済ませられるような事例なら知らないままでよいだろうが、深刻な問題では、「知らぬは親ばかり」では済まない。なんとか子供のシグナルを見逃さないようにしたいものだ。なお、見出し語は、ことわざ辞典には見当たらず、たぶん、「知らぬは亭主ばかり」を言い換えた語句かと思われる。

末は博士か大臣か

優秀な子供に対して将来を期待する褒め言葉。また、子供が将来につく理想的な職業とするものをいったもの。現在はだいぶニュアンスが違ってきており、単に社会的に高い地位を指す程度のようだ。現在の博士は大学院のコースを修了すればなれるから大勢いるが、戦前では旧帝大の中にしぼられるからまさにエリートだった。「学士様ならお嫁にやろか、末は博士か大臣か」といった歌にもうたわれていたのだ。1993年の保阪正康『後藤田正晴―異色官僚政治家の軌跡』(第1章)に「旧制高校生は、まだ二十歳に達していないが、酒や煙草を口にするのは大目に見られていた。『末は博士か大臣か』という風潮もまだのこっていて、水戸の住民もいずれはエリートになるのだろうと大目に見ていたのである」とでてくる。

少し愛して長く愛して

少しずつ長く愛して欲しいということ。英語のことわざで、Love me little, love me longという。この訳が定着したのはサントリーウイスキーの1980年代に放映されたテレビコマーシャル。当時トップ女優の大原麗子が甘いハスキーな声でこの言い回しをささやいたもので一世を風靡した。当時の記憶が残る60～80歳代にとって今なお記憶している人は少なくないようだ。そのコマーシャルにはいくつものバージョンがあり、その多くにこの語句が使われており、いわば、キーワードの如くであった。サントリーの宣伝の上手さは定評があり、これもその一つだったのだ。英語のことわざとしてはサントリー以前から知られていたが、訳は不定であった。中には単に「細く長く」としたもの、「あなたの愛を小出しに長く与えてください」と長たらしいもの、「愛は小出しにせよ」といったものがあった。これらとサントリー作品を比べてみればその差は歴然だ。日本で早く用いた例は明治38年に内村鑑三（鈴木俊郎編『内村鑑三所感集』岩波文庫）が「沙翁の言にいわく『少し愛せよ、しかして長く愛せよ』と。一時に多く愛する者は長く愛せざる者なり。熱愛は賞すべし、しかれどもその短きは歎ずべし。愛は生命と同じく、その熱きよりもむしろその長きを貴む」（愛の長短）と記している。

捨て子はよく育つ

親に捨てられた子は強くたくましく育つということ。このような俗信があり、それによって、わざと形式的に子を捨てたりするとか、名前を捨次郎、捨松などと名付けたりしたそうだ。ことわざには「捨て子は世にでる」という世間で活躍するとみるものもあるので、捨て子のたくましさはしっかり認識されていたのかも知れない。見出し語は1996年の阿井景子の時代小説『淀殿』（『秀吉の野望』に所収）に「弟秀長に命じて山城国淀城を修築させた秀吉は、普請が成るとちゃちゃを移した。ちゃちゃはその城をもらい、五月二十七日、男児を出産する。『棄子はよく育つ』の俗信に従い、『棄』と名付けられた赤子は～」とでてきている。

成功せる愛は同情を乗せて走る馬車馬である、失敗せる愛は怨恨を乗せて走る馬車馬である

成就した愛は相手への思いやりを伴うものであり、失敗した愛は恨みを伴うものだということの譬え。辞典類にはまったく見当たらない語句。文豪・夏目漱石の『野分』（七）に「愛に成功するものは必ず自己を善人と思ふ。愛に失敗するものも亦《また》必ず自己を善人と思ふ。成敗に論なく、愛は一直線である。只《ただ》愛の尺度を以て万事を律する。成功せる愛は同情を乗せて走る馬車馬である。失敗せる愛は怨恨を乗せて走る馬車馬である。愛は尤も我儘なるものである」とみえる。

背中の子を三年探す

身近なものを気付かずにいつまでも探し求めることの譬え。自分の背に負ぶった子を三年も探し回るということから。古くは「負うた子を七日尋ねる」といったし、「負うた子を三年探す」ともいっていた。こうした間抜けは昔から多くあったとみえ、いくつものバージョンがある。室町時代には「驢馬に騎りて驢馬を求む」が確認されるが、これは中国の古典に由来するものだし、「牛に乗って牛を尋ねる」というのも室町・江戸期にあった。馬や牛のものの方は自分がそれに乗っている分、気付きやすいわけだから、それがわからないのは間抜けの度合いが高いということになるのだろう。また、「灯台もと暗し」に重なる面も感じられようが、こちらには愚行のニュアンスはなく、単に身近なものには気付かないの意。人間や動物のものは、そこに行動が伴う分、そこに愚かさが生まれるというのだろうか。

旅は友情の墓場

友人と一緒に行く旅では、その友情は失われるということ。旅には色々なイメージがあるが、開放感を抱くものという面も強くあるだろう。日常を繰り返す制約のある狭い空間から、見知らぬ異郷の空間に移動するわけだから、開放感を抱くのは、むしろ自然だ。日常の縛りが解けて自由を味わえば、普段は隠れていた心理の深層が浮きでてくる。一言でいえば自我、我欲の解放だろう。また、いくら親友であっても24時間をともに行動するようなことはそんなにあるものではない。あるとすれば、それが旅だということになる。それに、人は皆、誰でも癖がある。接する時間が限られていれば癖が人にさとられないこともあろうが、顔をつき合わせている旅ではそうはいかない。日常の短い時間では現れないものが旅では吹き出す。1980年の萩原葉子のエッセイ『仮面舞踏会』(旅と友情)に「面白いことにこの人となら、と思う相手と旅に出た場合、うまくゆくとは限らないし、気に染まない相手と一緒の場合に、案外うまくゆき新しい友情が芽生えたということもある。そこが友情と旅の面白さなのだろうか。しかし、多くの場合、旅は友情を失うようだ。『旅は友情の墓場である』と言った女流作家の言葉を思いだす」とある。

小さな親切、大きなお世話

ちょっとした好意でしたことが、相手には余計なおせっかいになるということ。これはどういう場合のことなのだろうか。相手に対する自分の行動が相手の意に沿わず、マイナスに働いてしまうというものだ。ひとことで、有難迷惑に近いものだろう。とはいえ、親切の押し売りも困りものだが、せっかくの親切は気持ちよく受けておいた方が無難にちがいない。この語句は1970年代に見られだしたもので、1980年の栗本薫の小説『幽霊時代』(エンゼル・ゴーホーム)に「例の『お父さんお母さんを大切にしよう』という、一日一善協会のコマーシャル・スポットが、天使を思い出させてイメージがわるいから、という理由で流されなくなったことぐらいである。『天使みたいな奴』という罵りことばが生まれ、人びとは、『小さな親切、大きなお世話』を新しい標語にした」とある。

つうと言えばかあ

一言で意思疎通が図れる親密な間柄のこと。略して「ツーカー」とも「つうかあの仲」ともいう。早い用例としては、1922年の里見弴『多情仏心』(前編十)に「『あの、召上がりものは?』『えゝ、いつものお任せします。それから…』『お料理があがるまで、海鼠腸《このわた》かなんかで一杯めしあがる、—さうでせう?』『その通り!兎に角、つうと云ゃァかあなんだからね、この人は』」とでてくる。戦後のものでは、1986年の由良三郎のミステリー小説『象牙の塔の殺意』(15)に「この頃はホステス・スカウトなんて呼んでますがね。バーやクラブやキャバレーの女たちを引っこ抜いたり女衒まがいの売り込みをする連中でさあ。そういうのにゃあ、ポン中が多くてね、あっしとは皆ツーカーになってるよ」とある。

妻を売りて博士を買う

妻を犠牲にして自分はひとかどの人物になるということの譬え。1897年の尾崎紅葉『金色夜叉』(第6章)に「貧する者の盗むは世の習《ならい》ながら、貧せざるも仍《なお》盗《ぬす》まんとする乎《か》。我も穢《けが》れたる此世に生まれたれば、穢れたりとは自ら知らで、或は穢れたる念を起し、或は穢れたる行《おこない》を為《な》すことあらむ。然《さ》れど自ら穢れたりと知りて自ら穢すべきや。妻を売りて博士を買ふ! 是《これ》豈《あに》穢れたるの最も大《おおい》なる者ならずや」とでてくる。穢れた行いとみるもので、肯定的に用いられているものではない。

亭主元気で留守がいい

夫は健康で働いてくれ、家にはいない方がよいという妻の願望をいう。1986年に「タンスにゴン」のフレーズでテレビに流れた防虫剤の広告。その年の流行語になった。メディアでの調査リストでは、１９９２年11月10日の日経新聞に載ったものから２０１５年12月31日までに45例を数える。頻度でいえば5段階で上から2番目になる常用ことわざといえる。成立した時期が特定できる最も若いことわざの一つだ。もっとも、昨今では、もじられて「女房元気で留守がいい」との言い回しもできている。これは健康を害し、仕事も辞めて家で過ごす妻を持つ男性の創作だ。なお、見出し語がオリジナルかどうかといえば、やや疑問もある。というのは１９８２年ころのことわざ辞典に「元気」の代わりに「達者」を使った語句が掲載されているからで、ヒントか参考にされた可能性があるからだ。

敵の敵は味方

自分に敵対する相手の敵になる者は、自分にとっては味方なのだということ。「敵の敵は友」ともいう。文字面や形式論理でいえば、その通りだろう。しかし、敵という概念には利害の不一致との要素が基になっているが、実際の敵には色々な利害が存在し、その一つが一致する場合もあるはずなので、形式論理のようにはいかない。例えば、AとBの利害の不一致が、必ずしもAとCの利害の不一致と同じではないからだ。それに、双方の利害は時間の経過を伴う生きたものなので、利害は固定的なものでなく、変化するからだ。この見方を証明するような言い回しもあって「敵の敵はやはり敵」といっている。見出しの語句はことわざ辞典には載っていないものだが、メディアではそこそこみられるものだ。メディアでの初出は１９９２年11月1日の日経新聞。

年寄りっ子は三文安い

爺さん婆さんに育てられた子は甘やかされて育つため、他の子に比べ劣ってみえるということ。この語句は一般的なことわざ辞典には載ってないが、「年寄りっ子の三文安」との言い回しを収載したものが一つあるだけ。見出し語をメディアで初めてみたのが２００３年5月20日の毎日新聞夕刊で孫を扱った記事であった。同じ意味のことわざでは「婆育ちは三百安い」との言い回しが江戸期よりあり、少し前までは、こちらが使われていた。単なる憶測に過ぎないが、ババアとの音の感じを嫌い、意識的に言い換えたのではないかとみている。

年寄りっ子は優しく育つ

年寄りに育てられた子供は優しい性格の持ち主になるということ。このことばは２００７年7月14日の朝日新聞で小児科医・毛利子来が育児について記した記事に出てきた年寄っ子を肯定的に見るもの。だが、育児に関することわざは、圧倒的に厳しくせよ、というものが多い。子供に試練を課すものは「獅子の子落とし」「可愛い子には旅をさせよ」だし、教育を施すのは「矯めるのは若木のうち」だし、「鉄は熱いうちに打て」となる。さらに厳しいのは「鞭を惜しめば子供はだめになる」というもの。他方、子供に寛容なのは、「三つ叱って五つ褒め七つ教えて子は育つ」とか、「子供叱るな来た道じゃ、年寄り笑うな行く道じゃ」程度だろう。見出し語と対極になるものといえば、「婆育ちは三百安い」だろう。年寄りに育てられて子は甘やかされるため、わがままになり、根性もないというものだ。とはいえ、いわゆるスパルタ教育が正しいのかとなれば、一概には言えない。子供の性格の問題もあるだろうし、叱り方も関係しよう。とても一般論で決めつけられるものではないことだけは確かだろう。

年寄りは家の宝

老人は経験が豊富であるから一家にとって有益だということ。明治時代からみられることわざ。年寄りに関することわざは何十とあるが、最も多く知られる「年寄りの冷水」のように否定的、批判的なものが主流だ。また、辞典には載っていても実際の用例は乏しいというのも事実だ。そんな中にあって、見出し語は２００９年11月の読売新聞夕刊、２０１２年９月の毎日新聞に載った年寄りを肯定的にみるものの一つ。

目を世界へ向けると、アフリカのギニアに「年寄りを失うことは図書館に火をつけるのと一緒」ということわざがあると２０１５年１月11日の毎日新聞でタレントのオスマン・サンコンさんが言っている。こちらの句はバリエーションがある。２００２年にスペイン・マドリードで開かれた第２回高齢者問題世界会議でアナン国連事務総長が演説の冒頭で「アフリカでは、老人が１人亡くなると図書館が１つ消えるといいます」と発言していた。また、ネット情報だが、韓国光州市光山区の高齢者福祉会館に掲げられた垂れ幕には「地域の高齢者一人を失うことは大きな図書館がひとつなくなるのと同じだ」と書かれている。日本でも２０１５年12月の毎日新聞の健康問題の記事の中に「一人の老人を失うことは一つの図書館を失うのに等しい」との言い回しが用いられていたように、アフリカにとどまらず国際的な広がりを持ち始めている。

情けには鬼の角も折れる

思いやりを掛けられれば冷酷な鬼のような人でも心を改めるとの譬え。ことわざ辞典などにはみられない語句で、明治32年の菊池幽芳の小説『己が罪』（第28）に「なに貴嬢《あなた》がそれ程のお心掛で居らつしゃれば、塚口さんだって、もともと悧口《りこう》なお方ですから、今に感心を遊ばして貴嬢でなければならないといふ事になるに相違ありません、情けには鬼の角も折れるとやら申します…」とでてくる。ことわざには鬼はよく登場する。「鬼に金棒」「鬼の首を取ったよう」「鬼の留守に洗濯」などあるが、多くは強い、冷酷、凶悪、残忍といったイメージのものだ。その点、ここの語句は、鬼に対する逆のイメージにつながるものといえる。

七つ褒め三つ叱る

子供を躾けるには七度ほめて三回叱るくらいが適切だとする意。いくつかの数字を利用して躾を施すためのことわざがあり、これはその一つ。早いものでは、宗教的・道徳的な教訓を詠み込んだ道歌の一つに「可愛くば五つ教えて三つ褒めて二つしかりて善き人にせよ」との歌がある。関連は不明ではあるが、この道歌のあとに「三つ叱って五つ褒め七つ教えて子は育つ」という七五七五調のリズミカルな響きのよい言い回しも生まれた。この句と道歌には、「叱る・褒める」に加えて、教えるとの要素が最大になっている点が見出し語と異なるが、要諦は同じだ。大雑把な言い方になるが、ことわざの世界に限れば、子供の教育に関して日本の方が西欧に比べ、かなり寛容といえそうだ。なお、見出し語のメディアで見聞したのは２００２～３年で当時の小泉首相の教育論として報じられたものであった。

二階へ上げて梯子を外す

のけ者にして追い払うことの譬え①。また、人をその気にさせておいて、途中で態度を変えて無視したり、反対したりすることの譬え②。「二階に追い上げて梯子を外す」「屋根に上って梯子を外される」「登った梯子を外される」等ともいい、まだ固定した言い回しになっていない。戦後になってからいわれるようになったものと推測され、１９６０年の文芸評論家・福田恒存『私の国語教室』（第１章　現代かなづかいの不合理）に「百パーセントの表音文字も表音記号もこの世には存在しえない。なぜ存在しえないかは、第四章、第五章でおのづと納得していただけませうが、戦後の国語改良論者は申合はせて、その存在しえないものに表音主義といふ名を興へたのです。いはば、表音主義を二階へ追ひ上げて梯子をはづしてしまつたのだ」とある。この例は①が相当するだろう。

②の方では、１９９２年の諸井薫『男の流儀』（前官礼遇）に「社長を退任したら代表権つきの会長として推戴し、その後は

名誉会長あるいは相談役としていつまでも神棚に飾って敬意を表してくれているかのようで、実は二階に上げてハシゴをはずすのと同様、祭り上げるだけで一切経営には口を出させない」とでてくる。

人間は人間にとって狼

他人は自分にとって利害を争う敵であるということ。「人は人に対して狼」ともいう。古代ローマの劇作家・プラトゥスの言葉。英語ではMan is a wolf to man. という。これに対応する伝来の日本のことわざは「人を見たら泥棒と思え」。他人を信用せず疑えというものだから気持ちのよい言葉ではないが、それでも「狼」よりましかも知れない。どちらにせよ、何とも嫌なことわざであるが、これは、もちろん、ことわざのせいではない。他人に危害を加えるそうした人間が存在するからである。メディアでは1994年2月28日の毎日新聞の求人に関する記事に載った。

人の痛いのは百年も我慢する

他人の苦痛はひとごとなので百年でも傍観できるものだということ。明治20～22年にでた二葉亭四迷『浮雲』（第九回）に「復職する者が有ると云ふ役所の評判も、課長の言葉に思ひ当る事が有ると云ふも、昇の云ふ事なら恃《あて》にはならぬ。仮令《よし》、其等は実説にもしろ、人の痛いのなら百年も我慢すると云ふ昇が、自家《じぶん》の利益を賭物《かけもの》にして、他人の為に周旋しようと云ふ」とでてくる。ここの百年が三年になっているものは江戸期に用いられているから、それを少し誇張して言い直したものかと想像される。

人の賽銭によって鰐口を叩く

他人のものを我がもの顔で利用することの譬え。鰐口は社殿や仏堂の正面軒下に吊り下げられた音の出る仏具。参拝者は軒下の綱を振るって鰐口を鳴らして拝む。類句も多く、「人の褌で相撲とる」「人の牛蒡《ごぼう》で法事する」「人の提灯で明かり取る」など。見出し語は明治時代ころからみられるもので、明治初期の服部撫松『東京新繁昌記』（書肆）に「原意の了解せざる所は、則ち支那の文字を挟んで漸く拙文を曖昧の中に為す。彼此皆謂はゆる人の賽銭に因つて鰐口を敲く者也。畢竟世人の為に書を著すに非ず。家族の為に将に米を買はんとす」とある。

人の世話となると舌を出すのもいや

他人にしてやることはどんなことでも嫌だということの譬え。これまでのことわざ辞典にはみられない語句だが、似たものがある。「出すことは目の中の塵でもいや」「出すことは袖から手を出すも嫌い」などあるが、最も近いのが「出すことは舌を出すのも嫌い」だろう。見出し語は1970年に刊行された将棋棋士・升田幸三『勝負』（第9章）の「衆目が、あの人は大きいとか、えらいという人を見とりますと、やはり世話を嫌がらずにしとる人が多いように思います。～中略～結局、そういう人の家庭は、明るいでしょう。逆に、ひとの世話となると舌をだすのもいやだが、自分のことならハシのころんだことでも、二年ぐらいグジャグジャいうとる人が、相当、知名度の高い人にもおりますが」とでてくる。

人の話を茶にする

人が言っていることを愚弄したり、軽くみることの譬え。「茶にする」の言い回しは、一休みしてお茶を飲むことから休憩の意で使われるが、これが慣用句となると意味は馬鹿にする、軽視するとかになり、これが見出し語に取り入れられた。「茶にする」は江戸期に用いられているものだが、それに人の話がつくものはことわざ辞典では確認されていない。その早い用例としては、明治期の歌人・石川啄木の小説『漂泊』に「『昨日は実際僕喫驚《びっくり》したぜ。何にも知らずに会社から帰ッて見ると、後藤の肇さんが来てるといふ。何しにッて聞くと、何しに来たのか解らないが、奥で昼寝をしてるッて、妹が君、眼を丸くして居たぜ。』『彼麼《あんな》大きな眼を丸くしたら、顔一杯だッたらう。』『君は何時でも人の話を茶にする。』」とある。

人の不幸は蜜の味

他人が不幸な状態にあるのは自分にとって甘美なことだという譬え。この言い回しのメディアでの初見は1993年1月に放送されたテレビ朝日夜9時の番組「たけしのTVタックル」のタイトルに使われていたものだ。その後は、1994年1月から3月にかけて放映されたTBSテレビドラマのタイトルに使われる。ドラマのストーリーは信頼していた人に裏切られ、一度どん底に落ちた女性漫画家が、周りからの支援で再生し成長するという内容のもの。以降、徐々に広まりをみせ2000年には読者の投書、書評、映画批評など種々のジャンルに及んでいた。「他人の不幸は蜜より甘い」ともいうし、「他人の悪口は蜜の味」と少し言い換えたものもでている。どの語句もこれまでのことわざ辞典の類にはみられないもので、おそらく1990年前後くらいから現われたものではないかと推測される。類義のことわざとしては、「隣の貧乏鴨（雁）の味」「人を謗るは雁（鴨）の味」があったが、こちらは現代はほとんど使われず、見出し語の言い回しに取って代わられてしまった。

一人の百人力より百人の一人力

一人の人の超人的な働きより、大勢の人がひとりひとり自覚して自分の力を出し合うことが大事なことだということ。地震や津波などの大災害に際して、ひとの取る行動のあり方にいう。大きな災害は、大勢の人に老若男女を問わずみな平等に襲いかかる。どんなに力の強い人でも一人でみなを守ったり、救い出したりは不可能。それより、ひとりひとりが自分の力を最大限に発揮して自らを守り、余力があれば弱い人に協力して助け合う態勢づくりが有効であり、大切だとみる災害への心構えをいう。この言葉は、2004年8月に日本地震学会と日本火山学会の共催で行われた「地震火山子供サマースクール」で、参加した子供たちのグループの一つが考え出した地震防災のキャッチコピーなのだ。ことわざとしてみても、数詞を適確かつ有効に使い、印象の強い作品に仕上がっているといえるだろう。

一人は万人のために、万人は一人のために

グループの全体がひとりひとりの人を助け、ひとりひとりの人がグループ全体のために力を合わせるということ。「一人は皆のために、皆は一人のために」ともいう。人々の協力と団結を言い表す言葉。古代ゲルマン人から伝わる古い伝承といわれる。早い用例としては1844年のフランスの小説家・デュマの『三銃士』で用いられている。ラグビーの基本精神もこの言葉に表現されている。英語ではAll for one and one for all. という。現代の用例は、2000年に出た弁護士・中坊公平の『中坊公平・私の事件簿』（森永ヒ素ミルク中毒事件）に「森永裁判を前人未踏というならば、その後の『ひかり協会』を中心とする救済活動もまた、前人未到であったと考えています。この裁判の中で、私は多くのことを学びました。『一人はみんなのために、みんなは一人のために』これが、すべての組織の運営方針でなければならないと、私は今でも強く思っています」とでてくる。

百年の恋も冷める

長いこと抱いていた強い愛情が一挙になくなってしまうことの譬え。「百年の恋も一時に冷める」「百年の恋がいっぺんに冷める」「百年の色も恋も一時に冷める」ともいう。現在までのところ、早い用例が明治27年の尾崎紅葉『隣の女』に「其条件とは何？　彼は非凡なる醜貌《ぶおとこ》である。下女や子守にまでも彼方《あっち》を向かれるほどの醜貌《ぶおとこ》である。他《ひと》も然う見れば、譲《ゆず》る自身も然う念《おも》つてゐるから、此度は不思議の御縁で音楽上の色男になつたもの丶、此面《このつら》を見せたが最後、百年の恋も忽《たちまち》覚さられると合点して、例の時鳥《ほととぎす》を極《き》めの、声のみを聞かせて、此恋を長く楽まうとした計画が…」とでてくる。もちろん、戦後からの用例はいくつもある。その中の一つ元皇居の侍従である入江相政のエッセイ『城の中』（東京という化け物）に「吉原の女郎の『ありんす言葉』だって、もとはといえば、ズーズー弁でやられては、百年の恋もさめようというので、人工的につくり出したもの…」とでてくる。

夫婦喧嘩は寝りゃなおる

夫婦の喧嘩は同衾すれば収まるものだということ。たしかに、寝ればなおるような喧嘩もある。喧嘩の統計などというものはないだろうが、あったとすれば、たぶん、これが数の上では一番だろう。とはいえ、寝たくらいでは解消できないもの、寝ることもできないレベルの喧嘩も当然ある。見方を変えて言えば、寝られるような喧嘩であればたかが知れているとも言える。２００１年の元ＮＨＫアナウンサー・鈴木健二のエッセイ『壁にぶつかったときに読む本』（第1章）に「夫婦喧嘩は寝りゃ直ると言われ、抱いて抱かれてしまえば、それで終わりと、セックスが特効薬のように尊重される。確かに家庭にとって大切な項目は、夫婦の間に幸福な性交渉があることがその一つで、もう一つは家計を共にするという条件である」とでてくる。

夫婦は合わせ鏡

夫婦は異なるように見えてもよく似た存在だということの譬え。合わせ鏡は2枚の鏡を合わせたもの。鏡に自分の姿を映してみると、左目は右目に、右手は左手に映る。だが、自分自身に他ならない。夫婦の場合でも、結婚したてのころはそれぞれの個性が強くでていても、長年一緒に暮らしていると、だんだん互いに影響され、共通するところが生じたりすることもあるようだ。メディアで、この言葉を見たのは１９９６年3月3日の毎日新聞の人生相談のコーナーだった。もちろん、実際には、合わせ鏡のようになる夫婦もいればそうではない夫婦もいるから、ここの見方は、あくまで一般論に過ぎまい。

夫婦は他人、子供は肉親

夫婦はしょせん他人同士が結びついたものであるが、二人の間にできた子供は血のつながる肉親の関係である存在だということ。たしかに血族の観点から見ればこの通りといえる。しかし、赤の他人の二人が夫婦となるということは、一つの家族となることでもあり、二人の単なる他人の結びつきではないのだ。そして、新しく夫婦となって生まれた多くの家族には子供が誕生し、家族の輪は広がり未来につながっていく。問題は、ここの言葉をどう捉え対処していくかということだろう。ここでの視点を人間同士の関係性ということに置いてみると、他人同士には強い関係性はないが、肉親は、その逆。夫婦も始まりの関係性は皆無か稀薄であっても、時間とともに関係性は強くなるので元の赤の他人同士の関係ではなくなるのだ。要するに、ここの言葉は、夫婦で築いたものはご破算にして子供とのつながりを強調する考え方を示したものといえようか。なお、見出し語は既存のことわざ辞典には見当らない新しい言い回し。推測になるが、「夫婦は他人の集まり」をヒントにしたものかも知れない。２０１０年11月6日の朝日新聞の人生相談欄に載ったものだ。

二人そろって育てる子は長者の暮らし

夫婦が一緒に子供を育てるのは素晴らしい暮らしなのだということ。ことわざ辞典にはみられない語句だが、明治28年に発表された樋口一葉の『にごりえ』（七）に「もういくらこの子を欲しいと言っても返す事では御座んせぬぞ、返しはしませぬぞと念を押して、～中略～、たとへどのやうな貧苦の中でも二人双《そろ》つて育てる子は長者の暮らしといひまする、別れれば片親、何につけても不憫なはこの子とお思ひなさらぬか、ああ腸《はらわた》が腐た人は子の可愛さも分かりはすまい」と使われている。

ブルータスよお前もか

信頼する者の裏切り行為にあったことにいう。「ブルータスお前もか」等ともいう。古代ローマ時代、ジュリアス・シーザー（カエサル）が議場で暗殺された時、そこに、かつて腹心であったブルータスの姿をみていったという言葉。「ブルータスよ、お前まで私を裏切っていたのか」というもの。シェイクスピアの戯曲『ジュリアス・シーザー』によって広まり格言になった。日本で同じような意味を持つものでは「恩を仇で返す」「飼い犬に手を噛まれる」が知られるが、迫力や威力で軍配はブルータスにあがろう。ただし、故事を知っていての話ではあろうが…。メディアでの使用例は2002年10月の毎日新聞の読者からの投書などで使われている。

朋輩信用してもカカ信用するな

友達は信用できるけど女房は信用してはならないということ。ことわざには、何故か女性不信のような類がある。「七人の子はなすとも女に心許すな」といって、七人の子供までもうけた夫婦であっても女に気を許してはならないというもので、江戸時代の初めから頻出しているし、同義で少し言い回しが異なるものも室町時代にいわれていた。ただ、この句は中国の古典『詩経』にあるものが日本にもたらされたものなので、ことわざとしてはともかく、実際のところはどうであったかは確認できない。まったくの憶測になるが、これに当てはめられそうなものは戦国の時代の政略結婚が考えられるが、どうであろう。見出し語の方は1974年の中上健次の小説『火宅』に「キノエが酔っているのか突拍子もない声を出してわらい、『うちら、胸すうっとした』と言い、立て膝をついた。道で子供が四人、けんけんをしていた。男が、キノエの股倉に手を触れた。『安さん、うち、女郎とちごて、秀の女房ぇ』『かまん、かまん』上田の秀の酔った声がする。『カカすてても朋輩すてるな、朋輩信用してもカカ信用するなと昔から言うとる』『わちきは嫌じゃえ』キノエが作った声をだした」とでてくる。

孫は来てよし、帰ってよし

祖父・祖母にとって孫は、来てくれると何ものにも代えがたいくらい嬉しいものである一方、帰ってくれれば重労働の孫守りから解放されるので、ありがたいということ。もちろん、ここの孫とは普段、離れて生活している場合だ。それに個人差もあるから、皆が皆、この通りだというわけではない。あくまでも一般的な傾向といったものだ。だから、中には帰ってよしと思わない祖父母もいるだろうし、来なくてもよしの人がいても不思議はないのだ。ただ、人生の終着駅が間近な老人には、新しい命は未来の輝く希望の光となる。これまでの辞典に見られない語句で、メディアでは2009年2月4日の毎日新聞の読者の投稿欄に見られた。

まさかの時の友こそ真の友

困った時に力となってくれる友達こそ本当の友だということ。「雨天の友こそ真の友」「雨降りに来る友人こそ本当の友人」「困った時の友こそ真の友」「窮地の友こそ真の友」などともいう。西洋に古くからあることわざで英語ではA friend in need is a friend indeed. という。たしかに「富は多くの友をつくる」と金があれば人が寄って来るし、反対に「貧賤友少なし」と貧乏だと友はいなくなるようだ。愛情も例外ではないようで「貧乏が戸口から入ってくると愛は窓から飛び出る」と愛情も金次第とあいなる。ここの英語は明治時代から外国のことわざとして紹介されていたが、今日のような訳となったのは戦前の昭和期あたりのようだ。

見知らぬ悪魔より知り合いの悪魔の方がまし

素性もわからない知らない人より、よくは思っていない人でも、知っている者の方がよいということ。また、嫌なことでも、経験したものの方が未経験のものよりはよいということの譬え。西洋のことわざで、英語ではBetter the devil you know than the devil you don't know. という。面白いことに日本にも着想がそっくりなことわざがある。「知らぬ仏（神）より馴染みの鬼」といって江戸時代からある。英語が同じ悪魔の比較なのに対して、日本は仏と鬼で比較しており、誇張度において日本が優るが、発想が瓜二つなのに驚かされる。文化や風土の違いを超えて、こうした事柄への人間の心理が変わらないということを表しているのであろう。なお、メディアでの見出し語の初見は２０１４年６月17日の毎日新聞一面コラム・余録でイギリスの格言として紹介していた。

三日三月三年《みっかみつきさんねん》

　元々は修行の心構えをいうもので、三日我慢すれば三月耐えられ、三月耐えられたら三年やり通せるということ。また、現代は新入社員として会社に入社し、退職を思い描く時期の年月をいう。つまり、入社3日目は会社の雰囲気や様子をみて、選択を間違えたかと思って再出発を考える時。三か月目は、研修期間を終え、配属も決まり実際の仕事に取り掛かる時期。三年目は一概にいえないようだが、仕事の将来性などに対する不安といったものが要因に挙がるとみられる。逆にいえば、そうした節目節目を乗り切れば将来の展望が開けるということから、三年はがんばれという励ましとなる。見出し語のメディアでの初見は１９９５年２月22日の毎日新聞社説でテーマは政局の問題だったので、元々の意味のものとなろう。

見舞いに行かないことも見舞い

　相手のところに直接行かなくても相手を思う気持ちや別の表し方があればよいということ。見舞いに行くべきか否かの判断には、まず、相手との関係がどういうものか、これが一番だろう。次に相手の病状や、長期なのか短期か、相手の年齢や性別も考慮しておきたいものだ。一般に、長期の人であれば、訪れる人は少なくなるから、行けば喜ばれる。逆に短期であったり、病状によっては患者自身が会いたがらない場合も少なくないだろうし、負担を掛けてしまうこともある。ましてや義理とか形式だけであれば、却って迷惑になってしまう。また、直接の見舞いではなくても、見舞状とかの方がよいことも多いはずだ。何より大事なのは相手を思いやる気持ちなのであろう。メディアでのこの言葉の初見は１９９６年２月20日の毎日新聞の33歳の女性読者からの病気見舞いに関する投書にあったものだ。

みんなの務めは誰の務めでもない

　みんながやる仕事は誰もがやらないということ。「みんなの用事は誰の用事でもない」「みんなの仕事は誰もしない」ともいう。英語のことわざでEverybody's business is nobody's business. という。たしかに、皆が一様に責任があるものだと、自分の責任意識は薄くなりがちだろう。とはいえ、これは人間の心理としてやむを得ない面もあるものなので、問題は、そうならないようにどうするかという具対策や方策の講じ方なのだろう。メディアでは１９９６年11月9日の読売新聞の投書欄に66歳の読者のものに見られる。

婿は座敷からもらえ、嫁は庭からもらえ

　婿は家柄などが格上の家から迎えるのがよく、嫁はその反対がよいということ。言い回しが少し異なるバリエーションがいくつかある。「嫁は木尻から、婿は横座からもらえ」の木尻は炉辺の末端の席であり、横座は亭主の席。「嫁は台所から入れ、婿は玄関から迎えよ」「嫁は藪から取れ」「婿は大名からもらえ、嫁は灰小屋からもらえ」等と、どれも婿は上から嫁は下からとしている。何故、このパターンがよいのか確たる理由は定かではないが、格下から来た者は、格上の者からすれば使いやすく、支配下に置きやすいといった点が考えられる。１９９８年の町田康の小説『夫婦茶碗』（10）に「『結納は当然倍返し』『あんな、お嬢さんもろたらえらい目に遭うわ。それ、昔からよおゆうやろ、婿は座敷から貰え、嫁は庭から貰え』」とある。

娘は母親の作品

母親にとって娘は自分自身が手掛けた人間の形をした創作品だということ。また、そうした認識を批判する言葉。親は、子供を一人前にするべく躾もすれば、教育も施す。特に母親が専業主婦の場合、良くも悪くも子供中心になりやすい。さらに、子供が娘であれば同性ということもあり、より深い関係もつくりやすくなる。それに、子供自身の自意識や自我が強くない場合であれば、勢い親の価値観や理想を押し付けてしまうこともできそうだ。近年、母親とうまくいかない娘が急増しているといわれ、母娘の間での深刻なトラブルに発展しているケースが多発しているという。そうした場合の多くが母親による過干渉といわれるものが原因とされる。この言葉は１９９６年４月３日の読売新聞の読者投書欄に48歳の女性からの投書にあったもの。そもそも母親は子を産むことはできるが、一人の人間のすべてを思った通りに仕立て上げるようなことはできぬはず。

鞭を惜しめば子供はだめになる

子供は厳しく育てなければ子供のためにならないということの譬え。西洋諸国にみられることわざで英語ではSpare the rod and spoil the child. という。直訳すれば「鞭を惜しめ、そして子供をだめにしろ」だから、反語的な言い回しということになる。お隣の韓国では「可愛い子は鞭で育てる」「愛し子は鞭一つよけいに打つ」。タイでは「牛を愛するなら繋ぎ、子供を愛するなら叩け」、アラブ地域では「塩気のない肉と折檻されない子どもは腐敗する」といっている。鞭とか叩けといったキツイものではないものもあり、インドネシアでは「子を愛するなら歩けと命じよ」となり、ロシアでは「心で子どもを愛し、手で子どもをしつけよ」といっている。日本でも、明治期には「可愛い子は打って育てろ」「可愛い子には灸をすえよ」といっていたが、用例で見る限り、現代には伝わっておらず、「可愛い子には旅をさせよ」「獅子の子落とし」に限られているようだ。

名人に二代なし

名人といわれる人には二代目となるような人物はいないということ。名人とは、その道で頂点をきわめた人ということになる。したがって、いくら血を受けたその子供でも、おいそれとは親を凌駕することはできない。一般の社会では子供が親を凌ぐ「トンビが鷹を産む」こともあるが、厳しいスポーツや芸事の世界では、至難だ。もちろん、血のつながりのない師弟間でも変わりはあるまい。見出し語は落語の世界で伝わるものだそうで、やはり、そうした芸事の場合、「竹の子親まさり」「出藍の誉れ」のようなことはないようだ。メディアでの初見は２００４年９月13日の読売新聞夕刊で落語に関する記事の中に俗諺として記載されていたものだ。

持つべきものは友

友達は、何より持つに値する大事なものだということ。古くは「持つべきものは子」といった。室町時代からいわれるもので、これが明治時代では「持つべきは親」「持つべきものは女房」となる。見出し語の方は戦後になってからいわれるようになったものと推測される。１９９２年に出た元ボクシング選手・ガッツ石松『ガッツ流人生ラウンド』（プロボクサーから芸能界へ）に「いよいよ全国上映となると、前売り券をさばかなければならない。企業の冠がついてれば一億、二億はあっという間に売れるだろうが、個人で売るのはたかが知れている。持つべきものは友、とはこういうときに言うのだろうか。友人、知人が一億円分の前売りをさばいてくれた」とある。

山と山は出会わないが、人と人は出会う

人間は住んでいるところが離れていても、いつか出会えるということ。また、見知らぬ人との新たな出会いというものがあるということ。山は動かずにいるが、人は移り動くことからいう。アフリカのスワヒリ語のことわざとして知られる。ネット情報になるが、２０１０年3月10日より13日まで皇太子殿下がケニアを公式訪問され、歓迎の晩さん会に出席した時に、このことわざを引用しての挨拶が話題になったそうだ。ナイロビ共同によると、まず、英語で「ケニアはアフリカの大自然を象徴する存在であり、自然を愛する多くの日本人にとりあこがれの地です」と挨拶。続いてスワヒリ語で「山と山は会うことができないが、人間は会うことができる」という再会を願うことわざを引用しながら「ケニアと日本の友好関係が一層深まることをお祈りします」と述べた、と伝える。見出し語のメディアでの初出は２００５年9月26日の毎日新聞一面コラム・余録。アフリカのルワンダのことわざとして紹介された。なお、２００９年3月12日の毎日新聞の旅の記事ではトルコのことわざとしても紹介されていたし、他にもフランス、ロシア、ブルガリアなどにあるので、アフリカに限られずもっと世界的レベルで使われることわざといえる。

よい法律家は悪しき隣人

法律に精通した優れた法律家は、日常生活で隣人とするにはよろしくないということ。西洋にみられる法諺（法のことわざ）で英語ではA good lawyer, an evil neighbor. という。「よき弁護士は悪い隣人」ともいう。法律家は法を専門とする者のことだから、判事、検事、弁護士というところになろう。それぞれに異なる点もあるが、共通するのは法に関する「海千山千」の者だということ。場合によっては法を盾にした堅苦しさに接しなければならなかったり、場合によっては法の抜け穴や網の目をくぐるような対応ということもあろう。とうてい素人が太刀打ちできる相手ではない。そんな人物が隣人であれば、なかなか心置きなく付き合えるものではない。似た意味で別のことわざに「水清ければ魚すまず」というものがある。あまりに清廉であったり、完璧であったりすると人に敬遠されるのだ。メディアでの初出は２００９年5月22日の読売新聞夕刊の一面コラム・よみうり寸評。

よい道連れは道のりを短くする

長旅もよい連れがいれば道中はたのしく、短く感じられるということ。西洋にあることわざで英語ではGood company on the road is the shortest cut. という。日本の「旅は道連れ」に相当する。よい連れがいると旅路が短くなるとのことわざは他の地域にもみられ、ポルトガルでは「二人で歩くと道のりは短くなる」、オランダやロシアでは「おしゃべりは道を短くする」、フランスとイタリアに「楽しい道連れは馬車と同じ」とある。なお、見出し語のメディアでの初出は１９９８年8月12日の朝日新聞夕刊の連載コラム・経済気象台。

■コラム4　ことわざの歴史③江戸時代

江戸時代は、種々のジャンルでことわざが盛んに用いられ、百花繚乱のごとく咲いた時期で、軽く万を超すことわざがあった。それを概観する一つの視点として、主なことわざ集や辞典の類を取り上げて概要とすることにした。ことわざ集類は鎌倉期から漢籍を主にしたものがいくつかあるが、日本のものは桃山時代からみられるようになる。アラビア数字は年代と収録数。

1　月庵酔醒記《げつあんすいせいき》　天正期（1573～92）　宋光著　随筆集の一部　約60句
2　北条氏直時分諺留《ほうじょううじなおじぶんことわざどめ》（別名北条氏直時代諺留）　天正期　写本　約100句
3　天草版金句集　1593年　著者不詳　約270句
4　日葡辞書　1603年　日本語ポルトガル語辞典　約50句
5　毛吹草　1645年　松江重頼著　俳諧作法書　約700句
6　世話尽（別名　世話焼草）　1656年　釈皆虚著　俳諧作法書　約770句　いろは順の配列
7　世話支那草　1664年　松浦某著　約150句　漢籍から出処を明示した早い例
8　世話類聚　貞享（1684～88）頃　海汀疑木軒著　約490句　諺を漢文で表記したもの
9　漢語大和《やまと》故事　1691年　蔀遊燕著　俗語も併載　諺数は約200句　ほとんどに出処を明示
10　諺草《ことわざぐさ》　1701年　貝原好古著　約350句　いろは順の配列　ほとんどに出処を明示
11　和漢故事要言《ようげん》　1705年　青木鷺水著　約190句　いろは順　ほとんどに出処を明示
12　本朝俚諺《りげん》　1715年　井沢長秀著　約250句　いろは順　出処を明示
13　やぶにまぐわ　1718年　約730句の諺をつなげた小噺本
14　尾張俗諺《ぞくげん》　1749年　山本格安著　約350句　尾張地方の諺を収録
15　言彦鈔　宝暦（1751～64）頃　本居宣長著　写本　約370句　順不同
16　類聚世話百川合海《るいじゅうせわひゃくせんがっかい》　1776年　恵海著　約1700句　いろは順　諺数1000を超える早い例
17　諺苑《げんえん》　1797年　太田全斎著　写本　約3000句　いろは順　略解付きもある
18　譬喩尽《たとえづくし》　寛政（1789～13）末頃　松葉軒東井編　写本　約1200句　いろは順　江戸期で最大語数
19　皇朝古諺　文化（1804～18）頃　清水浜臣著　約200句　五十音の配列の早いもの　典拠は日本の古典
20　諺画苑《げんがえん》　1808年　鍬形蕙斎著　150の諺に洒脱な絵をつけた諺画集
21　諺叢《げんそう》　1832年　東岳外史著　写本　約560句　いろは順　一部に略解付き
22　心学いろは戒《いましめ》　1825年　小山駿亭　尾張カルタといわれる47のカルタの語句を解説
23　有喜世諺草《うきよことわざぐさ》　1828年　十返舎一九（作）歌川国安（画）　38の諺を題とする狂歌とその絵
24　俚言集覧　弘化（1845～48）頃　太田全斎著　1797年の諺苑に俗語を加えた大辞典
25　俗諺集成　幕末　本居内遠著　写本　約1000句　いろは順　珍しい語句を多く含む
26　（国字分類）諺語　椎園著　幕末　写本　約1500句　いろは順　一部注解付
27　世俗俚言集　幕末　筆者不詳　写本　約2100句
28　いらぬことわざ　幕末～明治初期　石井縄斎著　写本　約500句

■コラム5　ことわざの歴史④明治時代から

出版物が飛躍的に増大した関係から、時代を代表する作家を軸に概観してみる。

福沢諭吉

○過ちては改むるに憚るなかれ
○医師の不養生　○一衣帯水
○一文惜しみの百知らず　○医は仁術
○雨後のたけのこ　○嘘から出たまこと
○売り言葉に買い言葉
○江戸の敵を長崎に討つ
○親と主人は無理をいうもの
○飼い犬に手を嚙まれる
○隔靴搔痒　○机上の空論
○兄弟他人の始まり　○先立つものは金
○死人に口なし　○爪に火を灯す
○鳥無き里の蝙蝠　○真綿で首を絞める
○論語読みの論語知らず

尾崎紅葉

○ああ言えばこう言う
○足元から鳥の立つ
○衣食足りて礼節を知る
○一年の計は元旦にあり
○海老で鯛を釣る
○お茶を濁す　○痒いところに手の届く
○十人十色　○掌中の珠
○知らぬが仏　○宝の持ち腐り
○月に群雲　○天に口あり
○濡れ手で粟　○馬鹿正直
○人の弓は引かれぬ　○風前の灯火
○柳に風　○柳の枝に雪折れなし
○藪をつついて蛇を出す　○両手に花
○わが田へ水を引く

森鷗外

○足をすりこ木にする
○当たらずと雖も遠からず
○あちら立てればこちらが立たず
○後の祭り　○一挙両得
○魚心あれば水心あり　○英雄色を好む
○画竜点睛　○疑心暗鬼を生ず
○空中の楼閣　○自画自賛
○私腹を肥やす　○青天の霹靂
○毒にも薬にもならぬ
○年寄りの冷や水
○暖簾に腕押し　○馬鹿につける薬なし

夏目漱石

○揚げ足をとる　○蟻は甘きに集まる
○打てば響く　○運を天に任す
○奥歯にものが挟まる
○恐れ入谷の鬼子母神　○男心と秋の空
○肝胆相照らす　○狐につままれる
○木に竹を接ぐ　○口車に乗る
○五十歩百歩　○自業自得
○大同小異　○爪に火を灯す
○猫も杓子も　○人の噂も七十五日
○一人相撲　○人を見たら泥棒と思え
○無用の長物　○目から鼻へ抜ける
○目を皿にする　○物は試し
○焼け石に水　○藪から棒
○弱り目に祟り目　○論より証拠
○渡る世間に鬼はない

坪内逍遥

○一寸延びれば尋延びる　○牛は牛連れ
○鵜の眼鷹の眼　○親の心子知らず
○九死に一生　○高木風を免れず
○事実は伝奇より奇　○関の山
○手を変え品を変え
○二兎を追う者一兎も得ず　○寝耳に水
○恥の上塗り　○背水の陣
○美人薄命　○夫婦いさかい犬も食わぬ
○目の上のたん瘤　○欲に頂きなし
○若い時は二度ない

二葉亭四迷

○医者の不養生
○うち広がりの外すぼまり
○うんともすんとも言わぬ
○親の心子知らず　○親の臑をかじる
○艱難は人を玉にする
○金平糖の綱渡り
○口も八丁手も八丁
○凝っては思案に能わず
○沙弥から長老にはなれぬ
○尻馬に乗る　○好きこそ物の上手
○対岸の火事　○逃げた鯉が大きい
○歯に衣を着せぬ　○踏んだり蹴ったり
○三日坊主　○無用の長物
○羊頭を掲げて狗肉を売る

四　世の中

赤信号皆で渡れば怖くない

皆がやっていると、違法とわかっていながら自分も罪悪感なしにやってしまうこと。また、そうした人間心理を揶揄する言葉。１９７９年にツービートによってテレビを通して流行語となり全国に広まった。また、赤信号を省略した「皆で渡れば怖くない」との言い回しも生まれ国民に深く浸透した。数多くあることわざの辞典でこの語句を収載しているのは２０００年に刊行された『岩波ことわざ辞典』ただ一つのようだ。２０１２年に刊行された約４万５０００を収載する日本最大のことわざ辞典『故事俗信ことわざ大辞典　第二版』にもなく、２０００年以降に出た多くの辞典にも見当たらない。理由は三つ考えられる。第一に、１９７９年にテレビで広まった語句であったことから、流行語とみなされそのまま固定化した。第二には、ことわざは古いもので新しい語句は対象にならないとする編集方針による。第三に、既存の辞典をただ踏襲するような発行姿勢による。一番問題になるのは流行語か否かであろう。たしかに流行語であったことは明白だが、『岩波ことわざ辞典』が刊行された２０００年までにすでに常用語句の一つになっていた上、「皆でやれば怖くない」などの言い換えやもじりもつくられどれも常用されていた。それとことわざとしての要素である言い回しの妙や語の響きなどが具わっているとみられることから新しいことわざと認定して収録したものだ。この言い回しはテレビ時代が生んだ現代ことわざを象徴するものだとの見方もできるものだ。

悪さかんなれば天に勝つ

たとえ悪人であってもそれが隆盛であれば世の中で認められ支配者となるということ。既存のことわざ辞典類にはまったくみられないもの。いくぶん似た意味合いのものに「凡夫《ぼんぷ》盛《さか》んにして神《かみ》祟《たた》りなし」という、つまらない者でも勢いがある時には神様でも敵わないというもの。凡夫の方の言い回しは江戸期によく用いられたものなので、見出し語はこれを言い換えしたものかも知れない。どちらも、ことの勢いというもののパワーに着目した表現なのだ。見出し語は１９７４年の山田風太郎の小説『伊賀忍法帖』（柳生城楚歌）にでてくる。

悪法も法なり

害となる悪い法律であっても、法となっているからには従わざるを得ないということ。つまり、そうした法は廃止されない限り有効性を持つことになるというものだ。これは古代ギリシャの哲学者であるソクラテスが告発による死刑宣告のあとに言った言葉とされる。大変歴史の古い言い回しなのだが、日本で口にされるようになったのは戦後からのようだ。今日までの収集に限れば1996年2月16日の毎日新聞社説で用いられた例が早いので、1990年代ごろから広まった可能性がある。

悪名は無名に勝る

たとえ悪名であっても無名であるより社会的有用性があるのだということ。もちろん、この言い回しは辞典にはみられない。目にとまったのは、2011年11月28日の朝日新聞のインタビュー記事で、読売新聞の代表取締役会長の渡邉恒雄の発言のもの。1978年に起きたいわゆる江川問題（当時作新学院の江川選手を読売巨人軍へ入団させるために使われた策謀）の際に口にされたものだったという。この言葉自体は元副首相であった渡辺美智雄が言ったもので、政治家は無名ではダメだというのが原意だそうだ。現在は、政治の世界に限らず広く用いられている。この言葉は、正義や正しいことが必ずしも勝つものではない現実とあいまって人々に受け入れられてきたのかも知れない。

明日は我が身

災難はいつ自分の身に降りかかってくるかわからないということ。鎌倉時代の軍記物『平治物語』には「今日は人の上、明日は我が身の上」との言い回しがあり、酷似した言い回しを含め江戸時代から戦前期までよく使われてきた。こうした災難は人類共通の問題なのであろう、世界のことわざに反映されている。英語にはToday you. tomorrow me.（今日は人の身［君に］、明日は我が身［私］）とあるし、ドイツ・ハンガリーなど西洋諸国やネパールには「今日は私に明日は君に」との言い回しがあるからだ。ところで、見出し語の言い回しは古い表現の後半であることは明らかなのだが、いつからこの表現になったのか判然とはしていない。2000年に出した『岩波ことわざ辞典』でもその件には触れていなかったし、よく似た外国の例にも言及していなかった。見出し語は、手元のことわざ収集リストで見る限り1990年ころからみえ出すので、ことによると外国語の影響も受けて新しい言い回しとして成立したものかも知れない。

頭が動けば尾も動く

上に立つ人が範を示せば、下の人も見習って行動するということの譬え。会社や組織で部下を上手に動かす方法といえよう。上の者が率先して動くならば、部下たる者は黙って見過ごすわけにはいくまい。だから、上が動けば下が連動するという理屈になる。一般論としてみても、自分はふんぞり返っていて人に命令ばかり下しても物事はスムーズには進むまい。見出し語は明治時代に言い出されたもののようだが、現代の事例としてはプロ野球の野村克也元監督の講演の題目がある。1993年11月のスポーツニッポンに数回掲載されていた。

危ないところに銭がある

色々な危険があるようなところに利益があるということ。誰でもが簡単にやれるようなことは皆がやるから大きな儲けにはならない。大儲けは皆ができないようなところにあるからだ。同類の意味を持つことわざはいくつかある。最も知られるのは「虎穴に入らずんば虎子を得ず」という虎バージョンで鎌倉時代からある。また、「危ない所に登らねば熟柿は食えぬ」という柿バージョンも江戸期からみえる。これらに対して見出し語は1993年、小説家・高橋克彦の『偶人館の殺人』（三）に「他に、危ないところに銭がある、ということわざもある。どんなに加島氏が善人ぶっていても、まともな商売をしてたんじゃ、あれほど財産は簡単には作れない」とみえるもの。ことによると小説家による創作の可能性もあろうが、着眼は珍しいものではないので、ごく自然にでてきたものかも知れない。

甘い話には毒がある

「おいしい話にはワナがある」ともいう。世間によくある儲け話の勧誘が、これにぴたりと当てはまる。今すぐ買うのがチャンスで倍になるとか、他の人には内緒の耳寄りな情報ですよなど、人間の欲望にうったえたり、欲の心をくすぐり、欲望をかきたたせる話にことかかない。冷静にものを考えれば甘言やワナに引っかかりはしないはずなのだが、敵の巧妙な仕掛けにはめられ泣きをみさせられてしまうのだ。ここに掲げた二つの語句はことわざ辞典にはない。妙技が優れることわざというほどでもない語句であるからであろうか。類句でこれ以前にあることわざといえば、「口車に乗る」「おだてともっこには乗りやすい」「褒める人に油断すな」など色々あった。現代は、こうした類句に代わって見出し語などが使われてきたのだろう。

医者とカボチャはひねがええ

　医者は経験豊かな年配者がよく、カボチャもよく熟したものがよいということ。奈良県の大和のことわざ。「ひね」は古いの意の方言。１９９４年2月5日の朝日新聞夕刊に載った奈良県知事の言葉にでてくる。一般には「医者とカボチャは古いほどよい」という。ことわざの世界では、医者は年配者をよしとするのがお定まり。とはいえ、医学の進歩は日進月歩の如く目覚ましく、新しい機器はどんどん導入されるし、研究の進化も著しい。医学の高度化に年配者は対応できるのであろうか。もちろん、高度医療の場でなければ問題はなかろうが。

急ぐと悪魔が手伝う

　あわててやると無駄がでるとの意。２００９年9月27日の毎日新聞の一面コラムで中東の格言として紹介された。その後、同紙には２０１２年10月に2度ほど掲載された。同じような意味合いのことわざは、「急いては事を仕損じる」「急がば回れ」といったところ。英語ではHaste makes waste（急げば無駄がでる）が相当しそうだ。見出し語は中東のものとして紹介されたものだが、大変よく似た語句が英語にあった。Haste is of the devil.（急ぐのは悪魔のすること）、Haste is from the devil.（急ぎは悪魔からくる）といっているものだ。後ろの方の言い回しはラテン語を訳したものだそうで14世紀にさかのぼる古いものだ。ことわざに限らず、言葉の由来は極めて難しいものだが、ラテン語に存在したとすれば、見出しのことわざを中東のものと断定するにはためらう。もちろん、中東からラテン語に入った可能性もあるものの逆もあり得るし、それぞれ別に生まれていたこともあり得るからだ。なお、ラテン語の「急ぎは悪魔からくる」と同じものかと思われるものがアラブにあった。英語文献を基にしたものだが、小説家・曽野綾子『アラブの格言』２００３年に「性急は悪魔から来る」とあるのだ。

板垣死すとも自由は死せず

　自由民権運動が終わることはないということ。明治時代の自由民権運動の主唱者である板垣退助が明治15年に暴漢に襲われた時に叫んだと伝えられる言葉で、明確に明治期に生まれたことわざといえるもの。古くにこれを伝えたのは明治期の風刺雑誌の代表的な存在であった滑稽新聞。その１１２号（明治39年）では「往年岐阜で相原尚褧に刺された時、板垣は死んでも自由は死なぬとホザイタが、今はドーダ、自由は疾くに死んで仕舞ったに、板垣は生きて居て古希の恥さらし、早く自由のあとを追って旅立たないか、ゴーツクバリ奴《め》」と非難している。現代のメディアでは２００４年から3度ほど用いられている。

一枚違えば家来同然

　番付表で一枚下に位置すれば家来と同じ扱いになるということ。大相撲の社会でいわれる言葉。これに続けて「一段違えば虫けら同然」ともいうし、「一枚違えば虫けら同然」ともいう。相撲の階級は横綱、大関、関脇、小結が役力士で、その下が前頭となり、上から順に一枚目、二枚目と続き、その下の十両になる。ここでいう一枚は、前頭や十両での階級の中での順番を指す。一段とは、十両の下は幕下となり、さらにその下が三段目、序二段、序ノ口となるその段をいう。要するに大変に上下関係が厳しい階級社会であるということなのだ。

一夜の無政府主義より数百年にわたる圧政の方がまし

一晩の政府のない混乱した社会より長く続く強圧政治の方がましだというもの。アラブ社会でいわれる言葉で対外勢力による「自由」より部族の支配をよしとする言い回しなのだ。メディアで最初に目にしたのは2003年11月15日の毎日新聞の一面コラム。続いて2004年10月2日の朝日新聞。イラクのことわざとして紹介された。2003年3月20日にアメリカを主とした連合軍がイラクに侵攻したいわゆるイラク戦争の最中のこと。しかし、この言葉は新聞以前に日本で紹介されていた。小説家・曽野綾子『アラブの格言』は2003年5月20日に刊行されており、その第二章が戦争で、そのサブタイトルに使われていたのであった。ところが、ことわざの世界でみると、1995年刊行の『世界ことわざ大事典』（大修館書店）にアラブ地域のものとして「独裁が百年続こうと無政府状態の一夜よりよい」と紹介されていた。訳が少し違うが、おそらく異なる訳者による翻訳上の違いであろう。2種類の翻訳からみると、新聞が紹介したのは曽野の訳に従っているとわかる。なお、朝日新聞は2011年2月2日に天声人語で再度取り上げ、同年12月には米軍がイラクから完全撤退したのであった。

田舎のガリ勉より京の昼寝

田舎で机にしがみついてがつがつ勉強するより、都会でのんびり過ごした方がよいということ。都会の方が自然と見聞が広まるということから。この言い回し自体はどの辞典にもみられない。2003年6月11日の読売新聞に掲載されたインタビュー記事にでてくるもので、おそらく「田舎の学問より京の昼寝」との言い回しを言い換えたものと推測される。そもそも「ガリ勉」なる用語は昭和になってできたとみられる新しい言い方だからだ。なお、学問の方の言い方は、幕末期まで遡れる語句。

いま井戸を掘って、いま清水を飲みたがってもだめだ

性急に成果を求めてはならないという譬え。ミャンマーのことわざ。2013年5月27日の毎日新聞夕刊一面ミニコラム「近事片々」で紹介。日本のことわざでいえば「急いては事を仕損じる」に相当するが、ミャンマーのものの方が情景が浮かび親しみがもてる。水の確保の手段としての井戸の存在はことわざでも重要なものなので世界中で色々に使われる。事前の備えが大事との「ノドの乾く前に井戸を掘れ（フィリピン）」。日本の「人を呪わば穴二つ」と同じの「他人を呪って井戸を掘る者は自分が中に落ちる（アフガニスタン）」。手遅れの意の「子牛が溺れた後で井戸を埋める（オランダ）」「家に火がついてから井戸を掘る（ネパール）」「渇して井を穿つ（日本）」。忍耐の大切さをいう「忍耐があれば針で井戸が掘れる（アフリカ・フルベ族）」。困窮が争いのもととなる意の「井戸での争いはつるべを持たない者が起こす（セネガル）」などとある。

上に政策あれば下に対策あり

政府などの上層に大きな方針が明確にあれば、下部は具体的な対策をこうじることができるということ。新しい中国のことわざのようだ。古い中国のことわざを多く収める日本のことわざ辞典には見当たらない語句。中国の文化大革命の少し前あたりからいわれるようになったそうだ。今はもじって、「上に対策、下に政策」という。政府が対策の結果の結果を重視するため、人民が政策をつくる立場になる、そんな気持ちの切り替えに使うようになっているのだそうだ。ちなみに、メディアで表題の言い回しを見たのは、2013年5月28日の毎日新聞夕刊の「憂楽帳」というミニコラムだ。

嘘つきは盗人より悪い

人に嘘をつくことは泥棒するよりも悪いとの譬え。小学校入学前の子どもが初めて知ることわざとしても知られるものに「嘘つきは泥棒の始まり」がある。嘘をいうと泥棒になりますよ、だから、嘘はついてはいけないと教えるもの。つまり、嘘から泥棒ができるということだ。ところが、ここの語句は、嘘つきが泥棒よりも悪いものだとしている。泥棒のすべてが嘘つきからできたかどうかわからないが、中には嘘つきを経由せずに泥棒になった者もいるかも知れない。また、すべての嘘つきが皆泥棒になるわけではないだろうし、口先だけで泥棒としての行為には及んでいない場合もあろう。しかしながら、嘘つきは泥棒よりもっと罪が重いというのだ。おそらく嘘はつくなということを強調したのであろう。見出し語は英語のことわざでA liar is worse than a thief. 現代のメディアでは２００２年6月29日の毎日新聞一面コラムの余録で目にしたものだった。

うまい話には裏がある

利益になりそうな好都合な話には、逆に危害となることがあるとの意。「うまい話には落とし穴がある」とか「おいしい話にはトゲがある」ともいう。この手のものには、絶対に儲かるとか甘言をささやく電話による勧誘話がよく知られる。そうした電話には、そんなに儲かるものなら、なぜ、自分でやらないのかとの疑問が直ちに起こるのだが、相手の巧妙な話術にまんまと引っかけられてしまうようだ。漫画家でエッセイストの柴門ふみ『オシャベリな目玉焼』（１９９５年）には「しかし、と、性格の悪い私は必ず裏をさぐってしまう。ウマイ話にはウラがある。便利さとひきかえに、私たちは多大な代償を支払っているのではないか」とある。

裏には裏がある

物事の真相は奥深く容易にはうかがい知れないということ。ものの裏側には、その裏側があるということからいう。現代も使われる語句だが、早いものに明治28年の江見水蔭『泥水清水』（泥水の巻）に「妾《わたくし》不憫《ふびん》とおぼしめしたら、如何か面倒見てやつて下さりませと涙ながらに言はれた事もあつた。裏には裏あり、毎夜交す千人の枕、其内に我より他に情夫《いいひと》無しとも限らず」とでてくる。

うれしいことは早いほどいい

喜ばしいことは早くにわかった方がいいということ。この語句は１９９２年11月26日の朝日新聞に載った商品広告のキャッチコピー。喜びは早くに、悲しみは遅くにとの誰でもが抱く人間心理をついた巧みな言い回しだ。人間、うれしいことは早くに知ればその分、早くに幸せな気分にひたれる。反対に悲しいことや嫌なことは遅くに知れば、悲しく嫌な思いをするのが遅くなる。吉報や朗報は早くに、悲報や凶報なら、知らずにすめばそれに越したことはあるまいが、それができなければ、せめて遅くにわかる方がいいに決まっている、これが普通の人の心理というものだろう。

運命は勇者に微笑む

幸運は勇気のある者にやってくるとの譬え。将棋の羽生善治永世名人の言葉として知られる。メディアで最初に知った時から、どこかに似た言い回しがあったはずとの思いがあった。そのうちに「幸運は勇者に味方する」、英語でFortune favors the brave. があることが判明。訳し方はいくつかあり、中には「運命の女神は勇者を助ける」とする例もあった。こうした事例から考えて、羽生の言葉は、おそらく、英語のものを下敷きにして言い換えたか、あるいは、頭の片隅に英語があり、何かのきっかけでそれが多少表現を変えて言葉になったのではないかと推測するのだが、どうだろうか。ちなみに、英語のものは、古代ローマ時代の「勇敢なる人々に幸運は与えられたり」との文言を踏まえているようだ。

運も実力のうち

「つきも実力のうち」とも「運も腕のうち」ともいう。よい結果となる巡り合わせのよいのも本人の実力の一つだということ。運にはいくつかの意味があるが、ここでは幸運の意。つきも同じ。なので、語に即して解釈すれば、幸運に恵まれるのは自分の力によるということになろう。ところが、運と自分の力とは一致しないのが普通。自分の力とは自分が持つ才能が努力によって培われるものであるのに対して、運は外から、周りからもたらされるものだからだ。しかし、外なる運も、場合によっては内なる自分の力に加わってくれることが起こる。そうして得られた結果が成功であり、よい成果ということになる。問題は、いかに外なる運を内に呼び込むか、これは漫然と待っていてもうまくはゆくまい。やはり、運が入れる道筋をつけておかねばなるまい。その道こそ努力という道だろう。十分なる努力があって運もやってきてくれようか。おそらく戦後になっていわれるようになった言い回しで、メディアでは特にスポーツの世界での使用が顕著だ。

近江商人の歩いた後には草も生えない

近江商人が通ったところには何も残っていないということ。近江商人とは滋賀県近江地方の商人の意で組織的な商法と勤勉で知られた。よくいえば徹底的にやる、悪くいえばがめつくということからいわれるようになったようだ。地名を変えた佐賀、栃木、愛媛、甲州といった言い回しもあることからも、各地に近江商人のような精神をもった人がいたことがうかがわれる。なお、近江商人の心得として知られるのが「三方よし」で、売り手と買い手によく、社会貢献にもなる世間よしとするものだ。

大きな魚が小さな魚を食べる

権力者、金持ちなど力の強い者が弱い者をしいたげることの譬え。四字熟語でいえば弱肉強食となる。この言い回しは、ヨーロッパ全域・中東・インド・東南アジアなど世界各地に広がっている世界的な規模のことわざといえよう。また、これには絵画の作品があることも知られる。その一つが、フランドルの農民画家であるピーテル・ブリューゲルが描いたものがある。ブリューゲルは日本でも人気のある画家であることから、日本では、むしろ、絵を通して戦後から知られるようになったことわざとみられる。しかし、最近になって、「大きなる魚が小さき魚を呑む」との言い回しが一休禅師『一休和尚法語』にあることがわかった。このことは古くから禅の世界にも共通するものがあると考えられるのかも知れない。

岡にもっこもち

富んでいる者がさらに豊かになることの譬え。もっこ、あるいはもっこもちとは、一般的には、いまや死語になっているが、土・肥料・農産物などを積んで運ぶ運搬用具で、むしろを網のようにして四隅に吊り紐をつけたもの。現代の農業では土を平らにするための鉄製の用具としてトラクターで引っ張らせて使っている。もっこが使われる比較的知られたことわざが「おだてともっこには乗るな」という人のおだてには乗ってはダメだよというもの。こんなもっこが、どうして金持ちに関わる意味のものになるのだろうか。つまりは、こうだ。岡は普通の地面より高いところを指す。これを同じ意味で別のことわざでいえば「高いところに土もち」といって、高いところに土砂を盛り上げるというもの。同じように、もっこで運んだ土を小高い岡の上に積んでゆくから岡はもっと高くなる。ここの岡は金持ちの譬え。見出し語は普通のことわざ辞典には見当たらないものだが、おそらく、既存のものを少し言い換えたものであろう。メディアでは2004年7月15日の読売新聞夕刊の一面コラム・よみうり寸評で使われている。

押し目待ちに押し目なし

株価の下落を期待して待っていても、なかなか下がるものではないということ。株の格言の一つ。押し目とは上向いていた相場が一時的に低落することをいう。津本陽の小説『最後の相場師』１９８８年（五章）に「安値覚えで新規買いをためらう者に、儲けはめぐってこんと、昔からきまってるんや。押し目待ちに押し目なしや。天井売れず、底値買えずいいますやろ。いまの値頃《ねごろ》で仕込んでおけば、あんたらはあと半年も経ったら、きっと儂《わし》に礼いうようになってますで」と説明している。

己れより出《いず》るものは己れに返る

自分がしたことは、どんなことであっても自分に戻ってくるものだということ。因果関係とか因果応報をいうことわざの一つ。もう少し具体的なものでは「積善《せきぜん》の家には必ず余慶《よけい》あり」というものがある。意味は、善行を何度も重ねた家には、子孫までよいことがあるということ。反対に悪いことをすれば「悪事身にかえる」で自分が苦しむ結果となる。とにかく、「善には善の報い悪には悪の報い」、これが哲理なのだ。見出し語は明治22年に発表された木村曙の小説『婦女の鑑』（第16回）に「『己れより出るものは己れに返る』の古言に洩れず秀子は己れが慈悲心より救ひ上げたる其人に身の歎をば助けられ日頃の望みに近寄るべき一端を聞きしこそ実《げ》に殊勝なる事どもなり」とある。明治22年の時点でこの語句を古言と認定しているのだが、残念ながら、これより古い例は見出せていない。

音楽に国境はない

音楽は言葉の壁がないので外国人とも共感しあえるということ。メディアではこの言い回しが音楽関係者から発せられている。ある言語の社会で生まれた音楽が別の言語の社会でも共感・共鳴されるという。たしかに、音楽には言葉の関わる要素より、リズムやメロディーの要素が大きく、必ずしも言葉は壁にならない。とはいえ、音楽といっても広いわけで、どれにも国境がないと言い切れるかというと疑問もある。ある民族に固有なもの、特長的なものは存在するわけだから、音楽がのっぺりと広がるものではない。もう少し正確にいえば、音楽を愛する心とか、音楽を享受する気持ちといったものに国境がないというのではないだろうか。ちなみに、見出し語はことわざ辞典には見当たらない。音楽以外ではスポーツに国境はないともいうし、国境なき医師団という崇高なる活動をする組織をみると国境は「百害あって一利なし」と思われて仕方ない。

学問に王道なし

学問を習得するに楽な方法などないということ。ここの王道は安楽な手段や方法のこと。英語では、There is no royal road to learning. という。そもそもは、ギリシャの数学者ユークリッドが、エジプトの王に、幾何学を学ぶのに近道はないかと聞かれ、王様用の特別な道はない、と答えたことによるとされる。幾何学が後に学問に代わったというもの。日本では戦後になってから広まったようだ。人気漫画『ちびまる子ちゃん』の原作者であるさくらももこのエッセイ集『たいのおかしら』（英会話の学習）には「夫はもう私に英語を教えてくれなくなった。教え甲斐がないようだ。私自身もこれ以上夫に英語の事でわずらわせるのは肩身が狭い。自分で学ぶしかない。学問に王道は無いと昔から皆そう言っている。その通りだ」とある。

学問は長く人生は短し

学問は奥が深く究めがたいが、探究する人の一生は短いということ。また、優れた学問は受け継がれて長く残るものの、人間の命は短くはかないということ。作詞家であり小説家のなかにし礼『長崎ぶらぶら節』（十）１９９９年に「ばってんおいには、すっことがほかにいっぱいある。西洋医学がどうやって長崎を通じて日本に入ったか。また丸山遊女と中国人やオランダ人ロシア人についても書きたか。したかことは山ほどある。ばってん学問は長く人生は短しじゃ。急がばいかんやろがね」とある。

勝ちに不思議の勝ちあり

続けて「負けに不思議の負けなし」と対の形でも使われる。意味は、勝ちは偶然になる場合もあるが、負けには必ず原因があるから、言い訳したりせずきちんと分析しろということ。プロ野球の野村克也元監督が使った言葉として知られるが、メディアで早いものは、勝負に関する格言として1993年6月17日のスポーツニッポンの競馬の批評欄に載っていた。現在はスポーツに限らず広く用いられている。語源は肥前平戸藩主・松浦静山の剣術指南書『常静子剣談』に求められる。そこでの意味合いは、道に従い道を守れば勇ましさがなくても必ず勝ち、道にそむけば必ず負けるとしている。剣道の世界では、道を守れば不思議に勝ち、道に背けば必ず負けるとしている。こうしてみると、両者は必ずしも一致しているわけではなく、少し間があるように思われる。野球やスポーツ以外のものの場合、剣道のような「道」の観念は存在してない。

金が金を生む

元となる資金が大きければ金自体から金が生まれるように増えるものだということ。また、資産の運用についてもいう。メディアで、この言い回しを初めて見たのは2004年7月15日の読売新聞の一面コラム・編集手帳だ。その後は経済の問題に限らず原発などのことにも用いられている。類似した言い方のものでは「金が金を呼ぶ」ともいっている。さらに古く江戸時代では「金が金を儲ける」といっていた。江戸時代のものは、井原西鶴の『日本永代蔵』をはじめ、町人ものである『世間胸算用』『西鶴織留』などに盛んに用いられていた。ただ、それも戦後からはみられず、そのうちに見出し語の言い回しに代わっていったのではないかと推測している。なお、1964年の木下順二の戯曲『冬の時代』には「ぼく、例の『金が金を生む』という景気のいい原稿、引き受けとるでしょう」と使われていた例もあった。

金がふえれば苦労もふえる

よいことが多くなるに比例して悪いことも多くなるということ。たしかに金が増えて大金が手元にあれば盗まれたりする恐れがあるので警戒しなければならない。少なくとも金がなくて盗られる心配のない時に比べて苦労は増えるというもの。別のことわざで、この意味合いに近いものが「楽あれば苦あり」。江戸系のいろはカルタにある周知のことわざだ。特に絵札の図柄がこ

■江戸時代のカルタ「楽あれば苦あり」

この言い回しを絵にしたようなものになっている。図は江戸系いろはカルタで年代が特定できる最も古いものの「ら」の絵札だ。見出し語は会田雄次の日本人論『表の論理・裏の論理』（第一章）に「我々の人生はほとんど矛盾した内容を併在させている目的の中のよい方だけを求めているのだが、それは不可能、つまり『金がふえれば苦労もふえる』というように、プラスの側面に必ずマイナスの側面を持っていることを洞察した言葉」とでてくる。

金と女は政治家の鬼門

金と女性に関わる問題は政治家が最も陥りやすい弱点だということ。疑獄事件は明治時代からあったものだが、女性スキャンダルの問題は昭和の30～40年代くらいまではあまり騒がれることはなかった。時の内

閣総理大臣が女性スキャンダルなどで退陣に追い込まれたのが宇野宗佑。内閣発足の三日後に相手の女性からの告発文が週刊誌に掲載され問題化したのが1989年だった。対象の女性自身が週刊誌に文章を寄せるといった方法も衝撃的なものだったが、それも1960年代後半から起こったウーマンリブ運動が下地になっていたからだろう。そうした大問題に発展したスキャンダルがあったにも拘わらず、いまなお、政治と金と不倫の問題は後を絶たない。

金にもの言わす

金銭の力で影響を及ぼすこと。「金がものを言う」ともいい、江戸時代からいわれるものだが、たまたまの偶然なのであろうが、英語にも同じ言い回しがある。Money talks（金がものを言う）といっている。口をきかない金にものをいわせるとの着想は貨幣社会に共通するものかも知れない。見出し語の意をさらに強めると「金で面張る」「札束で頬っぺたをたたく」といった言い回しになる。金の威力を最も表しているのが「地獄の沙汰も金次第」だろう。この類句は世界中に広がっている。「金はすべてのドアを開ける鍵（ポルトガル）」「金は天国以外のどんな扉の中にもはいれる（インド・ヒンディー語）」「金は死者をも生かす（ルーマニア）」「金を出せば王様の口ひげの上で太鼓がたたける（イラン）」「金の靴を履いて旅に出れば世界の果てまでも行ける（エチオピア・アムハラ族）」。

金の切れ目が縁の切れ目

金がなくなると関わる人との関係もなくなるということ。金によって人と人は結びついているということ。好きだの愛だのといったところで、金がなければ生きていけぬということ。現代の常用ことわざの一つだが、言い出されたのはそれほど古くなく明治期。早い用例も大正3年のもので長田幹彦『鳥辺山』に「金のきれめが縁の切れめさ。は、、、。牧野はわざとらしく笑って、それよりや一日こんな穢い座敷へ燻ってぼんやり天井を眺めて暮らしゐる格好を考えて御覧な、大概な女は愛想を尽かしてしまはあね」とでてくる。なお、「金がないのが縁の切れ目」ともいい、こちらは大正8年の田山花袋『再び草の野に』（十）にある。

金は一年、土地は万年

金が懐にはいっても、せいぜいのところ一年しかもたないが、土地は万年も使え価値を失うことがないということ。これは戦後初めての基地建設反対運動となった内灘闘争のシンボルであるムシロ旗に書かれたスローガン。意味するところは、用地買収に応じて土地を売っても一時的なものでしかないので、買収に応じることなく先祖伝来の土地を生かせというものだ。昭和27年に石川県の内灘村で米軍の試射場建設に対する反対運動が起き、女性たちが運動の中心を担った。内灘闘争は米軍基地反対運動の先駆であり、草の根民主主義への出発点になったとの評価がなされている。見出し語は、2015年7月4日の朝日新聞夕刊に連載された基地問題の記事にでてきたもの。これこそ、内灘闘争の思想を明確に表しているもので、まさにシンボルであったといえようが、この精神は内灘に留まるものではなく、例えば原発などの問題にも見事に当てはまる深い思想性を宿したものともいえるだろう。

金は低きから高きに流れる

金というものはたくさん持つ者の方へと移ってゆくものだということ。実際には色々なケースがある。例えば、利子に差がある場合には、多い利子の方へ少ない方から移動するだろう。また、「金が金を呼ぶ」ように潤沢な資金にはそれに伴って利子や儲けが生まれいっそう豊かになる。反対に水などの物質は重力の法則に従い、高い所から低い所へと流れる。金はその真反対になるもの。テレビの『開運！　なんでも鑑定団』でおなじみの中島誠之助『南青山骨董通り』（骨董商い諸法度十か条）には「しかし誰にでも欲はありますから、自分の商売を大きくして金を儲け、楽な暮らしをしたいと考えるのは当たり前なことです。水は高い所から低い所へ流れ、金は低い所から高い所へ流れるものですから、骨董商として大身の禄高を誇ったほうが有利になるのに決まっています」とある。

金持ち喧嘩せず

　金持ちは利益にならないことで人と争ったりしないということ。また、豊かでおおらかな人はささいなことに拘らないという譬え。金持ちに対しては、肯定的にみるもの、中立的なもの、そして否定的にみるものに三分される。全体的には否定的なものの方によく知られたものが多くある。「金持ち金を使わず」「金持ち苦労多し」「金持ちと灰吹きは溜まるほど汚い」「金持ちは吝嗇漢」とさんざんないわれようだ。他方、肯定的な方は、数の上でも劣り、我が身を大事にして危険を冒さない意の「金持ち船に乗らず」とか、財産は家より金の意の「家持ちより金持ち」といったものがある程度だ。そんな中で見出し語は金持ちに対して最も好意的ともいえるもの。劇作家・つかこうへいの小説『弟よ!』に「『今までサトルの見合いは十八回したんだが、みんなあて馬よ。本命は始めから良子ちゃんと決めとっただわ』『ほかの女はサトルが歯医者で一生食いっぱぐれがないと考えとっただよ。そんなことが読めんかあさんじゃないでね』『金持ちけんかせずだよ、かあさん』」とでてくる。

巨象が喧嘩すれば足元の草が苦しむ

　権力者同士や部族や国家が争えば苦しむのは民衆だということの譬え。象は権力者を、草は民衆を譬える。西アフリカのガンビアのことわざで、2003年2月20日の毎日新聞でイラク問題に関する記事の中で用いられていた。ただ、似たものが他の地域にもあり、「象が戦えば草が傷つく」は同じアフリカのスワヒリ語のものだし、インドネシアでは「象が争えば鹿が挟まれて死ぬ」、カンボジアでは「象が争うと蟻が死ぬ」としている。その他、世界各地では、象以外に水牛、虎、ラクダ、馬とラバ、クジラなど風土に密着した動物たちが用いられている。

口に税はかからぬ

　勝手放題をいっても、それに税金がかかるわけではないということから、気ままに放言することの譬え。「口に地代は出ない」「口に年貢はいらぬ」「口に税が出ぬ」などともいう。1895年の樋口一葉の『われから』（四）に「これほどの容貌《きりよう》を埋《うも》れ木《ぎ》とは可惜《あたらお》しいもの、出て居る人であらうなら恐らく島原切つての美人、ならぶ者はあるまいと口に税が出ねば我《われ》おもしろに人の女房を評したてる痴漢《こけ》もあり」とみえる。

国を盗む者は王侯、貨を盗む者は富豪

　国家を強奪するような者は王になるし、金を盗む者は富豪になるのだというもの。明治時代中期の東海散士『佳人之奇遇』（十三）で用いられている。元々は中国の古典にある「鉤を盗む者は誅せられ国を盗む者は諸侯となる」に基づいたものだ。中国のものは、帯留めを盗むコソ泥は処刑されても国を盗む大泥棒は権力者になるということだから、見出しのものはそれをアレンジしたものといえよう。中国のものをもっと端的に表現したのが「金を奪う者は殺され国を奪う者は王になる」というものだ。

クレオパトラの鼻がもう少し低かったら

　ほんの些細なことが重大事に多大な影響を及ぼすことの譬え。フランスの哲学者・パスカルが『パンセ』の中で「クレオパトラの鼻がもう少し低かったら、世界の歴史は変わっていたであろう」と書いたものの後半部分が省略されたもの。18歳で古代エジプトの女王になったクレオパトラは持ち前の類い稀な美貌をもってローマの将軍カエサルを魅了した後、カエサルの部将・アントニウスと結婚し、東方属州の女王として君臨したが、アクティウムの海戦に敗れ自殺した。なお、見出し語は１９９６年11月６日の読売新聞一面の編集手帳において、王宮の遺跡が発見されたニュースに関連した記事で使われたもの。

君臨すれど統治せず

　君主が政治的な支配権をもたないで、統合の象徴として存在するような政治体制をいう。その典型がイギリス。また、現代は絶大な力や権能はありながらも実際には行使せず、部下などに任せることにいう。元々は政治に関する語句であったが、企業の経営などで使われる。企業経営の問題では１９９２年10月14日の日経新聞で長崎屋が扱われており、他にも似た事例がある。政治の面でも、１９９３年ではカンボジア問題が多々言及された。小説家であり文芸批評家である丸谷才一の『文章読本』（第四章）に「『天皇ハ神聖ニシテ侵スヘカラス』が、君臨すれども統治せずを暗々裡にほのめかす、すなわち明治憲法のなかで最も密教的な部分だといふ説がある。わたしはこの説に一概に反対しようとは思はない」と元々のものがでてくる。

景気の気は気分の気

　世の中の経済や商売は人の気持ちに大きく左右されるということ。「景気は気から」とも「景気は気なり」などともいう。見出し語は１９９４年２月７日の日経新聞の社説に載ったもの。「気」の字が４回も使われ、普通いわれる「景気は気から」の言い回しより、さらに「気分」の意が強調され、言葉の技としてのことわざらしさも具わることによって、いっそう鮮明に印象づけるものになっている。一般的なことわざ辞典にはみられないものなので、おそらく戦後、だいぶ経てから使われるようになったものと推測される。

経済一流、政治は三流

　日本は、国としての経済面に関しては世界の中で一流といえるものの、政治は二流どころか、三流程度のお粗末さだということ。１９９０年ごろに急速に広まった言い回し。少し先立つが、Japan as No.1 といわれたのが１９７９年。高い技術、学ぼうとする意欲、企業の社員の会社への忠誠心、高い教育水準、質の高い官僚、低い犯罪率などが世界的なレヴェルで高い評価を受けたものだった。このころ、日本は、敗戦によるダメージから復興して、いわゆるＧＤＰ（国内総生産）が世界の第２位の経済大国となっていた。つまり、経済は世界の中でも一流だが、政治は、旧態依然のもので三流とみられていた。見出し語には、一種のバリエーションが生まれた。見出し語の後に「外交五流」「官僚機構は超一流」とか、「経済二流、政治は三流」などと言い換えられながら、人口に膾炙していった。

現場百回

　「捜査は現場百遍」「現場百遍」ともいう。もともとが警察による事件捜査で使われる言葉で、事件の起こった現場に事件解決の手がかりがあるとするもの。また、何度も繰り返して調査しろというものでもある。この言葉は初めて耳にしたのは１９９３年１月のテレビ番組『はだかの刑事』（日本テレビ　夜８時台）。その後も、主に警察もののテレビドラマでしばしば耳にしたが、いまはもう少し広がりをみせ、勧誘セールスの分野でも努力を重ねるとの意味合いで使われるようになっている。２０１１年の江上剛『人生に七味あり』（第二章）には「大友が会食するのが気にならないこともなかったが、一番問題と思われる店を早めに見ておきたい。現場百遍という言葉がある。どの程度流行っていないのか、どんな問題があるのか、現場に行けば少しは分かるかもしれない」とある。

権力と味噌は上層から腐る

　権力というものは上にいくほど腐敗するものだということ。メディアでこの言葉をみたのは２０００年４月７日の毎日新聞の投書欄で71歳の男性からのものだった。日本のことわざ辞典にこの語句は載っていない。しかし、英語にPower corrupts.（権力は腐敗する）との言い回しがあることがわかり、これに何らかの影響を受けているのではないかと推測している。英語にはない味噌の単語は日本人によるものだろう。英語の方は、イギリスの首相ピット（１７０８〜78）が１７７０年に行った演説で「無制限の権力はそれを持つ人々の精神を腐敗させる」と述べている。

恋と戦争では何でも正しい

恋愛の戦いと戦争では、何をやっても構わないということ。一般的には、ビジネスで自己利益の追求のために不正な手段を使った言い訳として使われる。たしかに過去の戦争では原爆も投下され、毒ガスや細菌兵器も使われ歯止めがなかった。しかし、恋愛でさえも限度を超えた汚い手段がとられればひんしゅくを買うだろうから、ましてや戦争においては何でもありは今後はあってはならない。英語のことわざで、All's fair love and war. 見出し語もこの英語の翻訳であるが、他にも「恋と戦争は何でも許される」「恋と戦争は手段を選ばず」などがある。近年では見出し語に「政治」を加えたAll is fair in love, war and politics. ともいうそうだ。見出し語をメディアで見たのは２００１年10月22日の毎日新聞でテロに関する記事中に英語のことわざとして引用されたものだった。

攻撃は最大の防御

相手を攻撃することは自分を最も護ることになるということ。英語のことわざでAttack is the best form of defense. という。「攻めは最大の防御」ともいう。戦後になってから広まったことわざとみられるもので、近年のスポーツ関連のテレビ放送ではしばしば耳にするお馴染みさんだ。スポーツファンならずとも多くの人が聞いているだろう。そのためもあろうが、外来のことわざと気付いている人は稀であろう。もちろん、用いられている日本語が漢語表現ではあるものの外国語の感じが完璧なほどないからでもあろう。早い用例は１９７８年の上田三四二『うつしみ』に「世界は彼を脅かし、他者は彼を犯そうとしている。攻撃は最大の防御であるから、当然、彼は出来ることなら攻撃をかけ、敵を破壊したいと願うだろう」とある。

甲の損は乙の得

一方の損害は他方の利益になること。すべてによいということはないとの譬え。類義のことわざで周知なものが「あちら立てればこちらが立たず」。周知の度合いが少し低くなると「出船によい風は入り船に悪い」もある。見出し語との関係でみれば、発想として出船の方が近いうえ、情景もリアルで意味するところもいっそう鮮明になっている。見出し語は２００８年3月25日の東京新聞夕刊の経済コラムでみたもの。このままの言い回しはことわざ辞典には見当たらないが、英語にはOne man's loss is another man's gain.（ある人が損すれば別の人が得する）という同義の語句があるので、英語の翻訳と考えられる。それにしても世間は広いといっても双方によいことはなく、「両方よいのは頬っ被り」だけとことわざはいうのだ。

幸福は単独でやってくる、不幸は手をつないでやってくる

幸福というものは一つ一つ別々にくるものだが、不幸の方は続けざまに襲ってくるものだということの譬え。英語のことわざにMisfortunes never come singly.（不幸は単独ではこない）とか、Misery loves company.（不幸は仲間を求める）というのがある。同じようなことわざはヨーロッパに留まらずメキシコ・ネパール・モンゴル・中国などに広がる。譬えを異にする「木から落ちて牛に突かれる」（スリランカ）なども併せれば世界中に嫌になるほどあるのだ。見出し語は２０１３年1月27日の東京新聞の連載エッセイ・おじさん図鑑（飛鳥圭介筆）でみたもの。憶測になるが、手持ちの資料やインターネットでは、このままの言い回しのものは見当たらないので、

おそらく英語のものなどを参考に言い換えたものではないだろうか。

公約と膏薬は張り替えるほど効く

政治家が選挙の時に口にする公約はどんどん変えた方が効果があるということ。肩こりや腰痛治療に使う膏薬は、しばらくすると効き目がなくなるから張り替えなければならない。その膏薬と選挙公約は同じだとするもの。見出し語は２０１５年10月20日の朝日新聞の経済コラム・経済気象台でみたもの。この言葉は小沢一郎がいったといわれ、前の公約の検証がなされる前に次の公約を打ち出すことが選挙に勝つ秘訣なのであるそうだ。馬の鼻先のニンジンではあるまいに、目先の利益に目をくらまされている現実もある。公約の張り替えというほどの露骨さはないものの、政策の言い換えやごまかしなど政治家の常套手段は現在もしっかりと活躍しているのだ。

米の飯とお天道様はついて回る

どこに行っても飯を食うくらいの生活はできるとの譬え。地球上であれば、どんな極寒の僻地であろうと太陽の光はそそぐ。いっぽう米のご飯となるとアジア圏などを主にかなり限られるから、太陽と同じ扱いにはできないはずだが、ここはものの比喩だから問題はない。むしろ、事実を超えた誇張性が大きければことわざとしてのインパクトは強くなるというもの。日本のことわざではここのような楽観主義的な要素を持つものは少ないので、この語句は貴重。ぜひ、こうしたおおらかなことわざは未来に残しておきたい。見出し語は明治時代にはみられていたものだが、常用されたものではなかった。近年のメディアでは１９９２年12月16日の毎日新聞夕刊に掲載されていた。

最後に笑う者が一番よく笑う

出だしが遅れたり、途中がどうであれ、最終的に勝ちを得た者が成功者、勝利者として心底から喜べるということ。「最後に笑う者が最もよく笑う」ともいう。英語にあることわざで、He laughs best who laughs last. という。伝来の日本のことわざでは、「先勝ちは糞勝ち」「先の勝ちは貧乏勝ち」に重なるところがある。具体的な用例としては、１９５９年の高名な文芸評論家・小林秀雄『考えるヒント』（漫画）には「現代のような、奇怪に複雑な批評時代が到来すると、一体、人を嘲笑うのに漫画家という特別な才が要るのか、と訝りたくもなる。『最後に笑うものが、一番よく笑う』という言葉があるが、自分こそ最後に笑うものだ、と誰も彼もが、笑い合っているような始末では、諷刺漫画も利き目がなくなって来るわけである」と使われている。

先立つものは金

実際に物事をする時に、まず必要なものは金銭だということ。もちろん、実際に始める前には頭で考えてから行動に移すはずだから、ここのは、あくまでも実行のレベルでの話だ。それと、金銭が通用している社会でもある。いうまでもなく金のない社会ならここの言い回しは成り立たない。今日までの調査では、この語句は明治期以降に使われたようだ。その早い方の例として福沢諭吉が挙がる。福沢は、著作集で見る限り3度も使っている。『福翁百余話』（四）や『洋兵明鑑』緒文にもみえるが、『福翁自伝』（一身一家経済の由来）に「私にも男子が二人ある、この子が十八、九歳にもなれば是非とも外国に遣らなければならぬが、先だつものは金だ、どうかしてその金を造り出したいと思えども、前途甚だ遥かなり」とでてくる。

運命《さだめ》につける薬なし

運命にさからうことはできないということ。日本のことわざとしては認知されてないが、1点だけ使っている例がある。１９９３年に刊行されたことわざミステリーといえる高橋克彦『偶人館の殺人』（二）に「名倉には仕事の関係で時々酒をご馳走になるが、酒宴の直前に必ず肝臓強化剤を何粒か飲む。あそこまでして酒を飲む必要はないのに、と思っていた。『運命《さだめ》につける薬なし、ってね。いい言葉じゃないか。そういう潔さが昔の日本人にはあったんだ』」とでてくる。運命に対するこうした考えは外国にもある。ポーランドでは「運命は馬に乗っても避けて通れない」であり、ポルトガル・ブルガリアでは「何人も自分の運命からは逃れられない」、英語「運命は避けられない」とある。見出し語に最も近いものがスワヒリ語の「運につける薬なし」だ。

幸せから不幸まではただ一歩、不幸せから幸せまでは遠い距離

幸福な状態から不幸な状態になるのは早いが、不幸から幸福になるには長い時間がいるということ。どうも人間には幸福より不幸の方が身近なもののようだ。なにぶんにも「幸い並び来たらず、禍いひとり行かず」と、幸福は二つ一遍にこないが不幸は重なるとあるし、「福《さいわい》はまなじりに盈《み》たず、禍は世に溢《あふ》る」(幸福は見落とすくらい少ないのに不幸は世の中にあふれるほどあるとの意)「不幸はけっして眠らない(スロベニア)」「不幸はあらゆる藪陰に潜んでいる(スロベニア)」からだ。見出し語は１９９５年11月６日の読売新聞夕刊のよみうり寸評で中東和平に関する記事の中でユダヤのことわざとして紹介されたもの。和平への道のりの困難さをうかがわせるものだ。

地盤看板かばん

日本の政治家が選挙で勝つために必要とされる三つのもののこと。地盤は後援会などの支持者の組織のこと。看板は知名度に当たり、スポーツや芸能など各種の有名人、地元の著名人、世襲や多選者などが挙がる。かばんは金で選挙資金ということになる。具体的な状況に応じて「看板、かばん、地盤」「かばん、地盤、看板」などと入れ替えて用いられている。使われ出したのがいつごろかは定かではないが、メディアでの調査を始めた１９９２年から現在まで毎年必ず顔を出す言い回しなのだ。その意味で、この語句は、現代の政治ことわざとして認定してよいかとみている。

自分で自分の首を絞める

自分から自らを窮地に追いやることの譬え。「自分の首を絞める」「自らの首を絞める」ともいう。中には「自分で自分の首を真綿で締める」という変形もある。現在、よく使われる常用ことわざの一つだが、広まるのは戦後になってからとみられる。手元のリストでは、最も早いのが１９７２年の小説家・石川淳のエッセイ『コスモスの夢』で「後の悪人が編み出した連帯といふ思想の縄で自分の首をしめたがる癖はそのころ流行してゐなかった」とある。１９９９年の評論家・宮崎学の『喧嘩の極意』(宮崎学にエール)には「今のヤクザの有り様というのは、〜中略〜、全部マフィア的に流れていって、そこでシノギをしようとする。そういう点では本来的に日本にあったヤクザは姿を消していこうとしている。これから先のヤクザというのは、自分で自分の首を絞めていっていることになるのではないか」とでてくる。もちろん、近年の全国紙では頻繁に用いられている。

省益あって国益なし

自分が所属する組織の利益にはなっても国家のためにはならないということ。官僚組織を批判する言葉として１９９０年代初めには使われていたものだが、官僚組織の枠を超えて、小さな組織のためにはなっても全体のためにならないとの意味合いで使われることもある。メディアからの収集のリストでは１９９３年７月15日の毎日新聞夕刊に載った政局の記事が早いものだった。以降も、頻出するものではないが、間断なく各紙に顔を出している。

正直者が馬鹿をみる

正直に振る舞った者が、結果的に損害をこうむったり、不利な扱いを受けること。反対のずる賢い者は、うまく立ち回りまんまと利益にあずかるという寸法だ。「正直者が損をする」ともいう。真っ当であること、正義などが世間に通用しないことを批判する言葉でもある。戦後からみられる言い回し。手元のメディアでのリストでは、早いのが１９９２年10月14日の朝日新聞の肝炎の記事。以降、これまで頻度高く用いられている現代の常用語の一つといえる。この語句は頻度が高いことと、読者からの投書でよく使われているとの特徴があるのは、それだけ現実の社会に対する批判がたくさんあることを物語っていると解釈できるだろう。

上手切らずに下手切らず

　包丁の扱いが上手な人は指を切るようなことはなく、反対に下手な人は怖がって慎重に扱うので怪我をしないということ。要するに、中途半端な者が一番危ないという料理の格言。別の表現では「生兵法大けがのもと」と同じことになる。平易な文言ながら、反意語と同音反復が使われて印象度合が高い言い回しになっている。この語句は懐石料理の名人・辻嘉一も使っているそうだが、同じ言葉でも辻嘉一が使えば説得力がまるで違う。だが、この語句は料理以外のものにも適用できるだろう。メディアでは２０１４年7月22日の朝日新聞の天声人語で用いられていた。

知らぬが花

　事実や真実は知らないでいる方がよいということ。「知らぬうちが花」「知らないうちが花」ともいう。ことわざ辞典には載っていない語句。早くに使っている例としては明治32年の菊池幽芳『己が罪』に「恋の成る時はやがてその身の沈没する時なるを、さりとも知らぬ中《うち》が花なりけり、凡《およ》そ想像の楽しみは総《すべ》ての楽しみの中にて殊に楽しき中にも、わけて妙齢の男女がその想像力の最《いと》も旺《さか》んなるに任せて恋愛の極楽園を想像するの時ほど楽しきは無《なか》るべし」とある。明治時代には女性ジャーナリストの草分けとして知られる清水紫琴の小説『移民学園』でも用いられている。その後、１９９２年の小池真理子の小説『あなたに捧げる犯罪』（セ・フィニ―終幕）に「『知ったら驚くよ。知らぬが花、さ』神崎はふてくされたように笑い、『じゃ、またな』といった」とでてきている。ここの語句と同義の「知らぬが仏」の誤用との見方もあるようだが、以上の例などから、古くからいろはカルタで知られる「知らぬが仏」を改変したものではないだろうか。

相撲は負けて覚える

　試合での敗北は糧とし励めということ。相撲に限らず、スポーツなどの勝負は、負けることによって負けた原因を究明し、改善を図ることができれば次の機会に勝ちに転じられる可能性がある。逆に安易に勝ってしまうと、自らの欠点に気付かないので改良や改善につながらず、欠点がそのまま放置されかねない。どんな人でも最初から完璧な人はいない。いわば、皆失敗を経験しながら、そこから学び強く大きくなっていくのだ。要するに、「失敗は成功のもと」と同じように、負けを否定的に捉えるのではなく、プラス思考で捉えることが肝要だということになる。

政治は数、数は力、力は金

　政治を遂行するのは人数であり、人数こそが推進力となり、その推進する力は金だということ。「政治は力、力は数、数は金」「数は力、力は金」「数は力」などいくつかのバリエーションも生まれた。元首相である田中角栄の言葉として知られる。金権政治を象徴する言い回しとして有名。政治を強力に推し進めるというプラスとみられる面がある一方、数の論理による多数派の横暴というマイナスをもたらした。ことは政治に限らず、広く社会に蔓延させた悪しき影響力を有した言葉であった。ただ、見出し語の最後の「力は金」とする部分は後の人間による補足だとする説もある。となると、これを以て金権政治と結びつけるのは早計になってしまうのだが…。

戦争で最初に犠牲になるのは真実だ

混乱した世の中では真実は権力によって隠ぺいされるということ。この言葉は米・シカゴデイリーニュースのG・ウェラー記者の名言といわれるが、古代ギリシャのアイスキュロスの言葉に発しているという説もある。古代ギリシャはさておき、現代でもこの言い回しが真実であるといえるのは、イラク戦争の開戦時を思い起こせばよい。アメリカのブッシュ大統領は、イラクが大量破壊兵器をもっていることを理由にイラクを攻撃したが、これは情報のねつ造であったことが後に判明した。虚偽情報を理由に戦争を引き起こしたものなのだ。２０１１年の東日本大震災の際に起きた原発事故も同じ。都合の悪い重要情報は隠されるなどの情報操作が大手を振ってまかり通るのだ。メディアでこの言葉をみたのは、２００４年5月23日の朝日新聞の書評欄。

そうは問屋が卸さない

相手の言い分通りにはいかないということ。また、簡単には自分の思い通りにはいかないということ。客からのもっと安くとの要望であっても、そんな安値では問屋が卸してくれないことからいう。明治時代からみられるもので、「そう旨くは問屋で卸さぬ」とも「そうは問屋で卸さぬ」ともいっていた。明治40年の二葉亭四迷訳の『狂人日記』（十二月三日）に「無稽言《たはことぬか》すな、然《そ》う旨くは問屋で卸さぬわ。結婚させてなるものか！ 侍従が何だ。尋常《ただ》の官職でないか。手に取つて見られる品物《しろもの》ぢやなし、侍従だからつて額に三《み》ツ目がある訳でもない」とでてくる。

底に底あり

表面からでは物事の真の姿はわからない。そこに複雑な事情などがからんでいるということの譬え。物理の観点からみれば、底の下は存在しないはず。例えば、ある容器の底は一番下にあるから底と位置づけられるからだ。対義語となる頂きで考えてみれば、山の頂の上はあってもそれは異質の雲や空となり別物になる。似た意味となる「裏には裏がある」とも微妙に異なる。裏は表があって存在するし、その裏も表側になっていれば、それは表になり、表だった側は裏になるからだ。つまり、見出し語は物理の世界を超越したものだということになる。世間にあるさまざまなものは、実は底があるかどうかもわからないものもあるし、箱のような容器と異なり、世間や人間社会は複雑だということなのであろう。

対岸の火事

当事者には大事であっても、自分には痛くも痒くもないことの譬え。川を隔てた対岸で燃える火事を見物することからいう。江戸時代は火事ではなく「川向かいの喧嘩」といっていた。明治になると明治24年の尾崎紅葉『むき玉子』（七）に「対河岸《むこうがし》の火事」、同27年に北村透谷の戯曲『悪夢』（其二）に「向岸の火事」、同42年の高瀬文淵『長谷川君の政治趣味』に「対岸の火災」とある。ただ、見出しの言い回しも同32年のことわざ辞典『俚諺通解』、二葉亭四迷『露国文学の日本文学に及ぼしたる影響』（明治末か）にみられるように、徐々にこの形に収斂されていった。直近では、福島原発についてもよく発言している作家の玄侑宗久がオリンピックに言及した際に「対岸の祭り」（２０１３年9月11日の毎日新聞夕刊）と呼んだものも生まれている。

逮捕に勝る防犯策なし

犯罪者は検挙してしまうのが最も効果ある防犯対策だということ。「検挙に勝る防犯なし」ともいう。防犯に対する一般的な考え方としてはもっともな面はあるが、検挙や逮捕が自己目的化される懸念も伴う。表にでた犯罪者の取り締まりを強化するあまり、犯罪の原因となった負の要素がないがしろにされる恐れが付随するからだ。理想は犯罪が起こらない社会になることだが、現実はそうはいかない。暴力団とか麻薬といった有害以外のなにものでもない存在は消滅させねばならない。こうしたものにこそ逮捕率や検挙率を上げて欲しいもの。メディアでこの語句をみたのは1994年3月6日の日経新聞の社説で企業に対する暴力犯罪を扱った記事であった。

ただほど高いものはない

ただでもらったものには、返礼もしなくてはならないし、頼みごとをされれば断れず、却って高いものにつくということ。「ただより高いものはない」ともいう。矛盾した用語が使われる撞着語のことわざの一つだ。古くからあるものではなさそうで、用例は戦後からとなっている。1962年の石川淳『レス・ノン・ヴェルバ』(居所)に「連歌師がよく旅に出る。ここにまた格別の生活の仕方があった。垣の外の灰の道を踏んで、四方の高山流水をめぐる。灰もタダ。高山流水もタダ。もつとも、そこには人生観どころかナマミの一生が賭けてあるのだから、タダ程高いものはないとはこのことである」とでてくる。メディアでは2000年以降に使用頻度が高くなっている。

民の声は神の声

庶民の声こそ神の声だということから、世論は重視すべきものということ。「民の声は天の声」「民衆の声は神の声」ともいう。紀元前8世紀ころのギリシャの詩人・ヘシオドスが起源だとする見方がある。ラテン語のことわざとしても知られ、英語でも The voice of the people is the voice of God. という。朝日新聞の一面コラムの天声人語は、このことわざに基づいているもの。日本で早くに紹介したのが森鷗外。明治25年に発表された『公衆とは何物』で「民の声は神の声なり(vox populi vox dei)とはいにしへの羅馬の言葉なり。されどまことに民の声に従ふべきは、唯国民の発達に関する問題あるのみ」とでてくる。実際の用例では、大正7年の中村吉蔵の戯曲『淀屋辰五郎』(第三場)に「井上　今の群集《ひとごみ》の中に、かゝる悪戯《いたずら》をした者があると見えます、片ッ端から引縛つて屹と詮議しませう。　土岐伊予の守　捨て置け捨て置け…民の声は天の声とやら、お互の誡にもならうぞ、それにつけても御奉公は辛いもんぢやなう」とある。

便りのないのはよい便り

何の知らせもないのは無事である証拠だということ。何か異変でもあれば、知らせがあるはずだから、それがないのは元気に過ごしているに違いないと希望的に思うことから。「便りのないのがよい便り」「便りのないのは無事のしるし」等ともいう。翻訳臭さがぜんぜん感じられないものだが、英語のことわざで、No news is good news. という。ただ、理屈をいえば、本人やその関係者が連絡手段を持たなければ、連絡のしようがないから、便りがなくても必ずしも無事とはいえないのだ。1966年の有吉佐和子『華岡青洲の妻』(五)に「京都にいる雲平から加恵宛てに便りのきたことは一度もなかった。送金を受け取っても一々礼状がきたためしもない。直道も滅多に彼の音信に接することがなく、『たよりのないのはええたよりと云うがや。夢中で新知識を吸収するときは故郷を思い出す暇もないものよ』」とある。

足るを知る時この世は天国、足るを知らざる時この世は地獄

これで十分満足だと思う気持ちであれば、それは天国であり、不十分だと思う欠乏感であれば、地獄のようだということ。ガンジーの言った言葉という。英文では、There is enough for everybody's need but not enough for everybody's greed. となるようだ。この英文に素直に従えば、「すべての人の必要を満たすには十分だが、すべての人の欲を満たすには不十分」といった訳文になるのではないだろうか。ただ、ここでは英文の訳し方の問題は別にしておく。見出し語は過剰な欲望が人を苦しめる根源だとする認識を示しているものと考えられる。老子の「足ることを知る」をベースにして、思想内容を対句の形でより鮮明

に表している。この言葉は２０１０年３月１７日の毎日新聞夕刊に掲載された宗教学者・山折哲雄と環境保護活動家でノーベル平和賞受賞者ワンガリ・マータイとの対談にでてきたもの。日本語の「もったいない」の言葉を高く評価するマータイの思想と重なる言葉であろう。

段取り八分

仕事などの準備ややり方をあらかじめしっかりと進めておけば、その仕事の八割かたは完了しているということ。逆にみれば、段取りが悪いと仕事は進まず滞ることになりがち。とにかく、瞬時に完了する仕事はなく、どれにも一定の時間はかかるものだし、準備も必要。したがって、仕事をしっかりとこなすには段取りは欠かせないということになる。仕事によっては、不確定要素の多少はあるものの、どの仕事の内容もおおよそは事前に決まっているはずだから、その仕事はスケジュール化できることになる。段取りは、仕事を内容に即して工程化したものだともいえよう。では、残りの二分とは何か。段取り化できない不確定要素や想定しきれない要素が占める部分だろう。例えば、要となる人や事物のトラブルなどが考えられる。これが、新しい仕事とかになればことはいっそう困難になる。むしろ、段取りをつけるまでが大変で、そこに至るまでに試行錯誤やさまざまな模索が必要になるからだ。ここの語句は、なぜかことわざ辞典に載っていない。

地位が人をつくる

社会的な立場がその人となりをつくり上げるというもので、地位にふさわしい人になるということ。「地位は人をつくる」「位は人をつくる」ともいう。なぜ、そういう風になるのであろうか。一般的にいって、上の地位との違いが鮮明でない場合は難しいが、例えば、小学校でみると、ヒラの教員と教頭や校長の管理職との間には一線が引かれる。個々の教員にある授業やクラス担任の役目は管理職にはない。その代わり、一般教員を監督・指導する役目がある。他にも、校長は月曜日の朝会で全校生徒を前にお話をしなければならない。もちろん、何か学内で問題が起きたり、生徒が事件に巻き込まれたりする異変が生じれば、校長は学校全体の責任者として対応しなければならない。ヒラの教員時代には経験のないさまざまな問題に対処するのが校長の仕事であり、校長はその地位でもある。そうした新しい役目や経験によって校長の地位の中身は形成されていくというわけだ。

築城三年落城三日

長い月日と多大な労力をかけて築いたものでも崩壊するのはあっという間であるとの譬え。「築城十年落城一日」「築城三年落城一日」ともいう。見出し語にある三日は、三年に数字を合わせたものだろう。立派な城は大勢の人の協力のもとに何年もかけて築かれる。しかし、敵軍に敗れて落城するのは一日あれば十分だ。ことは城に限らない。営々と築きあげた会社が、スキャンダルなどで、瞬く間に窮地に陥るケースは稀ではない。この語句は、戦後になって使われ出したもののようで、直接耳にしたのは１９９８年であった。そして、メディアでの初出は「築城三年落城一日」の言い回しで２００７年３月24日の毎日新聞夕刊の一面ミニコラムにあった。なお、この言い回しは、２０１６年の安倍首相の年頭所感でも用いられている。

地方自治は民主主義の学校

市民一人一人が主体的に地方の政治に参加することによって民主主義の基本を身につけられるということ。現代の政治の仕組みは、選挙で選ばれた国会議員によって国政が、地方選挙の議員によって地方政治が運営される。いずれも間接的な関わりだが、地方選挙の方が身近な問題が取り上げられるため、市民との距離は近い。この言葉の起源はジェームス・ブライス（１８３８～１９２２）というイギリスの歴史家・政治家。厳密には、「地方自治は民主主義の学校であり、その成功の保証人である」というもので、その根幹は自分が自分たちを統治することであるという自治の考えが基底になっている。見出し語の初見は２００３年1月10日の毎日新聞夕刊の一面ミニコラム。

月は欠けてもまた満ちる

　栄枯盛衰は人につきものだということの譬え。月は満月から新月へ、新月から満月へと、その干満を繰り返す。見出しの言い回しは、既存のことわざ辞典にはみられないものだが、似たものならある。「月満つれば欠く」といい、中国の古典に由来する古い語句だ。ことによると、中国の古典のものをヒントか参考にしたか、あるいは、月の運行から自然発生的に思いついたものかも知れない。なお、見出し語は２００２年12月3日の読売新聞に掲載された政治家（民主党の鳩山代表）の辞任問題の記事で用いられていたものだ。

出すぎた杭は打たれない

　存在が公然とし、皆に認められるようになった者は非難を浴びることはないということの譬え。図抜けた才能をもち、それを発揮するような人は嫉まれたりする意の「出る杭は打たれる」を踏まえ、言い換えたもの。高度成長期あたりで、優れた人材を求める広告業界において盛んに用いられるようになったもの。メディアでの調査では１９９２年11月7日のスポーツ新聞・報知新聞に当時俳優であった千葉県知事・森田健作が口にしたものが載っている。

日本の常識は世界の非常識

　日本で常識であることが世界では必ずしも常識ではないということ。また、日本国内だけに通用する考え等を揶揄する言葉。ここの常識は知識力ではなく、ものの考え方や価値観、行動基準に関わる習慣・風習・文化といった類になる。外国人からみて評価される具体的な点としては、電車の時刻表通りの運行、公衆トイレが清潔、町が清潔、犯罪が少なく治安がいい、水道水が安全、買い物や支払での釣り銭への信頼、無料のプレゼントのラッピング、商品の値段が定価通り、どこにでも自動販売機がある、といったところが挙げられるが、これが外国では反対になるケースが多く、日本の常識が通用しないということになる。その他にも、ビジネスに関する諸々や、こまごまとした日常生活における違いもある。要は、そうした彼我の違いを認識して行動することが求められているのであろう。

人間万事金の世の中

　この世の中は、すべて金によって左右されるということ。金の力とか威力をいうことわざの一つ。現時点での資料からでは、明治期からいわれるようになっているが、明治初期の用例がいくつもでてきていることから、今後、江戸期にまで遡ることができるかも知れないもの。最も早い例が明治12年の仮名垣魯文『高橋阿伝夜刃譚《おでんやしゃものがたり》』（五編下之巻第十四回　毒婦掏摸《どくふすり》を脚として横濱《よこはま》を脱す）に「金のなる樹を家土産《いえづと》に。頓《やが》て目出たし目出たしの。結局まではモウ四五編。詰迫催促金轡《つめかけさいそくきんぐつわ》。ハイハイ如何どうでも綴り升ますと。止《やむ》を得ず筆を採《と》る。噫人間万叓金《ああにんげんばんじかね》の世の中」とあり、ここの語句で章を結んでいる。他方、金の重要性に力点を置くものとして明治13年の福沢諭吉『民間経済録二編』（第六章）に「人間万事金の世の中とは今の世界の有様にて、国財に乏しければ国権も亦《また》立たず、国権立たざれば貿易の利も亦得べからず」とある。

根回し、かき回し、後回し

　日本社会の構造を評する言葉。特に政治の世界でいわれるもので、事前に相手に話をつけ、実際の場ではそこを混乱させ、問題の処理は後にするということ。ありふれた異なる意味の三つの語に「回し」の語を添え、それを三つ並べてリズミカルに表現した語句だ。ことわざ辞典にはみられない語句で、メディアでの早いものは１９９２年10月11日の毎日新聞夕刊のテレビ番組案内のものだ。

飲ませる、抱かせる、握らせる

接待の手法として、酒を飲ませ、女をあっせんし、現金を握らせるというもの。また、「五せる接待法」として、飲ませる、食わせる、威張らせる、握らせる、抱かせる、と五つの「せる」のついた動詞を用いた言葉もある。もちろん、ことわざ辞典には掲載されてない。初見は１９９２年の横田濱夫の小説『はみ出し銀行マンの勤番日記』に「（この課長は、役人に賄賂を握らせようというのか）そういえば大学のマーケティング論の教授が、広告業界などでは『飲ませる、抱かせる、握らせる』というやつが日常茶飯事になっているといっていたのを思い出した。退屈な講義の中で、なぜかそこだけが印象に残っていた」とある。

裸参り追剝に遭わず

まったく金を持っていない者は損害をこうむることはないとの譬え。裸参りとは冬に裸で神仏に参詣すること。追剝は通行人を威して衣服や金品を奪い取る者のことだから、取る相手が裸では仕事にならない。明治19年の饗庭篁村『当世商人気質』（五の巻）に「善悪ともに斯う予算通りには行かぬが多し、何も生涯五百円叩きばなしと己の身の上が三世相に書いてあるといふ白痴《こけ》な理屈でもあるまい、殻《から》馬《うま》に怪我なし。裸参り追剝に逢わず、是より損の仕やうなければ一番身体を働かして儲けの道へ取掛ッて見よう」とある。

働かざる者食うべからず

仕事をして稼がない者は食べる資格がないということ。この語句は新約聖書のテサロニケの信徒への手紙二の第3章10節の文章に由来する。「実際、あなたがたのもとにいたとき、わたしたちは、『働きたくない者は、食べてはならない』と命じていました。ところが聞くところによると、あなたがたの中には怠惰な生活をし、少しも働かず、余計なことをしている者がいるということです」とでてくる。とはいえ、新約聖書のものが見出し語のようなことわざとして広まるのはずうーっと後の話。ただし、日本の文語体でつづられた古い聖書にはこの言い回しは用いられていなかったそうだ。その後、ロシア革命の立役者・レーニンが１９１７年の自著『国家と革命』の第5章第3節でこの語句の類を使っている。レーニンの後は、いわゆるスターリン憲法の第12条でこの語句がソビエト連邦の労働の原則とされた。『国家と革命』の日本語訳も色々あったが、見出し語の表現の早いものが１９２８年の岡崎武の訳書（共生閣）であるから、日本語のこの言い回しの始まりはこのあたりかと推測される。一方、著作での広がりとは別に、シベリアに抑留された日本兵が帰国して広まったという情況もあったようだ。筆者の叔父は満鉄の社員であったがシベリアに抑留され現地で病死した。こうした事情もあり、幼いながらも、この言葉は祖父母の話にでてきていたような覚えがある。一般書での用例に戦前期のものは確認できておらず、戦後になってからでてくる。小説家・石川淳のエッセイ『武林無想庵』１９６２年に「コムミュニスムをもふくめて社会主義といふ漠然たる観念が社会主義者ならざるひとびとの生活の中にまでひびき寄せてゐた。早くいへば、ひとがそれを気にしてゐたということである。当時『はたらかざるものは食ふべからず』といふ流行語すらおこなはれた」とある。流行語であったとは驚きで、それだけいわゆる左翼陣営に勢いがあったということだろう。

必要は法を知らず

どうしても必要なものには法律は無視されるか破られるものだということ。古代ローマ人には「必要は法律を持たず」との言葉があるので古くからあるものと知れる。英語ではNecessity knows no law. というので、ここの語句は西洋からのものとわかる。この言葉は戦後の闇市の存在を知れば納得できるだろう。闇米の売買は禁止事項だが、やらなければ飢え死にしてしまう。法はお題目に過ぎない。メディアでの初見は新しく2012年3月18日の朝日新聞の連載コラムであった。ただ、この言葉の存在を口実にして違法行為を正当化するのは許されることではない。

人が動けば金も動く

人間が移動したり行動したりすれば、それに伴って金がかかるし、金も生み出されるということ。ほとんどのことが金に関わる資本主義では、金との関わりを抜きにしては何もできない。なので、見出し語に続けて「金が動けば人が集まる」ともいわれる。まさに人が動くと金が動き、金が動くと人が集まるという循環運動が生まれる。なお、金が食に入れ替わった「人が動けば食も動く」との言い回しもあるが、これはおそらく、見出し語の応用形あたりであろうか。どちらも古くからみられるものではなく、1990年代になってからのものだ。

人の行く裏に道あり花の山

人が行かないような所に価値のあるものが存在するとの譬え。株式投資の格言として知られる。株に限るまいが、売買で利益をあげるには安く買い、高く売ることに尽きる。安く買うためには買う側が多ければ競合になり価格が上がってしまうので、買い手は少なくなければならない。それは、誰でもが行くような場所ではなく、人の行かないような場所であるのと同じだ。どんなに見事に花の咲き誇る山でも、皆が足繁く通えば花は摘み取られてしまおうが、反対なら、花は一杯に咲いているだろう。メディアでの初見は『週刊ポスト』1992年12月4日号の相場の記事にあったもの。なお、少ないながら「人の行かぬ道に花あり」との言い回しもされる。

病院通いは一日仕事

病気になり、病院へ行くことは一日かかり、まるで一日の仕事のようだということ。大きな規模の病院の近くに住む人を別にして、多くの人が病院へ行くのには、まず、移動するだけで1時間やそこいらが掛かる。病院に着けば、診察されるまで何時間も待たされる。別項目の「三時間待ちの三分診療」の現実に直面する。診療や検査が一つで終わればまだいいが、複数となれば時間は倍加する。診療が済めば薬の処方で、また待たされる。掛け値なしに一日の仕事に相当するというのが実態だろう。見出し語は1996年10月12日の毎日新聞の読者からの投書にあったもので、実感がこもっている。

貧は悪魔の使い

貧乏は悪魔によってもたらされたものだということの譬え。この反対となるのは、裕福は天使の使い、とでもなるのであろうか。どちらの言い回しもことわざ辞典にはないもの。明治24年の尾崎紅葉『むき玉子』（九）に「身を斫《き》らるゝ貧の中に、売らば百円二百円といふ重宝《たから》を所蔵《つか》みつぶして、今朝も飯喰はぬ切なさ。売《うつ》て差支《さしつかへ》なきものならば、十円にても手放したかるべし。不良に染《そ》みざる親心は、其身死すとも女《むすめ》を生きながら畜生道へ突落す事は得為《えす》まじけれど、貧は悪魔の使とて、とかく善事を人に教へざれば、娼妓芸妓は汚《けが》らはしく、妾手懸《めかけてかけ》は浅まし」とでてくる。同じような意味のものには「貧すれば盗みもする」というものもあり、どちらにしても貧が悪の根源だとの認識がみてとれるようだ。

不幸は二人連れでやってくる

不幸なことは重なるものだという譬え。2011年3月8日の毎日新聞一面コラム・余録にポーランドのことわざとして紹介された。この不幸は続くとか重なるとすることわざは世界中にある。「不幸は独りではやってこない」との語句は、西洋から東欧・ロシア・モンゴルに広くみられるし、フランスでは「不幸は弟を連れてやってくる」といい、スウェーデンでは「不幸は不幸と握手する」という。その他、譬えを異にするものも色々ある。「転んだ上の蹴り

（ポルトガル）」「押しつぶされたあげく、殴られる（シベリア）」「哀れなマカール（人の名）に松かさが雨あられ（ロシア）」「風はいつも貧乏人の目に吹く（ウクライナ）」「災難はドアからも窓からもやってくる（エストニア）」「落ちて梯子に挟まり雨にあってずぶ濡れになる（インドネシア）」「目病みに唐辛子の粉（韓国）」「貧乏人がシャツを日に干せば雨が降る（コロンビア）」等。もちろん、日本にもいくつもある。「泣き面に蜂」「傷口に塩」「弱り目に祟り目」「一難去ってまた一難」「転べば糞の上」。

部族あって国家なし

社会の安寧や治安が行き届いていない状態をいう。この言葉は1992年11月18日にアフリカの飢饉を報道した毎日新聞の記事にみられたもの。アフリカやアラブ諸国に多くみられるものなのだが、形の上では国家が統治しているものの、実態は古くからの部族によって支配されている。支配までいかないまでも、部族が強い影響力を持つ存在であることは明らか。また、アフリカの歴史をみても近代的国家の成立は最も遅れ、基本的に民族や部族を単位とする社会が営まれていた。それが近代化によって、人口の増加を招くとともに、部族間の争いの緩衝地帯が消失し部族や民族間の接触が増えトラブルや摩擦がおこるようになってきた。それに加えて大国による利権をめぐる干渉などが問題をいっそう複雑にする。こうしたいくつかの要因によって社会の安寧が脅かされているというわけだ。

平和を望むなら戦争を準備せよ

平和な社会を希求するならば戦争に備え準備を怠ってはならないということ。ラテン語のことわざといわれ、2009年12月10日の朝日新聞の天声人語において、日本（本土）の平和のために沖縄に戦争の準備をさせていたという文脈で紹介されていた。戦争と平和を考える際に避けては通れない問題だろう。たしかに、一見すると武力をもって襲ってくる敵に対しては武力を以て対峙し、打ち負かせれば戦争状態はなくすことができる。しかし、相手の軍備の増強に対抗するために自らの軍備の備えを図れば、互いの軍事力の強化合戦になってしまう。とりわけ現代の最大の脅威は核兵器の問題であることは論をまたない。このことわざを核の問題に当てはめると、相手が核を保有するのであれば自らも保有しなければならないとの論理的な帰着を招いてしまう。しかし、核の使用は地球全体に及ぶもので、人類の死滅につながりかねない地球上の最大問題といっても過言ではないものだ。ここの言い回しは、核のない時代であれば、まだ、有効な手段であったかも知れないが、現代は、人類の存続のためには誤りと烙印を押さねばなるまい。いまの時代に引き寄せて言い換えるならば、「絶滅を望むなら核を準備せよ」とすれば逆説として機能するかも知れない。

法は家庭に入らず

法律は家庭の問題には関与しないということ。古代ローマ時代からの法格言の一つ。夫婦、親子、兄弟間のもめごとなどは当事者自身が解決するというのが原則だという考えを表わしている。直接は家庭の問題とは言い切れない、例えば、飲み屋のツケも、店からの請求がなければ一年間で消滅するのだそうだ。なので、今風に言い直せば、「法はプライベートに関与せず」といったことになろうか。もちろん、夫婦喧嘩も然りだが、そこで傷害が発生し、訴訟となればその限りではない。とはいえ、家庭の保護が不十分で行政などが関与しなければならないような児童の虐待に関する児童虐待防止法とか、DV防止法といった類はこの枠には嵌らない。それだけ社会が複雑になり、住む人間の意識も変わってきていることも影響しているのだろう。見出し語のメディアでの初見は2004年3月20日の毎日新聞の発信箱と題する連載コラム。

丸い月夜もただ一度

栄華や絶頂は長くは続かないとの譬え。

「丸い月夜は一夜だけ」ともいう。「奢るなよ丸い月夜もただ一度」との教訓的な句もある。これが相場の格言にもなった。「奢るなよ丸い月夜に唯一夜」といい、儲けたといっていい気になっていると痛い目にあうという意のものだ。天空に浮かぶ月でも満月は月に一度きり。２００１年の女子マラソンで元オリンピック金メダリスト・高橋尚子『風になった日』（初恋）に「中澤先生に教えられたことで、いまも覚えている言葉がふたつある。最も好きなのが、『なにも咲かない寒い日は、下へ下へと根を伸ばせ』～中略～　もうひとつは『丸い月は、一夜だけ』という言葉だ。　輝かしいときというのは、本当に一時であって、すぐにその輝きは失われていくものだ、というのである」とでてくる。また、メディアでは１９９４年1月4日のスポーツニッポンで箱根駅伝の記事の中に山梨学院大学の上田誠仁監督の言葉として紹介されていた。いつころからいわれ出したものなのか、確かなことはわからないが、これらのものを考え併せると、たぶん、戦後になってからとみられる。

右手で殴られ左手で握手

敵対と友好関係を同時にすすめることの譬え。一対一の人間同士での関係では、この両方の動作を一緒にするのは難しい。しかし、複数の異なる状況では十分に可能だ。この語句はことわざ辞典などにもない大変珍しい言い回しで、１９９６年12月19日の毎日新聞の読者からの投書にあったもの。61歳の女性からのもので韓国との関係をW杯サッカーと竹島問題に譬えているものだ。この時のW杯サッカーは日韓同時開催が正式に決定した時だったので友好の象徴ともいえた。対する竹島は両国が帰属をめぐって激しく争う島であり、両国の敵対関係の象徴ともいえる。ここの言い回しが及ぶところは国家や政治に限らず私的な人間関係についても用いられる。

無理偏に拳骨

勢力や力の差の大きいあいだでまかり通る無理難題の譬え。上下関係の厳しい相撲社会でいわれるもので、「兄弟子は無理偏に拳骨と書く」とも、「無理偏に拳骨と書いて兄弟子と読む」ともいわれる。たとえ理不尽なことでも上の者のいうことは絶対で逆らうことはできないのは相撲に限らない。昔では軍隊しかりであり、一部の体育会系のスポーツの世界にも広がっているものだ。メディアでの初見は１９９３年2月16日の日経新聞での相撲に関するエッセイにみられた。

善き戦争はなく、悪しき平和というものはない

戦争と名のつくいかなるものにもよいものはなく、平和の名がつくどんなものにも悪いものはないということ。アメリカの政治家ベンジャミン・フランクリンの言葉。「正義の戦争よりも不正義の平和の方がいい」「よい戦争や悪い平和なんてあったためしがない」等ともいう。戦争を悪、平和を善とする崇高で明快な人類の理想ともいえる考えだが、異議も少なくない。戦争の概念に関わるだろうが、戦争が意味するところに武力による抵抗運動とか、平和における独裁者による強圧的平穏といったものが含まれると、話がややこしくなる。戦争を武力による国家間の闘争（広辞苑）と規定した上で「国家による善き戦争はなく、市民による悪しき平和はない」と手直ししたらどうだろうか。メディアでの初見は２０１５年9月10日の毎日新聞夕刊に連載されるエッセイ「しあわせのトンボ」。原爆文学として名高い１９６６年の井伏鱒二『黒い雨』（11）に「戦争はいやだ。勝敗はどちらでもいい。早く済みさえすればいい。いわゆる正義の戦争より不正義の平和の方がいい」とある。

よくゆえば悪くゆわれる後家の髪

後家が髪をきれいに結うと品行を疑われ

誇りを受けることから、人を褒めても誤解され割のあわないことの譬え。「ゆう」に言うと結うを掛け、さらにそれを良い悪いの反意語につなげて洒落に仕立てたものになっている。同音異義語が多い日本語の特性を巧みに利用した傑作といえる。洒落でありながら、かつことわざとなったものの中でもひときわ目立つ存在だろう。明治時代からあるもので、明治21年の三宅花圃『藪の鶯』（第二回）に「ナニあたしの針箱が通りみちに。オヤ又よぶョ聞こえてゐらア。ドーレ。よくいへばわるくいはるゝ後家のかみ。とたれやらが口吟みけん。後家《おんなやもめ》の世に処することぞ難かりける」とある。

弱いメダカは群れたがる

心の弱い者は徒党を組みたがるとの譬え。「とかくメダカは群れたがる」ともいい、こちらは小説家・平林たいこの言葉として知られる。ところで、弱いメダカだから群れるのではない。群れるのはメダカの習性であるからで、強い弱いは関係ない。群れて暮らす生き物は多い。群れるのが生存してゆくための大事な戦略でもあるからだ。ゾウ、ライオン、オオカミ、サルなどの哺乳類からバッタやイワシなどの昆虫や魚類まで数多い。反対に、単独行動の類はヒョウ、トラ等のネコ科やクマなどいる。哺乳類の例からもわかるように強弱は無関係であるにも拘わらず、どうしてメダカが群れの代表のようにみなされたのだろう。まず、考えられるのは身近にいて動きもよく観察できる上、小さく非力なイメージを持たれる存在だということだろう。見出し語の文例は1994年の漫画家・弘兼憲史のエッセイ『覚悟の法則』（法則二）に「今の若い人を見ていると、仲間はずれにされるということを極端に恐れるきらいがあるようにみえる。～中略～。みんなに受け入れられそうな話題を選んだり、当たり前の話をいかに面白おかしく話すかということだけに一所懸命になっているように思うのだ。『弱いメダカは群れたがる』という。特に若い人に言いたいのだけれど、もうメダカの学校は卒業したほうがいい」とでてくる。

歴史は夜つくられる

後世の歴史として残るようなできごとの策略は人に知られぬ夜中に行われるということ。また、歴史をつくる人間は、誰でも男女の営みの夜の生活によるということ。戦前に制作された外国映画の題名にもとづく。文例としては、グリコ森永事件で知られる1997年の評論家・宮崎学『喧嘩の極意』（宮崎学、東大で吠える）で「酒は飲むのかって？　まったく飲めない。～中略～。むしろ飲める人が飲み過ぎて体力消耗しているのを見ると、もったいないなと思う時もあるヨ。酒でつぶれるということが無いから、夜中もけっこう働けるわけです。『歴史は夜つくられる』と言うではありませんか」とでてくる。

六、七分の勝ちを十分となす

相手に六、七分程度勝っていたのなら、それで十分な勝利だとする見方や考え方をいう。往々にして戦いというのは、敵・相手を殺すか、自分がやられるか、そのどちらかで帰着する。中途半端はゆるされない。相手を滅ぼさねば自分が滅ぼされるという恐怖の心理が根底にある。それに対して、見出し語は、相手にとどめを刺さない勝ち方を是とし、それで十分とする考えのもの。六、七分であれば、相手が復活する余地もあるだろう。

これが命のやり取りをする戦ではなく、人が社会生活で起こる競争や闘いであれば、相手を完膚なきまでやっつける必要はない。むしろ、無用な反感や恨みの感情を引き起こさないことも大事になる。勝負や闘いには必ず勝ち負けがあり、人生にも色々な闘いが待ち受けており、いつでも勝てるわけではない。勝ち負けは相対的なものに過ぎない。

ここの言い回しは、ことわざ辞典の類には見当たらない語句。もともとは豊臣秀吉の言葉で「戦いは六、七分の勝ちをもって十分とする」に由来するものであった。この冒頭の戦いの部分が消え、軍事のジャンルからもっと広く他のジャンルで用いられるようになっていったのであろう。ところで、ここの語句を〈程々の思想〉を言いあらわしたものとみることができないであろうか。明白なる勝ち負けの思想ではなく、致命傷にいたらぬ程々のダメージ、空手になぞらえれば寸止めという類になろうか。ことわざが発信する新しい思想として考えてみたいものだ。メディアでの初見は2010年11月19日の毎日新聞夕刊の連載コラム・しあわせのトンボ。

■コラム6　言語芸術としてのことわざ①

ことわざの魅力は、a．中身が豊かで深い、b．語句が短く、リズミカルで耳響きが良い、c．表現が具体的で面白く技巧に富んでいる、d．イメージを喚起したり、絵画や種々の物品に表現され視覚的な美質も備えている、などが挙げられる。ここでは、cの言語芸術としての側面に焦点を当て、その表現スタイルを取り上げる。

1　比喩法（着想の奇抜さ・表現の意外性）

○這っても黒豆（頑固者）
○鴨がネギ背負ってくる（好都合）
○ヘソが茶を沸かす（滑稽）
○喉から手が出る
○牛の糞にも段々（順序がある）
○ムカデが草鞋《わらじ》履く（面倒くさい意）
○ナメクジの江戸行き（手間取る）
○トコロテンの幽霊をコンニャクの馬に乗せる（グニャグニャの意）
○火事が氷って石が豆腐になる（ありえない）
○ドジョウの尾に蛇が食いつく（細長いこと）

2　誇張法

○目の中に入れても痛くない
○塵も積もれば山となる
○女の黒髪には大象も繋がる（女の魅力）
○昨日の娘は今日の婆（月日の推移の速さ）
○蟻のひげで須弥山を崩す
○鶴は千年、亀は万年
○天竺からフンドシ（べらぼうに長いこと）
○鼻毛でヤンマ釣る（長い鼻毛）
○滴り積もりて淵となる
○朝に紅顔あって夕に白骨となる

3　類・同音反復法

○男は度胸女は愛嬌坊主はお経
○見ざる聞かざる言わざる
○驚き桃の木山椒の木
○花の下より鼻の下（花より団子の意）
○日暈雨傘月暈日傘《ひがさあまがさつきがさひがさ》
○情けの酒より酒屋の酒
○親擦れより友擦れ
○ニラ、ニンニク、握り屁
○言いだし、こき出し、笑い出し
○昔の何がし、今の金貸し
○日光見ずして結構というな
○蟹は食うてもガニ食うな
○鑢と薬の飲み違い
○うどん蕎麦よりかかの側《そば》

4　洒落法

○蟻が鯛なら芋虫ゃクジラ
○恐れ入谷の鬼子母神
○その手は桑名の焼き蛤
○敵もさるもの引っ掻くもの
○結構毛だらけ猫灰だらけ
○親馬鹿ちゃんりん蕎麦屋の風鈴
○よく結え（言え）ば悪く言われる後家
○乞食の粥でゆう（湯と言う）ばかりの髪
○貧乏稲荷でとりえ（鳥居を掛ける）がない
○幽霊の手打ちでしがいがない（死骸と仕がいを掛ける）
○カミソリの褌で尻切ってる（知りと尻）

5　ことば遊び法

○雨が降る日は天気が悪い
○犬が西向きゃ尾は東
○ニワトリは皆はだし
○親父は俺より年が上
○兄貴はわしより歳が上
○親父は男でおっかあ女
○雉の雌鳥ゃ女鳥
○どこのカラスも黒い　○面《おもて》は顔
○眼は二つ鼻は一つ　○背中に目はない
○北に近ければ南に遠い
○唐辛子は辛く砂糖は甘い

6　列挙法

○地震雷火事親爺
○医者智者福者《いしゃちしゃふくしゃ》（友として持つべきもの）
○女房鉄砲仏法《ぶっぽう》
○芝居蒟蒻芋南瓜《しばいこんにゃくいもかぼちゃ》（女性が好む物）
○船頭馬方お乳の人（あくどい稼業）
○目細鼻高桜色《めぼそはなたかさくらいろ》（美男の要件）
○尾崎、谷口、堂の前（家の建築に不向きな場所）

五　気象・地理など

秋は一雨一度《ひとあめいちど》

秋に降る雨は、一回降るごとに気温が一度下がるというもの。「一雨一度」ともいう。一般のことわざ辞典にはみられないもので、初めてみたのは１９９６年11月21日の産経新聞朝刊。テレビでの天気情報でも耳にしたような覚えがあるので、たぶん、テレビで広まった天気俚諺《りげん》なのだろう。テレビ放送にとって天気情報の番組は、時間は短いものの趣向を凝らしたつくりになっている。メイン番組ではないが、決して添え物のレベルではないようだ。その際に気の利いたキャッチフレーズのような天気俚諺はなかなか重宝な存在と見受けられる。

朝が来ない夜はない

苦難や苦しみはいつまでも続くことはなく、やがて明るい希望がきっとやってきますよ、と苦しむ人を励ます言葉。「明けない夜はない」「夜明けの来ない夜はない」ともいう。自然現象としてみれば、夜が明ければ必ず朝になるし、日が暮れれば必ず夜になる。この地球の循環の中であらゆる命は生きている。見出し語の朝と夜は比喩でもあるから、希望と苦難の意ともなる。ＮＨＫラジオ深夜便の須磨佳津江アンカーは締めの言葉として「明けない夜はない」といって番組を終える。見出し語など、どの言い回しも西洋からのもののようで、英語には After night comes the day. とある。日本では戦前に用いられている例は見つかっていないので、おそらく戦後から言い出されたかと推測している。１９９０年代からよく使われていることが確認できる。

アフリカの水を飲んだ者は再びアフリカへ帰る

アフリカで生活したことがある者は、たとえ離れたとしてもアフリカに戻るものだという意。日本の古いことわざでいえば「故郷忘じ難し」といったところか。日本のものより具体性があり雰囲気が伝わるようだ。日本人にとってのアフリカのイメージは、何をおいても暑いところとなるようだが、実態とは大きくずれる。地域的には限定されるが、特に東海岸の地帯は草原地帯であり、さながら軽井沢の趣だと長年現地調査をしてきた言語学者に聞いたことがある。もし、そんな心地よい風土の国から蒸し暑い日本に来た人は、水そのものは日本の方がよいだろうが、故郷の水を懐かしく感じるのだろう。

アマゾンで蝶が羽ばたくとテキサスで竜巻が起きる

些細なできごとが甚大な結果につながるとの譬え。この言葉は、１９７２年に気象学者のエドワード・ローレンツの講演のタイトルだったもので、冒頭の単語はアマゾンではなくブラジル。ブラジルの奥地での小さな蝶の一羽ばたきが、海を隔てたはるか遠いアメリカのテキサスで竜巻になるというバタフライ効果と呼ばれる理論。素人には蝶と竜巻がどう結びついていくのか見当もつかないものだが、肝心なことは、小さいもの、ちょっとした変化、日常のささいな事柄などにもしっかり目を向けておくことなのであろう。見出し語の言い回しをみたのは、２０１１年2月21日の毎日新聞の一面コラム・余録。なお、このバリエーションなのだが、「北京で蝶が羽ばたくとアメリカ（ニューヨーク）で嵐が起こる」ともいわれている。こちらの方の初出は２００３年6月3日の読売新聞の天気情報欄であり、その後は毎日新聞が何回か使っている。

アメリカがくしゃみをすれば日本が風邪をひく

　大きな勢力の変調が小さな勢力に大きく影響するとの譬え。アメリカの経済が少しおかしくなると日本経済に大きな影響がでるということからいう。かつてアメリカ経済に大きく依存していた時代によくいわれた言葉。近年は中国が目覚ましい台頭をみせ、世界第2位の経済大国になったことで、中国がくしゃみをすれば日本が風邪をひくといわれもした。その中国も、いわゆるバブルがはじけ経済成長が落ち込み始めている。中国に進出した日本の企業は東南アジアへ移転するところもでてきているという。ことは経済に限るまい。何ごとであれ、影響力が大きいものの少しの変調が影響下にあるものに多大に作用するというわけだ。

嵐の中を船出する

　危険や困難を覚悟の上であえて行動を起こすことの譬え。嵐の時には待つ時間があれば通り過ぎてから出発すれば済む話だが、ここは、そんな時間も猶予もない情況だということ。実際の船出であれば、いくら万全の準備をして敢行したとしても難破する危険性があるわけだ。これを嵐ではなく津波の時に決行した例がある。２０１１年の東日本大震災で巨大津波に襲われ、港に停泊していた船を守るため、あえて沖合に船を出したというもの。これは昭和32年に宮古測候所などによってつくられた「津波対策いろはかるた」にある「沖の船舶避難は沖へ」との言い回しを念頭に実行された。ラジオ深夜便で聞いた体験者の話では、岬の灯台が船の真下に見えるほどの大波を乗り越え生還したという。しかし、これが比喩となれば気はもっと楽になる。失敗することも念頭において必死にことに当たれという程度だからだ。見出し語は、２００3年3月22日の読売新聞の社説で用いられている。

嵐の日の決意は晴天の日には忘れられる

　苦難の際に決意した思いは安楽になっては忘れられるということの譬え。いろはカルタにある「喉元過ぎれば熱さ忘れる」の天気バージョンといったもの。この言い回しを初めて目にしたのは２０１１年6月16日の朝日新聞の社説でテーマは原発。当時、イタリアで人々が原発に対してノーの選択をした。それに対して日本の大臣が集団ヒステリー呼ばわりをした事例を引きながら見出し語を用いたものであった。福島の原発事故によって原発の真実が明らかになり、国民は「決意」したはずであった。それであるのに、事故からたった3か月ほどで大臣の口から決意の揺らぎが露呈したのであった。一般論としていえば、苦難はいつまでも引きずらず忘れた方がよい。しかし、ものによっては、忘れてはならない問題もある。使用済みの廃棄物の処理に何十万年も要するといわれる原発の問題は、一人の人間としてのレベルである以上に動物・植物のすべての生命体に関わる根幹の問題なのだ。それゆえ、ちょっとした経済状況の変化などを理由にして決意を忘却することは許されない。決意は子や孫に対するばかりでなく、人類に対する責任であり、宣言でもあるからだ。

嵐の前の静けさ

嵐の襲来を前にして不気味に静まりかえるさま。転じて、何か大きな異変が起きる前の不気味な静けさの譬え。西洋からもたらされた言い回しとみられる。明治末期から用例がみられるもの。谷崎潤一郎の大正4年の小説『お艶殺し』には「嵐の前の静かさとでも云はうか、座敷の方は暫くしんと静まつて、落ち着き払つたお艶の口上が唯凛凛と聞こえて居る」とみえている。その他、小説では武者小路実篤『第三の隠者の運命』、女優の岸恵子『30年の物語』にあるし、この数年ではゼロ金利やドル相場などの経済領域で用いられている。

イギリス人にとって家は城

イギリス人の家は城と同じで主が許可した者だけが入ることができた。転じて、他人の家庭生活には干渉してはならないというもの。英語では、An Englishman's house is his castle. 日本のメディアでこの言葉が使われたのは、1992年10月28日の産経新聞で後にEUとなる欧州の統合問題に関する記事であった。現代、日本で刊行されている英語のことわざ辞典にはよくみられる。

イギリスに美味いものなし

イギリスの料理においしいものはないということ。メディアでこの語句を初めて見たのは1996年1月28日の読売新聞の航空機の客室乗務員による連載エッセイ。海外との往復が業務だから世界各地の事情や情報に詳しい。ところが、この言い回しは手持ちの辞典にはでてこないものの、イギリスに短期留学した人などの話からけっこう知られているもの。それで実際のところはどうなのか。美味いという人もあれば、不味いという人もあってどちらとも言いがたいようだ。「名物に美味いものなし」と同じようで、味わった物自体と経験した人の嗜好によるとするのが無難のようだ。

石を絞っても水はでない

どうやっても不可能で無理なことの譬え。この言い回しは1998年3月1日の読売新聞の人生相談欄に載ったものでことわざとして用いられている。しかし、現在のことわざ辞典には載っていない。やや似た言い回しのものに「石から血を採ることはできない」という西洋のことわざがある。西洋の方は、欲張りや金のない者から取り立てはできない意。また、非情な人からの援助は得られないとの意もある。まったくの憶測になるが、見出し語は血のものを置き換えたか、参考にした新作の可能性もあるだろう。

一度も登らぬ馬鹿、二度登る馬鹿

一度も登らないのは世間に遅れることになるが、二度登るほどの価値はないということ。富士登山についていう。しかし、世の中は広いもので、二度や三度は問題外、一日に二度も登り、1672回の従来の記録を更新し、2000回を目指している人もいるというのだから驚きだ。元々のことわざは「一度見ぬ馬鹿二度見る馬鹿」といっていたかと思われる。おそらく、名所などのことを指していたのだろう。ただ、「富士に一度登る馬鹿、二度登る馬鹿」ともいっている言い回しもある。こちらは、江戸時代のもので、当時の登山には多大な困難が伴うことからいわれたもののようだ。

一国一城の主

他からの援助は受けず、干渉も排して独立した自分の領域を持つ者のこと。「一国一郡の主」「一国の君、一城の主」ともいった。そもそもは一つの国の主としての存在をいった。このニュアンスを言い表しているものとして江戸時代の白隠禅師『邊鄙以知吾』、近松門左衛門『賢女手習并新暦』、滝沢馬琴『夢想兵衛胡蝶物語』の作品中にみることができるし、明治時代になっても幸田露伴の『不蔵庵物語』（明治39年）にみられるうえ、他の作家の作品も何点かあるので、これが江戸・明治期ころ主流だったようだ。元プロ野球選手・王貞治の自伝『回想』（昭和56年）に、この語句が3度も使われている。「野球選手というのは誰でもが個人の事業主、言葉を換えれば一人ひとりが一国一城の主である。それぞれにそれぞれの考え方があり」とでてくる。この時期にはかなり使われており、原義を少し離れたものもみえるようになってくる。近年はマイホームに納まる程度のことにも使われてきたようだ。現在の意の早い例は1929年の林芙美子『放浪記』（第二部）に「一つに共同しあっていた者達の気持ちが、一軒の家に集まってみると、一人一人の気持ちが東や西や南へてんでに背を向けているのでした。皆、円陣をつくって、こちらへ向いて下さいと願っても、一人一人が一国一城の主になりすぎているのです」とでている。

一石二鳥

一つの行為で二つの利益を得たり、二つの目的を果たしたりすることの譬え。四字熟語の形をしているが、西洋から入ったことわざで、古代ローマ時代は「一石で二人の敵を殺す」との言い回しがあり、これを踏まえた英語の kill two birds with one stone の翻訳。江戸時代には「石一ツニテ鳥二羽ヲ殺ス」と『英和対訳袖珍辞書』（1862年）に訳されていた。その後は1901年に出た黒岩涙香訳『巌窟王』に「一丸で二鳥を射留める」「石一ツで鳥二羽を殺す」「石一個《ひとつ》で鳥二羽を打つ」などと訳されていた。見出し語の形になった早いものは、社会主義者・堺利彦が1919年に書いた書評に「一石二鳥的効果」との表現のものや、1925年の『時事写真速報』2245号に掲載された軍事関連の写真の見出しだろう。広く一般化するのは戦後になってからと推測される。現代は、鳥の前の数字が色々な数字になったバリエーションもよく使われている。1992年10月から始めたメディアでの調査では、2015年12月31日までの25年間で見出し語が頻度ナンバーワン。総回数は212回に及ぶ。ただし、これは途中でカウントを止めてしまったので、実際は5〜6倍にはなるだろう。

一石を投じる

他に反響を呼んだり、影響を及ぼしたりすることの譬え。小石を池に投げ入れると波紋ができ、大きくなりながら広がることからいう。古くは「一つの小石を投じる」といったようで大正5年の有島生馬による短編小説『陣子へ』にある。見出し語の方は大正15年の谷崎潤一郎『友田と松永の話』(2)に「私は友田の笑つている隙を窺つて、此の一石を投じてみた」とでてくる。慣用句といえるものながら、日常のちょっとした行動の観察に基づいた言い回しだ。使いやすいためなのか、メディアではこの数年急増している。

一丁目一番地

最も優先して取り組むべき課題の譬え。もともとは住所の番地。2009年ごろの民主党政権が最優先の課題との意味で盛んに使用して広まったとみられる。そもそもは政治用語であったものの、今は広くどの分野にでも用いられる。全国紙での掲載数をみても、このことは裏付けられる。2009年度は政党や税政調査会などの問題で4回であったものが、2010年には7回、2011年は8回、2012年6回、2013年6回、2014年には11回になって広まっている。ただ、ネット情報では、すでに2008年に入って用例が急増したとするものがある。その急増の要因はTBSテレビの『噂の東京マガジン』で取り上げられていた「一丁目一番地」というコーナーの存在が影響しているとの見方がある。いずれにしても、一般に知られるようになった最も新しい言い回しの一つだ。

井戸水が枯れたら津波がくる

普段は水が満ちている井戸が急になくなったら津波が襲来する予兆なので警戒しろとの意。これは地震や津波などの自然による大災害を日本の歴史として位置づけ考究した磯田道史『天災から日本史を読みなおす』（２０１４年）にでてくる言い回し。災害大国とのありがたくない名を持つ日本なのだが、不思議に津波に関する言い習わしが極端なくらい少ない。４万５０００の日本最大の収録語数の『故事俗信ことわざ大辞典　第二版』でもたったの３つに過ぎない。そのうちの一つが「津波の前には井戸が異常に濁る」というものだ。水が枯れると濁るではかなり違うが、地域的な差異であるかも知れない。大事なことは、どちらが正しいのか、議論することではない。津波の予兆と察知して迅速に行動に移すことが最も肝要なのだ。

海を見る者は河を恐れず

大きなことに慣れている者は小さなことに動じることはないとの譬え。この言い回しはことわざ辞典の類にはみられない語句で、福沢諭吉の『旧藩情』（明治10年）に「抑《そも》も海を観る者は河を恐れず、大砲を聞く者は鐘声に驚かず、感応の習慣に由《よ》って然るものなり。人の心事と其喜憂栄辱《きゆうえいじょく》との関係も亦斯《またかく》の如し」とある。だが、見出し語も、それに続く「大砲を聞く者は～」も後に継承されていない。経験や体験の価値を表現した語句として、今一度、かみしめておきたいものだ。

江戸っ子は五月の鯉の吹き流し

江戸っ子は言葉遣いは乱暴だが、腹の中はわだかまりなく気持ちがさっぱりとしているということの譬え。明治の初めころからいわれた言い回しとみられるが、戦前までの具体的な用例がでてきていない。早いものが、１９８５年の森田誠吾『魚河岸ものがたり』（８　隅田河口）に「京の男は優柔ときめつけはしたものの、要するにおれは江戸者だ、五月の鯉の吹き流しではらわたが無い、君を見習いたいものだ」とある。

江戸にないものは野暮と妖怪

江戸には野暮な人間もいなければ化け物もいないということ。江戸人の自慢言葉。この言い回しは毎日新聞の１９９７年12月２日の一面コラム・余録に載ったものだが、他に使われた例は見当らない。ただ、江戸とする地名を別のものにしたものはあった。それが「箱根よりこなたに野夫と化け物なし」「箱根からこっちに野暮と化け物はない」との言い回しだ。こちらは江戸時代に使われたもので、江戸の地から見て箱根の関所を境に東側の地の様子を表現したもの。ところが、実際の化け物はともかく、江戸の庶民文学ともいえる絵入りの小説である黄表紙や合巻にはたくさんの妖怪が登場し、庶民の娯楽となっていた。このことから考えると、ことわざの化け物と読み物の化け物との間には隔たりがある。嫌われる妖怪と好まれる妖怪が存在していたのかも知れない。したがって、見出し語はこうした江戸期のことわざを踏まえて言い換えた可能性が高いのではないだろうか。

江戸の大関より地元の三段目

地元のものをひいき目にする態度や姿勢の譬え。大相撲の最高位が横綱ではなく、大関だった時代に、その最高の者より地元出身の幕下前の三段目の力士をひいきにし、応援することからいう。「江戸の大関より田舎の三段目」ともいう。普通のことわざ辞典には載っていない言い回しで、相撲格言といわれるものの一つ。個々の武術やスポーツにはそれぞれに特有の格言や言い習わしがあるが、中でも相撲は歴史が古いこともあり、そうした類が多い。現代のメディアでは１９９０年代からよく使われており、そのどれもが相撲に関する記事でのもの。

江戸は諸国の吹き溜まり

江戸の町は全国各地の人々が集まっている所だということ。それはまるで、各地からのごみが吹き集まったようなものだというもの。「江戸は人の掃き溜め」「江戸は諸国の掃き溜め」ともいう。俳優であり、マルチタレントの小沢昭一の『小沢昭一的こころ』（ノーテンキ旅・竿短くしてオカメを釣る、1996年、宮腰太郎共著）に「私は東京生まれ。『江戸は諸国の吹き溜まり』と言われましたが、東京となっても全国の吹き溜まりであります。しかし東京生まれといいますものは、言葉をかえて言えば東京という一地方の地方人でありまして、やっぱり片寄っているんです」とある。

お天道様が西から出る

あり得ないことの譬え。いうまでもなく太陽は東から昇り西に沈む。天の運航の法則であって人知の及ぶところではない。このことわざは、現実にはあり得ない、起こり得ないことを譬えるものなのだが、古いものでも常用されるものでもない。ここの意のことわざで最も有名なのは「瓢箪から駒」だろう。小さな瓢箪の実から何倍もの大きな馬がでてくるというものだ。言い回しも知られるが、むしろ、絵画などの作品が膨大にあり、言語表現を凌駕している。特に狩野派の面々や尾形光琳、円山応挙、池大雅、葛飾北斎など日本画や浮世絵の錚々たる絵師たちが名を連ねている。やはり、同じ意味で別のことわざもある。江戸期に集中しているが「灰吹きから蛇がでる」という言い回しのもので、煙管の灰を叩き落とすための竹の筒の灰吹きから巨大な蛇がでるというもの。見出し語は、瓢箪や灰吹きとは比べものにならないスケールのものだが、何故か、人々の口に上るようになるのはずっと後のようだ。現代の小説家・浅田次郎の『霞町物語』には「たとえお天道さんが西から昇ったってな、世の中がどう変わったってな―」と用いられている。

お星様を売り買いする

実現する見込みのないことを画策することの譬え。空の星を売って儲ける算段をするということから。これまでのことわざ辞典にはない語句で、1960年の菊田一夫の戯曲『がめつい奴』で使われたもの。「熊『此のあたり一帯掛値なしにお前とこの物や…　いよいよになったら、火つけて焼いて、空地になったところで、板囲いしてしまえば、立退料も要らへん』　健太『二百万円であの女子が承知するか』　熊『わいの女子や…　二千万円に売れたいうて売り渡し証にハンコ押させれば、こっちの物や』　健太『金とって逃げる気やな』　熊『二百万やったら買物やで』　音松『えらい空の上のお星様を売り買いするような話してるなあ』　熊『お鹿婆アなら金持ってると睨んださかいなあ…』」とでてくる。菊田自身による創作の譬えであろうと推測される。

親方日の丸

国の後ろ盾に安易に依拠することの譬え。自分の親方は国家であるとの意からいう。特に公営企業や公務員に対する批判の言葉としてよく使われる。NHKの元会長の島桂次『シマゲジ風雲録』（1995年）には「だから、NHKの値上げというのは、予算を増やす意味よりも、積もり積もった赤字を補塡する意味の方が強いのだ。だが、そういう私も、あまり偉そうなことはいえない。私自身も、実は『親方日の丸』体質を謳歌していた時期がある」とでてくる。同著には見出し語が5か所も使われており、NHKを改革するためのキーワードの一つになっていたのだ。

火事が氷って石が豆腐になる

物事があべこべになることの譬え。ここと同類の意味のことわざは多い上、多種多様。防火の神様の秋葉山から火事を出す「秋葉山から火事」、重いものが流れて軽いものが沈む「石が流れて木の葉が沈む」、「牛がいなき馬が吼える」、「車は海へ舟は山」「女郎却って客となる」「靴をはかりて足を削る」などとある。見出し語の方は、熱い火が氷ることはないし、石ころが豆腐に変化することもないから、あり得ない、不可能の意ともみられそうだが、夏目漱石の『坊っちゃん』（六）に「夫《それ》にしても世の中は不思議なものだ。虫の好かない奴が親切で、気の合った友達が悪漢《わるもの》だなんて、人を馬鹿にして居る。大方田舎だから万事東京のさかに（反対に）行くんだらう。物騒な所だ。今に火事が氷つて、石が豆腐になるかも知れない。然し、あの山嵐が生徒を扇動するなんて、いたづらをしさうもないがな」とでてきているところから、あべこべの意のものとわかる。

火事と喧嘩は江戸の華

大規模な火事と派手な喧嘩は江戸の町の名物だというもの。時期によって多少の違いはあるが、江戸の町に住む人の数は約１００万人といわれ世界のトップクラス。人口もさることながら、人口密度の高さがすごい。２０１５年度のもので東京で一番の人口密度が高いのが豊島区で1平方キロメートル当たり2・2万人。それに対して江戸の町は6万人もいる。しかも高層住宅はないわけだから、空き空間はわずかなものになるだろう。建材は木と紙だからひとたび火事となれば瞬く間に広がる。事実、江戸には三大火事といわれる明暦、明和、文化の大火事が起こっていた。江戸の町を特色づけるものは「伊勢屋稲荷に犬の糞」がある。こちらは江戸の町に多くあるもので、伊勢屋の屋号と稲荷のほこら、それに犬の糞だというもの。

火事場泥棒

混乱に乗じて盗みを働くということから、人の不幸に付け込んで害を加えることの譬え。人間としては最も卑劣な憎むべき行為といってよいものだろう。「泣き面に蜂」「弱り目に祟り目」「踏んだり蹴ったり」など不幸が重なる意のことわざは多くあるし、「傷口に塩を塗る」「首くくりの足を引く」といった手酷い行為をたとえるものもあるにはあるが、見出し語のような相手の弱みや災難につけこむようなあくどさはない。ことわざらしくないとみられたのか、大きなことわざ辞典にも載っていない。ただし、『広辞苑』などの大型の国語辞典には収載されているので連語とか俗語等とみられていたと考えられる。現代よく使われる語句で、２０１６年の熊本地震の際にも火事場泥棒が発生したし、２０１１年の東日本大震災でも原発避難地域でも発生していたのだ。早くに用いられた用例としては浪花節がある。浪花節『荒神山』に「やかましいやつ。こう、徳つ。そんな御託を聞きに来たんじゃねえ。──火事場泥棒見てえな真似をしやがって、うぬあ人並みの口が利けるのかっ？」とある。

金がなくても生きていけるが雪がなくては生きていけない

金はなくても何とか生き延びることはできるだろうが、雪が降らないと生活することができなくなるということ。アフガニスタンのことわざ。このことわざには背景の説明がいる。同国の北東部には７０００メートル級の峰がいくつもあり、南西に１２００キロメートルにわたるヒンズークシュ山脈がある。そこに降った雪は氷河になって長く蓄積される。これが徐々に溶けてアフガニスタンを潤す水となるという。ところが、近年は温暖化の影響か、氷河が消失してしまい、２０００年以降、大規模な干ばつにみまわれている。そのため、農業用の水ばかりでなく清潔な飲料水も不足して深刻な事態に直面しているということだ。見出しのことわざは２００７年12月11日の毎日新聞夕刊の一面ミニコラム・近事片々欄にアフガニスタンのことわざとして載ったことで知ったものだが、現代文明の危機への警鐘としてぜひ、心に留めおきたいものだ。

寒明け七雪

寒が明けても七回雪が降らないと暖かい春にはならないということ。信州地方のことわざ。現代のテレビや新聞には天気情報に関するものは必ずある。テレビやラジオでは一日に何回も繰り返して放送されるし、新聞も一面に掲載される。日々の暮らしに欠かせない大事な身近な情報なのだ。ここに求められているのは適確な情報であることは前提で、それを如何にしっかりと伝えるかということだろう。情報の伝達は、正確であるだけでは十分ではない。耳目に訴えられる何か印象深い文言があると強いだろう。その点においてことわざは便利なツールといえる。寒に関することわざだけでも色々あるが、見出し語以外にも「寒九の雨は豊作」（寒の入りから九日目の雨は植物への恵みとなること）、「寒の中の雨は親の乳房」（寒中に降る雨は植物を育む）などとあり、好例になっている。

干天の慈雨

大変困っていた時に差し伸べられた援助や救いの譬え。何日も日照りが続いた時、待望する雨が降ることからいう。「干天に慈雨を得る」ともいう。干天は日照りで、慈雨は恵みの雨のこと。大雨やうっとうしい梅雨もうれしくはないが、水不足はおおごとだ。水なしに生物は生きていけないから。昔から雨乞いなどはあったはずなのだが、この言い回しは古くからあったものではないようだ。現在までのところ、戦前までの使用例は確認されておらず、どれも戦後になってからでてくる。松本清張の「板元画譜」（１９７１年『軍師の境遇』所収）に「心学《しんがく》などの黄表紙《きびょうし》もよいけれど、読者が山東京伝に期待するのは、やはり円転滑脱《えんてんかつだつ》な洒落本《しゃれぼん》だろう、そういうものに接したら読者は干天に慈雨を得たような心地がするにちがいない」とある。

来てみれば聞くより低き富士の山

話に聞いたより実際にはそれほど評価できるものではないこと、先入観から物事を判断するなとの譬え。高い高いと話に聞いた富士山が話ほどには高くなかったということから。実はこれ、短歌の一部で、このあとに「釈迦も孔子もかくやあるらん」と続く。歌の意は、富士山は話よりも低い山だし、釈迦も孔子も聞くほどのことはないに違いないとなる。幕末の長州藩藩士・村田清風の歌だ。明治34年の徳富蘆花『思出の記』（七の巻）に「時時は入って尋ねて見ようかと、殊に慕って居る名士の門に躊躇して、巡査に怪しまれ、犬に吠えられたこともある。来て見れば聞くより低き富士の山、名士など云ふものは霞を隔てゝ遠くから拝んだ方が余程有り難く近寄れば随分と火山灰の醜い所も見えるもの」と使われている。

京の持ち味浪速の食い味

関西料理の特徴を表現した言葉。同じ関西でも、京都の料理は素材が持っている固有の味を活かしたものであり、他方の大阪の料理は食べる人の味覚にまで合わせる味付けのものだということ。京料理が見た目もよく上品なおもてなし料理であるのに対し、大阪の料理は各地からの商客の舌に適い満足させる料理であった。味覚の表現で言いあらわせば、京が利尻昆布を使ったやや塩味がまさる透明感のあるはんなりとした味、大阪は真昆布を使った甘味があって力強いまったりした味といった具合だ。なお、見出し語は関西料理の世界では知られた言い回しであるが、一般のことわざ辞典には載っていない。メディアで初めてみたのが２０１０年12月27日の毎日新聞一面コラム・余録。

下駄の雪

強い力を持つ者に従いついていく者の譬え。積もった雪の中を下駄で歩き回ると下駄の歯の間に雪がつまり簡単には取り除けないことからいう。一説には、踏まれても蹴られてもついていきます下駄の雪、との都々逸に由来するともいう。由来の当否は別にして、譬えとしてみると、なんとも絶妙な譬えだと感心させられる。実際に使われるのは政治の世界が中心。特に政党間の関係について、自民党に対する公明党とか、民主党に対する社民党・国民新党のことだとされる。この言い回しがメディアに登場するのは２００３年ころ。この当時は、イラク戦争の問題で日本の姿勢が下駄の雪だと揶揄された。その後は、国内政治の世界を主に政治以外でも用いられている。メディアで常用される前は、１９９７年の田原総一朗『頭のない鯨』に3度もこの語句が使われている。その一つは第八章に「ところが第一次自社政権では社会党は一人前扱いされず、『下駄の雪』とかいって、はっきり言えば員数合わせとして使われただけだった」とある。

甲子園には魔物が棲む

甲子園には魔物が棲んでおり、球場では予測できない試合展開やドラマチックな出来事が起こるということ。魔物の仕業とされるものは数多ある。例えば、1998年の神奈川県の横浜高校と高知県の明徳義塾との準決勝戦だ。横浜高校は8回の表まで0-6とリードされ、エースで怪物といわれた松坂大輔は前日に17回も投げていたため、マウンドにはのぼっておらずレフトを守っていた。横浜の監督は負けを覚悟し、最後は松坂に投げさせて終わろうと松坂に投球練習を始めさせた。すると、球場の雰囲気が変わり、8回裏に4点が入った。松坂は9回にマウンドへのぼり0点に抑えた。9回裏の横浜高校の攻撃で3点が入り逆転サヨナラ勝ちをおさめたのであった。逆転試合では、1961年の兵庫の報徳学園が特筆もの。延長11回に相手に6点を奪われ、万事休すかとみられたのを同点とし、12回に1点をいれサヨナラ勝ちとなったものだ。それ以降、逆転の報徳とのニックネームがついたのであった。

コップの中の嵐

大局や外部には何の影響もない内輪だけのもめごとのこと。コップの中は大嵐になっていてもガラス一枚を隔てた外部はいたって静かだということから。英語の慣用句でStorm in a teacup.（茶碗の中の嵐）という。日本で目にするようになるのは戦後になってからのようだ。近年は、政党の争いなどによく用いられている。なお、同義で「コップの中の争い」との言い回しもされる。西欧ものが広がる前は、中国の古典『荘子』に由来する類義の「蝸牛の角の争い」（カタツムリの角の上にある二つの国の争い）が長いこと使われていた。

こぼれたミルクを嘆いても仕方がない

取り返したり、取り戻したりできないことを悔やんでも無駄だとの譬え。英語のことわざでIt is no use crying over spilt milk.という。誤ってミルクが入ったコップをひっくり返してしまったらミルクは元には戻せず飲めなくなる。失敗した、と後悔しても遅く、できることは、さっさと掃除して、何か次のことに取り掛かることなのだ。いつまでも、ぐじぐじ考えても事態は何も変わらないし、そこからは何も生まれてこないからだ。こうした事態は世界の各地の人々に共通して起こる。日本には「後悔先に立たず」「覆水盆に返らず」「落花枝に帰らず」などある。外国では「壊れた茶碗は元どおりにはならない（タジク）」「過ぎ去った水は水車を回さない（ポルトガル）」「こぼしたミルクの上に愚痴をこぼす（チェコ）」「射てしまった矢、こぼしてしまった水のごとし（朝鮮）」「こぼれた油は元の壺にはもどらない（アフガニスタン）」「犯した過ちは象が引っ張っても取り返すことはできない（スリランカ）」「鳥についばまれた畑に蒔いた種はもどらない（パキスタン）」「逝った魂と西に去った雨は帰ってこない（アフリカ・ソマリ族）」など、じつに色々に譬えられている。

金平糖にも角がある

小さい者にも意地はあるのでバカにしてはならないとの譬え。金平糖は16世紀半ばにポルトガル人の宣教師から伝えられた砂糖菓子の一種。織田信長に献上したとの記録があるという。当時の呼び名は「コンフェイスト」といった。金平糖は、江戸時代になって日本人の職人によってつくられるようになる。ところで、日本には金平糖が使われたことわざがいくつかある。最も古いものが「ドブへ落ちた金平糖」といって醜い顔の譬え。たしかに泥んこ一色の金平糖では角の部分がマイナスになりそうだ。「サザエに金平糖」というのもある。こちらは両方ともに角が目立つことから理屈っぽい小うるさい人たちをいう。特に珍しいのが「金平糖の綱渡り」。角だらけの形状で綱渡りすることから甚だしく危険なこととなる。以上のどのことわざも現代では忘れられているものだが、見出し語だけはテレビのクイズ番組で用いられていた。雑学的な知識を競うクイズになるほどだから、それだけ難易度が高いのだろう。

砂漠で針を探す

　困難極まりないことの譬え。また、ほとんど不可能なことの譬え。広い砂漠の中から小さな針を見つけ出すということからいう。この言葉をみたのは２０１４年12月１日の朝日新聞夕刊で水中の文化遺産に関する記事であった。水中の文化遺産とは、難破して海底に沈んでそのままになっている船とか海に沈んだ町などのことだ。広い海の中から、そうした遺産を見つけ出すことが困難だとする譬えとして使われていた。もちろん、日本のことわざ辞典類にはない。英語にlike looking for a needle in a haystack（干し草の山から一本の針を探し出す）との似た意味の言い回しがある。英語との関連は不明で、単なる憶測になるが、何らかの参考にしたのかも知れない。

砂漠に水をまく

　徒労に終わったり、何の効果もない無駄なことをする譬え。「砂漠に水」とも「砂漠に水筒で水をさす」ともいう。日本に古くからあることわざは「焼け石に水」で、熱した石に少しばかりの水を掛けたところで水は蒸発するだけだからだ。焼け石は石なのでいくら大きくてもしれているが、砂漠は比較の対象にならないくらいに大きくスケールが違う。メディアで見出し語をみたのは１９９３年５月24日の朝日新聞夕刊の経済欄でロシアへの支援に対する批判の言葉として載っていた。経済の破綻をみたロシア支援の虚しさを評言したものだ。日本の国内に対するものもある。１９９３年11月27日の日経新聞には政府の景気浮揚策は「砂漠に水筒の水をさす」ものだとの激烈な批判の言葉が載ったのだった。

時間が薬

　どんな苦しみや悲しみでも時間が経つことで気持ちはいやされるということ。「日が薬」ともいう。「去る者は日々に疎し」とのことわざがあるように、過ぎ去ってゆくものは心から遠ざかり忘れられてゆく。人生は、次から次にさまざまな事柄がよく起きるので、目の前のことに集中するうちに古いことの記憶は薄れていくのだ。もちろん、一生、忘れられないものもあるものの、多くは受けた時の打撃は軽減されていく。見出し語は日本に古くからあったものではない。英語にTime is a healer.（時は悲しみをいやす）、Time cures every disease.（時はあらゆる病を治す）とあるので、これらを翻訳したか、ヒントに言い換えたものではなかろうか。メディアでは２００３年11月17日の読売新聞のコラム・編集手帳でみたものだ。

地震が起きたら海を見ろ

　地震が起きたら津波が襲ってくる可能性があるので海岸を注意してみろということ。津波が襲来する前兆として海岸近くの海水が沖合に引いていくことが知られる。もちろん、地震への対応は済ませてその次にとるべき行動のことだが…。この津波の前兆を文章にしたものが昭和12年に文部省から発行された小学校の５年生用の国語読本『稲むらの火』にある。「村から海へ目を移した五兵衛の目は、たちまちそこに吸い付けられてしまった。風とは反対に波が沖へと動いて、見る見る海岸には、広い砂原や黒い岩底が現れて来た。『大変だ、津波がやって来るに違いない』と、五兵衛は思った」とある。その五兵衛は高台にある稲の束の山に火をつけて、下にある村の人々を高台へ向かわせ津波から救ったという話だ。見出し語は１９９２年10月19日の日刊スポーツの地震に関する記事でみたものだが、ことわざ辞典には載っていない。

島原大変、肥後迷惑

九州の島原で起きた自然災害で対岸の肥後にも被害が及ぶことをいう。この言葉には具体的な歴史がある。１７９２年に島原市の西にそびえる眉山が大地震で崩落し、大津波を引き起こした。この津波が対岸の肥後の国（熊本）に押し寄せ、島原と肥後の双方で大きな被害があった。その時の様子が言葉化されたもの。メディアでは１９９１年に雲仙普賢岳の噴火による火砕流や土石流での被害報道に伴って使用された。それまでは当該地域に知られていたものが全国津々浦々に知れ渡ったものだ。

小寒の氷大寒に解く

大寒の方が小寒より、却って暖かいということ。物事は必ずしも順序通りにはいかないということの譬え。小寒は1月5、6日ころで、大寒は1月20日ころ。江戸時代にはあったことわざであるが、明治期からは珍しいもので、２０１４年3月1日の朝日新聞に季節の記事と、２０１５年1月23日の毎日新聞の一面コラム・余録でことわざとして紹介されていた。

食は広州に在り

中国広東省は食の本場で料理が極上ということ。広東料理をほめたたえる言葉。同名の経済評論家・邱永漢の著書は１９５７年にでている。広州では四つ足では机以外は何でも食べるといわれる。つまり、魚や野菜類は当然だが、いわゆるゲテモノの類として、蛇、子猫、猿、トカゲ、サソリ、ネズミ、ゲンゴロウまで市場で売られているそうだ。こうした事情を知る中国人などからは、広東人は何でも食べ、とにかく食べるのが好きと解釈されているのだという。日本での解釈とかなり隔たりがある。メディアでは紀行や旅情報の記事でよく用いられている。

すべての道はローマに通ず

真理は一つということ。目的を遂げる方法や手段は色々あるということの譬え。古代ローマ帝国は世界各地からローマへの道が通じていたことからいう。中世のラテン語以来の古いことわざで、日本には明治期にはいってきたもの。１９４８年の石川淳の小説『処女懐胎』(二)に「『ごはんのまへにはぽんぽんとかしは手をうつんだつて、いつか御説教をうけたまはつたことがあつたわ。あとで、ふたりで大笑ひしたぢやないの。』『さう、さう。それがちかごろは黙禱におかはりになつたわけね。』『それでも、さすがに国民主義者だけあつて、宗教上の分権主義者ね。道はローマには通じないで、カンターベリイのほうへ行つちやふのね。英国じこみね。』」と見出し語を踏まえた表現が使われている。

スポンジが水を吸う

物事を瞬く間に吸収することの譬え。「乾いたスポンジが水を吸う」ともいうし、「スポンジに水がしみ込む」といった言い方もされる。発想的には「砂に水がしみ込む」「砂漠に水をまく」と重なるが、スポンジの方には無駄になるとの意味合いはない。スポンジが家庭で使用されるのは台所や浴室が主なところだろう。家庭外では、医療用とか、マラソンの給水時にも使われている。戦前までの用例は確認できていない。あるのは、どれも戦後からだ。１９９６年にでた本明寛『「病は気から」の心理学』(第4章）には「なにごとも決めつけてしまっては、人間としての幸福は望めません。考え方や行動が柔軟であれば、スポンジが水を吸い込むように吸収していくことができます」とあって、柔軟な思考をスポンジになぞらえている。

太平洋に目薬を差す

なんの効果も期待できないことの譬え。地球上で最大の海である太平洋を人間の目に見立て、それに目薬を差すということから。この語句はこれまでまったく使われたことのないもので、２０１１年8月7日の朝日新聞に日本総合研究所の寺島実郎理事長が口にしたもの。新聞では、政府の市場介入で為替レートを変えることに対して、この言い回しを評言にしているものだ。ことわざには無駄とか効果がないなどの意となるものは「二階から目薬」「焼け石に水」など多くあるが、見出し語と発想が近いものとなると、「砂漠に水をまく」あたりに限られるかも知れない。

暖雨に潤い百穀育つ

暖かくなり春の雨が降るとあらゆる作物が育つようになるということ。穀雨という言葉がある。意味は春雨が降って百穀が潤うということ。二十四節気の一つで春の季節の中で最後の時期、太陽暦の4月20日ころになる。このころは暖気が増すので降る雨も暖かい。こうした暖かい陽射しと適度の雨に恵まれて作物は育っていくのだ。見出し語は1996年4月20日の毎日新聞の天気情報でみたもの。

中国がくしゃみをすれば日本が風邪をひく

中国の経済状態が変調をきたすと、その影響で日本は風邪をひくほどの打撃をこうむるということ。アメリカ経済に支えられてきた日本経済は、かつては「アメリカがくしゃみをすれば日本が風邪をひく」といわれてきた。中国経済は1990年代の初めころから経済成長が9％くらいに伸びていったのに対して、日本はバブルがはじけ景気が後退するようになる。近年の貿易統計によれば、日本の貿易相手の一番はアメリカから中国に代わった。かつて世界の工場だった中国は、日本企業にとって有望な消費市場になっているのだ。中国経済の動向は、世界経済にも直結しており、現在は「中国がくしゃみをすれば世界が風邪をひく」といわれる。見出し語のメディアでの初見は、2003年12月27日の読売新聞での中国経済の記事の中であった。

津波がきたら沖に逃げろ

津波の時は水深のある沖に避難しろとの教え。この語句のメディアでの初見は2011年4月5日の朝日新聞。同年3月11日の東日本大震災からひと月足らずの時。普通、台風の襲来では、船は港に係留して難を逃れるものだが、津波は逆だという。その理由は、水深が深いほど、波高が低くなるとの科学的な裏付けによっているからだ。見出し語は、この科学的な根拠を言い伝えとして表したもの。3月11日には、海岸に押し寄せる津波によって陸上奥深くで船が建物の屋上に乗り上げられているという信じられない光景が出現して人々を仰天させた。そして津波と一緒に陸に駆け上がった船は、巨大な凶器へと変質してしまった。昭和32年に宮古測候所と盛岡地方気象台が作成した「津波対策いろはかるた」というものがある。その中の㋔は「沖の船舶避難は沖へ」というものだから、見出し語と同じになる。さらに、津波の後の半年ころ、NHKラジオ深夜便でこの語句を実践して見事生還した人の実話を聴き、この句が有用な津波対策の一つであると思われた。

津波の前には潮が引く

津波が襲来する前兆として海岸の水が沖合に引くということ。この現象は、1854年に安政南海地震津波の出来事を基にした物語である『稲むらの火』にも、この描写がある。もちろん、言葉の伝承としても知られている。しかし、潮が引かなくても津波が襲来する事実は厳然とある。潮が引くのは沖に引く、引き波によるものであるので、地震が発生しても、必ずしも引き波が先になるとは限らないからだそうだ。陸に押し寄せる押し波が先になる場合も多いということから、見出し語は津波の前兆の一つだと覚えておきたいものだ。

トイレなきマンション

原子力発電所を揶揄する譬え。高レベルの放射性廃棄物を人の排泄物になぞらえたもの。使用済みの放射性廃棄物が元のウラン鉱石と同じレベルにまで低下するには10万年も要するといわれる。一方、現代の集合住宅の象徴的な存在はマンションだろうから、トイレのないマンションなど、もちろん、あり得ない。いくら比喩とはいえ、危険極まりない有害な廃棄物が処理できない施設なんて想像のできない話なのだ。原発容認派の根拠は、不確かな過去の科学の進歩に対する幻想に尽きよう。この語句は、メディアでの初出は1997年3月16日の毎日新聞でアジアへの原発の輸出に対する60歳の読者からの投書。いうまでもなく、福島の原発事故のあとからは、メディアに登場する回数は飛躍的に上昇し、社説など主たる記事でよく用いられている。現代の日本を象徴する最も新しいことわざの一つといえるかも知れない。

冬至冬中冬《とうじふゆなかふゆ》はじめ

冬至は暦の上では冬の真ん中だが、実際に厳しい寒さになるのはこれからだということ。意味の上では、冬至冬中で間を取り、後を続ける。短い語句の中に漢字の冬が三つもある上、「ふゆ」の音が繰り返される口調のよい技巧的な言い回しといえる。ことわざとしてはありふれたものではなく、メディアでの例も稀な存在で、初出は1996年12月25日の朝日新聞夕刊の季節を巡るエッセイに載ったもの。

隣の芝生は青い

他人のものは良く見えるとの譬え。「隣の芝生はよく見える」とか、「隣の芝生」と省略した言い方もされる。英語にあることわざで、The grass is always greener on the other side of the fence.（塀の向こうの芝生はいつも青い）という。日本では「隣の花は赤い」「内の米の飯より隣の粟飯」「隣の牡丹餅は大きくみえる」などといっていた。他人のものがよく見えるという心理は世界中にみられ、動植物を主としてさまざまなものに譬えられている。英語にある芝生の例も、北欧のフィンランドに「垣の向こうの芝はもっと緑いろ」との訳のものがある。ところで、見出し語が英語から入ったことは確かなようなのだが、どうしてこうした訳が、いつころから生まれ、定着したのか、明確ではない。日本で最大の英語のことわざ辞典である1976年に刊行された『英語諺辞典』（三省堂）には、この語句は収載されていない。日本のことわざ辞典では、1992年の鈴木棠三『新編故事ことわざ辞典』に「隣の芝生は青く見える」の訳で西洋のことわざとして収録され、英文も上記のものが添えられているものが早い例のようだ。それでも、この英文の「フェンスの向こう」の単語を「隣」と訳すには隔たりがあり、違和感がある。憶測になるが、日本のものが念頭にあり、それによって両方が混じり合ってしまった可能性もあろう。ただ、英語にはいくつものバリエーションがあり、「丘の向こう側の牧草（on the other side of the hill）」「向かいの芝生（across the street）」「よその家の芝生（on the other man's lawn）」等の表現があったので、あるいは、こうした例も参考にしたのであったかも知れない。いずれにせよ、見出し語は、伝来の日本のことわざにとって代わっている。メディア調査での早い例は1992年12月15日の夕刊紙・日刊ゲンダイの野球記事。

どの雲も銀色の裏地を持っている

いかなる苦境にあっても必ず好転することはあるのだとの譬え。地上から見える黒雲でも、太陽が当たる裏側は銀色に光り輝いていることからいう。英語にあることわざで、Every cloud has a silver lining. と記す。これに対応する日本のことわざは、「禍福は糾える縄の如し」「人間万事塞翁が馬」「苦あれば楽あり」等だ。日本のものに比べると、苦境を雲に、光明を銀色の裏地に譬えた絵画的なイメージを喚起させる素敵なことわざといえよう。一般的に日本と英語のことわざを比較すると、日本のものの方が具体的でありイメージ力が強い傾向があるとみているが、ことこの語句に限っていえば、英語に軍配が上がる。好みの問題になるが、英語のことわざの中では最も印象深いものの一つだ。メディアでは2010年3月21日の毎日新聞の連載コラムにイギリスのことわざとして紹介された。

ナイルの水を飲んだ者はナイルに戻る

ナイル川の水を飲んで育った者は、外に出て行っても、いつか再び戻るものだということ。「ナイル川の水を飲んだ者は再びナイルに戻る」ともいう。エジプトに伝わることわざで、メディアでのこのことわざの初見は2009年6月13日の東京新聞のPKOを扱った記事であった。昔に、ナイル川の水を飲んで育った者であれば、問題はあるまいが、これが外国人になると話は別だ。エジプト考古学の大家である吉村作治は若いころ、エジプトを再訪したい思いで、このことわざを実践し、九死に一生を得る経験をしたことがあるそうだ。ナイル川はわからないが、大昔なら川の汚れも少なく飲用に適したものであったろうが、地球的規模での環境の悪化が進んだ現代では、生水を飲まないことは常識。要するに、このことわざが言わんとするところは、原点になる思いは消しがたく、いつまでも心に生きているということではないだろうか。

流れる水は腐らず

常に活動していれば停滞することはないとの譬え。また、人の場合では、常に働いている者は生き生きとし前に進んでいくとの意。江戸時代は「流水腐らず」といっており、これが後に少し変わり、ここの言い回しになった。これが、反対になれば「流れぬ水は腐る」ことになる。見出し語とその反対の両方の言い回しは、メディアでの調査の範囲では1993年に毎日新聞で政治腐敗の問題に関して用いられている。この類句には「使っている鍬は光る（鍬は使っていないと錆びる）」「精出せば凍る間もなし水車（水車は動いていれば凍らない）」「転石苔をむさず」などがあるが、西洋から来た「転石苔をむさず」の使用頻度が少し高いようだ。

納豆時の医者いらず

納豆を食べていれば健康によいから医者にかからずに済むということ。納豆は、いまは一年中食べられるが、昔は収穫した大豆を冬の保存食にしていた。ちなみに納豆の季語は冬。納豆が健康食品であることは広く知られており、いまさら説明するまでもない。そうはいっても、納豆に限らず、どんなに健康によいとされる食品でも万能ではない。いくらせっせと食べても病気にはなるはずだから、そうした食品は摂取すれば健康が維持されやすいというのが事実であろう。見出し語は、1994年3月12日のアサヒタウンズという東京の多摩地区で配布される朝日新聞社系の無料タウン紙に掲載された。普通のことわざ辞典にはみられない健康ことわざという類の一つだ。

ナポリを見てから死ね

風光明媚なところとして有名なイタリアのナポリを讃える言葉。人間、一度くらいはナポリのような素晴らしい名所を見てから死にたいものだということ。西洋のことわざで英語ではSee Naples and then die.といっている。戦後になってから紹介された歴史の浅いことわざで、日本では江戸期から「日光をまだ見ずに結構というな」との同義の別の言い方がされていた。女優・吉永小百合の旅のエッセイ『吉永小百合街ものがたり』（1999年）のナポリの章の冒頭にみえる。「海の青、空の青、ナポリといえばきれいに澄んだ青が真っ先に浮かびます。その青の中にダイナミックなシルエットを見せるヴェスヴィオ火山。この美しさをたたえられて、昔から『ナポリを見てから死ね』とか、『ナポリを見ずには死ねない』といわれていますが、このブルーの中に身を置いてみると、この言葉が実感できます」。

根深雑炊生姜酒《ねぶかぞうすいしょうがざけ》

体を温めるのに適したもののこと。根深はネギ。生姜酒はすり下ろしたショウガを熱燗に入れた酒。底冷えのする夜寒には好適なたべもので体はすぐに温まる。根深、雑炊、生姜酒と三つのものが3音、4音、5音の順に並べられていてすこぶる口調がよい句になっている。こうした単語を列記したことわざでよく知られるのが「地震雷火事親父（世の中の怖いもののこと）」だが、他にも「医者智者福者《いしゃちしゃふくしゃ》（友として有益な者）」「芝居蒟蒻芋南瓜《しばいこんにゃくいもかぼちゃ》（女性の好物をいう）」「船頭馬方お乳《ち》の人（わがままな振る舞いをする人の譬え）」「卯腹《うはら》辰腿《たつもも》寅背中《とらせなか》（お灸をすえる時に暦に従って避ける部位）」などがある。

能登のとと楽

石川県の能登地方の男は女の働きで楽な思いをしているということ。これに加賀地方のものをつけて「能登のとと楽、加賀のかか楽」というのもある。こちらは、武家社会の加賀の「か」がそれぞれ韻を踏むように配置されことわざにリズム感が生まれている。北陸に限らず地域の特性などをいうことわざは色々あり、有名なものでは「かかあ天下とからっ風」の群馬のものが全国的に知られる。地域特有なことわざもあることはあるが、今日のメディアでみられるものは稀だ。見出し語は２００９年5月10日の東京新聞で能登地方を取り上げた記事で使われていたものだ。

能登はやさしや人殺し

能登の人々は心やさしいが、ひとたび怒ると怖いということ。「能登の人殺し」ともいうそうだが、これだけでは優しさの欠片も見当たらず、ただただ恐ろしいだけの存在になってしまうと思われるが…。ことわざに誇張はつきものだが、それにしても人殺しとは激烈なもの言いだ。ここの言い回しは、一種の県民性をいう類とみられるものだから、このくくりに当てはまる人もいれば、いない人もあるはずで、あくまで傾向をいう程度のものといえるだろう。見出し語は、２００８年12月22日の毎日新聞で文学を巡る記事の中にみられたもので、ことわざ辞典にもない珍しい言い回し。この他、北陸には、「越中泥棒加賀盗人能登はやさしや草までも」という越中、加賀、能登の三つの地域の人情をいうものもあり、地域のことわざとして伝えられていた。

ノルウェー人はスキーを履いて生まれてくる

ノルウェーの人は生まれながらにスキーが上手だという意。また、「スキー板を履いて生まれてくるノルウェー人」との言い方もある。人口約４６０万人の小国でありながらスキーを主にした冬季スポーツでは抜群の成績をおさめている。この言い回しは１９９４年2月15日のNHKテレビの午後7時の五輪ニュースでアナウンサーが口にしたもの。この時のオリンピックでのノルウェーの成績に驚かされたからだ。この言い回しはことわざと紹介されたものではないが、奇抜な着想からことわざ的な要素を持つものとみて収めることにしたものだ。

バケツをひっくり返したよう

大雨が降ることの形容。「バケツをひっくり返したような雨」ともいう。バケツをひっくり返して一時に大量の水がまき散らされることからいう。日常的にもよく耳にする語句なのだが、ことわざ辞典には載っていない。ことわざリストでは１９９３年の早い時期からでてくるが、実際はもう少し前からだろう。同義でこれより古く江戸期には「盆を覆す」といっており明治期でも使われていた。もっとも、明治時代にはさらに強調度合の高い「タライをひっくり返す」との言い回しもあった。バケツは英語のbucketで、英語には土砂降りの意のcome down in bucketsという慣用句がある。おそらく、この英語の慣用句が戦後に訳され広まっていったのではないだろうか。

春の雨は花の父母

春先に降る雨は草木を育む雨だということ。菜の花が咲くころの長雨を指す菜種梅雨という言葉があるように春にも雨はよく降る。二十四節気でも4月20日ころは穀雨といって穀物を育てる雨をいう。その他の春の雨の呼び名には、花の咲くのを促す「催花雨《さいかう》」、桜が咲くころに降る「桜雨」、杏の花の咲くころの「杏花雨《きょうかう》」など素敵な言葉がある。西洋にも「三月の風、四月の雨が、五月の美しい花をもたらす」ということわざがあるように、春の雨が花々の美を生み出す源泉なのだ。それを象徴的に表現したのが見出し語といえようか。

ハンマーを持つ人にはすべてが釘に見える

自分だけの手段や方法に固執すると問題の解決をしそこなうということの譬え。20世紀のアメリカの心理学者でアブラハム・マズローの名言。彼の心理学は心の健康についての人間性心理学と呼ばれるもの。ここで言わんとしているのは、問題に応じて手段や道具を変えながらの柔軟な対処が大事だということになる。日本の伝来のことわざで、これに近いのは「人を見て法を説け」あたりであろうか。見出し語は2014年6月24日の朝日新聞で集団的自衛権に関する問題でアメリカの格言として使われた。

日が西から出る

あり得ないことの譬え。物事があべこべなこと。「西から日が出る」「お天とう様が西から出て東に沈む」ともいう。地球の自転は西から東にまわる。であるので太陽は東から昇り西に沈む。ことわざはあらゆることに関係するといわれるが、ここのようなあり得ないことに関わるものも多い。「石に花咲く」「井戸から火が出たよう」「カラスの頭が白くなる」「死に馬が屁をする」「豆腐で歯を痛める」「灰吹きから蛇が出る」「冷や水で手を焼く」「すりこ木に羽が生える」「足らぬものが余る」など奇想天外、突飛極まるものが次々に挙げられる。しかし、ここのような宇宙的なスケールを持つものは他にない。明治時代には使われており、明治24年の尾崎紅葉『伽羅物語』に「生きたる廓《くるわ》の守神《まもりがみ》と崇めらる、ほどの粋《すゐ》を、二年が間寝《ね》こかしにして初梅の身に罰のあたらざりしを、この廓《さと》のお日様《ひさま》は西からで、も出らる、事か、と風説《うわさ》あるほどの此方様《こなさま》の眼がぬかる、ものぞ」とある。

肥後の引き倒し

肥後（熊本）の人は成功した者の邪魔をする傾向があるということ。いわゆる県民気質をいう言葉の一つなので、よく言えば大胆、悪く言えばいいかげん。血液型による性格判定と同じで、60万もの人を一くくりにして断定してしまうからだ。とはいえ、多少の傾向はあるだろうし、「らしさ」まで否定する必要はあるまい。見出し語のメディアでの初見は1993年8月6日の日経新聞での政局に関する記事にみられた。政局の問題であれば、熊本県民とは関係なく「人の足を引っ張る」意味だけで使えるだろう。なお、この反対になるものが「鹿児島の芋づる」というそうだ。つまり、他人も成功した者を喜び、その成功者も他人を応援し、それによって成功に導かれていくというものだ。

日照りに不作なし

日照りが続く年に作物が不作になることはないということ。植物は水がなければかれてしまうから、日照りで不作とならないというのは合点がいかない。特に日本の米作は多くが水稲栽培だろうから水は絶対不可欠だ。幸い日本は水資源には恵まれているが、それでも年によっては不足になることもある。しかし、灌漑池をもうけたり、農業用水や水路も整備されてきたので、多少の水不足には耐えられるのだという。不作は、むしろ大雨などの日照不足の方が深刻だと指摘される。見出し語が、いつごろからいわれ始めたのか不明であるが、メディアに現れるものでは1994年3月14日の日経新聞一面コラム・春秋欄で稲作が取り上げられた時であった。

火に油を注ぐ

事態をいっそう激化させることの譬え。燃えている火に非常によく燃える油を注げば火の力は何倍にもなることからいう。「火に油を掛ける」「炎に油を注ぐ」ともいう。

明治時代からみられるようになり、その早いものとして明治28年の人見一太郎『明治の天下』（第3回）に「おタカ、なんだね、そんな馬鹿なこと御言でないよ、おとう様は堅い一片《いっぺん》で御癇《おかん》がひどいから、家《うち》のものは御宥《おなだ》め申さなくちやならないよ、御まへの言ふことは火の上に油をかける様なものでおとう様の御為《おため》にならないよ」と、少し異なる言い回しででてくる。見出し語とほぼ同じ言い回しは明治42年の夏目漱石『文学評論』（第三編　アヂソン及びスチールと常識文学）に「幸運なる愛は天上の火である。不幸なる愛は地獄の火である。寐られぬ時の愛は烟の出ぬ火である。人の意見に従はぬ愛は風に煽られて愈熾なる火である。酒を吞んで恋を忘れ様とするのは、火に油を注す様なものである」とでてくる。ところで、見出しと同じ言い回しが西洋諸国やロシア、グルジア、台湾、中国にある。火や油は世界中にあるから、それぞれ個別にできたとも考えられるが、西欧に広く分布していること、日本では明治時代からとなる点を考え合わせると、西洋からもたらされた言い回しの可能性が高いように思われる。江戸期には同義の「燃える火に薪を添う」「燃ゆる火に油を注ぐ」が使われていたが、明治以降は姿を消し、見出しの語句に取って代わられたようだ。

火のないところに煙は立たず

根拠のないものに噂は立たないということの譬え。「煙のある所には火がある」などともいう。西洋から入ったことわざで、英語では No smoke without fire. などと記している。日本では明治時代からみられるもので、大正時代あたりから文学作品にはよく登場してくる。大正13年の長田幹彦の小説『霧』（二）には「さあ、噂の種といふやうな欄に十行ばかり書いてあつたんだから当てにはならんが、併《しか》し火のない処には煙は立たんからなあ」とでてくる。少し異なる言い回しでは、大正10年の物理学者・寺田寅彦のエッセイ『アインシュタイン』（三）に「アインシュタインの人生観はわれわれの知りたいと願うところである。～中略～彼の会話の断片を基にしたジャーナリストの評論や、またそれの下手な受け売りにどれだけの信用がおけるかは疑問である。ただ煙の上がる所に火があるというあまりあてにならない非科学的方則を頼みにして、少しばかりの材料をここに紹介する」とある。常用となるのは戦後からのようで、英語の専門家でも日本の伝来のことわざと誤解するくらいに親しまれている。

氷山の一角

物事が全体のほんの一部でしかないとの譬え。「氷山の頂き」ともいう。氷山は全体の7分の1、8分の1が海上面に見え、あとの大部分は海の中。戦前の国語辞典の中には見える部分を10分の1にしたものもあった。外国から入ってきたもので、英語では the tip of the iceberg と表記される。日本では全体のごく一部だとする意味で使いやすいためか、さまざまなジャンルで使用される現代の常用ことわざの代表格ともいえるもの。用例は戦後の１９５６年の大橋喜一の戯曲『楠三吉の青春』（三）に「昔、検事さんが話してくれたんだ。つまり楠の存在とはだ、いうなれば氷山の頂きでな、表面にあらわれた一つの現象ってんだ」とある。２０１０年代の時点では、新聞紙上で最も多用される言い回しとなっている。

火をガソリンで消す

あべこべの対処法となる愚かな行為の譬え。燃える火にガソリンを掛ければ、ガソリンの量にもよろうが、爆発するか、大火になるだろう。可燃性の高いもので燃える火は消せない。ことわざ辞典類にはみられないものだが、１９９０年の島田雅彦の小説『ロココ町』（2　遊園地の進化論）に「彼女は下司の勘繰りの才に恵まれていた。定石通り、夫婦喧嘩が始まった。行く、行かせないの口論は互いの欠点の列挙へと枝分かれし、とうとうぼくは平手打ちにまで及んだ。結婚生活を通じて、最初の暴力だった。これが火をガソリンで消そうとする愚挙だったことはいうまでもない。ロココ町で行われている奇習に較べたら、異常なほど常識的なのだが…」とある。単なる憶測に過ぎないが、この語句は、おそらく作者自身による思いつきの言葉ではないだろうか。

降りやまない雨はない

苦難がいつまでも続くことはなくやがてよいことが訪れてくるとの譬え。「止まない雨はない」ともいう。梅雨や秋の長雨でも、1週間か、長くても2週間もあれば雨は止み、晴れ間がでたりする。こうした現象は、地球上のどこでも、地域差はあるものの必ず起こる気象現象。見出し語の言い回しは、メディアでは２０１４年11月28日の朝日新聞の56歳の読者からの投書にあったものだ。日本のことわざ辞典にはみられない語句なのだが、似た言い回しは外国に少なくない。「降り出した雨は止み、来た客は帰る」はシベリア南部のブリヤート。インドのタミル語には「どんな豪雨も止む」とある。その他、譬え方は異なるが、「夜はどんなに長くとも夜明けは必ず来る」はフィンランドやザイール・コンゴにある。フィンランドでは、さらに「冬の夜でさえも昼はやって来る」という。見出し語は２００２年に気象予報士の倉嶋厚『やまない雨はない』との本のタイトルにより広まった。

降れば土砂降り

同じようなことは再び起こるものだという譬え。英語からのものでIt never rains but it pours. という。土砂降りの雨に濡れひどい目にあったといった実感が影響するのか、悪いことは重なるとの解釈があるが、英語には悪くない場合にも使われるそうだ。日本のものでは「二度あることは三度ある」が相当しよう。日本のことわざでいえば「泣き面に蜂」「踏んだり蹴ったり」「弱り目に祟り目」と同類とみているものもあるが、これらには悪いニュアンスしかないので少し違う。見出し語のメディアでの初見は１９９５年９月29日のＴＢＳテレビの夜11時のニュースで沖縄の米兵による少女暴行事件の報道で使われたものだった。もちろん、ここでは悪事が繰り返されたとの意味合いでの使用であったが…。

水多きところに雨降る

わざわざ余計なことをすることの譬え。似たような意味で譬えを異にしたものがいくつかある。最も知られているのが屋根の上に屋根をつける「屋上屋を架す」。高い場所に土を盛る「高いところに土もち」も同じこと。「雪の上に霜」が降りても過剰なだけで無駄になる。「冬の雪売り」「冬の氷売り」でも誰も買ってはくれまい。英語ではcarry coals to Newcasle（ニューキャスルに石炭を運ぶ）といい、石炭の産地である有名なニューキャスルに石炭を運ぶことをいっている。見出し語はことわざ辞典にはみられないものだが、２００８年５月９日の毎日新聞一面コラム・余録に載ったもの。なお、類句には絵にされた作品があり、その一つが「冬の雪売り」。図は１９１０年に発行された『JAPANESE PROVERBS AND PICTURES』（スタール著、戸田桃泉画）に掲載された絵。なお、この

■『JAPANESE PROVERBS AND PICTURES』

桃泉の絵は明治時代以降に発行されたことわざ絵としては最も秀美な画集といえるものだ。

水と安全はただ

平和ボケを揶揄する譬え。また、日本の社会を肯定的に捉える考え方をいう。「水と平和はただ」「安全と水はただ」ともいう。蛇口をひねっただけで生水がふんだんに飲めるし、コソ泥などの被害率が非常に低く社会が安全であることが当たり前になっている日本社会に対していう。この言葉には、大きく二つの側面がある。一つは外国を旅したり海外生活を経験したりして日本の良さを再認識した場合がある。もう一つは外国からの脅威に対する防衛問題としてのもの。１９９４年の漫画家・弘兼憲史『覚悟の法則』（法則二）に「憲法で戦争を放棄して、日米安保条約というアメリカの大きな傘の中に入ったため、自分の国を自分で防衛するという感覚が、次第に稀薄になってしまって来ているのもまた事実だ。水と平和はタダという感じが体の中にしみついてしまっているし、うっかり『国を守る』というような話をすると、それは軍国主義だと決めつけられてしまいそうな風潮がある」とでてくる。同著での弘兼の基本的な姿勢は、平和は世界全体の問題としてとらえねばならず、「世界の平和を守るために、血も流すし、ある程度の金も要るということを日本人は覚悟する必要がある」としているものだ。もちろん、これには異論も多くある。

水は高きから低きに流れる

自然の成り行きには人知が及ばないことの譬え。また、物事が自然に運びいくこと。いくつかの似た意味合いの言い回しがある。古い順に並べると、室町期の「水の低きにつく如し」、江戸初期の「水は逆さまには流れず」「水は低きに流る」、戦後の「水は下から上には流れない」などとある。見出し語には古い用例は見当たらず、１９９５年の骨董商・中島誠之助『南青山骨董通り』（骨董商い諸法度十か条）に「真面目にさえやっていれば骨董屋が食いっぱぐれない国、それが日本です。しかし誰にでも欲はありますから、自分の商売を大きくして金を儲け、楽な暮らしをしたいと考えるのは当たり前なことです。水は高い所から低い所へ流れ、金は低い所から高い所に流れるものですから」とでてくる。

水は天下の回りもの

水は人間社会で、廻りめぐって使われ、役立っているということ。「金は天下の回りもの」を転用したものだろう。日本の水道水は川や湖沼、地下水、海などから取り込み、浄水場できれいにして給水場に送られ、それが町中にはりめぐらされた配水管を通して家庭などで使われるようになる。それぞれの家庭の蛇口からでた水は飲んだり、洗ったり、お風呂など、さまざまに使われる。使用済みとなれば排水口へ流され下水となる。下水は下水処理場で浄化し川や湖沼、海へと放流される。単純化すれば川から取り込み川へと流す循環システムになっているのだ。見出し語は２０１２年８月13日の朝日新聞天声人語に載ったものだが、もちろん、ことわざ辞典にはない。

水を治める者は国を治める

河川の水害を防ぎ、水を利用する者こそが統治者としてふさわしいということ。「水を制する者は国を制する」ともいい、中国のことわざとみられる。メディアでの初見は１９９３年７月８日朝日新聞夕刊の連載コラム「窓を開ければ」で雨の文化がテーマであったもの。河川の氾濫対策は十分とはいえまいが、かなり進んできたといえよう。しかし、現代社会には新しい問題が次々に起こる。都市型水害への対策だ。コンクリートで固められた都市に襲いかかる集中豪雨への対策には、地下空間への浸水など、課題を抱える。利水の面では、基本的には自然任せにも拘わらず、施設の老朽化などで漏水などの無駄も少なくなく、改善の余地は大きい。ソフトの面でもエコ意識の徹底化など、やるべきことは数多い。

名山、名士を出だす

　名山のあるところには立派な人物が出るということ。新聞「日本」を創刊した近代ジャーナリズムの先駆者・陸羯南による詩の一部。弘前市の狼森の小高い丘には彼の石碑がある。そこには岩木山を見てつくられた漢詩「名山出名士　此語久相傳　試問巌城下　誰人天下賢」（名山名士を出だす　この語久しく相伝う　試みに問う巌城のもと　たれびとか天下の賢なるか）がある。郷土に優れた人物が輩出するようにとのメッセージだ。

山の向こうはまた山

　苦難が打ち続くことの譬え。中米カリブ海の島国ハイチのことわざで国土の姿になぞらえたもので、ハイチの代名詞的な句といわれる。ハイチとは、先住民の言葉で「山がちの国」という。この言葉が知られるようになった直接のきっかけは２０１０年１月12日にハイチでマグニチュード７・０の地震が発生し、人口の3分の1に当たる約３００万人が被害にあった大災害であった。見出し語のメディアでの初見は２０１０年1月15日毎日新聞一面コラム・余録だった。震災発生後、わずか3日目のことで、ハイチのことわざとして紹介されていた。

雪は天からの手紙

　雪は天空の様子を伝えてくれる手紙だということ。「雪は天から送られた手紙」ともいう。物理学者・中谷宇吉郎の言葉。中谷は昭和初期に雪の研究に没頭し、世界で初めて人工的に雪の結晶をつくり出すことに成功した。そして、雪の結晶の形が気象条件に関わっていることを明らかにした。少し具体的に触れると、上空の温度によって雪の結晶に違いができることが解り、気温が高ければ雪の結晶がくっつきあって大きなボタン雪となり、低ければ小さな結晶のまま落ちてくるというものだ。その象徴的な文句こそ「雪は天からの手紙」。この語句のメディアでの初見は１９９４年1月22日の朝日新聞夕刊の天気情報。

■コラム7　言語芸術としてのことわざ②

7　短縮法

○海老で鯛を釣る→エビタイ
○棚から牡丹餅→たなぼた
○藪をつついて蛇を出す→やぶへび
○泥棒を捕えて縄をなう→どろなわ
○糞も味噌もいっしょ→くそみそ
○千里の堤も蟻の穴から崩れる→蟻の一穴
○いつも柳の下にどじょうはおらぬ→柳の下のどじょう
○門前の小僧習わぬ経を読む→門前の小僧
○千日に刈った萱を一日に亡ぼす→千日萱
○蛇を描いて足を添える→蛇足
○瓜を二つに割る→瓜二つ

8　謎かけ法（何々と掛けて、何々と解く、その心は、との三段謎の形）

○親の意見と冷酒は後できく
○嘘と坊主の頭はゆえない
○金持ちと灰吹きは溜まる程きたない
○春の雪と歯抜け狼は怖くない
○一人娘と春の日は暮れそうでくれぬ
○眼とソバ餅はねる程よい
○鱈汁と雪道は後がよい
○坊主とタドンのおこったのは手がつけられぬ
○子の可愛いのと向こう脛の痛いのはこたえられぬ
○商人と屏風は曲がらねば立たぬ
○親の意見と茄子の花に千にひとつの仇もなし
○他人事と小俵はゆい易い

9　対句法

○明日の百より今日の五十
○頭剃るより心それ
○馬には乗ってみよ、人には添うてみよ
○起きて半畳寝て一畳
○帯に短し襷に長し
○勝てば官軍負ければ賊軍
○借りる時の地蔵顔、返す時の閻魔顔
○聞いて極楽見て地獄
○京の着倒れ大阪の食い倒れ
○男やもめに蛆が湧き、女やもめに花が咲く
○口に蜜あり腹に剣あり
○虎は死して皮を留め人は死して名を残す
○餅は乞食に焼かせろ、魚は殿様に焼かせろ
○姉はすげ笠、妹は日傘
○下戸の建てたる蔵はなけれど後家の建てたる家多し

10　逆説法

○会うは別れの始め
○言わぬは言うに勝る　○負けるが勝ち
○失敗は成功のもと　○急がば回れ
○大事は小事より起こる　○多芸は無芸
○逃げるが勝ち　○近道は遠道
○憎く憎くの腹からいといとの子ができる
○ただより高いものはない

11　反意語組み合わせ法

○柿が赤くなると医者が青くなる
○苦あれば楽あり
○楽は苦の種、苦は楽の種
○来る者は拒まず、去る者は追わず
○軽い返事に重い尻
○丸い卵も切りようで四角
○四角な部屋を丸く掃く
○出船によい風は入り船に悪い
○長者の万灯より貧者の一灯
○話上手の聞き下手
○骨折り損のくたびれ儲け

12　擬人化法

○青柿が熟柿を弔う　○石の物言う
○壁に耳あり　○枯れ木も山の賑わい
○どんぐりの背比べ
○目くそ鼻くそを笑う
○石に布団は着せられぬ
○鉄砲玉の使い　○清濁あわせ呑む
○ローソクは身を減らして人を照らす

13　人名法

○二八月荒《にはちがつあ》れ右衛門《えもん》（2、8月の荒天）
○平気の平左衛門　○知らぬ顔の半兵衛
○木七竹八塀十郎《きしちたけはちへいじゅうろう》（物の時期）
○やけのやん八　○合点承知之助《がってんしょうちのすけ》
○気前与三郎《きまえよさぶろう》、出すこと止八
○念仏汁吸又左衛門《ねんぶつしるすいまたざえもん》
○丹波太郎、信濃次郎、近江三郎（夏の夕立雲）

■コラム8　ことわざの常識について

　ことわざの定義を広辞苑第6版でみると、「古くから人々に言いならわされたことば。教訓・諷刺などの意を寓した短句や秀句。『時かぬ種ははえぬ』の類」、とある。他の辞典もだいたい同じ。辞典からことわざの要件となるキーワードを挙げれば、a．古い、b．長く伝えられる（長命）、c．大勢に親しまれる（慣用）、d．技巧に富んだ短い言い回し、e．主題は森羅万象、f．主たる機能は教訓性、といった6つの要素でくくれる。しかし、c～eは同意できるが、他には疑問があるので検討してみたい。

　まず、aの古くから長く使われ続けているかという点についてみる。コラムの歴史でみたように、世界では5000年も前からだし、日本でも古事記などから確認できるから古くからあることは確かだ。しかし、他方で、古くないものとして、明治時代以降に西洋からのことわざが移入し定着した。

○二兎追う者は一兎をも得ず
○鉄は熱いうちに打て
○時は金なり
○大山鳴動して鼠一匹
○火の無い所に煙は立たず
○溺れる者は藁をもつかむ
○終わりよければすべてよし
○目には目を

等が広まった。その傾向は戦後も続き、

○新しい酒には新しい皮袋
○一匹狼　○氷山の一角
○目から鱗が落ちる
○攻撃は最大の防御
○隣の芝生は青い　○笛吹けど踊らず

等が流布するようになった。

　bの長命なものでは、中国の古典に発する、

○青は藍より出て藍より青し
○衣食足りて礼節を知る　○以心伝心
○先んずれば人を制す　○四面楚歌
○大器晩成　○天知る地知る人知る
○和を以て貴しとす

等がある。日本の奈良・平安・鎌倉時代のものでは、

○一を聞いて十を知る
○一寸の虫にも五分の魂
○鵜の真似をする烏　○自業自得
○栴檀は双葉より芳し
○情けは人の為ならず　○二の舞
○袖の振り合わせも他生の契り
○宝の山に入りて手を空しくして帰る
○禍転じて福となす

があるが、現代常用の200句を分析した結果では、江戸期前の割合は1992年に分析したもので16%に過ぎず、明治以降のものが36%あることから、全体として長命とはいえないようだ。

　fの教訓性については、

○過ちては改むるに憚るなかれ
○我が身をつねって人の痛さを知れ

等たしかに多くあるが、他方で教訓性がないものも多く、以下に分類して挙げた。

イ）物事の譬え
○対岸の火事　○寝耳に水
○同じ穴のムジナ　○まな板の鯉
○鬼に金棒　○猫に小判

ロ）事物の批評や批判
○後足で砂をかける　○宝の持ち腐れ
○暖簾に腕押し　○花より団子
○喉元過ぎれば熱さ忘れる

ハ）洒落言葉
○驚き桃の木山椒の木
○かなづちの川流〈頭が上がらない〉
○麻布で気が知れぬ

ニ）言葉遊び
○雨が降る日は天気が悪い
○犬が西向きゃ尾は東

等があり、教訓性は感じられない。数の上では、この方が多そうだ。

　48句からなる江戸系いろはカルタでの分析では、「老いては子に従え」などの直接教訓が6句。「論より証拠」「年寄りの冷や水」のような中間的なものが19句。教訓性がないものが「憎まれっ子世に憚る」「屁をひって尻すぼめる」等で23句。ないものの割合が高かった。

六　衣食住・道具など

アクセルとブレーキを同時に踏む

どっちつかずに陥ることの譬え。自動車のアクセルは加速する装置であり、ブレーキは停止させる装置。通常は、その折々で使われ、同時に同じ強さで踏むことはない。見出し語は、単語からもわかるように現代文明の利器である自動車に関わる言葉だから大変新しい。当然、既存のことわざ辞典にはない。活字として見たのは、２０１５年11月28日の朝日新聞の経済コラム・経済気象台。

悪貨は良貨を駆逐する

質の悪い貨幣が質のよい貨幣をなくしてしまうことから、悪人や俗悪なものがはやり、善人や善き文化などが衰退する譬え。悪貨とは金貨の貨幣に使われている金の含有量が少ないものの意。良貨は反対。なぜ、見出し語のような現象がおこるのか、要するに、質の高い金貨は実質的価値が高くなるため財産となってしまい込まれ、質の低いものが流通するからだ。似たような意味のことわざにいろはカルタにある「憎まれ子世にはばかる」があるものの、カルタには見出し語ほどの悪さかげんは存在せず、どちらかというと、もっと肯定的なニュアンスがあるようだ。悪貨も憎まれ子も、現代よく使われることわざなので、それだけ社会的な需要があるということになるのだろうか。見出し語は英語の Bad money drives out good. を訳したものでメディアでは１９９２年11月23日の朝日新聞に71歳の読者からの投書に見られる。

油の一滴は血の一滴

原油を一滴得るには人の血が一滴必要だというもの。「石油の一滴は血の一滴」ともいう。どちらの語句も２００４年以降の新聞にみえるもの。現代の産業は石油に大きく依存してきたので原油価格の変動は世界経済に直結する。１９７０年代に起こった石油危機は、日本でも石油パニックを引き起こし社会の混乱を招いた。それ以降も世界経済に占める石油の重要度は大きくは変わらなかった。そうした情況で２０１４年にアメリカがシェールオイルの増産によって中東諸国を押さえ世界一の産油国になった。石油の増産によって原油安の傾向が顕著なのが現在だ。その点でここの言い回しは死語になるかも知れない。そうとはいえ、地球の資源がいつまでも安泰との保障はなく、ここの言い回しが復活する可能性もあるのだ。

網で水をすくう

とうていできないことの譬え。どんな形状や材質であろうと網であれば大きい小さいに拘わらず、必ず穴がある。なければそれは網ではない。網で水をすくいとろうとしても無理だし、まったくの無駄。こんな無理や無駄を人間はよくやらかすようで、古くから実に多種多様のことわざにされている。「籠で水汲む」「ザルに水を汲む」この二つは水を汲む用具が違うだけのもの。「網の目に風たまらず」は11世紀の『和泉式部集』にみえる古いものであるが、「蜘蛛《くも》の網に風たまらず」はもっと古く10世紀の『古今和歌六帖』によっている。やや毛色の異なるものでは「蓮の糸で大石を釣る」もあれば、頭髪のない尼さんに対して「比丘尼《びくに》に櫛を出せ」というのもある。見出し語は現代の小説、水上洋子『天女が降りた島』で「でも結局は、特別な人もほかの女の子たちも同じことだ。三日たったらみんなこの島から消えてしまう。そんなときのぼくはちょうど、網で水を一生懸命すくっているような感じさ」と用いられている。

井戸端会議

もともとは、皆が共同で使う井戸の付近で取り交わされる女たちによる噂話や雑談のこと。また、それを冷かしていう言葉。井戸のなくなった時代では、主婦たちが家事の合間にするおしゃべりであり、さらには男性の場合にも使う。元ラグビー選手の平尾誠二『勝者のシステム』(二)には「わたしは知人から雑誌の対談に出てほしいと依頼された。いろいろな世界から四人ほどが集まって、井戸端会議的に話をするのだという」とある。共同の井戸はおろか、普通の井戸さえ目にしなくなった現代にあっても、井戸端なる用語が残り使われているのはちょっぴり面白い。

後ろに柱前に酒

安楽で天下泰平なことの譬え。柱に寄りかかりながら酒を飲むことから。座椅子なんてものがなかった時代では、背中を柱にもたれさせて座る姿勢は安楽なものだったのであろう。この語句の早い用例は１８９２年の尾崎紅葉『三人妻』(九)に「此日一日《このひいちにち》は閑《しづか》なる小酒盛《こざかもり》して、大尽《だいじん》おもしろく酔《よ》を催《もよお》し、此味外《このあじわいほか》にはなき事と楽《たの》しみぬ。まことや後に柱前に酒、懐中《ふところ》の金は無尽蔵にして、女は希物の艶婦」と描写されている。もっとも和室が少数派になり、ましてや廊下もなくなれば柱も消えかかろうとしている現代では、こんな情景は想像をめぐらすしかないのだが……。

器は料理の着物

料理を盛り付けする器は、料理を見映えよくする衣装というべきものだということ。日本料理の大きな特長は、季節の食材を生かした彩り豊かな盛り付けなど、見るだけでも楽しめる点にあるといわれる。その個々の料理をいっそう引き立てるのが器。あたかも花を生ける時に生けた花に適した花瓶を選ぶように、適した器に盛られて味わってもらうのが日本料理の真髄といえるのかも知れない。この言葉は、和食の天才とも称される北大路魯山人が残したもの。魯山人は書画・篆刻・陶芸などさまざまなジャンルで才能を発揮した人物だが、美食の道をきわめた奇才として知られる。会員制の美食倶楽部を創設し、東京の麹町の有名料亭・星岡茶寮の料理長として料理・食器の演出に携わったのであるから、その意味からも魯山人自身をも評する名言であろう。

産湯とともに赤ん坊を流す

有用なものを無用なものと一緒に捨ててしまう譬え。赤子を行水させ、終わったら、その水だけでなく赤子も一緒に流してしまうということからいう。西洋にあることわざで、英語ではDon't throw the baby out with the bathwater.(たらいのお湯と一緒に赤ん坊を捨てるな)の否定形で用いられている。実際の言い回しでも、「たらいのお湯を捨てて赤ん坊も一緒に流す」「たらいの水と一緒に赤ん坊を流す」などと使われている。２００１年に刊行されたノンフィクションライター・佐野眞一『私の体験的ノンフィクション術』一章には「日本人は近代以前の社会を封建遺制ととらえ、それをタライに汚れた水が入っている状態とみなして、タライのなかの大切な赤ん坊ごと流すような愚行をおかしてきたのではないか」としている。

扇一本、舌三寸

落語家を言い表す言葉で、高座などで自分が落語家であることを紹介する場合に使ったりする。落語家は一人で何役もこなす。例えば、長屋の大家さんであり、熊さん、八っつぁんと声色を変えながら声だけで巧みに演じ分けるのだ。そして、小道具が扇子一本と手ぬぐい。この扇子は、たたんでいれば箸になってソバをすすり、鉄砲や刀といった武器にもなる。少し開けば、お銚子となって酒を注ぐこともできるし、広げれば杯となって酒も飲めるまことに重宝な代物だ。もちろん、それは自由自在にしゃべる舌先三寸あっての話。

遅れた正義はないに等しい

たとえ正しい判定や正義の行動だったとしても時期を失しては意味をなさないということ。元イギリスの首相であったウィリアム・グラッドストンが言った言葉。英語で、「Justice delayed justice denied. という。ところで遅れた正義とはどのようなものを指すのであろうか。例えば、飢餓に苦しむ人々がいたとしよう。全国的な救援キャンペーンが展開されありあまるほどの支援物資が準備できたのに、実際には現地の人の手に渡るのに手間取り、結果として間に合わなかった、という例は単なる想像に過ぎないとはいえない。あるいは、現在の日本で起きていることだが、大規模な災害に見舞われた地域に対する支援が、現地のニーズにマッチしてない等のケースはよく耳にするところだ。メディアでは２０１１年５月22日の朝日新聞の天声人語で格言として紹介されていた。

お玉杓子は耳かきにならず

大きなものが小さいものを兼ねることはできないとの譬え。お玉杓子はスプーンの大きなものといった風のもので先が液状のものをすくえる形をした器。耳かきも先が耳垢を掻きだせるように小さなスプーンのような形をしている。お玉杓子では耳の穴へは入らないので耳かきの代わりにはならない。意味が反対になるものが「大は小を兼ねる」。見出し語は明治34年に上演された落語『素人相撲』に「長持ちは枕になりません。牛は大きくても鼠を獲りません。お玉杓子が耳掻の代わりにはなりません」と用いられている。

お茶の子さいさい

いたって簡単だということ。お茶の子はお茶菓子、また、間食向けの軽い食事。これを転じてたやすくできることの意。明治時代から現代までよく使われている。現代のエッセイスト・阿川佐和子の『無意識過剰』１９９８年（一夜歌手）に「たしかにシャンソンについては本職でないかもしれないが、ステージで歌ったり踊ったりお芝居をしたりすることはお茶の子さいさい、つまりはエンタテイナーとしてのプロばかりなのである」とみえる。

鬼の手と仏の心を持つ

内心は深い慈悲の心を持ち、外見は手荒な手段をこうじることの譬え。「鬼手仏心」ともいい、こちらの方が一般的といえる。光通信の父、ミスター半導体と呼ばれる元東北大学総長・西澤潤一『技術大国・日本の未来を読む』（第1章）には「私の研究室は、他の人から〝西澤道場〟とか〝鬼道場〟とよばれている。～中略～そのためにときにはどなったり、おどかしたりする。但し、学生のような新米にはおどかしなどはしない。それこそ必死の〝鬼手仏心〟なのであるが、世間はとかく厳しい側面だけをとらえがちで、そのため、いたく私自身の評判を落としている」とでてくる。ところで、見出し語は元首相・大平正芳の言葉ともいわれている。昭和51年の大蔵委員会で当時大蔵大臣であった大平が「予算は仏の心と鬼の手でやらにゃいかぬと思っております」と答弁している箇所があり、たしかに大平が口にした記録が残っている。ただ、これは大平がしゃべったという事実であるが言葉の出自とするものではない。また、「鬼手仏心」の方は、外科医での言葉ともいわれる。四字熟語辞典でもそのように記載しているものもあるが、根拠には触れられておらず推論に止まっている。医学の世界のものでは、元千葉大学教授で食道がん外科治療の世界的パイオニアであった中山恒明に対して、この言葉が用いられた例が知られる。

溺れる男に水をかける

冷酷で無慈悲な振る舞いをすることの譬え。溺れかけている人の顔に水を振りかけて息ができないようにするというのだから、何とも酷い仕打ちをするものだ。評論家であり、元経済企画庁長官であった堺屋太一『豊国論』（四章）に「国内の不況期には、『集中豪雨型輸出急増』が避けられない。外国の側からみると、これほど迷惑なことはない。自分の国も不況で生産を減らし従業員をレイオフしている時に、日本から安値の輸入が激増するのだから、まるで首吊りの足を引っ張るようなものだ。英語では『溺れる男に水をかける』と表現される形になる」とある。ここの引用には「首吊りの足を引っ張る」と見出し語の日英の二つのことわざが挙げられているが、どちらもそれほど馴染みのあるものとはいえない。特に英語の方は、日本ででている一般的な英語のことわざ辞典にも見当たらない珍しいものだ。

溺れる者は藁をもつかむ

窮地にある人はいかなるものでも取りすがるという譬え。英語の A drowning man will clutch at a straw. が翻訳されたもの。日本では明治時代から使われるようになり、早いものが明治29年の尾崎紅葉『多情多恨』（八）に「検疫医と聞いたらば、患者は定めて動顛して『死より救へ！』と絶叫して、溺れむとする者の藁にも縋るやうな苦悶を見せるであらう」とある。明治33年の徳富蘆花『不如帰』（下編二）に「お豊が必ずしも知徳兼備の賢婦人ならざるをも知らざるにはあらざりき。然《さ》れど溺るる者は藁をもつかむ。武雄が妻定めに窮したる母は、山木が望を幸ひ、試にお豊を預かれるなり」と用いられている。その他に、明治大正の文学作品には「水に溺れようとするものは一筋の藁にすら縋《すが》る」（菊池幽芳『乳姉妹』明治36年）、「溺れようとするものが、藁でもつかむのと変りはない」（芥川龍之介『偸盗』七、大正6年）、「溺れんとする者が選まず物を掴むやうに」（志賀直哉『暗夜行路』前編　大正10年）、などと使われていた。見出し語のような言い回しにほぼ固まったのは、おそらく戦後になってからではないだろうか。なお、戦後のものでは１９８６年の由良三郎『象牙の塔の殺意』（18）に「それでも彼女は溺れる者がわらに縋《すが》るように、しっかりと彼の手を握った」とでてくる。

オリンピックには魔物がすむ

オリンピックでは、なかなか普段通りの実力が出せずに敗れることが多く、その原因は魔物のなせるわざではないのかということ。4年に一度しかなく、文字通り世界中のトップ選手たちが国を代表して競い合うのがオリンピック。競技人口の多い種目では国の代表になることでも並大抵のことではない。特に国家の威信をかけられた者にかかる圧力は当人以外にはうかがいしれないものがあるだろう。もちろん、成功すれば莫大な褒賞が与えられるし、反対に失敗すれば袋叩きの目にあうこともある。強大なプレッシャー、過度の期待、いいしれぬ極度の不安などをかかえて臨む選手もいれば、ほどよい緊張感を持って楽しむ選手もいるという。プレッシャーなどのマイナス要素をよい意味での緊張と集中に転換できれば…。まことに言うは易く行うは難しだ。なお、高校野球の場合には「甲子園には魔物が棲む」といっている。

終わりの始まり

あるものが終わりとなり別の何かが始まるということ。メディアで初めて見たのは2004年8月。以降2014年までの期間では使用頻度の高いものの一つ。国際政治の問題で使われる場合が多いが、その他にも色々使われる。出典は定かではないが、フランスの辣腕外交家タレーランの語録とみられる。タレーランは絶対王政期、フランス革命期、ナポレオン政府など五つの体制崩壊に立ち会い、次の体制では権力の中枢側に収まるという変わり身の術に卓越していた人物。それこそ、体制の終わりの始まりを見極めた者ともいえる。中東・イスラムの研究者である山内昌之『文明の衝突から対話へ』（五章）に「これまでの歴史が教えるところに従うならば、アルジェリアやスーダンをはじめとするイスラーム主義の武装闘争と政治危機も、むしろ『終わりの始まり』なのかもしれない」とでてくる。

海図なき航海

行き先や進路、工程などが明確でない暗中模索の状態の譬え。海図は海に関する地図のことで海の深さや潮流、海岸地形、航路標識、暗礁などを示したもの。航海するにはなくてはならないものだ。メディアでのことわざ調査を始めて数か月たった1993年には日経新聞に企業経営の問題で掲載されていたので、実際には、もう少し前あたりから使われ出したものと想像される。経済に関する事柄で多く用いられているが、分野は経済に限らない。小説家・柳美里の『男』（乳首）には「もし性感帯などないということになったら、男は海図のない航海をするように途方に暮れるにちがいない。そこでセックスに至る愛撫の手順を公約数的に示すものとして、乳房にその最高の栄誉があたえられているのではないかという気がする」と書かれている。

勝ち将棋鬼のごとし

指す手が次々に決まり、その勢いがものすごいということ。将棋には囲碁と同じように色々な格言があり、これもその中のいわゆる将棋格言の一つだ。いつごろから使われるようになったか確かなことはわからないが、新聞にある将棋欄の戦評にはメディアでみられることわざ集めを始めた当初の1993年から今日までみられる定番のようなもの。将棋や囲碁とことわざの関係は密接な間柄でたくさんのことわざや格言がある。ここでは代表的なものをいくつか紹介する。「歩のない将棋は負け将棋」「桂馬の高飛び歩の餌食」「へぼ将棋王より飛車を可愛がり」「風邪を引いても後手を引くな」「下手の考え休むに似たり」「名人に定跡なし」などとある。

禍福は垣一重

幸福と禍は垣根のたった一重の差に他ならないということ。幸福と禍はまったくことなる反対のものになるもの。ところが、どういうわけか禍福は裏表の関係とか、隣り合わせの関係とみることわざがしっかりと存在し続けてきた。最も知られるものとしては「禍福は糾える縄の如し」が存在してきたのだ。一本の縄をなう際に二本のワラ束が交互に絡んで表裏をなすさまを、まるで禍福が交互にやってくることに譬えたものだ。見出し語は既存のことわざ辞典類にはみられない珍しいもので、明治27年の尾崎紅葉の『隣の女』（五）に「隠家《かくれが》に楽む男があれば、直ぐ其隣《そのとなり》に唯一人《たつたひとり》つまらなく寝る人もある。嗚呼思《ああおもえ》ば禍福は垣一重《かきひとえ》」とでてくる。

ガラスの天井

キャリアアップを阻害する目に見えない天井のようなものの譬え。英語のglass ceilingの和訳。例えば、企業の中で十分に昇進できる実績やキャリアがありながら、性別や人種などの理由でできなかったり、遅くなったりする例は、建前の上では平等であると謳われているにも拘わらず間違いなく存在している。見出し語は近年、アメリカ社会で問題となり、特にヒラリー・

クリントンが初の女性大統領を目指す際のキーワードにもなっていた。日本でも男女共同参画の実現が志向される現代、この見えない天井の存在を解消することが重要な課題となっている。

乾いたタオルをしぼる

限界を超えた必死の努力をすることの譬え。また、これ以上はできない無理なことを求める譬え。水気を含まないタオルをしぼるということからいう。一般的にも使われるが、合理化や下請けいじめなど、トヨタ自動車の経営姿勢に対する言い回しとしても知られる。見出し語の他に、「乾いた雑巾をしぼる」「乾いた手ぬぐいから利益をしぼり出す」ともいうし、否定形になる「乾いた雑巾はしぼれない」との使われ方もある。既存のことわざ辞典には載っていない語句だが、戦前期には使われていた。昭和16年の織田作之助『勧善懲悪』に「それに、考えてみれば、無理は無理でも、装飾品のほかに百円の薬がただで貰えるというのだ。けっして割のわるい話ではない—と、結局、彼等は乾いた雑巾を絞るようにして、二百円の金を工面せざるを得なかった」とでてくる。

眼光紙背に徹す

書物に書かれていることを字面の意味にとどまらず、深意まで理解すること。読解力が鋭く長けていること。文字を書いてある紙の裏まで見通すということからいう。漢語調の言い回しなので中国伝来のものかと思われそうだが、違うようだ。早いものは大正6年の森鷗外の史伝『伊沢蘭軒』（二百二十二）に「第四に系図水津本の序記がある。若し紙背に徹する眼光を以て読むときは、其中に一箇の薄命なる女子の生涯が髣髴として現れるであらう」との使われ方がある。見出し語の言い回しは、1920年の上司小剣『英霊』（一）に「わざわざ鉛筆をもつて来て、「惨」を「残」になほしたが、尖った鉛筆の先きは新聞を突き破って、古畳に通った。『眼光紙背に徹す』といふやうなことを考へて、先生はまた微笑した」とでてくる。

机上の空論

実際には役立たない意見や計画のこと。実践を伴わない頭の中だけで考えた論ということから。「机上の空談」（福沢諭吉「東洋の政略果たして如何せん」明治15年）とも、「座上の空論」（福沢諭吉「維新以来政界の大勢」明治27年、人見一太郎『明治の天下』第八回　明治28年）ともいう。さらに、これらに先立つものとして幕末の志士・吉田松陰『武教全書講録』（言語応対）1856年に「紙上の論」との言い回しがあった。見出し語は明治24年の山田美妙『白玉蘭』（十二）で用いられているのが早い例のようだ。戦後からは、見出し語は常用語となるものの、それ以外の用例は見当たらないことから、他の言い回しは淘汰されたものとみられる。現代多くある用例からは、1989年の元外務大臣・田中真紀子『時の過ぎゆくままに』（チャイルド・アビューズをご存じですか）に「臨教審において『学校設立の自由化』と連動して『塾の合法化』が強く主張されていますが、これこそまさしく現実を知らない〝観念論〟あるいは〝机上の空論〟以外の何物でもない」と用いられているものを挙げておく。

傷口に塩

不幸や災難が重なることの譬え。傷口に塩が塗られれば痛さは倍加することからいうもので「傷口に塩を塗る」「傷に塩を塗る」ともいう。ここの意味のようなことわざは色々ある。よく知られるものだけでも「泣きっ面に蜂」「弱り目に祟り目」「一難去ってまた一難」「踏んだり蹴ったり」など挙げられる。いくつもある中で、見出し語の類句が最も古いようだ。あの『万葉集』には「痛き傷には辛塩をそそぐ」との言い回しがみられる。いまでいう「傷口に塩をすりこむ」と同じもの。その後「切り身に塩」「切り目に塩」となり、その後に見出し語のような言い回しになるようだ。「傷に塩」

という現代の形の先行形といえる早い例が大正４年の広津和郎『波の上』（一）だ。一般化するのは戦後になってからとみられる。

着は季の先取り

着物は季節を先取りして装うことがよいというもの。いうまでもなく、「着」と「季」の同音を配置して口調をよくしてあるのだ。意味だけを素直に表現すれば「着物は季節の先取り」となろうが、これではいささか味わいに欠ける。見出し語は毎日新聞２０１４年２月９日の57歳の女性の読者からの便りの中にみられ、初めて知ったものだ。こうした考えや発想は、季節の初物を珍重する江戸人気質を受け継ぐものなのであろうか。

金時の火事見舞い

酒を飲んで真っ赤になった顔の譬え。金時は坂田金時で源頼光四天王の一人。幼名は金太郎。足柄山に住み、全身が赤く怪力の持ち主。この赤い顔をした金時が火事の見舞いに行き炎に顔をほてらせさらに赤くなることからいう。人間の体や顔などを面白おかしく譬えるものは少なくないものの、その多くは悪口や嘲笑の対象にされている中では、見出し語や「金柑頭のハエすべり」（キンカンのように赤く光った頭でハエもすべること）などが代表的なものだろう。明治時代のものが確認されているが、現代では使われるのは稀。それでも１９８５年の早乙女貢『新選組銘々伝』に「『酒飲みのところには、金輪際、お嫁に行かへんよって』と、笑った。新撰組には、惚れないから大丈夫だというのだ。酒屋の娘がそんなことを言うのが面白かった。そうした佐和だけに、盃二三杯で、金時の火事見舞いになる耆三郎は、好ましく思われた」と使われていた。

銀の匙をくわえて生まれる

裕福な家庭に生まれることの譬え。英語の慣用句でbe born with a silver spoon in one's mouthという。日本のメディアで知ったのは大変新しく２０１５年４月30日の朝日新聞の国会議員に関する記事の中でみたものだ。欧米では出産祝いに銀のスプーン・フォークを贈る習慣があり、それは、銀の食器には食べ物に困らないとか、幸せな人生をつかむものと伝えられているからだという。単なる迷信ではなく、銀から発生するイオンには抗菌作用があり赤ちゃんに適していると考えられている。近年は日本でも、そうした贈りものが増えてきているそうだ。もっとも、ことわざと意識されていなかったものでは１９８１年の向田邦子『夜中の薔薇』所収の『男性鑑賞法』に「名門の生まれ、という言い方を、外国では『銀のスプーンをくわえて生まれてきた』というそうな」と言及していたが…。

空腹は最良のソース

一番食べ物がうまいのは空腹な状態だということの譬え。「最良のソースは空腹」ともいう。英語のことわざでHunger is the best sauce.（空腹は最上の調味料）という。日本でも、江戸時代には「ひだるい時にまずい物なし」「ひもじい時にまずい物なし」といい、現在は「空き腹にまずい物なし」といっている。絵になったものは数点あり、そのうち最も古いのが漫画家・田河水泡が描いた〈教訓漫画双六〉の「す

■田河水泡〈教訓漫画双六〉「すき腹にまづい物なし」

き腹にまづい物なし」の図で昭和7年の作品だ。

熊野詣では足で悟る

和歌山県にある熊野三社へのお詣りは自分の足で歩くことで実感できるものだということ。この言葉はことわざ辞典にはない語句で、２００８年３月19日の毎日新聞に載った世界遺産の記事の中でみたものだ。熊野詣で知られる熊野の信仰は古代人の原始信仰や熊野修験が重なり、現世浄土の思想となり古くから熱烈に慕われていたもの。平安末期から鎌倉時代に活躍した後白河上皇は35年の在院期間に34回も訪れたそうだ。毎回２００～３００人の女房や貴族、北面の武士を引き連れての旅であったという。熊野詣での賑わい振りはアリが長々と行列をつくるような「蟻の熊野まいり」のことわざとしても知られるほどであった。こうした熊野詣でに関することわざには、その他に信仰心の厚い譬えの「伊勢へ七度、熊野へ三度」も有名だ。伊勢は伊勢神宮のこと。さらに、「連れがよければ熊野詣でする」という「旅は道連れ」の意のものもあるから、熊野詣では、ことわざの世界でも相当に知られたものであった。

暗がりの頬かむり

不必要に用心することの譬え。頬かむりは「頬かぶり」ともいい、頭から頬にかけて手ぬぐいなどで覆いアゴのあたりで結ぶこと。また、自分の都合の悪いことなどを知っていながら知らない振りをすること。頬かぶりは、埃除け防寒のためにするものだが、昔の泥棒を描いた絵では頬かぶりをしている。自分の顔を隠すためだろうが、これが泥棒のイメージになっている。そんな泥棒でさえ、辺りが真っ暗なら顔を隠す必要はないはず。外灯のない時代であるならば屋外で月の光の他に明かりはないからだ。

グラウンドに銭が落ちている

グラウンドで活躍すれば高給がとれるから頑張れということ。転じて、自分の持ち場でしっかり活躍し立派な成績を残せということの譬えになる。この言葉はプロ野球の元南海ホークスの監督であった鶴岡一人がいったものとして有名なもの。鶴岡の口癖の一つが「銭の取れる選手になれ」というものだから、見出し語は、この別の表現といってよい。鶴岡は１９６８年に退任するまで23年間も監督をやった。その間、優勝11回、日本一は2回、勝利数は歴代第１位の名監督であった。人情に厚く面倒見の良さから選手に慕われ親分の愛称があった。野球以外の世界では相撲で「土俵の下には銭が埋まっている」といい、サッカーで「金はフィールドに落ちている」といっている。

米櫃《こめびつ》の中まで知る

家庭の中の事情に詳しいことの譬え。米食の減退に伴うのだろうが、木製やブリキ製の米櫃は、現在ほとんどみられなくなったものの、家庭で米を保存しておく箱のこと。米櫃の中を見ればその家の経済状態が一目瞭然になってしまうことからいう。この語句はことわざ辞典にもない珍しいもので、１９９６年11月10日の読売新聞に掲載された78歳の家庭相談員からの投書にあった。家庭相談員の任務は、児童相談所では対応できない小さな地域で、心身障害、不登校、学校や家庭での人間関係、非行などさまざまな問題について相談に応じるものなので、その仕事柄、相談員は家庭に深く関わり、そうした家の内情にも詳しくなる。そのような家庭相談員の存在を譬えたものであろう。

子役と動物には勝てぬ

テレビへの出演では子役と動物がでるものには人気で敵わないということ。テレビ放送の世界でいわれる言葉。子役と動物とが大人の俳優などと異なる点となると、大人のような演技を要求されないことが思いつく。特段な演技はみられないのに視聴率は高い傾向があるので、大人側がやっかみ半分に難癖をつけたものであろうか。演技をせずとも存在するだけで視聴者のハートを捉えてしまう力があるのだ。特に動物の子供はよくじゃれて遊び回るので、その姿だけで絵になってしまい、観る人の心を和ませていると推測される。

衣の下の鎧

柔和な外面の下に強圧的な力を隠し持つことの譬え。僧衣をまとった下に鎧を身につけていることからいう。「衣の下に鎧が見える」「衣の下に鎧が覗く」「袖の下から鎧が覗く」などともいう。これらの言い回しは戦前までの文献にはみられなく、広まるのは戦後もかなり経った1990年代以降からのようだ。しかし、この語句の出所を平清盛の出陣を諌めた長男・平重盛《たいらのしげもり》のエピソードとする見解があるが、これには疑問がある。たしかに、清盛が鎧姿の上に僧衣を着る場面は知られるが、そこからここの言葉が直接生まれたわけではない。おそらく、後の人がこの場面のイメージから創作したものではないだろうか。近年のメディアでの使われ方はもっぱら政治の世界。直近では口に景気の回復をいいつつ腹に軍事化を隠す人物をいうことが多い。メディアでの早い例は1992年東京新聞夕刊での日本貿易摩擦問題に関する記事。

衣ばかりで和尚はできぬ

人は外見で判断してはならないということの譬え。うわべだけ取り繕っても中身が伴っていなければ価値はないこと。和尚との単語が使われているので日本のことわざとみられかねないが、西洋に伝わるものなのだ。英語ではThe cowl does not make the monk.（頭巾は修道士をつくらず）といっている。cowlは頭巾のついたマントのことで修道士の象徴とされる。頭巾が衣へ、修道士が和尚へと訳されたようだ。メディアでは2005年5月27日の読売新聞の衣替えに関する記事の中で用いられていた。

コロンブスの卵

一見何でもないようなことでも最初にやるのは容易ではないとの譬え。また、ちょっとしたアイディアで物事ができるようになること。史上初めて大西洋を横断したコロンブスのエピソードが元になっている。この話を明治の文豪・森鷗外が講演した「衛生談」（明治36年）で以下のように紹介している。「前略～私は先生の発明の事を思ふ毎に、西洋のお伽話に、COLUMBUSの卵といふ事が有るのを思ひ出し舛。COLUMBUSの新世界を発見したのを、後に或る宴会の席で、何の手柄でもないやうに云つた人が有りました。その時COLUMBUSが食卓の上の卵を取つて、此れが縦に卓の上に立てられますかと云ひました。相手の人は、それは立てられないと云ひました。COLUMBUSはこつりと卵の尻を壊して立てて見せました。後略～」森鷗外の話からわかるように明治期にこの言葉はすでに知られていたのであった。大正10年の寺田寅彦のエッセイ『春六題』に、ここの用例があるが、そこでは「コロンバスの卵」と表記されている。現代のような表記は意外に新しいのかも知れない。

さいは投げられた

ここに至っては結果はどうあれ、断行するしかないということ。古代ローマの英雄・カエサルの言葉。カエサルはイタリア北部にあるルビコン川の近くで名声をほしいままにしていたが、これを嫉んだ政敵のポンペイウスがカエサルの職を解任し軍隊の解散を求めてきた。これを聞き知ったカエサルはローマへ戻ろうとルビコン川に至る。当時のローマではルビコン川を渡ることはローマへの反逆とみなされていたが、カエサルはそれにひるむことなく「さいは投げられた」と叫び川を渡ったと伝えられる。映画監督・新藤兼人の『愛妻記』に「六月は、乙羽さんは十一カ月目だ。一年の寿命ならあと一カ月を残すのみだ。九月は一年二カ月である。しかし賽は投げられた。進む以外にはない。乙羽さんはそのことは知らないから、夏の暑いときは休めていい、と言っていた」とでてくる。

財布が重いと心は軽い

十分な金があれば安心して生活できるので気持ちが安らぐということの譬え。解説もいらない明快なことわざだが、財布と持ち主の気持ちを対比して重量に置き換えた描写がことわざらしく表現されている。英語のことわざでA heavy purse makes a light heart. 直訳すれば重い財布は心を軽くする。多くの人は財布が重いのを望むであろうが、現実は反対で「軽い財布は心を重くする（A light purse makes a heavy heart.）」ものなのであろう。見出し語は２012年7月21日の朝日新聞の天声人語で外国のことわざとして紹介されていた。

棹《さお》は三年艪《ろ》は三月

一見するとたいした違いのないようにみえるものにもそれぞれ難易の差があること。和船をこぐための棹が巧みに使えるようになるのは三年かかり、艪は三月あれば習得できるということからいう。もっとも「艪三年に棹八年」という言い回しもある。一人前になるには相応の修行や年月がかかるとの譬えだが、二つのことわざを比べると習得に要する年数の違いに困惑する。もっとも、後者のことわざは船頭としてのものなので、ただ上手になる前者よりレベルは高いのだが…。メディアで早くにみたのは２００３年1月13日の読売新聞の和船に関する記事の中だった。

肴荒《さかなあ》らしも酒宴の座興

酒を飲めない下戸でも酒宴にはいないよりいた方がよいということ。肴荒らしとは、酒を飲まない人が、酒の代わりとばかりに料理を食いあらすこと。この語句はことわざ辞典の類にはまったくみられないもので、唯一、仮名垣魯文の『西洋道中膝栗毛』（九編上）に「道楽寺のお経の文句殊《こと》の外《ほか》御《ご》きげんにかなひましたるあとあと、弥次馬《やじうま》の飛入《とびいり》さだめし御不興《ごふきょう》とはぞんじますれど枯れ木も山のにぎやかし、肴《さかな》あらしも酒宴の座興」と、「枯れ木も山の賑わい」のことわざと並べて使われていた。

酒がある時は杯がなく、杯がある時は酒がない

物事や人生は自分が思うようにはいかないものだということの譬え。これは譬えだから話題は酒でなくてもいっこうに構わない。むしろ、酒と杯の関係にすると安易すぎてリアリティーに欠けるかも知れない。例えば、結婚問題では本人はまったくその気がないのに相手が次々に現れたり、反対にその気は満々なのに相手が見つからなかったりするケースはしばしば起こることだろう。なお、見出し語は１９９６年の本明寛『「病は気から」の心理学』（第3章）で「酒飲みは、二日酔いというムチを受けるにもかかわらず、親和関係とか、酩酊や忘却とかいうアメを手にすることによって、酒を飲む習慣をスタートさせます。そうして、『酒のあるときには盃がない。盃のあるときには酒がない』人生が来るのを知ってか知らずか、飲めるうちに飲めとばかり、飲酒の習慣を加速化させていくのです」と使われている。

酒は燗、酌はたぼ

日本酒はちょうどよく燗をし、若い美女にお酌をしてもらって飲むのがよいということ。「たぼ」は女性の日本髪の後方に張り出した部分をいうが、転じて若い女性を指す。いくつかのバリエーションがある。「酒は燗、肴は生取《きど》り、酌はたぼ」「酒は燗、肴は刺身、酌はたぼ」というものもある。どれも明治時代から後のもので、早いものが明治後期の古典落語『赤垣源蔵』に「フム、さうか。御主用に、御病気に、学問とあらば皆《み》なお目通りは出来ぬな。左様《さよう》なこともあらうと思ふて、徳利へ酒を仕入れて参った。其方酌《そのほうしゃく》いたして呉《く》れ。酒は燗、肴は生取《きど》り、酌は美婦《たぼ》。貴様《きさま》も美婦の切れつ端《ばし》だ」とでてくる。見出し語の方は２０１０年12月14日の毎日新聞夕刊のエッセイにある。

酒は酒屋

物事はそれぞれ専門とする者に委ねるのがよいとの譬え。酒造りは酒造屋に任せることからいう。同義でよく知られるのが「餅は餅屋」。「天は人の上に人を造らず、人の下に人を造らず」の言葉で有名な福沢諭吉には、餅と酒の両方を並べて文章にしたものが二つある。そのうちの一つである明治10年の『民間経済録』（第5章）には「穀物を作るは百姓、家を建《たつ》るは大工、餅は餅屋、酒は酒屋にして、各《おのおの》其業を分ち、又其同業の中にも細《こまか》に手を分けて、譬へば、大工の類なれども、材木を挽割《ひきわ》るばかりに掛《かか》る者を木挽《こびき》と云ひ、鑿《のみ》と槌《つち》ばかりを以て渡世する者を穴大工と云ふが如し」とある。

酒は百毒の長

酒は最も害のある飲み物だということ。この反対になるのが周知の「酒は百薬の長」で、こちらは中国の古典に発し、『徒然草』や『曽我物語』など古くから盛んに用いられてきた。見出し語の方は明治時代になってからのものなので歴史は比較にならない。それでも、どちらが真実かといえば、それぞれの立場や観点もあり一概に結論づけるわけにはいかない。毒とする方の早い例は明治17年の宇田川文海『〈勤王佐幕〉巷説二葉松《こうせつふたばのまつ》』に「此酒ハ吾身の為にハたまきハる命を縮《ちぢむ》る百毒の長と知ねば杯取上《さかづきとりあ》げ酒筒《ささえ》持《もち》たる扈従《こしょう》某《それ》につがするハづみに如何《いかが》しけん杯ハタと取落し」とでてきている。

砂上の楼閣

立派な外観でありながら基礎が弱く長く維持できないものの譬え。また、実現が不可能なことの譬え。砂の上に高くて立派な建物を建てることからいう。一見すると中国からの伝来の言い回しかと思われるが、実は聖書に由来するものだ。新約聖書にある有名な〈山上の垂訓〉の一節でマタイによる福音書第7章にみられる。「そこで、わたしのこれらの言葉を聞いて行う者は皆、岩の上に自分の家を建てた賢い人に似ている。雨が降り、川があふれ、風が吹いてその家を襲っても、倒れなかった。岩を土台としていたからである。わたしのこれらの言葉を聞くだけで行わない者は皆、砂の上に家を建てた愚かな人に似ている」とある。見出しの語句を踏まえたものながら、そのものの言い回しではなかった。使用例として早いものが明治39年の中村星湖『少年行』（十五）に「今日は南の方、海のほとりを汽車に身を委ねる日取であつた―いや最早新橋へ著いてる時刻である―車蓋の下から見透かせば、日のみ晴やかに照らして居る。『沙上の楼閣はまた崩れた！』然し小さな身を倚せた、父の青白い面を仰ぐと、遺憾も残念も何も無い」とでている。

去るも地獄残るも地獄

出て行っても残っても窮地は脱し得ず、地獄のような状態・状況に変わりがないこと。１９５９年～60年にかけて九州の三井三池炭鉱で労働争議があり、最終的に組合側が敗北して終結した、いわゆる三池闘争があった。その際にいわれた言葉。現在は労働運動に限らず、火山の噴火やスポーツの場合などさまざまな場面でも使われている。この言葉が種々の場面で使われるということは、それだけ人間の周りにたくさんの地獄があるというのだろう。

三時間待ちの三分診察

患者が長時間待たされても実際の診察はたったの3分に過ぎないということ。「三時間待ちの三分診療」「三時間待っての三分診療」「三時間待ち三分診療」「三時間待っての三分診療」等ともいう。日本の病院事情を揶揄する言い回しとして浸透している。大きな病院で起こる現象で30年以上も改善されていない。この原因として挙げられているのがいくつかある。患者が医療機関を自由に選べるフリーアクセスがその一つ。おまけに受診回数が制限されていないので大病院や人気のある医師がいる病院に集中してしまうのだ。２０００年に刊行された物理学者・米沢富美子の自伝『二人で紡いだ物語』（第4章）に「一九八三年の手術の後は、二週間に一度、チェックのために通院した。外来の患者が多くて、予約があっても『三時間待ちの三分診察』という状況だった。医師の忙しさが気の毒であまりあれこれ質問できなかった」と自身の体験を語っている。なお、メディアにみられた早い例は、1975年6月に日経新聞に連載された漢方医学者・大塚敬節の「私の履歴書」（12）に「昨今の『三時間待たせて三分の診察』のあけくれでは、医者が患者と一体になりようがない」とでている。

三度の飯より好き

この上なく好きであるということ。特に何かの物事に熱中する様子についていう。1日に3回食べる食事の時間を惜しんで物事に熱中することからいう。あまり古い用例は見当たらず、早いものとして大正11年の宇野浩二『山恋ひ』（前編）に「『私はどういふ訳ですか、こんな道楽のやうなものばかりが好きで、殊に音楽と来たら、それこそ三度の飯よりも好きでして』と観山は何か恥ずかしいことでもあるやうに言った」とでてくる。戦後からのものには1989年のモンキー博士として有名な河合雅雄『学問の冒険』（第1章）に「サル類を対象とするフィールドワークはこのために、研究者自身が一時的に人間的な生活を離脱すべきことを要求される～中略～フィールドワークが三度の飯よりすきで、また、余程強烈な意志の持ち主でないと、気力と情熱を保持するのは困難であり、下手をするとノイローゼに陥ってしまいかねない」とある。

試合に勝って勝負に負ける

形式や形の上では勝ったものの実質は負けていることの譬え。この反対が「試合で負けて勝負で勝つ」「勝負で勝って試合で負ける」。この場面を野球でみてみよう。スコアーは10対9の辛勝で、相手チームの方が打撃も投球の内容もずっと上であったが、味方につきもあり結果として試合には勝てたといったケースが想定できる。相手のアンラッキーがなければ試合にも負けていたはずなのだ。ここの意味合いを別のことわざで言い表すこともできよう。「名を取って実を捨てる」とか「損して得取れ」、さらには「負けるが勝ち」といってもいいだろう。要するに、建前や名分より実体や実質に重きを置く考え方となるし、目的と手段の関係とみれば、目的を重視する見方になるものなのだ。

四角な部屋を丸く掃く

手抜きをしていいかげんに事をする譬え。四角い部屋の隅っこは掃かずに横着をすることからいう。川柳「居候四角な座敷をまるく掃く」という句があるので、おそらくこれが元になった言い回しであろう。明治43年の柳家小さんの落語『立浪』に「下女と居候は川柳と敵《かたき》同志見たやうなもので『居候をくみ形《なり》に餅を食ひ』『居候四角な座敷円く掃き』『居候嵐に屋根を這ひ廻り』など沢山あります」とでてくる。ところが、この語句の解釈として些細なことに拘らないおおらかさをいうものとする新しい解釈もある。こちらの用例としてみられるのは1976年の映画評論家・淀川長治『私の映画の部屋』（チャップリンの世界）に「『日本の人は、アメリカ、フランス、イタリーの人と違って、部屋を、四角の部屋をちゃんと四角に、ほうきで掃く』というんですね。外国人は、四角の部屋をまるく掃く、というんですね」とでてきている。

事業と扇子は広げすぎると破れる

事業は広げすぎると破綻するということの譬え。この言い回しは2012年4月17日の朝日新聞の経済コラム・経済気象台に船場の格言として紹介されていたもの。事業の方はともかく、扇子は無理に広げれば破れることは必定なのだ。また、「料理屋と屏風は広げすぎると倒れる」という言葉もある。こちらは懐石料理で有名な東京吉兆の湯木俊治取締役が祖父貞一から言われた言葉だそうだ。屏風は、家庭から姿を消してしまったが、真っすぐにすると立てられず倒れてしまう。どちらにも共通するのは身の丈にあった経営が大事だという考えをいっていると考えられる。

地獄極楽裏表

地獄と極楽は正反対のものとされているもののコインの裏と表のようなごく近い関係にあるということ。ここの類句としては地獄と極楽は隣り合ったものだとの「地獄極楽相隣《あいとなり》」が明治24年の福沢諭吉『貧富論［第二］』（七）にある。また、かなり

諺
西洋に「此世の地獄極楽は女といふ字の中にある」といふ諺があるそうな
それを東洋の文字に譯して畫にしたならば斯様ものであらう

■滑稽新聞１０９号「この世の地獄極楽は女という字の中にある」

毛色の変わったものとして「この世の地獄極楽は女という字の中にある」というのもある。こちらは西洋のものとして明治39年の風刺雑誌『滑稽新聞』１０９号にイラストとともに紹介されている。図にある文字は、「西洋に『此世の地獄極楽は女といふ字の中にある』といふ諺があるそうな(右)、それを東洋の文字に訳して画にしたならば斯様ものであらう（左）」。意味するところは、世間の最善も最悪も女との関わりによるとするものだから、ニュアンスは少し違ってくる。なお、見出し語は１９９５年のひろさちや『仏教とっておきの話３６６』にでてくる。

地獄の中の菩薩

絶望的な状況にあって希望となるものの存在の譬え。見出し語をみたのは２０１２年8月12日の東京新聞。記事は福島第一原発事故の時の発電所所長・吉田昌郎が登場して心情を語るビデオ映像に関するもの。その中で、水素爆発が起きた後、部下たちが現場に飛び込んでいってくれたとし、「私が昔から読んでいる法華経の中に登場する、地面から湧いて出る菩薩のイメージを、すさまじい地獄のような状態の中で感じた」と、部下の後ろ姿に手を合わせて感謝していたと記載されている。なお、この時の見出しは「『撤退できない』死を覚悟」と「部下は『地獄の中の菩薩』」の二本立てであった。

地獄の門まで追い詰める

相手を壊滅させるまで徹底的に追い詰めるということ。地獄の門とは地獄への入り口の門のこと。国立西洋美術館にロダンの有名な作品がある。見出し語は２０１４年9月4日の毎日新聞夕刊に載ったバイデン米国副大統領の演説の記事にあった。発言はイスラム教スンニ派過激派集団・イスラム国（IS）がアメリカ人の2人のジャーナリストを殺害した事件に対するもの。バイデンは「地獄こそ彼らが住む場所」としているから、イスラム国を地獄に突き落とそうと対策を講じるというわけだ。日本の政治家では、ここまでは言わないだろう。

地獄への道は善意で舗装されている

気持ちだけでなく、実行力を持てということの譬え。善意を持ちながらも意志薄弱で実行できず、心ならずも地獄に落ちることからいう。英語のことわざでThe road to hell is paved with good intentions. という。言い回しは色々で、「～善意で敷き詰められている」「～善意によって舗装される」「～善意という絨毯が敷き詰められている」などという。ここの言い回し自体は、２００３年3月13日の朝日新聞の天声人語で見たのが早いが、類句の「善意への道は

地獄へ通じる」は１９９４年12月23日の毎日新聞に載っていた。どれにせよ、戦後になってから広まったことわざといえる。

事実は小説よりも奇

　世の中で実際に起こるできごとはフィクションである小説より不思議で複雑であるということ。イギリスの詩人バイロンの『ドン・ジュアン』に基づく言葉。英語ではFact is stranger than fiction. という。日本には明治時代に紹介され始めている。見出し語は明治34年に徳富蘆花『思出の記』（巻3）にみられ、大正7年佐藤春夫『指紋』にもでてくる。しかし、大正7年の坪内逍遥『義時の最期』には「事実は伝奇《ロマンス》より奇だ」との言い回しも見え表記は定まったとは言いがたかった。ことわざ辞典の見出しにある「〜奇なり」との助動詞がついた言い回しの早いものは、大正11年の永井荷風『わくら葉』で用いられているが、一般的になるのは戦後になってからのようだ。また、戦後は「事実は小説より奇なり」と助詞「も」のない言い方もよくされており、特にＮＨＫテレビの人気番組「私の秘密」の冒頭にこの表現が決まり文句として使われ国民に定着したのであった。直近の事例では２０１７年3月に8億円の値引き疑惑で世間を騒がせた森友学園の籠池理事長が国会での証人喚問の席で、この言葉を冒頭に口にして注目を浴びた。つまり、自分の証言は事実で、ここにはとんでもないことがあるのだという意で使われたものだ。

死児の齢を数える

　言ってみても仕方のないことを悔やむことの譬え。死んでしまった子供のことを、いま生きていれば何歳になるかと数えることからいう。「死んだ子の年を数える」ともいい、こちらは江戸時代からあるが、見出し語の方は戦後から。メディアでは２００２年6月5日のスポーツニッポンのスポーツのエッセイに「死児の齢を重ねる」と表現されていたものであった。この表現は他に例もないものながら、「重ねる」の意味合いを月日・年齢を積むの意とみて、このバリエーションとして扱った。

厠上《しじょう》、枕上《ちんじょう》、鞍上《あんじょう》

　よい考えや知恵が湧くよい場所のこと。それぞれの順番を逆にした「鞍上、枕上、厠上」ともいう。厠上はトイレの中、枕上は布団に寝る時、鞍上は馬に乗っている時、こうした時に名案などが浮かぶという。どれにも共通するのは基本的にひとりであることだ。わざわざチャチャをいれるようだが、男性用の小用の場合、夫婦の同衾の場合、大勢が乗る電車の場合などに当てはめられるか、いう意地悪な疑問もでてくるだろう。こうした一見複数がいる場合でも、頭の中はひとりの空間をつくることができる。見出し語は２００８年5月11日の毎日新聞の書評欄で見たものだが、スマホに忙しい現代人にとっては、こうしたゆったりした時間がもてるのは、ある意味で理想であるのかも知れない。

下には下がある

　これ以上に下のものはないということ。人の場合にもいい、「下には下がいる」となる。反対の意味のものが「上には上がある」。ところが、上の方はことわざ辞典にあるのだが、下の方は載っていない。いや、厳密には載っているものでも「上には上、下には下」とか「上に上あり、下に下あり」とする対句になっているものだ。それでは実際にはどうか。１９９２年から始めたメディアでの調査では、見出し語に該当する句は3例。決して多くはないものの使われている。辞書にある対句のものはゼロ。実態と辞書の記載があっていない例といえるかも知れない。

自転車操業

　売上や手形などを絶えず回転させながら操業することの譬え。自転車はいつもこいでいなければ倒れてしまうことからいう。借金とその返済を繰り返し、経営者が金策に血眼になるような主に中小企業に対していわれる。この言い回しの起こりは定かではないが、手持ちの資料などで見た範囲では国語辞典の一つである『新版広辞林』（昭和33年）が早い。『広辞苑』は第二版の昭和44年からだ。一方、ことわざ辞典への収載は認められないことから、この語句は、ことわざというより、俗語とか慣用語の一つとみなされたのではなかろうか。

儒者の儒者臭きは真の儒者にあらず

本物の学者は学者ぶってはいないということ。儒者は儒学を修めた人で、ここでは学者。なにごとにも当てはまるのかも知れないが、にせ者やまがいものほど、本当らしいふりをするようだ。ここの語句は尾崎紅葉『紅葉山人を訪ふ』に「真正の詩人は、天職だの詩人だのと、無闇にフリ廻すものはありやしません、古い引き事ですが、儒者の儒者臭きは儒者にあらずで、詩人の詩人臭きも真の詩人でない」とある。ただ、この用例からは、この語句がもっと前から用いられていることがうかがえる。

手術は成功したが患者は死んだ

当面の目的は達したが、究極の目的はだめに終わったとの譬え。現代の医者のジョークともいわれる。もちろん、部外者のいない内輪での話であろうが…。それにしても、ジョークとしてもブラックすぎるくらいだ。はしなくも現代医学の病理を浮きだたせている言葉とみえる。現代医学の進歩は目覚ましく、従来は不治とされていた病をいくつも克服する大きな成果もあげてきた。他方で、それに伴うように技術の習得は容易ではなく、技術の習得自体が目的になってしまうという倒錯を生んだようだ。見出し語が意味するところは、そうした倒錯が目に見える形となって表れたものとの見方もできるかも知れない。ここの言葉をメディアで知ったのは２０１２年2月22日の朝日新聞の社説。

正月は冥途の旅の一里塚

正月は一つずつ年をとってゆくので、これは、まるで冥途への向かう旅の一里塚のようだということ。一里塚は昔の街道の両側に一里ごとに目印とした塚のこと。この句は、「門松は冥途の旅の一里塚」の冒頭部分を正月に置き換えたものとみられる。門松の方は、江戸中期には知られ、しばしば用いられていた。見出し語は２００８年1月5日の毎日新聞に掲載された地球温暖化問題の記事にみられたもの。このままいけば、年々温暖化が進み、それは冥途への旅になるということだろう。たしかに、この10年を顧みても、地球の温暖化による現象はさまざまな形で現れてきているとみられる。

上戸《じょうご》に酒、下戸《げこ》に牡丹餅

それぞれにとって大好物だということ。上戸は酒がたくさん飲める人とか、酒をたしなむ人のこと。下戸は酒が飲めない人。また、酒好きを辛党、酒嫌いを甘党ということもある。この反対を「上戸に餅、下戸に酒」という。見出し語は明治41年の国木田独歩『欺かざるの記』に「父より書状来る、中に曰く『自分共は欲は聊も無之、朝夕両人の成長を楽しむが上戸に酒、下戸に牡丹餅の如し、御推察あれ』と。吾れ之を読んで泣く、ア、父母、親子、何の意味ぞ、何の情ぞ、幽なる哉人性の愛」とある。

小事が大事を生む

ささいなことがそのうちに大事なことになるということ。それであるので、ささいなことも軽視せず慎重に扱うべきだということになる。これによく似た言い回しとして「小事は大事」という語句がある。文字通り小さなことが大事なのだということ。それに対して「大事の前の小事」となると、大きなことを成し遂げようとすれば小さなことにかかずらう余裕はないことになり捨て置かれる。何をもって大事とするか小事とするか、容易に見分けがたい。この状況をいうことわざが「小事と大事は一目には見がたし」となっている。なお、見出し語は２００８年12月14日の朝日新聞で元プロ野球の野村克也監督の言葉として紹介している。

上手が鼻の先にぶら下がる

上手だろうと自慢するような素振りが現れていることの譬え。「鼻の先にぶら下がる」という慣用句は、自慢気な態度を示すこと。この句がユニークなのは、上手という抽象的な語が人間か具体的な物のような扱われ方をしている点だろう。現在まで辞典への収載はみられないものだが、明治31年の尾崎紅葉の『歌舞伎座見物』に「（秀調）の相模　当今随一の相模と謂《い》ふに誰否《たれいな》む者は無けれど、難は秀謂的相模たる処に在るので、本文の人物は決して此優《このいう》が扮して居る如き者ではない、毎度ながら上手が鼻の先にぶら下がつて、舞台を楽に手に入れ過《すぎ》る所から」とでてくる。

勝負は下駄を履くまでわからない

勝敗の決着は、相手がその場を離れ帰路に着くまでわからないということ。履いていた下駄を脱いで勝負をするものとなると、囲碁将棋が思い浮かぶ。もう駄目だと退いた相手であっても、退席の途中で妙手を思いついて戻ってくるかも知れないので下駄を履いて姿を消すまでは勝ったと思うなとするもの。また、形勢が不利な方では最後の最後まで諦めずに頑張ってみようとなる。現代のメディアでは野球、競輪、囲碁、将棋など種々のジャンルで使われている。もっとも、下駄は普段の生活ではめったにお目にかかれなくっているので、「勝負は（履いてきた）靴に履き替えるまでわからない」とするのが今風なのであろうか。

庄屋三代続かず

庄屋である者が三代続くことはないということ。これが金持ちの意味であれば、「長者二代なし」となる。庄屋は関西でいうもので関東では名主のこと。ことわざはこのようにいうが、実際には何代も続く例はあるはずだ。では、どうしてこのようないわれ方をされるのだろうか。その根拠となりうると考えられるのが「親苦労するその子楽する孫乞食する」ということわざで、意味は、親は苦労して財産を築き、子はそれで楽しみ、孫になると落ちぶれて乞食になるというものなのだ。つまり、人は安逸に流れやすく、栄華が存続するのは難事なことなのだということだろう。

小よく大を制す

体の小さな者が大きな者を打ち負かすこと。体重別の階級制のない武道やスポーツでみることができる。特に相撲の場合が多い。最も顕著な例は体重差が２００キロもあった平成の牛若丸とよばれた舞の海と２８５キロの小錦戦だろう。角界最小の舞の海が最重量の小錦を翻弄する様子は、これぞ相撲の醍醐味と相撲ファンの大喝采を浴びたものだった。もちろん、相撲以外でも使われ、大企業に対する小企業であったりする。似た意味のものに「柔よく剛を制す」がある。こちらは江戸時代からみられるが、見出し語の方は戦後からの新しい語句とみられるので、何らかの影響をこうむったか、言い換えたものであったかも知れない。ことわざ辞典には載っていない語句であるものの、戦後のメディアでは常用され１９９２年9月16日の産経新聞の相撲記事がメディア調査では早い。

白星がなによりの薬

どういう勝ち方であれ、勝利することが大事だということ。「白星こそ良薬」「白星が良薬」ともいう。相撲界の言葉の一つ。白星は相撲で使われる言葉で勝負に勝つこと。反対に負けることは黒星。一発勝負や、ここ一番という場合は、試合の内容がどうであっても、とにかく勝たなければ終わりだ。野球界では「何より勝つことが薬」といっているので、相撲より直接的な言い回し。メディアでのリストでは、初めて間もない１９９２年11月2日のＮＨＫテレビでの相撲放送で解説の九重親方が口にしていた。一つ勝つことが次への自信につながっていくのかも知れない。

人生は糾える縄の如し

この世に生きる人の一生はより合わせる縄のようだということ。縄は数本のワラをよって一本にしたもの。人生というものは、よいことと悪いこととが代わる代わるやってくるのだとしている。似た発想のことわざとしては「吉凶は糾える縄の如し」とか「禍福は糾える縄の如し」が知られる。特に吉凶の方は中国の古典に由来し、日本でも鎌倉時代から使われ続けられているものだ。禍福の方にしても江戸時代からみられるものではあるものの、頻度でいえば吉凶をしのぐほどに親しまれているものだ。そこへいくと見出し語は、ことわざとしては珍しいもので、辞典には記載されていない。この語句は1994年2月19日の日経新聞の文化欄・私の履歴書にあったもの。私の履歴書は自分の半生を振り返る伝記の連載記事なので、書いた人が己の人生を端的に表す言い回しとして案出したのであるかも知れない。

筋書きのないドラマ

展開や結末の予想が立たないことの譬え。「野球は筋書きのないドラマ」といったのは元プロ野球監督の三原脩。野球の中継放送では、いまも使われる現役の言葉だ。つまり、どう展開するか、どう転ぶかもわからないハラハラ・ドキドキ感があり、それが人を引き付けずにおかないのだろう。メディア調査での早い例は1992年10月27日の日刊スポーツでの元プロ野球投手・山田久志のコラムに見える。野球以外にも「人生は筋書きのないドラマ」などの言い回しもある。いまは、野球に限らず政治、将棋、冬季スポーツなどのさまざまな分野で使われている。

スピーチとスカートは短いほどいい

挨拶の言葉はできるだけ短い方がいいということ。スカートはスピーチと韻を踏ませ、取り合わせの意外性をアピールするために並べられたと考えられる。ことわざを研究する者の中では1980年代には耳にしていたものだが、メディアでは2007年5月9日の毎日新聞社会面のミニコラム・憂楽帳にみえる。ことわざとしては、音の響きもよいし、ユーモア感もある面白いものだが、古くからあったものではないようだ。イギリスの元首相・ウィンストン・チャーチルの言葉に、A good speech should be like a woman's skirt : long enough to cover the subject and short enough to create interest.（よいスピーチは女のスカートのようにあるべきだ、主題を伝えられるほどに長く、興味を引き起こすほどに短く）というのがある。このチャーチルの言葉がいつか、省略・改変されて新たにつくられたかと思われる。

相撲で勝って勝負に負ける

有利な展開で進めながら最後に失敗することの譬え。相撲の取り口では勝ちになるような状況のものが結果として負けることからいう。相撲でいえば相手を徳俵まで押し込みながらうっちゃりで負けるといったものだ。似たことわざに「試合に勝って勝負に負ける」がある。どちらも、最後の詰めが甘いことが反省材料になる。もっとも、相撲は一瞬の技が決まり手になることが大変多く、その分、勝敗が逆転するハラハラ感が魅力になっているのだろう。スポーツとしては、これほど逆転が多いものはないのではなかろうか。

寸を許して尺を失う

小事をそのままにして大きな損害をこうむることの譬え。寸は約3センチメートルの長さの単位であるが、ここではわずかなことの意。辞典類には見当たらない語句で2010年10月11日の毎日新聞の55歳の読者からの投稿にでてくるもの。似た意味のものは「小利をすてて大利に付く」であるが、こちらは、小さな利益にこだわり大事をなし得ない意となり、少々異なる。また、寸と尺の文字が使われる「寸をまげて尺を伸ぶ」というのは、小利を捨てて大利を取る譬えであるので、こちらとは逆に近い。まったくの推測になるが、見出し語は、こうした類句や反意句を勘案して新たに案出された新しい語句の可能性がありそうだ。

雪中に炭を送る

困っている相手に援助の手を差し伸べることの譬え。雪の寒さに難儀している人に暖房用の炭を送ることから。中国のことわざ。メディアでこのことわざを目にしたのは、2002年8月9日の読売新聞で留学生を扱った記事が最初。次が2009年9月18日の毎日新聞では記念式典で台湾の国防部常務次長が日本人への感謝の言葉として発言した記事であった。恩義に関することわざでは、「水を飲む人は井戸を掘った人の恩を忘れない」というのも中国のもの。井戸の方のものは田中角栄が日中国交正常化の際の中国側の言葉として有名になったものだ。このようなことわざがあるということは、中国には、相手に対する恩義をしっかりと抱く思想が根付いているのだろう。日本との近年のゴタゴタをどう解釈するか苦しむところだろう。

絶望の山から希望の石を切り出す

絶望的な状況にあっても未来への希望を生み出すことはできるということ。1963年にマーティン・ルーサー・キング牧師がワシントンで演説した中の言葉。英文では We will be able to hew out of the mountain of despair a stone of hope. 人種差別撤廃、黒人の公民権運動の指導者であるキング牧師にはいくつもの名言があるが、その多くはことわざのようには短くない。しかし、この言葉は簡潔でありながらメッセージを見事に比喩化した情景として描写している。いつか、キング牧師の名が消えても、この語句は本物のことわざとなって伝えられるのかも知れない。

扇子商法

好況にも不況にも対応できる商法のこと。扇子は要を軸に大きく広げたり、棒のように一本にしてたためる。大阪船場の商人に伝わる言葉。景気はいつまでも好況であり続けたり、反対に不況であり続けることはない。なので、扇子のように好況なら事業を拡張して利益をあげ、不況なら縮小して耐え忍ぶというものだ。この語句を初めにメディアでみたのは1993年12月3日の毎日新聞の62歳の読者からの投書。船場の商人の遺言として紹介していた。

雑巾で顔を逆なでする

あえて人を苛立たせたり、怒らせることの譬え。この言い回しは辞典類にはみられない。同類の言い回しには「人の気持ちを逆なでする」「感情を逆なでする」などがある。人は、子供の場合なら頭を手でなでられるのは愛情表現になるが、それも顔になると受けた方は不快になる。ましてや、それを雑巾でやるとなれば、不快感は倍加しよう。1977年の評論家・会田雄次『表の論理・裏の論理』（第2章）に「歴史的、具体的なもの、あるいは体質的なもの、そういうはっきりした、そして否定し難い条件には目をふさぎ、愛情とかやさしさだとか、一向はっきりしない、したがって責任を持たなくて済むものに逃げる癖がある。その癖に対して長谷川さんは、わざと雑巾で顔を逆なでするような形で、フンドシという言葉を使われたのだと思う」とある。

草履片足、下駄片足

履いている履物がちぐはぐであろうともチャンスは逃すなということ。片方の足には草履を履き、もう片方には下駄を履いている状態をいう。黒田如水が織田信長の訃報を聞いて秀吉に言ったという言葉「草履片々、木履片々」を基にしたもの。信長が光秀に殺されたのを秀吉が知ったのは高松城を取り囲み水攻めにして毛利軍は落城間近というところであった。しかし、秀吉は信長の死が敵方に知られれば敵の戦意は高まり、反撃に転じかねないと危惧する。そんな時に軍師の黒田官兵衛（如水）が、これはピンチではなくチャンスだと囁いた言葉で、たとえ履物がちぐはぐで走りがたくても走りださねばならない時があり、それが今だと進言したというものだ。秀吉は5日間で戻り、光秀を討ち、そして天下人になった。「草履片々、下駄片々」の辞書にある意味は、ちぐはぐなことの譬え。したがって、この言い回しの後に続く行動は、語句の内に秘められていると解釈されよう。見出し語は、2004年1月14日の毎日新聞の歴史エッセイの中でみられたもの。

太鼓判を押す

　間違いない、絶対に大丈夫だと保証することの譬え。「太鼓判を押される」「太鼓のような判を押す」「太鼓判をつく」ともいう。「押される」の受身形の場合は自らが保証されること。太鼓のように大きな判子を押すことからいう。現代でこそ少し印象が薄まりつつあるが、それでも日本が判子社会であることに違いはないだろう。公式のあらたまった書面に捺印は不可欠だ。その割にことわざとしての歴史は新しく、辞典では明治43年の『諺語大辞典』であり、用例の初出は、受身形のものが1941年の織田作之助『青春の逆説』(3)にみられる。現代は見出し語の言い回しが主流で非常に頻度高く用いられている。この辞典を書くために活用している新聞などの用例リストではベスト5に入るものだ。

大仏商法

　客が来るのを待っているだけの消極的な商売の譬え。名所や名物に頼ってあぐらをかいている姿勢をいう。これは世界遺産が三つもある奈良県での観光についていわれる。格好の名所があるのにそれをうまく生かす観光戦略もなく旧態依然を繰り返す最大の要因が「大仏商法」なのだという。こうした指摘は奈良県知事の荒井正吾がいくつものメディアを通して繰り返している奈良県にとって克服すべき重要課題といえる。

大砲よりバター

　軍備より民衆の生活を大事にしたり、優先したりすることの譬え。これが「大砲かバターか」になると、どちらかの選択を迫る意となる。金銭の面でも、庶民はバターは買えるが、大砲は高額すぎて買えない。それに、民衆は国家から自己武装を厳格に制限されており、自ら大砲に関わることはできない世界の事柄なのだ。したがって、この問題は国家のレベルの話になろう。とはいえ、破壊するしか能のない軍備より現在を保持し、未来につなげるバターが勝ることは論をまたないから、民衆の根本的な思想として位置づけられる必要があるだろう。

足して二で割る

　異なる二つのものの中間的なものであること。物事の折中案にすること。古くは異なる言い方がされていた。大正2年の劇作家・小山内薫の小説『大川端』(三十四)には「定丸の柳瀬は、体格も性質も、伝ちやんと竹ちやんとを寄せて二で割つたやうだつた」とあるし、大正9年の寺田寅彦の3月21日小宮豊隆宛て書簡に「例のメーテルリンクが細君をつれてアメリカへ行く途中の写真が出ていた。その顔が原《はら》敬《けい》と田中光顕《たなかこうけん》とを加えて2で割ったような顔だったので少し失望した」とある。現代は、人の顔とか性格についていうこともあるが、もっと一般的な使われ方が多い。1993年の細川護煕『日本新党　責任ある変革』(PARTI)では「政治家の中には、右にも左にも過激な人がいるが、そうした人には、安心して政治は任せられない。しかし、つり合いといっても、ただ足して二で割るということではない」としている。

助け舟を出す

　困っている人に助言や援助の手を差し出すことの譬え。ことわざというより慣用句という方が当たっているせいか、ことわざ辞典には収録されていない。もっとも、実際には慣用句も多数収録されてはいるのだが…。現代での使用頻度はBランク(メディアリストで30~50回)に属するものだが、使われ出したのは古くないようだ。早い例が坪内逍遥の戯曲『大いに笑ふ淀君』で戦前の昭和7年だ。戦後からのものでは、1983年の元新橋の芸者・中村喜春の『江戸っ子芸者中村喜春一代記』（ゲイシャ・キハル）に「でも一心って恐ろしいもので、毎日、二言、三言ずつ即席にフランス語を覚えました。手真似口真似で、コクトーさんの英語とあたしのフランス語ではラチがあきませんので、いつも堀口大学先生が助け舟を出してくださいました」とある。

立つ瀬がない

　自分の立場や場所がないということ。瀬は川の浅瀬などの意味もあるが、ここでは場所とか立場の意。自分が立っている場所がないということから。明治期からいわれるようになったもののようだ。明治33年の泉鏡花『照葉狂言』（五）には「かかる女に何とて然《さ》ることをさせらるべき。わが心はほゞ定まりたり。『そんなに云つておくれだと、なほ私は立つ瀬がない。お雪さんも何だけれど、姉《えね》さんが何だもの』」とある。

足袋の上から足をかく

　思うようにならず、もどかしいことの譬え。足袋を履いた上から足の痒い箇所を掻くということからいう。普通のことわざ辞典には載っていない。同義でよく知られるのが「隔靴掻痒」との四字熟語か、「靴を隔てて痒きを掻く」との中国の古典に発する表現であった。単純に足袋と靴を比べるわけにはゆくまいが、一般的には靴の方が布地の足袋より厚みがあるだろうから、痒みの解消には役立たない。見方を変えていえば、靴の方が足袋より誇張の度合いが高いということになる。見出し語は１９９２年11月24日の毎日新聞夕刊で自民党の金丸信が佐川急便からヤミ献金を受領した汚職事件に関する記事にでてきたもの。

旅は人生、人生こそ旅

　各地を巡る旅は、ちょうど人生のように色々なことが起こるということ。人生そのものが各地を旅することと同じだということ。旅は、目的にもよって異なるものの山もあるし、谷もある。緑なす大平原もあれば、天然のお花畑、全山の紅葉といった情景にも出会えて、実に豊かに彩られている。人生は、人によって異なる面はあるものの、これまた、楽あれば苦あるし、上り坂もあれば下り坂もある。「若い時旅をせねば年寄っての物語がない」ということわざがある。若い時に見聞を広めておかないと、年取ってから話の材料に困るようになるとの意のものだが、これは、別の角度からみれば、旅によって人生は学ばれるということだろう。見出し語はことわざ辞典にはない語句だが、誰言うともなく、多くの人に共通する実感が自然発生的に言葉になったものではないだろうか。

ダモクレスの剣

　繁栄の中でも一触即発の危険は常にあるものだとの譬え。紀元前4世紀にシラクサの僭主・ディオニュシオスの栄光を羨んだ臣下のダモクレスが追従の言葉を述べると、僭主から宴に招待された。ダモクレスが席に座り上を見上げると、一本の馬の尾の毛に吊るされた今にも落ちそうな剣が頭上にあったという故事に由来する。つまり、僭主という立場が、いかに危うい存在のものであるかを示したものであった。この語句のメディアでの初見は１９９３年9月4日の日経新聞のある大手企業の苦悩を伝える記事で用いられていた。

タンゴは一人で踊れない

　一人だけではできないことがあるということ。また、二人でうまくやるには互いの息が合っていなくてはならず、二人の協調と協力があってこそ目的は達成できるということ。これは英語のことわざで、It takes two to tango.（タンゴを踊るには二人いる）という。タンゴは二人一組で踊るダンスなので一人では踊れないことからいう。日本でも協力の大切さをいうことわざは多い。「片手でキリはもまれぬ」「孤掌鳴らしがたし（片手で手を打ち鳴らすことはできない）」「一人は立たぬ（一人で生きてはいけない）」などある。見出し語は２０

02年9月14日の毎日新聞夕刊一面ミニコラム・近事片々でみたものだが、協力をいう数あることわざの中でも最も鮮明な印象を与えるものだろう。

男子厨房に入らず

男は台所に入るべきではないということ。「入るべからず」とするもっと強いニュアンスの言い回しや、反対に、「入るべし」とするものも少なくない。現代、メディアではよくみられる常用語句であるが、ことわざ辞典には収録されていない。もともとは、中国の孟子にある「君子庖厨《ほうちゅう》に遠ざかる」に由来するとみられる。こちらの意味は、君子は仁愛の心があるので殺される鳥獣の声を聞くにしのびず、料理する所に近づかないことをいったもの。とはいえ、見出し語がメディアに登場するようになるのは、戦後も高度成長期ころからのようだ。メディアでのリストに限ると1993年9月4日の朝日新聞の載ったものが早い例だ。

爪の垢でも煎じて飲む

優れた人にあやかろうとすることの譬え。爪の垢は、爪と指の間に溜まっている垢のことであり、ごく微量なものの譬え。優れた人の爪の垢を煎じて薬として飲んで、その人と同じようになろうとすることからいう。他人にいう場合は「飲ます」というし、もっと積極的に「飲め」と薦めたりもする。早い例としては、明治44年の巌谷小波『小波お伽百話』（一七　英雄の末路）に「其処《そこ》え行つちやァ乃公《おれ》様なんぞは、手前達のように齷齪《あくせく》せずとも、時節さえ来れば雲の上だ。なんとえらい者だろう。手前達こそちつとあやかるように、乃公《おれ》の爪の垢でも呑んで置けい！」とでてきている。

釣り師山を見ず

一つのことに集中するあまり、他のことが眼中にないことの譬え。川釣りの釣り師という者は、釣り場となる川のこと、季節の魚のことばかり気になり、周りにある山でさえ見ていないということからいう。ただ、別に釣り師を弁護するつもりはないが、こうしたことは釣り師に限らず、他の多くのものに当てはまる。同義で比較的知られていることわざに「鹿を追う猟師山を見ず」という句がある。中国の古典に発し、日本でも中世の謡曲などで用いられ、江戸期には多くの分野でよく用いられたものだった。見出し語は釣りのことわざとして知られるが、普通のことわざ辞典にはない。推測になるが、猟師がでてくることわざを基にして釣り師版を新たにつくったものかもしれない。メディアでの初出は1997年11月16日の毎日新聞で山枯れを扱った記事の中だった。

釣りする馬鹿より釣り見る馬鹿が上

のんびり釣りをする者よりそれを見ている方が暇人だということ。よく似たことわざには「釣りする馬鹿に見る阿呆」という句もあるし、「釣りは道楽の行き止まり」ともいわれ、釣りに対することわざの目は厳しい。見出し語は、普通のことわざ辞典にはみられないが、明治40年の江見水蔭の小説『蛇窪の踏切』（一）に『はゝゝ、釣する馬鹿より釣見る馬鹿が上だッてえが。お前は又それを見て居たんだから、余程《よつほど》上の馬鹿だァぜ』『うんにや、そんな事どころでねえ。あれがお前、身でも投げて見さツせえ。村中騒ぎだァ』とある。

釣り針と金盥ほど違う

ぜんぜん似ても似つかないものだということの譬え。金盥は金属製のたらい。昭和30年代くらいまでは家庭などで使われていたが、プラスチック製品にとって代わられ姿を消した。この句は明治44年の巌谷小波『小波お伽百話』（五三　三日月様）に「ハゝゝ！　法螺も好い加減にするがいゝや。三日月と太陽様《おてんとさま》は、釣針と金盥ほどちがわァ。何処の鍛冶屋え持てつたつて、釣針が金盥になるもんか。そんな法螺を吹くよりは、低い処にマゴマゴして、風の神に吹き飛ばされないようにするがいゝや」

とある。

敵に塩を送る

敵対している相手の窮状へ救いの手を差しのべることの譬え。戦国時代、上杉謙信が戦っている相手の武田信玄に塩を送ったという故事に基づくと伝承されるもの。ただ、ことわざ辞典では、この語句を載せていないものも多く、文学作品での用例は戦後も20年を経てからとなるようだ。1982年の川西蘭の小説『はじまりは朝』に「『うん、で、オレはお前に何と言えばいい？…やっぱり、頑張れか？』『敵から塩を貰うほどおちぶれてない』きっぱりと神山は言いきった」と、変形した受け身の形で使われている。見出し語の言い回しは、メディアでのリストでいえば、使用頻度のやや高い常用語句のレベルにある。

天災は忘れたころにやってくる

大災害は人々の記憶が薄らいだころに再び襲ってくるということ。「災害は忘れたころにやってくる」ともいう。9月1日の防災の日につきもののようにいわれる言葉。物理学者の寺田寅彦がいったとする説が今日も新聞や辞典で流布しているが、寺田の文章には、内容が近い表現はあるものの、言葉自体はない。それに、異常気象も関係するのか、大災害は世界的にも頻発しており、いまは、「災害は忘れぬうちにやってくる」状況になってきている。

豆腐の上の原発

地盤の悪い立地にある危険極まる原発の譬え。この語句を初めてみたのは2011年3月16日の朝日新聞の天声人語。そもそもは、2007年に発生した新潟県中越沖地震によって原発の中の原子炉が隆起し、5号機が最大で11センチメートル持ちあがったことに由来する。太平洋岸で最も危険といわれる中部電力の浜岡原発が「太平洋の砂の上の原発」であるのに対して、新潟の柏崎刈羽原発は、「日本海の豆腐の上の原発」と呼ばれているのだ。原発に大変詳しい小出裕章も2012年に催された第二回脱原発サミットで、砂丘の上に建てられた柏崎刈羽原発を形容する語句として話している。そして、2014年には、『規制委員会がふりまくニセの〈新・安全神話〉で〝豆腐の上の原発〟を動かしてはならない』（にいがた自治体研究所編）と題するブックレットも発売されるに至っている。2016年10月に行われた新潟県知事選挙は、反原発派が勝利したが、そこには、この言葉が強く影響していたとみられる。

豆腐屋にトンカツをつくれといっても無理

自分の持ち分以外のことはできないということ。豆腐屋がつくるのは豆腐であり、トンカツは肉屋の領分になることから。映画監督の小津安二郎がいった言葉で、自らを豆腐屋になぞらえたものだった。この言葉を知ったのは、1993年11月26日の毎日新聞。小津監督の没後30年を記念する連載コラムで紹介された。もちろん、どんなことわざ辞典にも載っていない言い回しだが、自分の考えなどを貫いたり、無理な注文をユーモラスに断ったりする表現として継承したいものだ。

床の間の天井

つくりは丁寧であっても誰も見る人がいないものの譬え。新聞の社説を評す揶揄。初めてメディアでみたのは、2012年7月9日の朝日新聞夕刊のコラム・窓。新聞の社説は新聞社の基本的な考えや主張を掲載するものだから、内容は十分に推敲されるので、スポーツや娯楽などさまざまある記事の中でもひときわ格式が高そうだ。読者からすれば敷居の高い存在に映る。翻って床の間の天井となると、床の間には掛け軸が掛けられたり、置き物が置かれたりしているので、そちらに目がいく。客として招かれた場合は、わざわざ真上を見なければ見えない天井を見る者は、まず、いないだろう。しかし、床の間の天井だから、いい加減なつくりにはなっていないので、ここに落差があるわけだ。社説はオピニオンリーダーとしての重要な役割を持つものであるとはいえ、それも読者があっての話。できることなら、天井から床の間そのものへの変身を期待したい。

殿様商売

殿様が家来に対するような横柄な態度で商売をすること、また、儲ける工夫や努力を怠る商いを揶揄する言葉。「殿様商法」ともいう。ことわざとは見なされていないのか、国語辞典にはあるものの、ことわざ辞典には収載されてない。今日までの用例収集では戦前の例はみられず、戦後になってから。1970年の結城昌治の小説『軍旗はためく下に』（司令官逃避）に「しかし軍隊では、どんなことでも理由になる。あるいは、理由になることでも理由にならない。将校は殿様商売だ」とある。この語句に似た言葉として「士族の商法」があり、こちらはことわざ辞典にある。意味は、明治維新後に武士が士族となり、不慣れな仕事で失敗したことから、商売に不向きな人がする商売の譬えとなる。用語こそ似たところはあるが、意味は別のものだ。

土俵には金が埋まっている

力士として成功すれば、十分な報酬があるのだから、しっかり稽古に励み強くなれという意の譬え。「土俵に金が落ちている」ともいう。土俵の鬼といわれた初代若乃花の名言とされる。この野球版が「グラウンドには銭が落ちている」との鶴岡一人、元南海ホークスの監督の言葉。どちらの言い回しが先に生まれたのであろうか。鶴岡は1916年生まれで、若乃花は一回り後の1928年の生まれだが、活躍した時期は重なる面が多い。これらの言葉がいつ口にされ世間に知られるようになったかは、残念ながら詳らかではない。ほぼ、同時期のこともあるだろうし、先行したどちらかの影響があったかも知れない。見出し語は1994年1月1日の読売新聞に掲載されたものだ。

鳥もちと理屈は何処にでもつく

理屈はつけようと思えばどんなところにも付くとの譬え。「理屈と鳥もちはどこにでも付く」ともいう。鳥もちは、モチノキなどの樹皮から取ったガム状の強い粘り気を持ち、小鳥や虫を捕まえるのに使われた。鳥もちを使ったことわざの一つに「鳥もちの蝿」という語句があり、ひっついて離れないことの譬えになる。このように強力な粘着力を持つのが鳥もちということになる。見出し語はことわざ辞典には載っていない珍しいもので1992年9月3日の産経新聞の一面コラム・産経抄でみたもの。同類のよく知られることわざは「理屈と膏薬はどこにでも付く」なので、膏薬版を参考にしたか、ヒントにして言い換えたものかも知れない。

取ることなら地蔵の胸倉でも取る

この上なく欲張りであることの譬え。「取るとなれば石地蔵の胸ずくしでも取る」ともいう。ここの「取る」は物などを手に入れる意なので、手に入るのなら地蔵さんの胸倉でさえ取る対象になるということになる。もちろん、地蔵は石でできているから胸倉を取りようもない。欲は人間にとっての属性なのであろう、ことわざには、実に多く、色々ある。一口に欲といっても、意欲のような建設的にみられるものもあることはあるが、多くは強欲などの否定的なものだ。同類の江戸時代のことわざに「下さる物なら夏でも小袖」という句がある。もらえる物なら冬に着る絹の綿入れである小袖でさえ夏にもらってしまおうとの意。夏の小袖であれば、冬に着られるから欲張りだとしても、まだレベルは低い。「欲に頂きなし」というように欲望には限度がないとことわざはいう。見出し語と同レベルのものとしては、「取ると言えば親の首でも取る」「取り込むなら元旦の葬式でも」「呉れることは火もくれぬ」「くれるのは日の暮れるのもいや」「出すことは舌を出すのも嫌い」「出すことは目の中の塵でもいや」「出すことは袖から手を出すも嫌い」等々ある。甲乙つけがたいケチぶりだが、〈ケチ度〉で輝ける第一位の栄冠に輝くのはどれだろうか。なお、見出し語は２００４年５月15日の読売新聞の一面コラム・編集手帳で用いられていた。

泥棒の提灯持ち

悪人をかばったり、手助けしたりすることの譬え。泥棒のために夜道を提灯で照らし案内することからいう。「盗人の提灯持ち」ともいう。これまで、この言い回しの具体的な用例は示されていなかったが、明治42年の夏目漱石の『文学評論』（五　倫敦）に「提灯はリンクと云つて日本の松明に似た者（ママ）であつた。夫を持たせる人足は今日の車夫や昔の駕籠屋の様に雇ひ入れるのである。しかも甚だ不用心極まつたもので、此提灯持がよく盗賊抔と示し合せて、いざと云ふ場合には火を消して影を隠す抔と云ふ話は珍しくない。泥棒の提灯持とは是から出たのかも知れない」と語源に関わるような話を紹介している。

仲人を見ておむつの支度

手回しがよすぎることの譬え。結婚の仲立ちをする仲人を見て、生まれてくる赤ん坊のおしめを準備するということからいう。韓国のことわざであるが、日本にも似た言い回しがある。「生まれる前の襁褓《むつき》定め」というもので襁褓はおしめ。先走りに関するこの比較では韓国に軍配が上がる。同類で異なる譬えのものが「飛ぶ鳥の献立」。空を飛んでいる鳥を見て今日の食事の献立てを考えるというものだから、これも相当な先走りだ。さらには、海洋版といえる「海も見えぬ舟用意」というものさえあるが、これらは今、ほとんど使われない。現代よく使われるのが「捕らぬ狸の皮算用」で、まだ捕獲してない狸の毛皮を売ればいくらになるかなと計算することだ。

能書の徳は七難隠す

筆の立つ人が書く字はいくつもある難点を目立たないものにする力があるということ。この語句はことわざ辞典にはみられない珍しいもので、１９８０年の宮尾登美子のエッセイ集『母のたもと』（筆跡）に「おそろしいもので、どんなに企んでも字は書き手の性格をありのままに反映する。能書の徳は七難隠すという言葉があるけれど、少しも能書でなくてよく、巧まずありのまま書いたのがいちばんよい」とある。七難隠すとの言い方を持つ有名なことわざが「色の白いは七難隠す」であり、それを応用した「髪の長いは七難隠す」もやや知られているが、能書のものは見たことも聞いたこともない。一般にはまったく知られていない語句を文章に用いる宮尾による創作か、心に留め置かれた語句であるかと推察するのだが、どうだろうか。

墓石《いしはか》に唾

先祖や死者を冒涜することの譬え。他人に唾を吐きかけることは、相手を侮辱することを意味する。唾が使われていることわざで最も知られているのが「天に唾する」だろう。ただ、ここの唾にはマイナスイメージはあまり感じられず、単に下から上に向かって飛ばす物質というものだ。反対にプラスイメージのものとしては「年寄りの唾は糊になる」といって、経験豊富な老人の言葉は貴重だというものがあるが、全体の割合からすると極めて少ない。見出し語のようなマイナスイメージのものも多くはない。唾を吐くという侮辱の意味があるのだから意外な感がある。この言い回しはことわざ辞典にはない語句で、１９９６年11月２日の読売新聞の投書欄に73歳の男性からの財政再建に関する問題についての投書にあったもの。この語句に関連しそうなものとなると、１９６０年に公開された映画『墓にツバをかけろ』および、日本では１９７９年に刊行されたボリス・ヴィアンの原作『墓に唾をかけろ』だ。こうした作品に何らかの感化されたものかも知れない。

墓石に鞭を加える

死者が生前にした言動などを非難することの譬え。これまでのことわざ辞典にはみられない語句。類義のことわざには「死屍に鞭打つ」「死者を鞭打つ」との言い回しが知られる。死屍の方の語句は中国の春秋時代に父兄の仇である王の死体を鞭打ったとの故事があり、それに由来するものだ。1978年に刊行された小説家・司馬遼太郎『英雄児』(『馬上少年過ぐ』所収)に「妻おすがは、舅《しゅうと》たちとともに落城後、長岡の南約二里の古志郡村松村に難を避けていたが、のちゆるされ、明治二年、旧観をとどめぬまでに焼けた長岡の城下にもどった。そのとき継之助の遺骨を会津若松建設福寺から収めて長岡へ持ち帰り、菩提寺の栄涼寺に改葬した。戒名は忠良院殿賢道義了居士。この墓碑が出来たとき、墓石に鞭を加えにくる者が絶えなかった。多くは、戦火で死んだ者の遺族だという」とでてくる。

白刃の上を渡る

たいそう危険なことをする譬え。鞘を抜きはらった刀の上を歩くことからいう。刀が日常の生活から姿を消して久しいが、時代劇などのテレビで見ているからなのか、遠い昔のものとの感じはない。ここの言葉も2002年4月14日の毎日新聞の歴史に関するエッセイの中で用いられている。意味は同じで少し言い回しが異なる「白刃の上を歩む」との表現もあった。こちらは明治26年に人見一太郎『第二之維新』(讒言謗律)に「是より以後、明治十年に至る迄、政府は薄氷の上に立てり、白刃の上を歩めり。政府は二大反対の中間に身を潜め、只自衛自防是れ急に、国家の大経綸を立つるに遑あらす」とある。

バスに乗り遅れる

時流に乗りそこなうこと、好機を逸することの譬え。命令形にした「バスに乗り遅れるな」ともいわれる。英語から入ったものと考えられるもので miss the bus を訳した言い回しだろう。おそらく戦後になってから広まったものと推測される。早いものは1959年の評論家・大宅壮一「テレビ王を狙う男たち」(テレビの独走男・正力松太郎)に「日本の新聞界というのは、明治革命に敗れた幕府方の失業インテリが手をつけたもので、新政府のバスに乗りおくれた諸藩の不平分子がこれにつづき、薩長閥打倒を旗印とし、反政府、反官僚思想のよりどころとして発展したものである」とでてくる。また、1974年の別宮貞徳『「あそび」の哲学』(集団に埋没した個人)に「学問でも芸術でも、やはりバスに乗り遅れたくないという気持ちがあるのだろうか。流行の先端を切っていれば、何となく人よりは前に出ている感じになる。少なくともバスに乗っていればバスに乗らない人を自分よりうしろに見ることができる」とある。

裸の王様

周囲からの批判も聞き入れずに真実が見えないことの譬え。また、そうした人をいう。アンデルセン童話に由来するもの。仕立屋にだまされて目に見えない服を着ているのを知らず、子供から王様は裸だといわれて自分の姿に気付くことからいう。戦後すぐあたりから言われ出したものではないかと推測され、1956年の英文学者で評論家の中野好夫『もはや〝戦後〟ではない』(『悪人礼賛』ちくま文庫所収)に「自分は外国車を乗りまわしながら、ケロリとして『国産車愛用』とのスローガンをかかげうる、その漫画的ともいうべき滑稽にすら気づかぬほどの、万事に関する旧世代の感覚的ズレを、さすがにこの青年の鋭敏な直感は、裸の王様ならぬ、ピタリと端的に嗅ぎつけたのであろう」とある。

落語家《はなしか》殺すにや刃物はいらぬ欠伸《あくび》三つですぐ殺す

あくびを三度すれば落語家は意気消沈するということ。語句の最後の部分「すぐ殺す」は、「即死する」ともいう。明治30年に公演された三遊亭円遊の古典落語『全快』に「落語家に欠伸なんぞと来た日にやァ、カラ仕方のないもんで、夫故《それゆえ》手前共が斯《か》う饒舌《しゃべ》ッて居ります内にも、御聴《おきき》上手の御方計りですと、不味《まずい》ながらも、御話の為好《よし》いもんでございますが、てんで最初《はじめ》から『アー是りやァ往《い》かんァーァーァー』と、三つ欠伸か何んかと来ると、モウ饒舌切《やりき》れませんナ、夫故《それゆえ》都々一《どどいつ》にもありますが、『落語家殺すにや刃物は要らぬ欠伸三つで直ぐ殺す』なかと云ふ文句がありますのが証拠でございます」とある。見出しの語句には、落語家以外に、「船頭殺すに刃物はいらぬ　雨の十日も降ればよい」「士方殺すに刃物はいらぬ　雨の三日も降ればよい」などというものもある。

離れですき焼きを食う

片方で懸命に節約しているのに他方で浪費することの譬え。もともとの言い回しは「母屋でおかゆをすすっているのに、離れですき焼きを食っている」というものだ。2003年に当時の財務大臣塩川正十郎が国会の答弁で用いた比喩。母屋を国の一般会計に、離れを特別会計に譬えたものだ。ユーモラスでありながら本質を見事についたもので現代の名言といえる。見出し語は塩川発言を踏まえ、2008年3月5日の毎日新聞の経済コラム・経済観測に載ったものだが、後半だけを独立させた言い回しに改変しているものだ。塩川発言の方も2010年10月24日の朝日新聞の社説が援用している。

針の穴にロープを通す

不可能といえるような難しいことをする譬え。細い糸を通すための小さな針の穴に太いロープを通そうとすることからいう。この語句をメディアで最初に見たのは2009年12月27日の毎日新聞一面コラム・余録。実は、同月17日に当時の鳩山由紀夫首相が米軍の移設先の選定は針の穴にロープを通すくらい難しいかも知れない…との発言を踏まえたものだった。言い回し自体はことわざ辞典類にはみられないものだが、新約聖書に由来するれっきとしたものなのだ。マタイによる福音書19章24節に「金持ちが神の国に入るよりも、らくだが針の穴を通る方がまだ易しい」との言葉があり、これが英語やフランス語のことわざにもなっていた。聖書や英仏ことわざのラクダがロープに変わっているのだが、単なる誤解によるものであるだろうか。ヘブライ語の聖書ではラクダではなく綱と書かれているという。これがイエスの時代はアラム語で「ガムラー」（アラム語のラクダ）と記述されていた。ガムラーには①ラクダ、②舟の綱、③大蟻、④垂木の四つの意味があり、何とラクダと綱の両方の意味を持つものであったという。鳩山の発言がヘブライ語に基づいたものかどうかは不明だが、少なくても誤用ではないことは確かなようだ。

晴れの日に傘を貸し雨が降ったら取り上げる

必要な時に応ぜず、不必要な時に応ずることの譬え。銀行は運転資金がいる時は貸さずに要らない時に貸すということからいう。銀行の横暴な姿勢を批判するこの言葉の早いものは1992年10月22日の朝日新聞社説で「日和に傘を貸し雨の日に取り上げる」との言い回しで掲載された。以降、似たようなさまざまな言い回しが用いられていたが、定まった言い方には至っていない。メディアでの用例調査を開始した年月からみられるので、実際には、もっと前かららいわれていたものと推測される。最も直近では2013年8月15日の毎日新聞夕刊に「晴れた日に傘を貸し雨の日には貸さない」との言い方が載った。この時は、銀行の横暴は過去のものであったが、言葉だけが残ったのであった。

比丘尼《びくに》に鬢搔《びんか》きを贈る

意味をなさない愚行の譬え。髪の毛のない比丘尼（尼さん）に鬢（頭の左右の側面の髪）を整える小さな櫛を贈るということからいう。この言い回しはことわざ辞典には載っていないが、似たものとして「比丘尼に笄《こうがい》」という言い回しがある。笄は女性の髪飾り。見出し語の方は明治24年に小説家・尾崎紅葉が書いた書評『茶漬茶碗銘』

に「われ今年二十五歳、坊様御成人《ぼうさまごせいじん》かくのごとしといへども未だ妻《さい》あらず。忍月之を知る知りながらなんぞや鏡を盲者《まうじや》におくり、比丘尼に鬢掻《びんかき》を贈るの愚を学ぶ」とでてくる。

比丘尼《びくに》にマラだせ

無理難題をいうことの譬え。比丘尼は尼さんのこと。マラは僧の隠語で男根。尼さんに男根を出せと要求するということになる。マラの代わりに「一物」を使う言い回しもあるし、古くには、「しじ（陰茎のこと）」、「陰嚢《ふぐり》（睾丸）」「櫛」「白髪」など色々なものが比丘尼に要求された。男の性器を求めるのは、いうまでもなく無理な話であるし、髪のない尼に白髪はないし、櫛も不用品だ。１９６０年の評論家・中野好夫の「自衛隊に関する試行的提案（『悪人礼賛』所収）」に「真の使命感に誇りをもつ国民の軍隊であることが、絶対の条件であろう。～中略～現政府、与党や、独占資本にこれを求めることは、比丘尼にマラ出せというに等しいであろう」とある。

一粒で二度おいしい

一度に二つの得をすることの譬え。アーモンドをキャラメルに入れたグリコアーモンドキャラメルのキャッチコピー。一粒のキャラメルを口に入れればキャラメルのおいしさとアーモンドの2種類が味わえることからいう。昭和30年に発売され爆発的に売れ、3年後にはアーモンドチョコレートも発売された。商品のキャッチコピーには印象深いものが少なくない。食品だけに限っても「カステラ一番、電話は二番、三時のおやつは文明堂」は戦前からのもので、長い間親しまれたキャッチコピーの名作といえるものだろうが、文字通りの意味しかないので、ことわざにはならない。その点、見出し語は商品名もださず、しっかりとした意味を持つところから、ことわざとしての条件を備えているからだ。すでに１９９２年9月16日の産経新聞の書評でキャッチコピーとしてではなく、ことわざ的に使われていた。

ヒモは引っ張ることはできるが、押すことはできない

間違った手段や方法では有効な解決にならないということの譬え。普通、ヒモは糸や細い布や革からできている。性状は柔軟であるから物を引っ張ったり、束ねたりするには向いているが、重量のあるものを押すことはまったくできない。ここの語句は１９３０年代にアメリカの経済学者であるガルブレイスによって唱えられた金融理論。日本のメディアでの初見は２００３年1月28年の読売新聞で金融政策に関する記事の中で用いられたものだ。その後は、安倍首相の経済政策の柱であるいわゆるアベノミクスに対する批判としてこの理論が援用されている。

ピンチでエラー、チャンスに凡退

味方がピンチの時に失策をやらかし、チャンスの時にものにできない勝負弱いことの譬え。ここにはピンチ、エラー、チャンス、凡退との四つの単語がある。凡退は野球で打者が出塁できないことをいう野球用語だが、それ以外は普通の名詞であることから、もともとは野球の場面で使われたものと推測できる。こんなことをやってしまう者は、強すぎる責任感とか、過剰意識とか、ノミの心臓の持ち主といわれるような人が多いのであろうか。適度に無責任で、少々の失敗にはあっけらかんと振る舞えるような人には起こらないのかも知れない。というと性格決定論になってしまうが、場数を踏み、訓練を重ねた上で、自己暗示をかけて乗り越えてきた成功者のいることは覚えておきたいもの。見出し語をメディアでみたのは、２０１１年2月21日の毎日新聞の毎週の政治経済を主にした連載批評だ。

貧乏くじを引く

一番損な役回りになることの譬え。江戸期には「貧乏くじに取り当たる」「貧乏くじを取る」といっていた。現代は、単に貧乏くじと言ったり、「貧乏くじをつかまされる」「貧乏くじを引かされる」とも言っている。見出し語の早い用例では、明治40年の尾崎紅葉の小説『心中船』（二）に「至つて慾の無い幕辺地《まくべち》の事であるから、唯《ただ》貰《もら》つた物に不足などを言ふのではなかつたが、あれほどの伯父の遺産として配分される数の甥の中でも貧乏籤《びんぼうくじ》を引いたのは自分であらうと思つたので」とでてくる。

笛吹けど踊らず

しっかりと用意を整えているのに相手が応じてこないことの譬え。新約聖書のマタイ伝11章に基づく言葉。聖書とは別にこの言葉を早くに紹介したのは、国語辞典の類。『広辞苑』の前身に当たる『辞苑』（昭和10年）など戦前期の辞典にみられるが、ことわざ辞典での採録は戦後になってからだ。戦後の用例は1950年6月29日の朝日新聞に大学生が就職活動をする様子をイラストにしたものがあるが、常用されるようになるのは1990年代初め以降のこと。メディアでは政治・景気・株・選挙・行革・夜間保育・企業献金・プロ野球・スキーなどさまざまな事柄で使われ、全国紙はもとより、スポーツ紙や週刊誌でも使われていた。90年代の用例に1997年の田原総一朗『頭のない鯨』（第1章）に「たしかに宮澤さんのところに行きましたよ。～中略～そこでこの法案（小選挙区比例代表並立案）をつくり上げていく。総理がその努力をされるのならば協力しましょうと言いましたよ。紙にも書いた。ところが、残念だけれども笛吹けど踊らずで、宮澤さんは本気に努力したのだけれども、党のほうがぜんぜん踊らない」とある。

歩切れは切れ痔より痛い

手元に歩がないのは戦術的に大きなダメージだということ。歩切れとは将棋を指している時に持っている駒に歩がない状態のことをいう。将棋の駒の中で最も弱いのが歩であるが、数は9つあり他の駒に比べ特別に多い。色々な使い方があるが、特に受けの場合に歩のないのは弱いといわれる。「歩のない将棋は負け将棋」との言い回しがあるように、最も格下の駒であるが、大事な役割も担っている。切れ痔は痔の一種で、ここでは歩切れに音を合わせるために引き合いに出されたものだが、両者に共通するのがイタイということ。歩切れは心理的であるのに対して切れ痔は肉体的なもの。肛門の痛みは、目の上の三叉神経の痛みと同じとみる見方があり、両者は二大痛覚地帯とも呼ばれるという。ここの語句は新聞の将棋欄に掲載されていたもの。

武家の商法

不向きなことをやり、うまくいかないことの譬え。武士が畑違いの商売をやることからいう。「侍の商法」「武士の商法」「士族の商法」ともいう。色々ある中では、「士族の商法」が最も早くからあり、他の語句はそのバリエーションとみられる。当時の新聞界のオピニオンリーダーと目され1962年に刊行された笠信太郎『〝花見酒〟の経済』（経営者の時代）に「いまの一橋大学の発芽は、アメリカ帰りの森有礼が、明治八年、尾張町の鯛みそ屋の二階につくった商法講習所というものだったそうだが、産業や経済の部面で働く人間をつくろうというのに、当時はまだそれに適当な言葉がなかったものと見えて、さむらいの商法という、あの商法という文字をつかった」とでてくる。

不幸中の幸い

不幸な出来事の中に起こるわずかに救いとなる出来事のこと。表現に特に技巧が凝らされてもいないし、譬えもみられないので、ことわざというより慣用句の趣のある語句。現代の常用語句の一つだが、江戸期以降に用いられるようになったとみられる。早い例としては明治16年の矢野龍溪の小説『齊武名士経国美談　前篇』に「此日の午《ヒル》過る頃より頻りに悪寒して、苦痛を覚え、今は行歩も不自由なりければ、則ち其邊にて然るべき民家を求め、故を告げて其家に投宿し、只管《ひたすら》病ひを養へども数日を過ぐる中に病勢益益重るのみにて独り客窓の下に呻吟しけり。然れども不幸中の幸には此《コノ》家《ヤ》の主人老夫婦は最《ィ》と親切に其病苦を労《たい》はりけり」とでてくる。戦後の例では1997年の小説家・城山三郎の評伝『運を天に任すなんて　素描・中山素平』（五　副頭取は困る）に「さすがに中山は慌てたが、不幸中の幸いで森永が死の床で『前川をＫＤＤに』と言い残してくれたため、中山のこの『不逞な人事』案は実現した」とある。

武士の情け

強い者が弱い者を憐れみ温情を施すこと。強く威厳のある武士が弱者に対して憐れむことからいう。現在よく使われる言い回しであるが、なぜかことわざ辞典で収載するものはごくわずかしかない。吉良上野介に斬りつけた浅野内匠頭が取り押さえられた時に発した言葉ともされる。文章では古いものは見当たらず、1979年の里吉しげみの戯曲『ロートレックの特別料理』に「もし今夜、そこ迄ボクが勝てれば武士の情け、身ぐるみ剥いだその後でパンツぐらいなら、ボクの手持ちのパンツを進呈しましょう」とある。また、1985年の歌舞伎の話をつづった関容子『中村勘三郎楽屋ばなし』（兄、吉右衛門のこと）に「それから『しばらく、しばらく』と言いながら、いっぺん戸をあけて外を見てから、二人の前へ坐る。それを『武士の情けじゃ』とか何とかだいぶ違ったことがあって、門口へも行かず、中途で『お聞き下され』とへんな形で言っていた」とある。

プロクルステスの寝台

物事を自分の都合で捻じ曲げたり、無理に規格に当てはめたりすることの譬え。プロクルステスはギリシャ神話に登場する強盗で、伸ばす人との意。彼は旅人を捕えると自分の寝台に寝かせ、身長が長いと切落とし、短いと引き延ばす。彼の名は、この奇妙な行為に由来している。メディアでの初見は1993年1月28日のスポーツニッポンでギリシャの格言と紹介されたものであった。その後は、2004年5月8日の毎日新聞一面コラム・余録などだ。

文は人なり

書かれた文章を見れば書いた人の性格があらわされ、その人となりがみて取れるということ。日本に古くからある語句と思いがちのものだが、西洋に由来するもの。英語でThe style is the man. といい、古代ギリシャの修辞学者・ディオニュシオスの言葉に由来するという。有名になったのは18世紀フランスの博物学者ビュフォンがアカデミーフランセーズへ入会する際の演説。日本で用いられた早い例では1940年に小説家・石川淳の評論『文章の形式と内容』（三　文章の美について）で「うつくしい文体はそれの提出する真実がいかに数かぎりないかといふことによつてのみ、しかくうつくしい。〜中略〜（ビュフォン）右のことばの後に、ビュフォンはやがて文は人だといふ標語を掲げることになるのだが、そのはうは今日われわれはもうたいしておもく考へてゐない。書いた人間との関係に於てのみ玩味されるやうな文章よりも、書いた人間から高次に分離してそれ自身の世界を形成してゐるやうな文章こそ、われわれはみごとだと見る」とあり、ビュフォンとの関わりに言及している。

屁玉と金玉ほど違う

似たところがあるようで内実はまったく異なることの譬え。屁玉は放屁のガスが小さな玉となったとみるもので、絵やいろはカルタの絵札にみられるが、実際には見えない。金玉は睾丸。実際には見えない屁の玉と男に必ずある金玉の似た点といえば「玉」ということと、位置がお隣さんだということくらいだろう。違いの方は論ずるまでもあるまい。この語句は1979年の作家・井上ひさし『戯作者銘々伝』（山東京伝）で使われているもので、「『相四郎に机だなんて、猫に小判というものだよ』と、

■いろはカルタ「屁をひって尻すぼめる」

お袋は傍でにやにやしていやがったな。『甚太郎はそこへ行くと相四郎とは大ちがいだ、頭がいい。なにしろ十歳で孟子の写本を仕上げてしまったぐらいだものね。机というものはね、そういう子にしか必要がないんだよ』。甚太郎ってのは兄貴の幼名だが、とにかく実の子と継子ほどの差があったんだ。屁玉と金玉ほども違うんだよ」とでてくる。既存のことわざ辞典類にもみられない語句であり、作家自らによる創作と思われる。なお、いろはカルタの「屁をひって尻すぼめる」の絵札には屁玉を描いたものがあり、図版もその一つだ。

屁の三徳、酒の十徳

　おならには三つの効能があり、酒には十のよい点があるということ。おならをして得られる三つの徳とは、一つ目に気分がすっきりする。二つ目に腹が空く。三つ目が尻のほこりが取れるというもの。二つ目まではうなずけるものだが、三つ目は屁理屈にもならない。酒の方は、①百薬の長、②延命長寿となる、③旅での食となる、④防寒になる、⑤訪問の際の携行が便利、⑥憂いを払う、⑦貴人とまじわえる、⑧労を助ける、⑨万人が仲良くなる、⑩独り身の友になる。以上の10が挙げられるが、酒の方も頷けるものもあるものの、首をかしげざるを得ないものも少なくない。屁の方はともかく、酒のは酒飲みの自己正当化に聞こえる。見出し語は1994年3月29日の日経新聞に掲載されたお酒の広告で「お酒のいろは」で用いられたものだ。

屁の突っ張りにもならぬ

　何の役にも立たないということの譬え。「屁のつっかい棒にもならぬ」「屁の突っ張り」ともいう。突っ張りはつっかい棒のことだから、つっかい棒程度の役にも立たないということからいう。同義の屁のことわざの「屁にもならぬ」は江戸期から用いられているが、その他は明治期からとなる。1995年のマルチタレント・ビートたけしのエッセイ『たけしの死ぬための生き方』（禁断の実「憲法」を食った日本人）に「ビートたけしの世論調査の結果を前章に掲載したけれど、『国を守るために銃を取って闘う』という人が五十四パーセント、『日本も核を持つべきだ』という人が六十パーセントもいるんだよ。みんな、本音では、平和憲法なんて屁のつっぱりにもならないって知っている」とでてくる。平和憲法の価値については大いに異論もあろうが、たけしのような考えも存在することも事実だ。

ペンは剣より強し

　言論は武力より強い影響力を持つとの譬え。この言葉の淵源は遠く古代ローマ時代の哲学者キケロの著述の中にある「武器は説得に屈する」にまで遡るようだ。その後、イギリスの小説家ブルワー・リットンの戯曲『リシュリュー』で「真に偉大なる人々の統治の下ではペンは剣よりも強い」と書かれ、これによって広まったとみられる。明治時代に「筆は剣よりも力あり」との訳された表現があったが、後にいまの言い回しに変わっていった。このことわざがユニークなところは、視覚化された立派な作品が古くからあることだ。大正4年に日本のステンドグラスの父と呼ばれた小川三知によるものが慶応大学図書館につくられていた。また、開成高校の校章にも使われており、学問の世界でユニークな存在となっている。

坊さんのカンザシ買いと女の腕まくり

　自慢にもならない少々恥ずかしく感じる

ことの譬え。髪のない坊さんがカンザシを買い、非力な女が腕まくりして凄むことからいう。坊さんと女には、それぞれに下敷きにしたことわざがある。坊主の方では「坊主の花かんざし」といい、カンザシを刺す髪がないことから、持っていても役に立たない無用なものの譬えというのが表向きで、裏側は、坊主のくせに女色にうつつを抜かす奴との軽侮の感情が潜んでいる。女の方は「朝雨女の腕まくり」といい、朝の雨は長続きしないし、女が腕まくりして凄んでも知れていることから、たいしたことはないという意のものだ。具体的に使われたのは、１９７６年の劇作家・宮本研の戯曲『夢・桃中軒牛右衛門の』(７)に「槌『そうですか』槌、竹刀をもらう。留学生一『では、お願いします』留学生一、竹刀を構え、気合をかけながら打ちこもうとするのだが、スキがない。踏みこもうとしたとたん、竹刀を飛ばされ、押さえこまれてしまう。留学生一『まいりました』留学生二『すげえなあ』槌『坊さんのカンザシ買いと女の腕まくり、あんまりみっともよいものじゃございませんね。……さ、ごはんにしましょうか』」とある。

坊主に元結い

価値のあるものが役に立たず、無駄になることの譬え。元結は髷を束ねる糸。髷は江戸時代であれば武士や町人が結っていたが、現代では、相撲取りの髪型が連想される。坊主は、普通は剃髪しているので髪はないから、髷など結えるはずもなく、元結はまったく無用なもの。この語句はことわざ辞典の類にはまったくみることのできないもので、１９８５年に刊行された早乙女貢の歴史小説『新選組銘々伝』(鴨と葱)に「『ま、刀のことはどうでもよろしい。こいつは無銘だが相州物でよく斬れる』あっと思ったときは、ぎらりと抜いていた。『刀ばかりよくても、腕が悪けりゃ、何にもならぬ。猫に小判、坊主に元結いだ』『そこへゆくと、局長の腕前があれば』野口健司がお追従した。『そうだな』と、芹沢は、鷹揚に肯定して」とでてくる。刀の腕前が話題になっている文脈ということから、おそらく著者自身が思いついた言い回しなのであろう。

忙中閑《ぼうちゅうかん》あり

いくら忙しくても少しくらいの暇はあるものだということ。「忙中《ぼうちゅう》自《おの》ずから閑あり」ともいう。中国・南宋の陳造の詩にみえる「忙裏閑《ぼうりかん》を偸《ぬす》む」の言い回しが、後に日本で言い換えられたものと考えられる。明治時代には用いられており、その早い例として尾崎紅葉が明治23年8月8日の書簡に認めている。「南窓よりは汐先《しおさき》の涼風惜気《りょうふうおしげ》もなく吹入り、朝暮《ちょうぼ》は云も更なり日中の涼《すず》しきこと初秋の気味にて、筆と枕の交代《かたみがわり》、閑中忙《かんちゅうのぼう》やら忙中閑《ぼうちゅうのかん》やらに御坐候」とある。明治43年の歌人の石川啄木の小説『我等の一団と彼』(第22回)には見出し語の言い回しが用いられている。

ボタンの掛け違い

初めの対処を間違ったことにより、後で不都合を生むことの譬え。また、双方の間で生じる食い違いの譬え。衣服にあるボタンを掛ける際に掛け間違ってしまうことからいう。ことわざ辞典にはみられないが、国語辞典には収録されている。『広辞苑』でみると１９５５年の初版から１９９１年の第４版までには記載されておらず、１９９８年の第５版から載っている。そもそも『広辞苑』は新語の収録には慎重な傾向がうかがえるので、世間で出回るようになるのは少し前になるだろう。メディアでの調査リストでも、開始した１９９２年10月21日の朝日新聞夕刊に68歳の読者からの投書で用いられており、これ以降に頻出するようになる。こうした点を考慮にいれると、この言い回しは、遅くとも１９８０年代あたりには使われるようになっていたものと推測される。作品で用いられているものでは、１９９９年の石坂晴海のルポルタージユ『やっぱり別れられない―離婚を選ばなかった夫婦たち』（ケース4　ローン地獄）に「女の顔はセックスの時だけ。それもどんどん間隔があいていく。そうして一年後、その優先順位がさらに決定的になる『あの事件』が起こった。ここが津村さん夫婦の最初のボタンのかけ違いになっているという。『彼女が妊娠したんです。ちょうど上の子が一歳になる時に妊娠がわかって、三週間後に駄目になった』まだヨチヨチ歩きの双子の世話で無理をしたのだ」とある。

負け相撲の痩せ四股

負けてから強がることから、無用な負け惜しみの譬え。明治時代からみられることわざ。明治32年に刊行された福沢諭吉『福翁自伝』（大阪修行）に「『けしからぬ事を申すではないか。兄の不幸で貴様が家督相続した上は、御奉公大事に勤めをする筈のものだ。ソレにオランダの学問とは何たる心得違いか、あきれ返った話だ』とか何とか叱られたその言葉の中に、叔父が私を冷かして『貴様のような奴は負け相撲の痩錣《やせしこ》というものじゃ』と苦々しく睨《にら》み付けたのは、身の程知らずという意味でしょう」とでてくる。

まだ早いが遅くなる

まだまだ時間があるとのんびりしていると結果として手遅れになるということ。では、逆に、何でも早手回しにするのがよいかと言えば、もちろん否であろう。肝心なことは状況をしっかり把握し、どのように対処すればよいか、いつ行動に移せばよいかといった総合的な判断のもとに結論づけられることなのではなかろうか。株の格言としても知られる語句であるが、あまり古いものではないようで、メディアでの初出は2008年10月12日の毎日新聞一面コラム・余録。とはいえ、辞典では昭和30年代からみられるものだから、実際に使われる機会が限られていたのかも知れない。なお、「油断大敵」と同じ意味とする辞典もあるが、見出し語は時間に限定されており、少しずれがあると考えられる。

万年筆と女房だけは他人に貸せぬ

自分にとって両方とも大事であるから貸すことはできないということ。万年筆は書き癖がつきやすいので、他人に使われて癖でも付けられたら、使いにくくなるからだ。ここでは、女房は万年筆と同じように大事とされているが、そうではない場合もある。「女房貸すともすりこ木は貸すな」（すりこ木の代わりに砥石とするものもある）とのケチを意味することわざがあるのだ。すりこ木や砥石は貸せば減ってしまうけど、女房は減らないからなのだそうだ。いくら譬えにしても、女房をすりこ木や砥石と同じに扱ってはねー、というものだろう。見出し語は１９８０年の小説家・宮尾登美子のエッセイ『母のたもと』（万年筆と原稿紙）に「何しろ命の糧《かて》ともいえる道具なのだから、私が作家を志してから今日までの三十いく年かのあいだ、出会った万年筆はほとんど記憶しており、その一本一本に忘れ難い思い出がある。『万年筆と女房だけは他人に貸せぬ』などといわれるように、自分の万年筆は自分で使いいいようにクセをつけているだけに愛着深く、あだやおろそかには扱えないのである」とでてくる。

右手にジャーナル、左手にマガジン

青年が背伸びして政治活動に夢中になることの譬え。１９６０年代から70年代にかけて盛んだった学生運動・全共闘運動の世代を評した言い回し。ジャーナルは週刊誌の朝日ジャーナルで、マガジンは漫画雑誌・週刊少年マガジン。朝日ジャーナルは、当時の左翼的思想を支持する学生から大きな支持を得ていた。マルクスやレーニンが古典であったのに対してジャーナルは時代の必読書であったともいえた。一方のマガジンには漫画家・梶原一騎による野球漫画『巨人の星』、ボクシング漫画『あしたのジョー』が連載され高い人気を得ていた。いわゆるスポコン（スポーツ根性）ものの先駆けとなった。１９７０年に発生した日航機ハイジャック事件では、犯人が「われわれは明日のジョーである」と表明し、反響を呼んだ。

蓑のそばに笠が寄る

似た者同士が集まることの譬え。蓑も笠も現代はみられないものだが、両方とも昔の雨具だ。蓑が雨合羽に相当すれば笠は雨用帽子といったところ。雨を共通にしていることからいわれる。あまり古くからあることわざではないようで、辞典への掲載は昭和30年代のものからだが、それほど普及したものではなかった。現代の用例は、1979年のことわざをふんだんかつ縦横に使う作家・井上ひさしの評伝『戯作者銘々伝』（平秩東作）に「東作先生が山師だったことは、同じく山師の評判の高かった平賀源内先生と最後まで親交を結んでいたことでもわかります。類は類を呼び、同気相求め、かったいはかったいの友をほしがり、蓑のそばへは笠が寄るってやつです」とある。

胸に一物、背中に荷物

気持ちにわだかまるものがあること。心の中に密かに企むものがあるということ。背中に荷物は、語調を整えるために、胸に対する背中と、一物に対する二物として付け加えられたもので意味はない一種の言葉遊び。胸に一物だけの言い回しは江戸時代からあるが、背中に荷物をつけたものはずっと後になるようだ。1941年の織田作之助の長編小説『二十才』（3）には「豹一はキラキラ光る眼でその背中を見送った。品物を用意してきた風呂敷に包み、『胸に一物、背中に荷物やな』と、丁稚に言われて、帰る道は風呂敷包みをもっているだけ、往く道より辛かった。（胸に一物やぞ！）と、豹一は心の中で叫び、質屋の娘の顔をちらと頭に映いた」とでてくる。なお、織田作之助の作品には、この他に2度この言い回しがでてきており、お好みの言い回しであったのかも知れない。

楽天主義者はドーナツを見る、悲観主義者はドーナツの穴を見る

同じものを見ても楽天主義者はプラスと見るが、悲観主義者はマイナスと見るということの譬え。また、同じことへの認識や対処が真反対になることの譬え。このドーナツの場合では、前者は美味しそうと見るのに対して、後者は穴が大きくて量が少ないと見るというもの。イギリスの作家オスカー・ワイルドの言葉。楽天主義と悲観主義を対比した論議には、この他に、「楽天主義は神から来たが、悲観主義は人間の頭の中から生まれた」（イスラム苦行僧の諺）とか、「楽観主義者は飛行機を発明し、悲観主義者はパラシュートをつくった」（イギリスの劇作家・バーナード・ショー）、「悲観主義者はあらゆる機会の中に問題を見つけ、楽観主義者はあらゆる問題の中に機会を見つける」（イギリスの政治家・チャーチル）とある。現代、よく知られるものでは、コップの半分の水を、まだ半分もあると見るか、半分しかない、と見るかで性格判断を下す考えだ。性格の問題は別にして、全体的には楽観主義の評価が高いが、実際の社会では両方の要素が必要なことも少なくない。ノー天気のイケイケどんどんばかりでは済まない。問題や状況に応じた柔軟な対応が肝要なのであろう。

理屈は後から貨車で来る

理屈づけは後からどうにでも付くということの譬え。元民社党委員長・春日一幸の言葉。政治の世界では、まず行動を起こし、それを正当化する理屈は後からどうにでもなるとしたものだ。現代は、相場の説明や言い訳として使われる相場の格言になっている。似た意味のことわざで知られるのが「理屈と膏薬はどこにでも付く」。どんな事柄に対しても理屈は付けられるというものなので、後からと時間の枠をいう見出し語とは少し異なる。メディアでの初出は2002年12月26日の読売新聞一面コラム・編集手帳。

■コラム9　現代の常用ことわざ

日本だけでもことわざは5万も6万もあり、正確な数は誰も知らない。数が不確かなのは、何をもってことわざとするか、ということわざの領域や範囲が実際的には明確にできない点が要因であり、また、古代から現代まで、生成と消滅を繰り返し、時間の流れとともに移ろいゆく要素をもっているためと思われる。特に多くの人に常用されることわざは何か、これを特定した例は、これまで明らかになってはいない。これを目的に1992年10月から、新聞・テレビを主に、そこで使われていることわざの調査を始め、今日に至っている。ただ、調査は一様ではなく、時期によって対象とした媒体の数が異なっており、開始して1年間は、全国紙（朝日・毎日・日経を主に読売・産経・東京を参考）、スポーツニッポンなどのスポーツ紙と夕刊紙、週刊誌、子供雑誌、テレビから収集した。この時の収集総数は5503（ごく一部の高頻度の語句は3か月で止めたので、1年では2倍にはなると推定）。ことわざの種類は1632。1度だけのものが810、2度が182、3度が119とあるのに対して、30度以上の頻度のものはわずか48しかなかった。35度以上のものを列挙する。

○後の祭り　○一寸先は闇
○一石二鳥　○一朝一夕
○一匹狼　○雨後の筍
○うなぎ登り　○絵に描いた餅
○縁の下の力持ち　○親の七光り
○疑心暗鬼　○三度目の正直
○しのぎを削る　○十人十色
○白羽の矢が立つ　○背に腹は代えられぬ
○対岸の火事　○太鼓判を押す
○宝の持ち腐れ　○棚から牡丹餅
○二足のわらじ　○二の足を踏む
○二の舞　○寝耳に水
○喉から手が出る　○背水の陣
○薄氷を踏む　○歯に衣きせぬ
○一筋縄ではゆかぬ　○火に油を注ぐ
○氷山の一角　○笛吹けど踊らず
○目から鱗が落ちる　○目白押し

本書には、2015年12月31日までの23年間に収集したものから、約800句を抽出して載せたが、1~2度しか使われていないものが多くあり、現代の常用ことわざを収載したものではない。特に、明治期前にみられるものは対象外としたため、江戸時代までのものは載せていない。マスメディアでみられる2000年の時点での当時の常用ことわざ（200句に限定）の使用されだした時期別の割合は、江戸期前が19％、江戸期47％、明治から19・5％、戦後から14・5％で全体の66％が江戸期までのものであった。現代の常用ことわざの一端をみるために、2015年末までのものを集計して、使用頻度の高いベスト20を示して概要としたい。なお、英字は時期を表すもので江戸期前がa、江戸期がb、明治期からがc、戦後からがdであり、アラビア数字は使用回数を示すが、実際には、この数値の数倍になると推測している。

①一石二鳥c、212
②三度目の正直c、188
③氷山の一角c、175
④寝耳に水b、165
⑤太鼓判を押すc、141
⑥疑心暗鬼b、140
⑦目から鱗が落ちるc、139
⑧二の舞a、125
⑨しのぎを削るa、113
⑩背水の陣a、108
⑪目白押しc、103
⑫一匹狼d、100
⑬絵に描いた餅d、91
⑭歯に衣きせぬd、89
⑮白羽の矢を立てるd、86
⑯火に油c、80
⑰歴史は繰り返すc、75
⑱あうんの呼吸b、75
⑲火中の栗をひろうc、71
⑳二兎を追う者は一兎も得ずc、70

七　動植物

油手でうなぎを捕まえる

何ともしがたいことの譬え。べたべたした油のついた手でぬるぬるするうなぎを捕まえようとすることからいう。調理人を除けば、現代の都市生活者で生きているうなぎを素手で触る機会はゼロに近いだろう。しかし、50年以上前に田舎での生活を経験した者であれば素手でうなぎをつかんだことはあるはずだ。子供の川遊びで、メソッコと呼ばれる小さなうなぎを捕るものだ。小さくてもウナギには違いがないからぬるぬるしてつかみがたい。どじょうも同じ。ここの語句は小説家・井上ひさしの『戯作者銘々伝』（鼻山人）にでてくるだけのもので、他には見当たらない。戦前の昭和9年生まれで山形県に育った氏であれば、そうした体験はあるはずだから、体験に裏打ちされた創作の言葉であろうと推測される。ぬるぬる、すべすべの同じようなものは、古くは「瓢箪でナマズを押さえる」といっていた。室町時代にはあった言葉であり、国宝で有名な水墨画「瓢鮎図」の存在で知られるものだ。

主人《あるじ》の目は牛を肥やす

主人の目が行き届いていれば家畜は成長するということ。似た内容のものに「主人の足跡は土地を肥やす」との言い回しもある。どちらも西洋のことわざ。このうち、牛のバージョンは明治30年の森鷗外による翻訳小説『はげあたま』、同じく明治42年の翻訳戯曲『僧房夢』にある。ただし、このことわざには続きもあり、「併し下部を痩せさせる」ともいっていた。つまり、主人の目が果たすことには、二つの面が存在することをいっているとわかる。

怒れる羊は虎をも倒す

心底からの力をだせば弱い者でも強い者に勝つことができるとの譬え。「羊《ひつじ》虎《とら》を仮《か》る」等のことわざでみる羊と虎の関係は、弱者と強者とか低位者と高位者の関係になる。それゆえ、普通は羊が虎に勝つことはあり得ない。しかし、羊に怒りがあれば異なるということを言い表したのがここの語句で、２００８年5月11日の毎日新聞の読者の投書にあるものの、既存の辞典にはない。意味合いとしては「窮《きゅう》鼠《そ》猫《ねこ》をかむ」といったところだ。江戸期のことわざ集に「羊を駆って虎と闘わす」との語句があるので、このあたりがヒントになって新たにつくり出されたものであろうか。

いずくのカラスもみな黒し

風俗や気質など多少の違いはあるものの、どこへ行っても、そうそう変わるものではないということの譬え。たしかにカラスはどこに行っても黒く個々の違いはわからない。「どこのカラスも黒さは変わらぬ」

ともいう。こちらの句には類句が多くあり、「どこのカラスも黒い」「どこのニワトリの声も同じ」「どこの国でも屁は臭い」などの言い回しがある。ケチつけになるが、カラスやニワトリには同意できるものの、屁の臭いはそうと言い切れるだろうか。見出し語は1993年の小説家・高橋克彦の『偶人館の殺人』（四）で用いられている。

一羽のツバメで春はこない

一つばかりの証拠をもって全体を判断してはならないとの譬え。西洋からきたことわざ。メディアで1993年、1994年と続けて毎日新聞が経済コラムで使っている。英語ではOne swallow does not make a summer. となる。なんと夏であって春ではないのだ。メディアにでてくるものには「燕が一羽来ても夏にはならぬ」とした例もあった。こちらは毎日新聞夕刊。1993年にロシアのエリツィン大統領の訪日決定の関連でロシアのことわざとして紹介された。ここで疑問が二つでてきた。春なのか夏なのか、どっち？　英語なのロシア語なの。たしかに英語では夏なのだが、古代ギリシャでは「一羽の燕は春をつくらず」であった。古いヨーロッパのラテン語も春としていた。ヨーロッパの燕はアフリカで越冬し早春に北上するので北国のイギリスに到達するのは夏になるのだ。これなら英語が夏だと理解できるし、同じ北国のロシアのもごもっともだ。つまり、春とした例は、英語からではなくラテン語などからと推測できる。また、ロシアにもあるという点は、ことわざによくある例で国境を越えて外部からもたらされたと考えられるのだ。特にラテン語の影響は強くヨーロッパ全域に及ぶ例も稀ではない。それもあってか、ことわざを羽の生えた言語と呼ぶところもある。

一匹狼

組織と離れ単独で行動したり、独自の立場を主張する人の譬え。群れで生活する狼が、その群れを離れて行動することからいう。「一人狼」ともいったが、現在はこの言い方は消えてしまった。英語ではlone wolfという。この言葉は戦後からみられるものだが、特に文学や映画のタイトルになり人々の記憶に残った。文学ではハードボイルドな作風で知られたミステリー作家である大藪春彦には『ザ・一匹狼』のタイトルの短編集がある。映画になると1965年にはマカロニウエスタン『続・さすらいの一匹狼』、翌年に東映任侠映画『昭和残侠伝　一匹狼』（高倉健・藤純子）が制作され人気となった。現在のメディアでは、2010年ころから世界各地で続発するテロ事件の記事で「一匹オオカミ型テロリスト」なる言い回しが多出してくる。かつての東映映画のようなニヒルで孤高感をただよわす格好よい人物としての一匹狼のイメージは消え去ろうとしている。

犬が人をかんでもニュースにはならない、人が犬をかんだらニュースになる

報道する価値があるのは、対象となるものに意外性があり異常な内容があることだというもの。19世紀の終わりにアメリカで生まれた言葉。英語ではWhen a dog bites a man, that is not news ; but when a man bites a dog, that is news. アメリカの新聞『ニューヨーク・サン』の編集長の言葉とも、社会部長の言葉ともされる。見出し語を最初に目にしたのは1993年7月22日のスポーツニッポン。次が10月17日の毎日新聞朝刊。新聞で見た時は、新奇性を追うニュースの本質をついていると、ただなるほどと感心しただけだった。その後、だいぶ経ってから英語のことわざ辞典を読んでいた際、この句がでてきたので驚いたのだ。まさかアメリカからの英語にあったものだとは想像もしなかった。

犬が吠えても隊商は進む

行く先を邪魔するものがあっても自分の道は進めていこうとの譬え。前向きで積極的な姿勢が感じられ好感のもてることわざだ。メディアでみたのは1994年1月1

日の読売新聞で英語のことわざとして紹介したものであった。英語ではThe dogs bark, but the caravan goes on. とあるので、忠実な訳だとわかる。ただ、英語のものは中東あたりから20世紀ころに入ってきたものだということがわかった。1979年に出版された大島直政『遊牧民族の知恵トルコの諺』には、トルコだけでなくイランやアフガニスタンなどの遊牧民の国々にひろがっていることわざとあった。なお、1980年に刊行された『世界のことわざ・一〇〇〇句集』には、イラン・アフガニスタンとは別の地域としてアラブ（エジプトが中心）があり、そこに「イヌがほえても隊商は通る」を載せていた。

犬好きは犬が知る

好意を持って接すれば相手も好感を抱くとの譬え。どのことわざ辞典にも載っていない語句。でてくるのは、ロシア文学の名訳でも知られる二葉亭四迷が明治40年に書いた『平凡』（十三）。この章は犬のポチを巡る話で、「前略〜犬好きは犬が知る。私の此心はポチにも自然と感通してゐたらしい。其の証拠には犬嫌ひの父が呼んでも、ほんの一寸お愛想に尻尾を掉るばかりで、振向きもせんで行つて了ふ事がある。母が呼ぶと、不断食事の世話になる人だから、又何か貰へるかと思つて眼を輝かして飛んで来る」とある。引用で言葉の背景が理解できよう。反対に、犬嫌いも犬が知るようだ。犬に恐怖心のある人は、過剰な警戒心を持つため、それが犬に伝わり、犬も察知して反応してしまうようだ。

犬となるも豪家の犬となれ

犬になるのなら立派な家の飼い犬になれということ。頼りとするなら頼りがいのあるところにせよとの譬え。1874（明治7）年に文学者・服部誠一が、東京の風俗を描いてベストセラーとなった『東京新繁盛記』の第二編に諺として用いられている。ただ、この言い回しはことわざ辞典にはみられない。あるのは同義の「犬になるとも大所の犬になれ」というもので江戸後期ころのもの。大所は大きな家、資産家の意。このことわざは、事大主義をいうものとして知られる「寄らば大樹の陰」と同じ意味であることから、保守主義のことわざとの位置になるものだ。「寄らば〜」が今も健在であるのに対して、犬バージョンは消え去ろうとしているようだ。

犬に肉の番をさせる

危険な状態になることの譬え。犬に好物の肉の番をさせることからいう。これまでのことわざ辞典にはみられない語句で、明治の小説家・尾崎紅葉『阿蘭陀芹』（下の巻一）に「お前さんのやうな険難《けんのん》な紳士と散歩されるのは、犬に肉の番をさせるも同じ事じや。いや、那様《そんな》散歩から得て娘が誘拐《かどわか》されますじや」と用いられている。犬を使った同義のことわざには「犬に魚の番」があり、江戸後期にはあった。これが猫になると、「猫に鰹節」「猫に鰹節を預ける」「猫に鰹の番」とある。猫バージョンは三つもあるうえ、歴史も古く、どれも江戸時代からみられるし、今も現役だ。わざわざ危険を招くという点では、もっと上をいくものもある。「盗人に鍵を預ける」とか「盗人に金の番」「盗人に蔵の番」という言い回しもある。犬猫に比べれば被害の大きさは比較になるまい。人バージョンはどれも古く、特に鍵のものは室町時代前なのだ。見方を換えれば、それだけ危機の管理に悩まされたということなのだろう。

犬は飼い主に似る

犬は性格などがだんだん飼い主に似るようになるものだということ。「犬は人につく」ということわざもあるように、犬は人に付き従う傾向が強い。ところで、この語句は信じられるものなのであろうか。なぜ似るのか、その根拠として挙げられるのが3点ある。①飼い主が自分に似た犬を選ぶ ②見慣れたものに好感を持つ心理作用が働く ③飼い主の性格・行動の影響、というものだ。特に飼い主の性格によるところは大きいとのこと。飼い主が神経質か、ずぼらか、これが犬の性格に影響してしまう。これによって性格が似てくるというわけだ。もっとも、中には性格どころか顔まで似るという。これはいくらなんでも、主観的すぎるように思うが、人間側の心理として自分に似た犬を選んでしまうのだからという。作家・五木寛之の『地図のない旅』(日常への旅、1972年)には「犬はその家の飼い主に似るというが、おれたちは来客をその属する階級によって差別したことがあるだろうか」との一節がある。飼い主に従順な犬に比べ、勝手気ままな猫には「猫は飼い主に似る」とのここの言葉は当てはまらない。

犬は人につき猫は家につく

犬は主人に従順だが、猫は独立心が強いということ。家の引っ越しの際、犬は主人と一緒にゆくが、猫は家に残ることからいう。日本では仲が悪いことを「犬猿の仲」というが、西洋など広くは「猫と犬」。なぜ仲が悪いのか、性格の違いもあるようだが、こと人間との関係でみれば両者は対照的とさえいえる。犬は忠実であり真面目で主人に従順。猫は勝手気ままのマイペースで人と対等。動くことが大好きな犬に対して、一日の3分の2を寝ることもあって寝子《こね》とも呼ばれる。寒さに強く水も平気な犬。寒さも水も苦手な猫といった具合なのだ。こうした対照的な存在であることも作用するのか、世の中には犬派と猫派に分かれるようでもある。もちろん、良い悪いの問題ではなく、好みと趣味の話だ。

今ないたカラスがもう笑う

すぐ前には泣いていた者が、もう笑っているような感情の変化を明るくからかう言葉で、主に小さな子供にいう。前編が明治44年に執筆され、大正10年に単行本として刊行された中勘助『銀の匙』(前編三十五)には「部屋のそとからこっそり事の始末を見てた悪者どもは姉がいなくなると同時にどやどやとはいってきて『今ないた烏がもう笑ったい』といいいい私のまわりを踊りまわった」とでてくる。言い方は微妙に異なる言い回しが幾通りもあり、わらべ歌に歌われた。「今鳴いた烏がもう出て笑う(東京)」「今泣いた烏、また出て笑った(静岡)」「いま泣いた烏がはあ笑った、墓場の団子食ってはあ笑った(群馬)」「いま啼いた烏、焼き飯一つでだまった(埼玉・群馬)」。いまでも年配者には懐かしい言葉として記憶されている。

鰯の頭は鴨の味

鰯は頭が美味く、まるで鴨のような味だということ。鴨を雁にした「鰯の頭は雁の味」ともいう。昔は大量にとれたこともあって安価で栄養価も高い魚として知られていた。いまは刺身で生食もするが、煮たり焼いたりして庶民の食卓には欠かせない食品であった。ビタミン、カルシウムが豊富で、脂肪はコレステロールを減らす効果をもち、成人病に有効で血圧をさげる効果があるといった具合だ。こうした栄養の面から高い評価を受けることもあって、さまざまなことわざになっている。「鰯は海の米」「鰯は海の人参」「鰯百匹、頭の薬」などといっている。少し補足すると、「海の米」はイワシ自体の呼称でもあるが、海に生きる他の多くの魚の一番のエサにもなることからいわれる。

鰯も百回洗えば鯛になる

鰯は何度も洗えば鯛のような味になるということ。「鰯は七度洗えば鯛の味」ともいう。洗うことによって特有の臭みが抜けおいしくなるという。かつては最も安価な大衆魚として知られ、焼いたり煮たりする日々のおかずとして利用されたものだった。近年は、漁獲量が激減したことや、冷蔵技術の発展もあり、刺身としても食べられるようになった。それでも食用はわずかで、70%は養殖魚のエサ、家畜の飼料、畑の肥料として使われるという。ちなみに1キログラムのハマチを育てるには7キログラムのイワシがいるのだそうだ。直接的にも間接的にも人間様のお役に立っているのがイワシということになる。「鰯の頭も信心から」と小馬鹿にしてはならないのだ。

飢えた熊鷹《くまたか》が小雀《こすずめ》を追う

飢えたものが必死に獲物を狙う様子の譬え。タカとスズメの関係は、いうまでもなく強者と弱者。「鷹に会った雀」との言い回しは、強い者の前に弱い者が萎縮することで「猫に鼠」と置き換えても通じる。見出し語は明治後期に吉村冬彦（寺田寅彦の筆名）が『伊太利人』に「眉の間に深い皺をよせ、血眼になつて行手を見つめて駆けつて居るさまは餓ゑた熊鷹が小雀を追ふ様だと黒田が評した事がある」と用いられている。比較的わかりやすい語句ではあるが、なぜか戦後には用いられていない。

上ばかり見ているヒラメ

上役には媚びへつらい部下にはいばる手合いにいう言葉。会社の中間管理職の立場の人にいうことが多いが、会社に限らず政治の世界などでも使う。海底で眼だけを出して上を行き来する餌をうかがう平目の様子からいう言い回し。ヒラメは「左ヒラメ右カレイ」といわれるように地面を下にして体の左側に目がある。カレイはそれが右側となる。旬のヒラメの味が美味であることはよく知られるところだが、その姿はおせじにも美形とは言いがたい。姿の面ではカレイも同じ。魚としては異形であることも、ここの言い回しの成り立ちに貢献していようか。メディアでの使用例は思った以上に新しく2015年8月29日の朝日新聞で国会に関する記事と社説の両方にでてくる。ただ、社説の方は山崎拓元自民党幹事長の言葉を援用したものなので、実際には、もっと前に使われたことになる。

雨後のきのこ

物事が続々と起こることの譬え。雨のあとにきのこが次々に生えることからいう。同義のものに「雨後の筍」があり、こちらは現在もよく使われている。表題の語句は風刺や皮肉に満ちた文章で知られる斎藤緑雨の『半文銭』（明治35年）に「雨後の茸といはんよりは、あきらかに黴《かび》といはん。続々小雑誌の発生するを見て、或論者の之《これ》を炬《や》かんといへるは—」とある。ただし、竹の子の方が明治からずうーっと健在であったのに対してきのこの方は姿を消している。

牛追い牛に追われる

物事が逆さまなこと。本末転倒の意。牛を飼う者が反対に牛に追いかけられることからいう。文献ではことわざ集『日本俚諺大全』（1906～08年）への掲載が早い。これが馬になると、「車を馬の前に置く」となり、本来は馬にひかせるために後ろにつける荷台を逆に馬の前につけることをいう。英語ではDon't put the cart before the horse.（馬の前に荷車をつけるな）の否定形で用いられている。意味の上では隔たりがあるものだが、「ヤギ飼いがヤギにしくじる」との言い回しがイソップ物語に基づく「イソップかるた」（1931年）にある。図のイソップのものは、野生のヤギの飼育に失敗したヤギ飼いの話だ。

■イソップかるた「ヤギ飼いがヤギにしくじる」

牛に角《つの》あり午《うま》に角なし

漢字の覚え方を教えることわざ。動物の牛には角があるように漢字にも角があり、馬に角がないように漢字にも角がないということ。漢字には形が大変よく似た字があり、それを区別する認識法ともいうべき言い回しがある。よく知られるものとしては、「瓜《うり》に爪《つめ》あり爪に爪なし」は江戸時代の早い時期から使われている。爪にツメがないという言い草だけでも面白い。その他、「戌《いぬ》に棒あり、戊《つちのえ》に棒なし」となると、漢字自体に馴染みが薄く、現代人にはなかなか手ごわい。ことわざが言い及ぶものは森羅万象に及ぶといわれるが、このような文字認識法といえそうなものもあることからも、ことわざが対象とするものがいかに広範囲に及ぶものかわかるだろう。なお、見出し語の現代の使用例は2003年5月8日の読売新聞一面コラム編集手帳。

牛の一突き

ほんのわずかな時間しかかからない性交の譬え。牛の雄の交尾は一瞬で終わることからいう。何でも長ければよいわけではないが、短すぎるのも味気ないかも知れない。ただ、牛の名誉?のために補足すれば、短い交尾は牛に限らず、例えば鳥類は一部の例外を除いて短時間だそうだ。たしかに鶏やスズメの交尾は数秒しかかからない。この言い回しは男の性に関して考察した増原良彦『男性自身についてのまじめな考察』（1992年、4章）に「ですから、弱い動物ほど、交尾の時間を短くする必要があります。その代表が、牛です。俗に—『牛の一突き』と言います。牛はインサートしたら、もうそれで終わりです。あっという間に終わってしまうのです」とある。

牛の涎は百里続く

物事がだらだら長く続くことの譬え。牛が流す涎がながなが続くことからいう。涎の代わりに小便にした「牛の小便十八町」も同じ。百里は約400キロメートルであり、十八町は約2キロメートルだから、どちらにしても甚だしい誇張表現。さらに、涎や小便を長いものに譬えているのも奇抜な着想だ。こうした誇張や奇抜があるからこそことわざになっているといえるのだが…。ちなみに、小便の方は江戸中期まで遡れる歴史があるものだ。

牛を豚に乗り換える

優れたものを劣るものに替えることの譬え。牛と豚を比べてみると、体の大きさも肉や皮の質も牛が勝る。江戸時代には「馬を牛に乗り換える」といっていたので、この語句は、それを踏まえて言い換えたか、もっと明白なものにしたのではないだろうか。馬と牛の優劣は、牛と豚の優劣より判定がわかりづらいのだ。ここの語句は、既知のことわざ辞典類には掲載されていない珍しいもので、明治の文豪・尾崎紅葉の『三人妻（後編）』にだけみられる。

馬が西に向かっても馬車が東に向かう

どうにも制御が利かないことの譬え。馬車とそれを引っ張る馬がそれぞれ逆方向へ向かうことからいう。これまでのことわざ辞典の類にはまったくみられない語句。2007年に刊行された村上春樹の『村上かるた うさぎおいし―フランス人』（さかりのついた四輪馬車）に「『御者の言うことをきかないとか』『はい。馬が西に向かっても、馬車が東に向かったりしまして、ずいぶん困りました。結局近所の二輪馬車をあてがってやりまして、やっと落ち着いたのですが』」と用いられている。まったくの憶測になるのだが、この句は「犬が西向きゃ尾は東」のことわざを応用したものではないかとみている。村上作品には、従来までにないものすごく気の利いた比喩が使われており、作品の特長になっているのではないかと分析している。ここもその一つとみられるからだ。別の言い方をすれば、新作のことわざを登場させて作品を彩り豊かにふくらましているように思われる。

馬にニンジン

やる気を誘発したり、刺激を与え意欲を高めることの譬え。馬に好物のニンジンを与えることからいう。「馬の鼻先にニンジン」「鼻面にニンジン」などともいう。古くからいわれたことわざではなく戦後になってからのもの。メディアでは比較的よく使われるものだが、なぜかことわざ辞典には載っていない。同じ意味合いで異なることわざには「猫にマタタビ」「お女郎に小判」

というのがある。どちらも江戸期にいわれたものだが、猫の方は今も使われる。実際に猫にマタタビをかがせるとメロメロ状態になる。お女郎さんに対する小判の効き目は定かでないが、よほどの変人でなければ金や小判の嫌いな人はおるまい。しかし、馬がニンジンを食べるのを見る限り、猫のマタタビに対するほどのことはなさそうだ。馬はニンジンが好きというより、甘いものを好み、それが野菜ではニンジンだったというのが本当のようだ。

馬には乗るとも口車に乗るな

誘われるままに、うっかりうまい話に乗るとひどい目にあうということの譬え。上手に嘘をついてだますことを口車に乗せるということから、それを馬に対比し見立てた言い回し。戦前までの文献には用例が見当らず、１９９８年11月20日の朝日新聞夕刊の一面ミニコラム素粒子に載っていた。江戸時代には「石車に乗っても口車に乗るな」との言い回しがあった。石車に乗るとは、小石を積み足をとられて転ぶことから、調子に乗って失敗をする意となる。石車自体が消え去ったこともあるだろうが、これに代わって馬バージョンが登場したのであるかも知れない。

馬を贈られる時、その歯までは見ない

もらったものは、ありがたく頂戴すればよいとのこと。馬の年齢は歯をみればわかることから、贈られた馬の歯を調べ、品定めをすることからいう。現代のメディアでは２００５年１月11日の朝日新聞のサッカー記事でボスニアのことわざとして紹介された。しかし、このことわざはヨーロッパ全域に広くみられるもので、英語ではNever look a gift horse in the mouth.（もらった馬の口の中を見るな）といっていた。なお、中東のトルコやアフリカのソマリアでも確認されている。

馬を水辺に連れて行くことはできても飲ませることはできない

いくら周囲の勧めがあっても、やる気のない者には通じないとの譬え。西欧のことわざ。英語では、You can take a horse to the water, but you can't make him drink.とある。日本語の訳は微妙に異なるものがいくつもみられることからも、まだ、このことわざがしっかりとは定着しきれていないと判断できる。早い例としては、いわゆる低開発国の経済発展をテーマにする飯田経夫『援助する国される国』２（１９７４年）に「つまりは、馬を水辺まで連れてくることはできるけれども、水を飲ませることはできない。ひじょうに冷淡な言い方のようだが、『技術移転』がスムーズに成功するか否かは、もっとも基本的には、低開発国の人たち自身の能力・意欲・気迫の問題なのである」と記されている。

梅はその日の難逃れ

朝、梅干しを食べておくと、その日は災難にあわずに済むということ。梅に関することわざは思ったより少なく、40もない。これは桜とてほとんど同じ。ところが、犬や猫の動物になるとゆうに５～６倍になるほど多くある。見出し語は40に満たない梅のことわざの中では、よく知られているもの。文献でみる限り、それほどに古いものではなく戦前の昭和期のものだ。梅のことわざには花や香りについてのものが主で、その他、ここのように健康食品として扱われているものもある。梅の実にはクエン酸が多く含まれるため、疲労回復や殺菌効果があり、病気の予防に役立つとされる。また、「梅は三毒を断つ」ともいわれ、食べ物・血液・水の毒に対して有効とみられる。要するに、美容にも、冷えの改善にも、二日酔い・ストレス解消などにも効果があるというのだ。ただ、塩分が強いので食べ過ぎは禁物だ。

梅は百花の魁《さきがけ》

梅の花はすべての花の中で最も早く咲くということ。文献では明治後期の俚諺集『日本俚諺大全』にあるが、現代のメディアでは東京新聞（２０１２年３月25日）の梅に関する記事にある。寒気厳しき時に咲く花として梅はよく知られるものだが、本当に最も早くに咲くものだろうか。現在は外来のものや品種改良で冬に咲く花も少なくないからだ。シクラメン・コチョウラン・スイセンなどの草花は除いて冬の花といえるものでもツバキ・ビワ・マンサクなどが挙がる。もちろん、梅は当然だが…。そのうち、マンサクは「まず咲く」ということから名づけられたとの説があるほどで早くに咲く。もちろん、ツバキも冬を彩る花として名高い。これらを厳密に比較するには地域的・地理的な条件なども考慮しなければならないので容易ではないだろう。要するに、梅は古代から知られる花であり、全国規模で最も知られる存在といった総合的な判断によっているのではないだろうか。

狼少年

嘘ばかりついていると、たまに本当のことを言っても誰も信じてくれないことの譬え。言い換えると、嘘はついてはならないとの教訓になる。イソップ物語の「オオカミと少年」の話に由来する。ある村にヒツジ飼いの少年がおり、いたずらでオオカミが来たと嘘をいって村人を驚かせては面白がっていた。そのうち、本当にオオカミがやってきたので村人に知らせても誰からも信用されず、自分のヒツジをオオカミに食われてしまったという話だ。日本にも『伊曽保物語』として江戸初期には紹介されていた。ただ、見出し語のような言い回しは、たぶん、戦後からでてきたものと推測している。1994年に刊行された毒舌の評論で知られる佐高信『日本を撃つ』（Ⅱ　会社優先の発想を捨てよ）に「日経連は、戦後の労働運動の激しい攻勢に対抗するために生まれ、『経営者よ正しく強かれ』とのスローガンを掲げて、労働者の賃上げを抑えることを〝仕事〟としてきた。『財界労務部』ともいわれ、常に狼少年ならぬ〝狼老年〟として、企業が倒産したら元も子もないのだから、ガマンしろと言いつづけてきた」とある。

狼たちも満腹、羊たちも無疵

相反する双方の立場が、それぞれに納得できるような万事が円満に解決することの譬え。メディアではロシアのことわざとして1993年5月1日の毎日新聞夕刊一面ミニコラム近事片々に載った。ところで、ここの語句のように双方の利益になるといった円満解決法というものは理想的ではあるが、現実には甚だ困難だ。双方が満足できれば争いは避けられるからだ。それもあってか、ことわざも同じで「あちら立てればこちらが立たぬ」「出船によい風は入り船に悪い」「あなたを祝えばこなたの恨み」と現実を反映しているようだ。また、「両方よいのは頬かぶり」といって、どちらにもよいことなんてものは現実にはなく、あるのは両方の頬を覆う頬被りくらいのものだといっている。こうしたことわざの世界の状況からすると、なかなかユニークな存在といえる。

屋上の鶴は手中の雀に如かず

値打ちは大きいものの手に入るどうか確実でないものより、小さくても確実なものの方がよいとの譬え。屋根の上にいるツルは捕まえて手の中にいるスズメに及ばないことからいう。ドイツ語のことわざ。日本の同義のものは「明日の百より今日の五十」で、この意味のことわざは世界中にある。英語では「明日の鶏より今日の卵」といい、イタリア・ギリシャ・アルバニア・トルコ・カザフ・ジプシー・クルドなども同じだ。その他、世界にはさまざまな比喩があるが、少し毛色の変わったものでは「鉄の馬を持つまで藁の馬に乗る（セネガル）」「来年の牛の足より今年のイナゴの足（韓国）」といったものもある。なお、見出し語に似ている例は、セルビアの「枝の上の鳩よりも手の中の雀」あたりのようだ。

遅れてきた水牛は汚い水しか飲めない

遅れをとったり、後手に回ったものが利益を得ることは難しいとの譬え。これは、ベトナムのことわざだが、同義の比喩の異なることわざがいくつかある。「遅れて着いた者はろくに選べない（スペイン）」これはたしかに遅れたらそうなるだろう。そして「遅れて着いた者にろくな場所が当たらない（イタリア）」になると、泊まる宿でよい場所がなくなっていることにいう。また、「遅れてくる者は扉の後ろに座る（ドイツ）」では、のけ者扱いなのだろうか。

見出し語と同じく動物が登場するものでは、アラブのもので「最後に来たものは飲み分が一番少ない」といっているが、飲むのは人ではなくラクダだ。日本語のものでは、類義のレベルになろうが、「一日の遅れは十日の遅れ」といい、最初の出遅れが最後には十倍になってしまうものだといっている。なお、見出し語は1993年1月13日の日経新聞でアメリカの農業問題に対する日本企業の姿勢をベトナムのことわざを引用する形で批判した際に使われた。

親の敵と魚は見たらとれ

魚は見つけたら親の敵をとるようにすぐさまとってしまえということ。親の敵の方は引き合いにされたに過ぎない。これは日本の伝統的な漁業のありようをいった言葉。日本は四方を海に囲まれとても豊かな漁場に恵まれていた。魚の生態系が維持されるレベルの漁獲量や漁法であれば、それも問題はなかった。だが、資源には限りがあるし、無制限に乱獲してしまえば枯渇してしまう。現在の日本の漁業生産はピークの1984年の半分以下だという。見出し語のような従来型の漁業は限界になり、根本的に見直す段階にある。その意味で見出し語はこれからの日本漁業の反面教師となるものなのだ。2013年3月25日の毎日新聞で見たもの。

飼い犬のスープをすする

惨めな生活を送ることの譬え。犬のえさであるスープを人間がすするということからいう。既存のことわざ辞典類にはみられない語句。この句がでてくるのが、1935年の大佛次郎『ブウランジェ将軍の悲劇』。その（四）に「どこでも戦争の話が出た、誰れの目もブウランジェ将軍の一身に注がれた。護国の英雄。復讐将軍。—気がついて見ると戦争が不可避に見える一線まで民衆が知らぬ間に駆け出てゐたのだ。その場合、誰れが飼い犬のスープを啜ることを望まうか。人は、明るい希望のある側に、争つて立つのである。戦争だ。勝たねばならぬ」とでてくる。

勝ち馬に乗る

勝ちそうな方に便乗すること。また、時流に乗ることの譬え。この語句を最初に新聞で見たのはメディアでの調査を始めた翌年の1993年2月の知事選挙の記事の中であった。競馬のレースになぞらえたような句だが、ことわざ辞典には見当たらず、その時点では、ことわざかどうか判断は保留にしておいた。その後、2003年になると選挙や政治の記事に頻出するようになっていた。もちろん、古くから日本にはない言い回しなので、外来ものではないかと推測し英語の辞書などを調べてみた。英和辞典には、jump on the bandwagon（バンドワゴンに乗る）との言い回しがアメリカにあると記載されていた。バンドワゴンとはサーカスのパレードなどの先頭を行く華やかに飾り立てた車、楽隊車のこと。つまり、バンドワゴンに乗るというのは、華やかな車に乗って街をパレードすることであり、そのことに何かの競争に勝った方が凱旋するということとがつながり、そこから出来上がった言葉ではあろうと推測される。日本のメディアの世界では、現代の最も若くして常用度合の高いことわざといえる。

火中の栗をひろう

困難を承知で自らを問題に投じることの譬え。古くは、他人の利益のために自らの危険を冒すということだった。『イソップ物語』やラ・フォンテーヌの『寓話』（巻9の13）「猿と猫」によっている。日本では明治時代には知られるようになっていたが、広く使われるようになるのは戦後になってからだ。現代の使用頻度の高い常用ことわざの一つでもあり、メディアでの調査では1992年10月21日の日経新聞に元首相であった竹下登が率いる派閥に関連した記事にあった。色々な分野で使われるもので、経済分野でも「そのなかでの経済活動は、チャンスと危機が背中合わせにやってくる……と認識し、あえて『火中の栗』を拾えば、儲けのチャンスがつかめると思います」（小林弦彦『旧暦はくらしの羅針盤』2002年）と用いられていた。

河童もけなせば溺れ死ぬ

おとしめられると本人の能力や力が存分には発揮されないとの譬え。泳ぎの名人の河童であってもけなし尽くされると溺れて死んでしまうということからいう。もちろん、河童は想像上の動物ともみなされる存在だから、実際にけなされて溺れることはない。この言い回しは1993年に出た本の題名『豚もおだてりゃ木に登る　河童もけなせば…』（坂崎重盛、PHP研究所）の後ろの部分が独立したもので、題名からうかがわれるように、人は褒められると育ち、けなされると育たないとの考えを書きつづったものだ。もともとあったものか、著者による思いつきか不明だが、まことに上手い譬えだと感心する。

蟹の子は蟹

子が親に似ることの譬え。また、凡人の子は凡人、そして、子が親と同じ道を行くとの意もある。子の容姿、能力、性質などが親に似ることが多くある。遺伝子の問題ばかりでなく、一緒に生活している中で親の立ち居振る舞いや癖なども知らず知らず身についてしまうことも珍しいことではない。むしろ、その方が自然でもあろう。とにかく、類句が大変多くあるのが、このことわざの特徴ともいえそうだ。動物のものは特に多く「カエルの子はカエル」「狐の子は面白《つらじろ》」「マムシの子はマムシ」「鳶《とび》の子鷹にならず」「トンビの子はトンビ」「燕雀鳳《えんじゃくほう》を生まず」とある。植物には「瓜《うり》の蔓《つる》にナスビはならぬ」「ナスの蔓にキュウリはならぬ」「ヘチマの種は大根にはならぬ」となり、人間では「この父（親）にしてこの子あり」「子は親の鏡」「親に似ぬ子なし」といった具合だ。見出し語は珍しいもので、石川淳の短編『鏡の中』に「おれも蟹の子は蟹で、死んだおやぢの跡をついで、いまぢゃ床屋の二代目、社長といふわけだ」と用いられており、他に例をみないものなのだ。

カニの念仏

カニが口から泡を吐くようにブツブツつぶやくことの譬え。くどくどいうさま。ことわざとしては明治時代からあるものだが、現代はたった一つのことに限定される。プロ野球の野村克也元監督のボヤキとして知られたものだ。野村元監督は屈指のホームランバッターとして知られ、三冠王にも輝いたことのある名選手でポジションはキャッチャー。このキャッチャーは打席に立つバッターに盛んにつぶやく心理戦を得意技としていた。ただ、この時のつぶやきはカニの念仏とはいわれていない。選手引退後は監督として輝かしい成績を残したが、その時にメディアに対して選手の管理の一環としてボヤキを盛んに活用したのであった。いうなれば、カニの念仏とは野村監督の監督としての代名詞のようなものなのであったといえる。

カマスの焼き食い一升飯

生きのよいカマスの塩焼きは大変に美味でおかずにすると一升のご飯が食べられるということ。広島地方のことわざといわれる。カマスが美味いとすることわざには「秋カマス嫁に食わすな」が比較的知られている。いうまでもなく、「秋茄子は嫁に食わすな」のカマス版だ。秋のカマスは脂がのり白身の上品な味わいで知る人ぞ知るところ。カマスは刺身でも食べるが、皮とその境目がおいしいので皮を引いた刺身ではもったいないとさえいわれる。見出し語は2005年8月31日毎日新聞夕刊の秋の味に関する記事。秋は食欲の秋といわれるように食べ物が最もおいしい季節。色々ある中で、魚に限定すれば、サケとかウナギなどあるが、一番人気はサンマのようだ。塩焼きは脂がのって香ばしい上、値段が手ごろな庶民の味の代表格といえる。カマスはといえば、何といってもその上品な白身の味わいが売りだろう。

カラスは仲間の目玉をえぐらない

血縁関係にある者は喧嘩になっても残忍なことはしないとの譬え。この語句は2010年6月23日の毎日新聞一面コラム・余録にドイツのことわざとして載ったもの。英語にもOne crow never pulls out another's eyes.（カラス同士は相手の目をえぐりはしない）とか、Dog does not eat dog.（犬は犬を食わず）というものがある。これらに類似の日本のことわざを挙げれば、「同類相食《あいは》まず」といったところだろう。日本のものがやや抽象的なのに対してドイツのものは具体的すぎるくらいに具体的だ。欧米と日本のことわざを比較して最も異なる点の一つは、欧米が抽象的な言い回しが多いのに比して日本は具体的、具象的な傾向があるのだが、ここはその逆だから面白い。

狐と狸の化かしあい

人をだますことに長けている悪賢い者同士が、互いにだましあい、化かしあうことの譬え。「狐に化かされる」などといった言い回しは古くからあるが、ここの語句は明治期以前にはみられず、広まるのは戦後になってからのようだ。最も早いとみられるものが、いろはカルタの一種。昭和20〜30年代にでたもので一枚の刷り物になっている。収められている語句がユニークで種々あるいろはカルタのどれにもないものなのだ。図は「い」が「犬と猿では丸く行かぬ」の句から〈犬猿カルタ〉と名づけたうちの「き」で「狐と狸の化かしあい」。用例としては1977年の毛利子来『いま、子を育てること』（六）に「なんのことはない、中国人に最初に感じた距離は、じつは、わたしたちのほうに『純朴さ』が失われていたためだったらしいのです。『目から鼻に抜ける』ような、『タヌキとキツネのばかし合い』のような人間関係に慣れているわたしたちは、ひとを額面通りに受け取れなくなっていた」とでてくる。

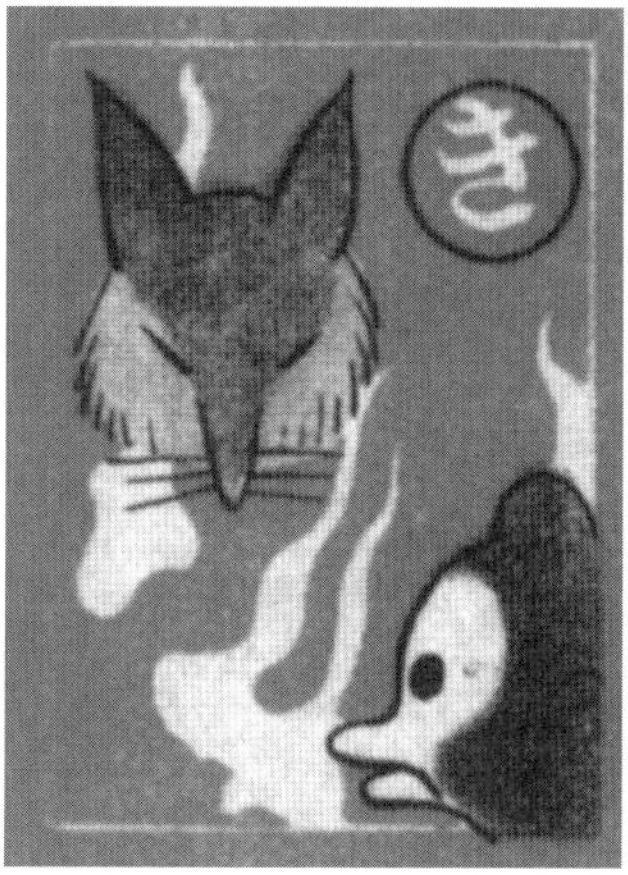

■「狐と狸の化かしあい」

牛飲馬食

多量の飲食をすることの譬え。牛のように飲み、馬のように食べるということから。「鯨飲馬食」ともいう。早いものは明治初期からみられ、以降もよく用いられている。明治30年の女流小説家・清水紫琴『誰が罪』（その八）に「上下和楽を無礼講、礼なきに似て礼あるも、弟子の心、服せばか。ものある時は牛飲馬食、一夜の隙に酒池肉林、傾け尽くすその楽しき、師弟の間に牆壁《しょうへき》を置かず」とあり、同32年の正岡子規の小品『闇汁図解』などで用いられている。

キューリのようにクール

冷静で落ち着いているとの意。英語の慣用句でcool as a cucumberといわれる。メディアでこの語句をみたのは2015年10月27日の朝日新聞で英語のことわざとして紹介してあった。日本のことわざにキューリがでてくるものは大変少なく、あっても「キューリを食べて川へ入ると溺れる」といった俗信といえるものがあるだけだ。とところで、冷静の意として、何故キューリが使われたのであろうか。単なる想像になるが、野菜としての性質が関係していそうだ。キューリは水分が95％でカロリーが低い世界一栄養のない野菜といわれる。そうした点は必ずしもマイナスではなく、ダイエットや利尿作用をいかし人体のむくみの解消などに有用な食材として利用されている。こうした特性から、体を冷やす作用を持つというクールなイメージに重なったのではないだろうか。

きれいな花にはトゲがある

美しいものにも欠点や危険なところがあるとの譬え。多くは女性についていう。「きれいなバラにもトゲがある」ともいう。また、「バラにトゲあり」とか「トゲのないバラはない」ともいい、バリエーションが多くある。英語でNo rose without a thorn. とか、Every rose has it's thorn. といっている。日本には戦後になってから入ってきたものとみられる。見出し語をメディアで初めにみたのが、２００４年3月30日の毎日新聞の校閲のコラム。また、「きれいなバラにはトゲがある」の方は、２０１０年6月17日の毎日新聞夕刊の社会面の小さなコラムだ。

木を隠すなら森

ものを目立たなくしたり、隠すためには、多くの同類の中に入れるのが上手い方法だということ。「木の葉を隠すなら森がいい」ともいう。英語からのもので「木の葉を隠すなら森の中」（The best place to hide a leaf is in a forest.）ともいうし、「木の葉を森の中に隠す」（to hide a leaf in a forest）との言い方もする。日本で、この言葉が有名になったのは推理漫画『金田一少年の事件簿』の金田一少年によるものだが、オリジナルはG・K・チェスタートンの推理小説『ブラウン神父の童心』にある。日本のことわざ辞典には載っていない語句だが、１９８６年の由良三郎の推理小説『象牙の塔の殺意』（21）に「このガラスの山に入れられた物を探すのは、ジャリ山の中のゴルフ球を見付けるのと同じで、一カ月経ってもわからないかも知れない。木の葉を隠すには森がいい、という格言の通りを実行したものである。警察もこれには唖然とした」と用いられている。

木を見て森を見ず

細かなところにこだわり全体を見ないことの譬え。数えきれないほどある森の木の一本を見ても森そのものは見ていないことからいう。明治期に欧米から入ったことわざの一つ。「樹ヲ見テ森ヲ見ズ」（『独英和三対字彙大全』１８８６年）、「彼は森の前にゐながら樹を見ぬ」（『小国民』6巻16号「西洋の諺」）との訳がなされていた。１９３５年の寺田寅彦『自由画稿』（十五）に「木を見ることを教えて森を見ることを教えない今の教育では」との言い方がなされている。見出し語のような言い回しが固まるのは戦後になってからのようだが、現代は常用ことわざとなってあちこちで用いられている。

金の卵を産む鵞鳥を殺す

目先の利益に惑わされて大損することの譬え。「金の卵を産むガチョウを締め上げる」ともいうし、「金の卵を産むニワトリ」ともいったりする。また、「殺すな」とする否定形の言い方もされる。イソップ物語に由来する。イソップでの話は、1日に1個の金の卵を生む鵞鳥から大量の卵を得ようと鵞鳥を殺してしまったというもの。英語では、Don't kill the goose that lays the golden eggs. という否定形のものと肯定形の両方がある。１９８４年の倉橋由美子『大人のための残酷童話』（魔法の豆の木）には「『会って何になるんだい』と女の鬼はぞっとするほど冷たい声で言いました。『まあ、今日のところは帰った方がいい。お土産に金の卵を生むめんどりでも持たせてやれ』　気前のいい男はそう言って、不機嫌な女房に納屋から一羽のめんどりを持ってこさせると、『生め』と怒鳴って金の卵を生ませて見せました」とある。

癖なき馬は行かず

ただおとなしいだけの馬はあまり役に立たないということ。それよりも、気性が荒く扱うのが厄介なくらいの馬の方が実際には役に立つというもの。馬の癖についていっていることわざはいくつかある。最も古いのが天正ごろの「癖ある馬に乗りあり」で、癖のある馬でも乗る人の扱い方次第で役に立つというもの。「名馬に癖あり」は名馬と呼ばれるような馬には強烈な個性があるという。強い個性は馬に限らない。世に天才と称される人には凡人とは異なる点や強い個性があるといわれるからだ。ことわざとしての使用頻度は低いが、２００１年12月23日の読売新聞の経済に関するエッセイで使われている。

糞蠅《くそばえ》の天上《てんじょう》

小さな者や卑しい者が強い一念を以て望みを叶えることの譬え。また、身分・地位が低い者の出世をさげすんでいう言葉。類似する言い回しには「蟻の天上」とか「雪隠虫《せっちんむし》が天上する」というのがある。雪隠虫は便所の蛆虫のこと。見出し語はことわざ辞典にも載っていない珍しいものだが、１９１３年に刊行された柳川春葉の小説『生さぬ仲』（前篇）に「何《ど》ういふ伝手《つて》を求めて、上流社会へ交際を為《し》てみたいと、珠江は箱根に居る頃から常に巻野に計つた。巻野も然《さ》う成《な》れば、所謂《いわゆる》糞蠅《くそばえ》の天昇《てんじょう》なので、無論《むろん》双手《そうしゅ》を挙げて賛成はしたものゝ、さて其《その》伝手《つて》といふのが…」と用いられている。

朽木《くちき》は柱にならぬ

根性が腐った者が大事な役割を果たすことはできないとの譬え。朽木は腐った木。柱は家の大切な骨格となるものだから頑丈でなければならない。朽木の柱で家は支えられないのは明らか。古くからあることわざではないし、あまり用いられているものでもないが、１９９３年3月9日の毎日新聞の読者からの投書で金銭疑惑のある政治家を譬えている。この投書に限らず、金銭疑惑に関わる政治家はこれまでいったい何人いただろうか。それにしても心根の腐った輩を朽木になぞらえてしまうのだからことわざの力は強いといえる。

口紅をつけても豚は豚

外観を整えても内面や本質は変わらないとの譬え。「豚に口紅」ともいう。この言い回しがメディアから発信されたのは毎日新聞が２００８年9月11日、朝日新聞が翌日の12日、9月中に毎日新聞夕刊で2度取り上げられた。英語ではYou can put lipstick on a pig, but it's still a pig. この言葉が世の中に広まったのは、２００８年のアメリカ大統領選挙戦の最中に、共和党のマケイン上院議員らの掲げる政治の改革に対する批判の評言としてのものであった。当時のオバマ上院議員の演説は、「前略～、我々は、ワシントンに旋風を巻き起こします。（マケインのは）チェンジではない。何がブッシュ政策と異なるのか。豚に口紅をつけることはできるが、豚は豚だ。腐った魚を紙に包んでチェンジといっても（ブッシュ政権の）８年の後では、やはりくさい」との内容であった。この演説では見出し語に聴衆が最も強い反応を示していた。

好奇心は猫を殺す

やたらな好奇心は身を滅ぼす危険性があるとの譬え。英語のことわざでCuriosity killed the cat. という。英語では猫は命が九つあるといわれるものだが、そんな猫でも好奇心で命を落としたということからいう。ただ、好奇心と一口にいうものの、学問や研究に欠かせない好奇心と他人へののぞき趣味的なものがある。批判されるのは当然ながら後者となる。１９９１年の小林信彦『イエスタデイ・ワンス・モア』（１）に「『ビートルズがきて、去った―これだけだ。新聞というのは、そういうものだがね』ぼくは好奇心を刺激されていた。〈好奇心は猫をも殺す〉という、その好奇心をだ」とある。

ゴキブリにモラルを求める

ないものねだりをすることの譬え。政治評論家の佐高信が言った言葉の一部。佐高がかつてテレビ『筑紫哲也News23』で「政治家にモラルを求めるのはゴキブリにモラルを求めるに等しい」と発言し物議を醸した。佐高のそうした発言に激高した一人が元首相の羽田孜だった。その時の様子は『日本を撃つ』（佐高信、1994年）の（Ⅳ日本を危うくするジャンク・ブック）に「私はTBSで羽田とも会った。初対面なのだが、テレビの画面では、すでに火花を散らせている。というより、私の発言に怒ってTBSに抗議の電話をかけ、結局、翌日その『ニュース23』に出たのである。私は、政治家にモラルを求めるのはゴキブリにモラルを求めるに等しいとし、経世会の分裂騒ぎで、羽田（小沢）派の石井一が、民主主義、民主主義というので、『ゴキブリも民主主義を求めるのか』と皮肉った。それに怒って羽田は抗議してきたのだが、その当人が目の前にいるのだから、羽田の顔はこわばっていた」と書かれている。佐高の舌鋒は政治家に留まらずバブルを招いた銀行やその頭取にも及んだ。その後は、佐高の口から離れたところでも規律や倫理に関してないものねだりする言葉として広まった。

虎口を逃れて竜穴に入る

一つの災難を逃れたらまた次の災難にあうことの譬え。虎に食われそうになってどうにか逃げたものの今度は恐ろしい竜の穴に入ってしまうというもの。同義でよく知られているのが中国に由来する「前門の虎、後門の狼」。この手のことわざは世界中に散らばっている。動物を用いた動物版のものでは「狼から逃げたら熊にでくわす（ロシア）」「サソリを恐れて逃げ毒蛇の口に落ちる（インド）」「狼から逃れて熊にあう（リトアニア）」「虎を防いで狼にあう（アフガニスタン）」「虎の口から逃げて狼の口に入る（モンゴル）」「象から逃れて虎にであい、虎から逃れて鰐にであう（ラオス）」「鰐の口から逃れて虎の口に落ちる（マレーシア）」「ノロシカを避けたら虎が現れる（韓国）」などある。動物以外も色々で「雪を逃れて雨にあう（タジク）」「雷から逃れて稲妻にうたれる（ポルトガル）」「雨をよけて雨垂れにあう（アルメニア）」は自然版だし、「フライパンから逃げたと思ったら今度は火の中（英語）」「炎を逃れて火の中に落ちる（スペイン）」「煙を逃れて火に落ちる（ウクライナ）」「天から落ちてナツメヤシに引っかかる（パキスタン）」などがある。なお、見出し語は明治時代からみられるもので現代のメディアでは2005年9月5日の読売新聞夕刊に載った。

鯒《こち》には姑の知らない身がある

海魚の鯒には美味い身がこっそり隠れているということ。また、人が見向きもしないものにも価値のあるものがあるとの譬え。「鯒の頭は姑の知らない身がある」ともいう。鯒は体長が1メートル近くもある大きな魚。旬は春から夏にかけてで、ヒラメの味が落ちる初夏に高価になる。もっぱら料理店で使われる白身の高級魚として知られる。現在は、美味で高級な鯒が、どうしてここのことわざのような扱いを受けたのであろうか。単なる推測になるが、見た目がとうてい美しいとはいえないからなのではないだろうか。オコゼ、カサゴ、フグ、ヒラメはどれも白身で美味な魚として知られるが、お世辞にも美しい姿ではない。鯒もここのお仲間なのだ。なお、この語句をメディアで知ったのは1993年7月31日のスポーツニッポンの釣り情報の記事。

琴になり下駄となるのも桐の運

厚遇を得られるか不遇の身となるかは運次第だとの譬え。または、華やかな人生となるか下積みの生活を送るかは運によるということ。同じ桐の木であっても琴に用いられるものがあれば、下駄になるものもある。それは運によるものだということから。上総請西藩《かずさじょうざいはん》（今の千葉県木更津市辺り）の藩主・林忠崇が残した俳句で、林が91歳の時に詠んだもの。林は1868年に徳川家再興のために脱藩し新政府と戦い敗れ、囚われの身となり、藩も取り潰しとなる。後に解放され困窮生活を経た25年後に復籍を許され日光東照宮に務め、1941年に94歳で亡くなっている。見出し語を見たのは2014年9月5日の毎日新聞夕刊の書評であったが、句の作者の評伝の本は『脱藩大名の戊辰戦争』（中村彰彦　中公新書）とのタイトルで2000年に刊行されており、その中に見出し語は書かれていたのであった。

木の葉も落ちて根に帰る

異郷にいる人も最後に落ち着く先は故郷であるということ。枝に茂っていた葉っぱも時季が来れば地表に落ちる。やがて、いつか、腐食し根の栄養になってゆく。中国のことわざに「木はどんなに高くても、落ちた葉は根元に帰る」というものがあり、それに基づいたものだ。この言葉をメディアでみたのは1992年11月24日の朝日新聞で、先の戦争で中国に残された、いわゆる残留孤児問題の記事であった。1995年には『葉は落ちて根に帰る―中国の養母と日本人残留孤児の物語』として出版もされたことからも推測できるように見出しの語句は中国残留孤児の問題を象徴するものともいえる。

最後のワラ一本がラクダの背を折る

物事には限界や限度があり、それを超えれば崩壊したり破滅するとの譬え。言い換えると無理するくらいに頑張っている人に追い打ちを掛けてはならないということになる。ラクダは「砂漠の舟」とも呼ばれ重い荷物を背に厳しい砂漠の地を行き来する。こんなタフなラクダでも荷重が限界を超えれば背骨が折れてしまうということからいう。もちろん、実際には人を乗せても平気なラクダにワラの一本が加わろうと何の問題もなかろう。ただ、そこはことわざなので極度に誇張される。むしろ、誇張こそことわざのことわざたる所以かも知れない。ここの語句は英語のことわざでIt is the last straw that breaks the camel's back. という。

魚と珍客は三日おけば臭う

どんなに珍しい客でも三日も滞在すれば、魚が臭くなるように嫌になるとの譬え。西洋のことわざで英語ではFish and guests stink after three days.（魚と客は三日経つと鼻につく）という。明治時代の小説家・尾崎紅葉の『二人女房』（下編）に「鮮魚《さかな》と珍客は三日おけば臭ふ、といふ西洋《あっち》の諺《ことわざ》があるが、当分は隠居も珍らしいのと、十円の扶持といふので、珍重されたやうなもの、、日が経ち、月が累《かさ》なるに就《つ》けて、第一の要素の『珍らしい』が消えて、差代りまして『厄介な』といふ感情が先城井《まずしろい》の心《むね》に萌《きざ》し始めると、踵《つい》で第二要素の」とでているので、明治後期には日本で知られるようになっていたと考えられる。

魚には水が見えない

近すぎるものは、却って見えないとの譬え。江戸中期の俚諺集『譬喩尽』に「魚の目に水見えず、人の目に空見えず」とあるので、たぶん、これを踏まえ言い換えたものと推測される。人の目には空気は見えないのは確かだが、本当に魚の目に水は見えないのだろうか。風呂で湯の中に潜ってみる限り、水は見えると思うが、魚には見えないのであろうか。もちろん、これはことわざの世界のことだから、実際の真偽は二の次で詮索するものではない。ここのことわざが問題にするのは、身近すぎるものの価値を認識するのは難しいということ。それこそ空気みたいにあって当たり前のようなものの価値をしっかり認識するのは簡単なことではない。メディアでは1992年11月19日のスポーツニッポンの経済欄。

魚の陸見物《おかけんぶつ》

意外なことに出会い奇怪な思いをする譬え。水中で生活する魚が陸上の様子を見物するということから。似たところのあることわざとしては、思いがけないことに驚き、立ち尽くす意の「鳩が豆鉄砲を食ったよう」に重なるところがありそうだが、ぴたりそのものとの例は思い当たらない。ことわざ辞典の類には載っていない語句で夏目漱石の文章にだけ記されている。明治42年に高浜虚子に誘われて明治座の芝居を観たことを記した『明治座の所感を虚子君に問れて』と題する短い評論にみられる。「ただ四方八方ざわざわして色々な色彩が眼に映る感じが一番強かった。尤も是は能と左程性質に於て差違はないが、正面の舞台で女の生首を抱いたり箱へ入れたりしてゐるのに其所作には一向同情がない。万事余計な事をしてゐる様に思はれる。丸で西洋人が始めて日本の芝居を見たら、かうだらうと想像される位妙な心持であった。全く魚《さかな》の陸見物《おかけんぶつ》である」とでてくる。おそらく、漱石自身による創作ではないかと推測される。

魚は頭から腐る

魚は頭から腐ってくるように人間の組織も上層部から腐敗するものだとの譬え。英語のことわざでThe fish always stinks from the head downwards. というが、古代ギリシャからある大変古いことわざなのだ。こうしたことわざがあるということは、そうした事実や実態があったということになるから、この問題は人間組織の永遠のテーマなのかも知れない。日本では、戦後になってから使われ出したようで、メディアの早いものが1992年10月15日の朝日新聞での自民党の竹下派に関する記事であった。

魚を与えるより釣り方を教えろ

金や物品を与え援助するより、自立するための技術や方法を伝える方が大事だとの譬え。言い方は色々で、「魚を与えるより魚の取り方を教える」「魚を与えるより釣り具を与えよ」「魚を釣ってやるな、釣り方を教えよ」などとある。中には「今日の魚より明日のための釣り竿」との表現が、南米ペルーのことわざとして1991年12月30日の毎日新聞の人欄に載ったこともある。この語句の出所については諸説あり特定できていないが、外来のことわざの一つであり、中国やアフリカのベナンにもあるように世界的な広がりを持つものであることが明らかになっている。現代の日本では新興国の開発支援のありかたの問題として話題にされる場合が多い。

先の雁より手前の雀

不確かな将来のものより確実な今のものの方がよいとの譬え。雁を雀より値打ちのあるものとみて譬えたものだ。この他にも雁と雀を引き比べたことわざもある。「雀網で雁」といって、雀を捕る網で大きな雁を捕ることから、予期もしない大きな成果をあげる譬えとなる。雀網が鳥バージョンであれば、魚バージョンといったものが「鰯《いわし》網《あみ》で鯨《くじら》を捕る」になる。見出し語の類句としては「明日の百より今日の五十」がよく知られるが、含みがなく味わいに欠ける。それより「先の雁より手前のヒバリ」の方がことわざとしてのイメージがあり優れていよう。

桜が散ったらカキは食べるな

桜が散った後の5月から8月ころはカキの産卵期に当たり、味も落ち中毒を起こしやすくなるため食べてはならないということ。カキは海のミルクと呼ばれ西洋でも生で食べられている唯一の魚介類だそうだ。それが関係するのか、英語には「rのつかない月（5～8月）はカキを食べるな」とのことわざが知られる。日本のことわざで貝が出てくるものは、ハマグリ・アワビ・アサリ・シジミ・タニシ・サザエなどあるが、カキにもあと一つある。「カキが洟垂れを笑う」という自分のことを棚にあげておいて他人のことをあれこれいう意で「目くそ鼻くそを笑う」と同じものだ。そういわれれば、カキの中身の姿はなんとなく鼻汁に似ていなくはない気がする。

桜の花に梅が香を添える

各々の美点を併せ持つことの譬え。花が美点の桜に、香が美点の梅を加えることからいう。この語句はことわざ辞典の類には見当たらない。関連するかも知れないのが「梅が香を桜の花に匂わせて柳の枝に咲かせたい」という優れた各々の特長を一つにする意のことわざだ。こちらは古く11世紀の『後拾遺和歌集』にみえるもの。見出し語の方は、明治35年の尾崎紅葉『東西短慮之刃』に「操芝居《あやつりしばい》の行はれる頃で、人形は巧機細工古今《からくりざいくここん》の名人竹田近江掾《おうみのじょう》の作、浄瑠璃は竹田筑後掾《ちくごのじょう》の物語と云ふのであるから、桜の花に梅が香を添へたやうな者で、此上は無い」とでてくる。『後拾遺集』のものと紅葉のものとでは、意味も違うし、言い回しも異なるが、紅葉には何らかの影響を与えたものであったかも知れない。

雑魚《ざこ》を数えて呑舟《どんしゅう》の魚を取り逃す

些事にかまけて大事を逃すことの譬え。呑舟の魚とは舟を呑みこむような大きな魚。別の言い方をすれば「小事に拘わりて大事を忘れる」ことになる。この語句はこれまでのことわざ辞典にはみられない。昭和6年の物理学者・寺田寅彦『量的と質的と統計的と』に「この種の Residual effect はしばしばそれが『発見』されるよりずっと前から多くの人の二つの開いた目の前にちゃんと現在して目に触れていても、それが『在る』という質的事実を掘り出し、しっかり把握するまでにはなかなか長い時を待たねばならないのである。これは畢竟量《ひっきょうりょう》を見るに急なために質を見る目がくらむのであり、雑魚を数えて呑舟の魚を取りのがすのである。またおもしろいことには、物理学上における画期的の理論でも、ほとんど皆その出発点は質的な『思いつき』である」と記述されている。

猿は木から落ちても猿だが、議員は選挙に落ちればただの人

政治家は選挙に勝ってこそ価値があるということ。議員の箇所に国会議員とか、代議士、政治家などの単語がはいる場合もあるように幾通りかの言い方がある。1992年、元ボクシングの世界チャンピョンのガッツ石松の『ガッツ流人生ラウンド』(第3章)に「昭和五十一年五月八日、オレは一年半守ってきたチャンピョンの座を明け渡し、ただのガッツ石松に戻った。サルは木から落ちてもサルだが、政治家もチャンピョンも落ちれば〝ただの人〟。それはわかっているのだが、オレの場合、すぐただの人とは思えなかった。チャンピョンの時代が長かったせいもあるが、判定だから実感もすぐわかなかった」とでてくる。

サンマが出るとアンマが引っ込む

サンマの身に脂がのり、味がよくなる季節になるとアンマさんの出番がなくなるということ。アンマはいまや死語化しているようだが、体のコリをもんだり筋肉をほぐしたりするマッサージ師のこと。アンマの代わりに医者という場合もある。秋は食欲の秋とも呼ばれるように、食べ物がおいしいので食も進み体にもよい影響をもたらす。サンマとアンマが語呂合わせになっているうえに、「出る」と「引っ込む」が対照をなしたユーモア感たっぷりなことわざだ。これと同様な意の植物版といえるのが「ミカンが黄色くなると医者が青くなる」という彩りのあることわざだ。

三べん回ってワンといえ

屈辱的な要求に対して従順に従うことの譬え。まるで犬のように三回まわってから返事をすることからいう。最も早い用例として1891年の村上浪六『三日月』(三)にみられるが、言い回しとして知られている割に実際の用例が少ない。戦後のものでは、ビジネスマン小説で知られる高杉良『辞令』(七章)に「広岡は、アキにカラオケのインデックスを突きつけられたが、首を振って受け取ろうとしなかった。実際、からっきし駄目なのだ。無理強いされたら、三べん回ってワンというしかない」と用い

られている。

シギとハマグリの争い

第三者に利益を横取りされてしまう争いごとの譬え。中国の故事に由来する。シギがハマグリの身を食べようと嘴を貝殻の間に差し入れたところハマグリが貝を閉じてしまったのでシギの嘴が抜けなくなった。双方が争っている所を通りかかった漁師がシギもハマグリもたやすく手にいれてしまったというもの。「鷸蚌《いっぼう》の争い」「漁夫の利」ともいう。見出し語は2010年10月17日の東京新聞の歌舞伎に関する記事にあったもの。

尻尾が犬を振る

　本末転倒の譬え。普通は犬が尻尾を振るのをあべこべになっていることからいう。見出し語を初めて見たのは2009年9月4日の毎日新聞の政治欄で英語の表現として紹介されていた。その後も経済欄などでも散見される。英語はThe tail waggles the dog. というそうだ。この意の外国のことわざではDon't put the cart before the horse.（馬の前に車をつけるな）の方が知られていたようだが、近年はここの犬のものが幅をきかせているのだそうだ。日本語では物事があべこべになる意では「石が流れて木の葉が沈む」「牛がいななき馬が吼《ほ》える」などと言ったが、見出し語に近いものとなると「牛追い牛に追われる」あたりであろうか。

死に馬に蹴られる

　起こりそうにないことが、予想に反して起こることの譬え。また、ありえないことの譬え。死にかかっている馬から蹴られるような思わぬ反撃を受けることからいう。「死に馬に蹴飛ばされる」ともいう。これもことわざ辞典にはみられない語句の一つだが、最初にみたのは1992年10月12日のデイリースポーツという日刊のスポーツ紙のサッカーの記事であった。他の全国紙の新聞では投資や囲碁で扱われていた。2001年の元NHKアナウンサーの鈴木健二『壁にぶつかったとき読む本』（6 困難の中にこそ『飛躍のきっかけ』はたくさん秘められている）に「人間万事塞翁が馬とか、禍福はあざなえる縄の如しと言って、不幸と幸福は代わる代わるやってくることになっているはずだが、泣きっ面に蜂だの、死に馬に蹴飛ばされるのだのもあって、不運の上には不運が重なる場合もある」とでてくる。ここでの使い方は、「泣きっ面に蜂」と同じに不幸や不運は重なると解釈されているので、冒頭に示した解釈とは少し異なるようだ。見出し語の通常の解釈は、ここのような事態を肯定でも否定でもなく捉えているのに対して、鈴木のものは否定的なものと捉えたところに違いがあると考えられる。

自分の頭のハエを追え

　他人のことに世話を焼くより、先に自分のことをしっかりやれということの譬え。「人ごと言わんより我が頭のハエを追え」「己の頭のハエを追え」などともいう。自分ひとりのこともできないような人を「頭の上のハエも追われぬ」者といっている。明治時代の早い時期からみられるもので、1885年の坪内逍遥『当世書生気質』（十一回）に「又脳病《のうびょう》にでもなりはせんかと、それやこれやが心配だから、といったら余計なお世話だ。自分の頭の蠅を追へと、世間の奴輩《やつら》はいふか知らんが、僕ァ真実から忠告するんサ」とでてくる。戦後もあちこちでよく用いられている。

ジャガイモに目鼻をつける

　でこぼこした顔の形容。たしかに生のジャガイモの表面はデコボコしているので、それになぞらえたのだろう。凹みはニキビか何かの痕なのかも知れない。この語句は古い文献には見当たらず、でてくるのが2001年のノンフィクション作家の佐野眞一『私の体験的ノンフィクション術』（3）に「ジャガイモに目鼻をつけたと形容される容貌魁偉なこの男は、驚嘆すべき精力と並外れた人心収攬《しゅうらん》術で八十四年の生涯を思うがままに駆け抜けてきた」とある。この男とは読売新聞の基礎を築いた正力松太郎であった。ことわざには顔を形容する句が豊富にある。「丸盆に目鼻」はまん丸い顔のことで葛飾北斎の黄表紙『児童文殊稚教訓《ちごもんじゅおさなきょうくん》』(1801年)に図がある。「生壁《なまかべ》を算盤《そろばん》で押さえる」は軟らかな壁を算盤の玉で押さえることから、疱瘡の痕などが残っている顔のことになる。「とうもろこしに目鼻」はあばた顔。「鍋蓋に目鼻」は色黒の丸く偏平な顔。丸顔の譬えは「こんにゃく玉に目鼻をつけたよう」「団子に目鼻」。四角い顔が「焜炉《こんろ》に目鼻」。「瓢箪に目鼻をつけたよう」は滑稽な顔形とあるから可笑しくも楽しいものがある。

書を読みて羊を失う

他のことに気をとられ肝心なことをおろそかにすることの譬え。四字熟語では「読書亡羊《どくしょぼうよう》」。これは中国の古典『荘子』にある故事に基づく。二人の下男が羊の番をしていたが、どちらも羊を逃がしてしまった。その原因は、一人が読書で、もう一人が博打だったというもの。見出し語は2003年1月1日の日経新聞の一面コラム・春秋欄にみられたもの。大きなことわざ辞典には語句の収載はあるものの、出典の記載はない。ただし、四字熟語の方は四字熟語辞典には載っている。

白猫でも黒猫でも鼠を捕るのがよい猫

どういう手段であれよい成果を出すのが大事だということの譬え。中国の最高指導者であった鄧小平が推進した改革開放政策を象徴する言い回しとして知られる。言い方は色々あり、「白い猫でも黒い猫でも〜」「白猫であれ黒猫であれ〜」とか、「黒猫でも白猫でも〜」「黒い猫でも白い猫でも〜」といっている。メディアでは1993年からよく使われ、例えば同年1月1日の日経新聞の政界の記事では「白い猫でも黒い猫でも政界再編をするのが良い猫」とするもじりを登場させていた。2001年のノンフィクション作家・佐野眞一の『私の体験的ノンフィクション術』(5)には「正力は根っからの共産主義嫌いだったが、仕事ができると思えばアカでも誰でも使った。黒いネコでも白いネコでもネズミをとるネコはいいネコというのが、正力の終生かわらぬ信念だった」とある。

沈丁花は枯れても芳し

もとがよいものは落ち目になっても元々のよさを失わないとの譬え。よい香りのする沈丁花は枯れてしまっても、なおよい香りを放つということから。沈丁花は手毬のような花弁と甘い香りから人気のある花。日本では室町時代からあるという。同義で周知のことわざが「腐っても鯛」なので、ここのはその植物版。明治時代からあるものながら、ことわざとしてお目にかかるのは極めて稀だ。メディアでは2008年3月13日の読売新聞夕刊の花の記事の中で用いられていたものだ。

辛抱する木に花が咲く

辛いことにも耐えしのべば、いつかは必ず報われるとの譬え。辛抱する人を木に、成功を花に譬え擬人化ならぬ〈擬木化〉したものだ。たぶん、金の成る木にもなぞらえたのではなかろうか。「辛抱の木〜」「忍耐の木〜」ともいうし、「辛抱する木には美しい花が咲く」とも色々にいう。この同じ意味のことわざで周知なものが「石の上にも三年」で、それに似たものも「茨の中にも三年の辛抱」「火の中にも三年」とあり、こちらも色々ある。さらには、辛抱こそが金を生むものだとする「辛抱する木に金がなる」ともいわれる。ここに挙がることわざは、「石の上にも三年」こそ江戸期からのものだが、その他は、どれも明治期以降の若いもの。

水牛のそばで竪琴を奏でる

アドバイスを聞こうとしない者に忠告することの譬え。水牛の傍らで竪琴を演奏して聴かせようとすることから。ビルマのことわざ。類義のことわざは多種あるが、この語句に最も近いのが「牛に対して琴を弾ず」。こちらは中国の故事に由来する古いものなので、中国の影響を受けた可能性もありそうだ。その他には「牛に経文」もあり、「馬の耳に念仏」の牛バージョンといえそうだ。ここの語句の意味としては、価値のあるものでも無駄だとするものがあり、他種の動物で譬えたものに、「猫に小判」「犬に論語」「馬に天保銭」「牛に麝香《じゃこう》」などとある。なお、天保銭は江戸時代の天保通宝であり、麝香は麝香鹿からとった香りの高い香料。

すずめの行水

入浴が短いことの譬え。すずめは羽や体の毛の汚れを落したり、ダニなどから守るために水浴びをするが、その時間は少しだけ。同じ意味のもので一般に知られるのは「カラスの行水」だ。こちらは江戸時代から使われてきた。すずめの方はといえば、こちらは、太宰治や坂口安吾とともに無頼派とよばれた織田作之助の作品にある。1946年の『文楽の人』(吉田文五郎)に「それが済むと旦那のお伴して朝銭湯《ろふ》イ行て、旦那の湯くんだり水くんだり、背中流したり、身体拭いたりします。旦那は一足先に帰りはります。裸で飛んで行って下駄揃えて、そのあとではじめて湯ウにつかって雀の行水みたいに一寸身体ぬらしただけで飛んで帰って」とでてくる。なお、見出し語は播州赤穂地方でも確認されているので、西日本で使われたことわざだったのかも知れない。

すずめの涙

ごく少量なものの譬え。すずめが流す涙ということからいわれる。実際にすずめが涙を流すかといえば、確認はしていないものの、流さないであろう。何分にも同義の別の言い回しに「蜂の涙」というのがあり、その確認が至難なものがあるからだ。どちらも人間さまの勝手な想像によるものとみられる。明治時代からみられるようだが、用例は昭和になってからだ。内田百閒の随筆『一本七勺』(『ノラや』昭和32年所収)に「お正月になつてからも中野は時時汲んで来てくれた。済まないとは思ふけれど、夕方その小さな壜をさげて家へと帰る時のうれしさは何とも云はれない。ほんの雀の涙で、一合には足りない。いつも一本七勺である」と使われている。すずめの姿が都会から減ったと話題になる今日ではあるが、語句の方はまだ姿は消していない。

砂に頭を突っ込んだ駝鳥

危険を見て見ない振りをする臆病者の譬え。この語句を見たのは2003年12月3日の読売新聞のイラク戦争に関する記事の中でアメリカ政府関係者の言葉として書かれていたものだ。英語の言葉でbury one's head in the sand like an ostrich(ダチョウのように頭を砂に埋める)のように表現される。また、It is an ostrich policy.(ダチョウの策を行う)というものもある。この英文には、日本では「頭隠して尻隠さず」に相当するとの見方もされていたが、英語とは微妙にニュアンスの違いがあるようだ。少なくても日本の方には臆病者の意味はなく、愚行を嘲笑する意味合いだからだ。

大魚は支流に泳がず

高い志を持つ者はつまらないことに関わることはないとの譬え。大きな魚は小さな流れには棲めないことから。この言い回しは1993年、当時の首相・細川護熙がいったものだが、ことわざ辞典には載っていない。同じ意味のものでよく知られるのが「呑舟《どんしゅう》の魚は枝流に游がず」という中国の古典に発するもの。舟を呑みこむような巨大な魚に譬えたもの。また、江戸時代からみられる「大魚は小池に棲まず」という見出し語の異形のようなものもある。これらが魚バージョンといったものだとすれば、動物バージョンといえるのが禅の語録に発し『曽我物語』で使われている「大象兎径《だいぞうとけい》に遊ばず」。大きな象は兎が通う道は通らないというもの。見出し語は、魚バージョンなどを参考にしたか、ヒントにして新たに案出されたことわざであるかも知れない。

大根時の医者いらず

大根の収穫時期は気候もよく、食欲も旺盛なので医者が暇になるという譬え。春蒔きもあるが、大根は秋野菜の代表格として知られる。ここの語句は、大根自体が健康によいとはいっていないが、大根そのものを健康食とみることわざもある。「大根おろしに医者いらず」「生食すれば医者いらず」といわれ、便秘改善、解熱効果、口内炎症の改善、高血圧や糖尿病の予防・改善、ガン予防になるという。おまけに美容効果まである優れものなのだ。「大根役者」との言葉があるのは、大根が食あたりしないことから、「当たらない役者」の意とする説もある。他方、気候のよい秋に医者はいらなくなるとすることわざはいくつかある。「柚《ゆ》が色づくと医者が青くなる」「ミカンが黄色くなると医者が青くなる」「柿が赤くなれば医者は青くなる」「サンマが出るとアンマが引っ込む」などが当てはまる。

大山鳴動して鼠一匹

前触れの大きさに反して結果が微々たるものであることの譬え。大きな山が大きな音をたて揺れ動いた結果にでてきたのが鼠一匹だったということから。イソップ物語を基にする西洋のことわざの翻訳。日本での早いものとして、明治29年の「大勲位首相」（平田久『新聞記者の十年間』所収）には「山の動く如き音して、鼠の飛出すと云ふ諺の如く」と記されている。明治43年の山田美妙『平清盛』になると「大山が鳴動して鼠一疋飛び出した」と現代の言い回しとあまり変わらなくなる。それでも、昭和10年の寺田寅彦『自由画稿』（十八）には「大山鳴動して一鼠《いっそ》が飛び出した」とあるように、言い回しはなかなか一定化しなかったようだ。現代は「大山鳴動鼠一匹」とか、見出し語の形が大勢で、中に省略して「大山鳴動」とだけにしたものもある。

大樹の下の小木

大きな勢力の下にいた非才な者の譬え。この語句はことわざ辞典にはないが、大きな勢力の下では有能な人材は育ちにくいとの譬えである「大木の下に小木育たず」との語句があるので、おそらく、それをヒントか参考にして言い換えたものであろう。大きな木には葉が繁茂するので、その下は日陰になるため苗木は育ちにくいことからいう。また、木ではなく草とした「大樹の下には美草なし」という言い回しもある。1989年のモンキー博士こと河合雅雄『学問の冒険』（第2章）に「私はカジミールの論文を読んで、非常に感慨深いものがあった。～中略～そこには私と水原君によるゴリラの調査の論文も引用されていた。大樹の下の小木だった私たちの仕事が歳月を経て、カジミールの素晴らしい論文によって日の目を見たことに、私はうれしさを包み隠すことができなかった」とでてくる。

太平洋でゴボウを洗う

男女の交合で性器がフィットしないことの譬え。セックスに関することわざの一つ。太平洋は女陰、ゴボウは男根。広大な女陰に対して細いゴボウのような男根が挿入されることからいう。江戸時代では「据え風呂でごぼうを洗う」といっていた。据え風呂とは大きな桶の下にかまどを付けて湯を沸かす風呂桶。セックスのことわざは少なくないが、多くは一方的であるのに対して、ここのは双方的の珍しい例かも知れない。つまり、交合時に、男の側が相手のことを太平洋だといっても、いわれた女側も、そういう、あんたこそゴボウじゃないと反論できるからだ。1992年の増原良彦『男性自身についてのまじめな考察』（第5章）に「道鏡というのは、奈良時代の末のあの弓削道鏡です。彼は川柳の世界では、一大巨根の所有者とされています。そして、道鏡を寵愛された孝謙天皇は、広い太平洋のような女性であったというのです。いえ、その心ではなく、その女性性器なんです…。

したがって、道鏡以前には、誰と交わっても満足できない。まるで、『太平洋に牛蒡』のありさまでした」とある。

鷹の前に出たすずめ

威圧されて縮こまることの譬え。「鷹にあったスズメ」「鷹にスズメ」ともいう。明治時代からいわれるものだが、それ以前は「鷹にあえる雉子《じき》」といっていた。類義のものとしては「猫にあったネズミ」もあるし、これまでまったく知られていない「鶏の前の鮎」というものもある一方で、「蛇ににらまれたカエル」のように現代よく知られるものもあって、なかなかバラエティーに富んでいる。見出し語は大正11年の佐藤紅緑『春を追ふて』（秘密）に「私ね、明子さんの顔を見るとそんな気になったのよ、明子さんは何だかびくびくして鷹の前へ出た雀の様に顫へてるでせう、けれども、御腹の中では大変に満足してるのよ」とでてくる。

他人の不幸は鴨の味

他人が不幸であるのを見るのは快感であるとの譬え。「他人の不幸は鯛の味」ともいう。もっと直截というか露骨というか、「他人の不幸は我が身の幸せ」としたものさえある。内面に秘められた屈折した人間の深層心理をいったものであろうか。見出し語は１９９０年の東映映画『遺産相続』で用いられていたものだが、この語句も鯛の味の方もことわざ辞典にはみられない。類似の意味のことわざに「隣の貧乏鴨（雁）の味」「人を謗るは鴨（雁）の味」というものがあるから、こちらも見出し語に負けず劣らず屈折している。他方、「ろくでなしが人の陰口」というように、下劣な人間が陰口をたたく者だという真っ当なものもある。どうも人の心には善なる要素と悪なる要素が混在しているのかも知れない。文章の用例は１９８４年に元ＮＨＫアナウンサー・広瀬久美子『女の器量はことばしだい』（「パッと見」はすてき、でも口を開くと…）に「仕事が満足にできなかったり、失敗してしまったりすることがあります。～中略～やり直すわけにもいかず、まして消すことなどもちろんできませんし…。こういう場合は、仲間にあたるのが一番ですが、その場合、あたられて根にもつような人はさけます。でも、元気象庁、現ＮＨＫの『ＮＣ《エヌシー》９《ナイン》』出演の倉嶋厚さんによれば『他人の不幸は鯛の味』ですし、気分的にも、心情はよくわかる部分ですので、快くあたらせてくれます」とある。

卵が先か、鶏が先か

どちらの方が先であるのか、とする問題や疑問。「卵と鶏の関係」「鶏が先か卵が先か」ともいう。これは、単に卵と鶏の問題ではなく、生命とか世界の始原に関わる大問題にもつながっている。比喩的にはニワトリがいなければ卵は生まれないし、卵がなければニワトリは生まれないのはたしか。しかし、近年、卵の結晶化を促すたんぱく質がニワトリの卵巣に存在しており、これによって卵ができるのだとの説が唱えられた。また、他方で、数学の観点からすると、ニワトリの飼育数から産まれる卵の数を予測できるか、卵の数からニワトリの頭数を予測できるか、あるいはその両方かを調査した結果では、卵の時系列が持つ情報からはニワトリの数を予測できたとしている。この結論として、卵が先となるという。学問間においても異なっていて、決着はついていない。早い用例としては１９５３年の久保栄の戯曲『日本の気象』（４）に「さあ、それは、君、鶏と卵の関係みたいなもんで、どっちが先とも言えないんじゃないの」とある。また、１９８１年の漫画家・黒鉄ヒロシのエッセイ『まいにちクローガネ』（夜店）に「祭りのあとが寂しくて嫌い、などとおっしゃる人がいる。祭りが終わりゃあ、また祭りの前である。納得のいかない人の為に少し説明すると、タマゴが先かにわとりが先か、よりも明解である」とでてくる。

卵を盗む者は牛をも盗む

小さな悪事をする者は大きな悪事もするようになるとの譬え。英語にみられることわざでHe that will steal an egg will steal an ox. という。日本のものでこれに相当するのが江戸時代にみられる「針とる者は車をとる」。たとえ針の一本を盗むような小さな悪でも、それを見逃していると、味をしめてつけあがり、そのうち大きな悪を引き起こすに至るというものだ。悪は小さいうちにしっかりと対処した方があとあとにもよいのだ。メディアでの初見は１９９４年3月10日の東京新聞の運勢判断の欄であった。

卵を割らなきゃオムレツはつくれない

ほしいものを手にいれるには、努力しながらも代償をはらわねばならないことがある。目的を達成するためには、何か他のものを犠牲にしなければならないとの譬え。「オムレツをつくるには卵を割らねばならぬ」ともいう。人が願望をいだいても、そのすべてを叶えることは至難だ。むしろ、不可能ともいえる。もちろん、思うだけなら制限はないが、実行するとなるとさまざまな規制や制約を受ける。ここの語句は、フランスのことわざだが、英語でも親しまれ、You cannot make an omelet without breaking eggs. という。メディアでの初見は１９９２年10月16日の朝日新聞夕刊のひとくちコラム・素粒子。

蝶にも毛虫の時がある

華やかで世間で評判になり、多くの人に好感を持たれる人にも、日の当たらない下積みの苦労があるのだということの譬え。色彩豊かな艶やかな蝶にも、グロテスクで人に嫌われる毛虫の時があることからいう。蝶と毛虫では対照的なほどに違っており、知らなければ毛虫が蝶になるなんて到底信じられない。毛虫が嫌われるのは、姿や形だけではない。肌に触るとかぶれを起こす厄介な存在でもあるからだ。そのせいか、毛虫は、いじわるで嫌われ者のことを指してもいる。見出し語は２００３年6月17日の読売新聞の一面コラム・編集手帳で新作格言として紹介されたもの。これから生き延びていけば、立派なことわざになるはずだ。

釣った魚に餌はいらぬ

首尾よく獲得できたものには、余計な出費はしないとの譬え。「釣った魚に餌はやらぬ」ともいう。疑似餌を用いる毛バリ釣りを除けば、魚を釣るには餌はどうしてもいる。でも、釣り上げてしまえば、その魚に餌はやらないことからいう。この語句はことわざ辞典にはないものだが、現代のテレビ番組などで用いられている。これが、評論家の大宅壮一による造語であることが判明した。そのあたりの経緯は１９９４年の評論家・柳田邦男の『かけがえのない日々』（老いの支え）に「私は昌夫人が『大きな駄々っ子』に書いておられた新婚当時の大宅氏の〝暴言〟の数々を思い出した。『釣った魚に餌をやるアホがあるか』『人類と獣類との間に女類があるんだ』『女の脳みそは男よりよほど軽い』」と記されている。女性に対する男性の横暴は否定しがたいが、言い回し自体に限れば、なかなか観察は鋭く、譬えの絶妙さ加減に思わず感心させられる。なお、『大きな駄々っ子』は１９７１年に刊行されたもので、その「女心を知らぬ人」の節で語られている。

転石苔をむさず

積極的に活動する人は生き生きと健康でいられるとの譬え①。また、反対に、転職や転居を繰り返す人は何ごとも成就しないとの譬え②。「転がる石には苔むさず」「転がる石に苔はつかない」ともいう。山からゴロゴロ転がる石に苔は生える間もないことからいう。ギリシャ語・ラテン語に由来する古いことわざで、英語では、A rolling stone gathers no moss. という。アメリカとイギリスで意味が逆になることで知られる。イギリスでは②であり、アメリカでは①となる。日本で早く紹介した『西洋諺草』

（1877年）には「常《つね》に転《ころ》ふ石《いし》ハ苔《こけ》を生《しやう》せす」と記されているように色々な訳がつけられていた。現在は、米英で意味が異なる珍しいことわざとして知られるものだが、ことわざの著名度に比して使用頻度は高くない。1994年の漫画家・弘兼憲史のエッセイ集『覚悟の法則』（法則四）に「大切なことはアクティブに生きるということ。『転石苔を生ぜず』という。『動かざること山のごとし』というのもいいけれど、それはもうちょっと年を取るまでとっておいて、とりあえずは体に苔なんか生えないように、動いてみることだ」とある。

冬瓜が水に沈み、土器の破片が浮かぶ

人の栄枯盛衰は変わってゆくものだとの譬え。カンボジアのことわざ。冬瓜は熱帯アジア原産のウリ科の一年草。球状から長楕円形の大きな実（30～50センチメートル）をつける。実は食用となり、日本でも色々な料理になっている。土器は土を焼いたものだから水に入れれば沈むが、冬瓜は沈まないのだろう。日本には似た着想の「石が流れて木の葉が沈む」ということわざがある。通常の反対になる意のことわざだ。視点や着眼は似ているものの意味は大きく違う。見出し語に近い日本のことわざとなると、「禍福は糾える縄の如し」あたりになろう。メディアでは2004年10月16日の毎日新聞一面コラム・余録で用いられていた。

トカゲの尻尾切り

スキャンダルが生じてその責任を部下などにかぶせ、上にいる者が責任逃れをする譬え。トカゲは自らの身に危機が生じた場合、自分の尻尾を自分で切り離し難を逃れる。現代社会でも、政治家や官僚、大会社や大組織の幹部などが、汚職や醜聞沙汰で社会から指弾されると、自分の責任を部下に転嫁し、自らは生き延び、のうのうと暮らすというケースは後を絶たない。この語句は、戦後に生まれたもののようで、ことわざ辞典には2010年に刊行された森田良行『日本語の慣用表現辞典』が唯一収載している。文例で早いものは1961年の宮本研の戯曲『日本人民共和国』に「いつだったか、おれはお前にいったはずだ。党員になるのもいいが、あとで泣くような目に会ったって知らねえぞ、ってな。…お前はよ、尻尾なんだよ、尻尾、トカゲのよ。…切られた尻尾がピンピンはねる。人がそれを見て騒いでる間に、ご本尊はトンズラよ」とでてくる。メディアでの調査では、開始した1992年から大変よく使われる上位にランクされる常用語句だ。もっとも、逆にみれば、戦後の日本には、それだけ不祥事が多発してきたことになる。

どじょうを殺して鶴を養う

大事を生かすために小事を犠牲にすることの譬え。この句は、ことわざ辞典にはみられないもの。文明開化を唱導した福沢諭吉の『文明論之概略』（巻一）に「日本国と諸藩とを対すれば、日本国は重し、諸藩は軽し、藩を廃するは猶腹の背に替へられざるが如く、大名藩士の禄を奪ふは鰌《どじょう》を殺して鶴を養ふが如し」とでてくる。言い換えると、日本（＝鶴）をつくり上げるために諸藩（＝どじょう）は犠牲にしなければならないと考えたものであった。類義でこうした発想のことわざとして「小の虫を殺して大の虫を生かす」が知られるが、見出し語の方がリアル感が強いようだ。

どぶに落ちた犬を打て

窮地にある者を徹底的に打ちのめすことの譬え。この言い回しは1994年5月3日の毎日新聞に掲載された政治座談会での発言。政治の世界なら、こんな話はどこにでもありそうだ。どのことわざ辞典にもないものだが、中国の作家・魯迅が言った「水に落ちた犬を打て」（別項）を言い換えたものと推定される。水に落ちた犬よりも、ドブに落ちた犬の方が、惨めさ加減でいえば、いっそう強くなるからだ。類義の日本のものでは、「首くくりの足を引く」「溺れる者の足を引く」あたりが相当するかも知れない。

トマトが赤くなると医者が青くなる

トマトが赤く色づくころになると気候がよく、人々が健康になるので医者の出番がなくなるということ。西洋のことわざといわれるが、詳細は不明。一説にはイタリアのことわざともいわれる。植物と健康の関わりをいうことわざは少なくなく、日本にも「柿が赤くなれば医者は青くなる」「ミカンが黄色くなると医者が青くなる」「柚《ゆ》が色づくと医者が青くなる」などが挙げられるが、どれも色のコントラストを利用した絵画的なイメージが浮かぶことわざになっている。見出し語のメディアでの初見は１９９３年３月28日の毎日新聞での料理に関する広告記事であった。

二頭の象が喧嘩したら蟻は踏みつぶされる

権力者や大国が争いを起こせば人民に被害が及ぶという譬え。この語句は１９９３年５月15日の朝日新聞に載ったアジア平和に関する記事にあったものだが、どこの国のものかは明記されていなかった。その後の新聞には２０１０年10月２日の毎日新聞の国際問題に関する記事に「二匹の象が戦えば鼠は踏み殺される」、２０１１年９月１日の毎日新聞記者によるコラム「記者の目」に「二頭の象が戦えば鹿は踏み殺される」の語句が両方ともインドネシアのことわざとして紹介されていた。他の言語にもあり、マレーシアでは「象が争えばジャコウジカが挟まれて死ぬ」とか、「象が戦えば草が傷つく（スワヒリ語）」とある。異なる動物のものでは「水牛二頭が角つき合わせている間にギョウギシバ（芝生の一種）が耐え切れずに傷む（ビルマ）」というのもあってアジア圏に限らないようだ。さらに、「二頭の巨象は喧嘩しても仲良くしすぎてもはた迷惑だ」との語句が１９９２年11月17日の朝日新聞のASEANを取り上げた記事で用いられている。

二兎を追う者は一兎も得ず

欲をかきすぎて二つのことを同時にやると両方ともうまくはいかないとの譬え。一人で二匹の兎を捕まえようとすることからいう。西洋のことわざで英語では、If you run after two hares you will catch neither. という。明治時代の早い時期から入ったもので、翻訳も見出し語の言い回しが多く用いられた。現在の使用頻度はかなり高い常用ことわざの一つだ。それもあってか、「二兎を追う者」「二兎を追う」といった省略した言い方をされたり、「二兎を追って二兎を得る」のような逆用したりするものもでてきている。明治時代の用例の一つに明治41年の国木田独歩『欺かざるの記』（三月十五日）に「此日『罪と罰』を借る。同書に『同時に数兎を逐ふ者は一兎をも獲ずして帰る』てふ魯西亜の俚諺を読む、之れ二兎を逐ふ者一兎を獲ずの諺と同意なれども吾之を読み、切に身にあたるを覚えしは何ぞや」とでてくる。

鶏が鳳《ほう》を生む

平凡な人から非凡な人が生まれることの譬え。同義でよく知られるのが「鳶が鷹を生む」。これに対して見出し語は、明治25年の尾崎紅葉の小説『三人妻』（十　金と女）に「歯を磨くといふことも知らず、髪は棕櫚の毛と同じ物に念《おも》うて、世中《よのなか》の楽《たのしみ》は山本《ふもと》の五郎兵衛が宿で売る赤馬を、茶碗で五杯牛飲《あほる》を此上なしと心得たる、山男の子息《せがれ》には鳶が鷹か、鶏が鳳《ほう》を生みたる才物」とでてくる。しかし、紅葉以降には見当たらず、埋もれてしまったのかも知れない。ことわざの出来栄えとしては、鳶鷹バージョンに決して劣っているとはみられないので、何とか復権したいもの。

猫が見てても視聴率

テレビの視聴率の高さに一喜一憂して視聴率競争する態度を揶揄する言葉。「猫が見ていても１％は１％」ともいう。猫が座敷の中のテレビの前にいる様子から、それを視聴者に数えるということ。第三者からすれば馬鹿馬鹿しいとしか言えないものなのだが、当事者にとっては首がかかる死活問題であるかも知れない。メディアでは1992年11月20日の朝日新聞でのテレビ視聴率に関する記事からみられるようになり、その数は多いものではないが、今日まで続いている。

猫の魚辞退

本心を隠してうわべをつくろうことの譬え。猫が大好物の魚を要らないということからいう。家畜の猫は食物を人間に依存せざるを得ないので、人間が食べるものの残りなどを食べる。西洋の猫が好むものはミルクやチーズ。日本の「猫にマタタビ」には英語の「おいしい乳をなめようとしない猫は天性に反している」というものが相当する。日本人は魚をよく食べるので飼われている猫も魚をよく食べることになる。1995年のひろさちや『仏教とっておきの話366』(卯月)に「内心では欲しくてたまらないのに、いちおううわべは辞退する。それを『猫の精進』または『猫の魚辞退』という。〝精進〟とは、本来仏教のことばで、〝努力〟の意味。とくに、出家して仏門に入り、ひたすらに修行に励むのが精進であったが、のちにはたんに肉食をしないことが精進とされた」とある。

猫は九つの命を持つ

猫は用心深くしぶといので簡単に命を落とすことはないとの譬え。また、生命力の強い人の譬え。「猫に九生あり」ともいう。英語にあるもので、A cat has nine lives.という。犬と猫は何かと比較されるが、寿命の点ではどうだろうか。2015年度の調査によれば、平均寿命は15・75歳。ただし、室内飼いだと16・40で、屋外だと14・22歳と2歳以上も差がある。対する犬の方は、犬種によってかなり違いがあるものの平均は10〜13歳。小型のプードルやポメラニアンは15歳も生きるのに大型のグレートデンは8・5歳というからその差は甚だしい。つまり、寿命の観点からでは猫が犬に勝るとは単純にはいえないのだ。それでは何をもって生命力が高いとみられるのであろうか。憶測の域になるが、猫の柔軟性を持った高い身体能力は挙げられるだろう。また、化け猫伝説が知られるように魔的なものの存在がうかがわれる点なども背景にあるのではないだろうか。

根のなきことに葉は茂らず

原因となるものがなければ結果は生じない、また、根拠がなければ噂は立たないとの譬え。多くの植物には根があり枝があり、そこに葉が茂ることからいう。西洋のことわざ「火のないところに煙は立たず」の植物版といえる。この語句は明治23年の斎藤緑雨の小説『見切物』(二十一)に「うるさきは世間の口端まさかと思へば気にも留ざりしに、先の日といひ今宵といひ合点のゆかぬお前の素振、さすが噂とて根のなきことに葉は茂らず、段々と考へれば大方読めし前後の仔細」とでてくる。ことわざ辞典でこの語句を載せているものはないようなので珍しいことわざといえる。なお、斎藤緑雨は明治32年の『朝寝髪』という小説にも「根の無い草に花さかず」との言い回しを記しているのだが、昭和期以降には伝わらなかったようだ。ちなみに、最後の語句に対しては、反対の意となる「根がなくとも花は咲く」ということわざがあることを補足しておく。

根もないことに枝葉をつけていう

何の根拠もないことを、さらに誇張して言いふらすことの譬え。噂話などを1本の樹木に譬えた言い回し。似た意味合いの「根も葉もないことをいう」より、枝葉がついている分、強調の度合いが強く、引き合いを魚にした「尾に鰭をつける」に近いものだ。ことわざ辞典にはみられないものだが、大正14年の久保田万太郎『寂しければ』(うき寝)に「どうにかまァ一人前になつて、人さまに御迷惑をかけないでもやつて行かれるやうになりました。—さうなると、これ、仲間の奴がやつかんで、何のかの、根もないことに枝葉をつけていひ触らします」とある。

農鳥がくっきり出る年は豊作

鳥の形に見える残雪が山肌に見える年は豊作だということ。農鳥は春先に山肌に残る雪の形をいう。残雪には、鳥の他にも獣、魚、植物などあるが、鳥が最も知られて各地にある。農業に関することわざになるものだが、もう少し広くいえば天気俚諺に属すものだ。天気のことわざは、「暑さ寒さも彼岸まで」のように周知のものもあるが、普通は一般のことわざとは別のくくりになる。天気俚諺の大きな特色は、全国各地に存在し、その地域の地形などにからめた言い回しが存在するということだ。見出し語は1994年5月25日の毎日新聞に残雪に関する記事の中で用いられていたものだ。

白馬は馬にあらず

詭弁を弄することの譬え。馬は形をいうものであるが、白馬は色彩をいうもので両者は異なる存在であるが故に、白馬は馬ではないとする論法をいう。「白馬非馬の論」ともいう。中国の古典に発するものだが、日本では尾崎紅葉の有名な『金色夜叉』(中編)に『武士にあつては武士魂なるものが、商人《あきんど》にあつては商人根性なのだもの。そこで、紳士も高利《アイス》などを借りん内は武士の魂よ、既に対高利《たいアイス》となつたら、商人根性にならんければ身が立たない。究竟《つまり》は敵に応ずる手段なのだ』『それは固《とも》より御同感《ごどうかん》さ。けれども、紳士が高利《アイス》を借りて、栄《えい》と為るに足《た》れりと謂《い》ふに至つては…』 蒲田は恐縮せる状を作《な》して、『それは少し白馬は馬に非《あら》ずだつたよ』」とでてくる。

蓮にあだ花なし

蓮の花はどれも実をつけるものだということ。あだ花とは咲かなかったり、きれいに開かなかったりする花のこと。蓮はきたない泥の中からきれいな花を咲かせることで知られる。実際にも、水がきれいだと花は小さく、反対にきたなければきたないほど大きな花が咲くという。これを「泥水がきたないほど蓮の花は美しく咲く」という。こうしたことから、よく人生に譬えられる。きたない泥を人生における苦労とか苦難に見立て、花を極上のものや悟りの境地になぞらえているのだ。この語句はことわざ辞典には見当たらず、初めて目にしたのは2014年7月23日の毎日新聞の連載エッセイ・もったいないばあさん日記の中であった。

蓮の茎を折るときは筋を残せ

争いになっても修復の余地は残しておけとの意の譬え。非難した相手に弁明の余地は残せということ。タイのことわざ。完膚なきまでに相手をやっつけるなということになる。たしかに、戦争のような殺すか殺されるかの情況であれば、敵は殺さねばならないだろう。だが、ちょっとした感情のもつれが原因のようなどこにでもあるような争いごとは、喧嘩が収まれば普通の日常に戻る。それを激高のあまり強いダメージを与えてしまえば修復はもとより、関係は断絶する。下手をすれば相手に致命傷をおわせるか、自分が負ったりしかねないのだ。見出し語は2010年5月18日の毎日新聞一面コラム・余録でみたもので、タクシン派と反タクシン派の争いについて論じた中で使われていたものだ。日本のことわざでこれに相当しそうなものは「七分の勝ちを十分となす」だろう。こちらのは、相手に対して六、七分程度に勝っていたのなら、それで十分な勝利だとする見方や考え方をいう。三分か四分を相手に残しておけば、相手は負けながらも、復活する機会があり、生きていけるからだ。タイのものも日本のものもなかなか含蓄のある心に留めておきたいことわざだ。

蜂のひと刺し

自分の命を掛けて相手にダメージを与えることの譬え。この蜂はミツバチ。ミツバチは一度刺すと自分は死んでしまうことからいう。この言葉が出現したのは1981年に田中角栄元首相がロッキード社から5億円を受け取ったとされ裁判になった事件。この裁判の中で、否認する被告に対して反証の証言をしたのが、田中元首相の秘書であった榎本秘書官の元妻・榎本三恵子だった。元夫の主張を真っ向から否定したこの証言がメディアによって「蜂の一刺し」と呼ばれ、流行語になった。それ以降、使用頻度はそれほど高くはないものの、今日まで使われ続けている語句だ。

花深きところ行《ぎょう》跡《せき》なし

大自然にあっては人間の営みなどたかがしれているということ。行跡とは人の行いのあと。「花深く咲くところ行跡なし」ともいう。この言葉が一般に知られるようになったのは2008年の流行語大賞でのこと。福田康夫元首相が受賞を辞退し、寄せたコメントに記されたもの。福田の前に高名な版画家・棟方志功が好んで使ったものだという。棟方は、仏教の他力という思想に制作の原点を置いたので、一個人の考えなどちっぽけな存在に過ぎないとの認識が根底に存在したという。1964年の棟方志功の自伝『板極道』（板極道自記）には「自ラナガラハ板ハト仲ヨク来タツモリデスガドウカ。勿論アソブ所マデ乞ウテヨイデショウカ。大ソレテイマショウケレドモ遊ビタイノデス。花深クシテ行跡ナシ」とある。

バラに棘あり

美しいものにも欠点もあるし、危険もあるということの譬え。「棘のないバラはない」ともいう。西洋のことわざで英語でNo rose without a thorn といい、シェイクスピアの『ソネット集』に「バラには棘があるし、透明な泉にも泥の底がある」とでてくる。日本には明治時代に西洋のものとして紹介されていた。

バラはどんな名前で呼んでも甘く香る

大事なことは名前や呼称ではなく実体だということの譬え。バラの花を他の名前で呼んでみても甘くかぐわしい香りに変わりないということからいう。英語のことわざでA rose by any other name would smell as sweet. という。メディアでは2015年11月12日の毎日新聞の海外通信のコラムで紹介された。意味合いは、「馬子にも衣装」の反対に位置するもので、伝来の日本のことわざでいえば「百足《ひゃくそく》蜈蚣《ごこう》の違い」という珍しいものが相当しそうだ。百足も蚣蜈も同じムカデのことなので呼び名が違っても実質は同じだということ。

反省だけならサルでもできる

口先だけでの反省であればサルでさえできるということ。この言葉は1992年にテレビで放送された大鵬薬品のCMで、これに続いて「人間だから愛情一本、チオビタドリンク　大鵬薬品」というもの。テレビコマーシャルが関係することわざには、「少し愛して長く愛して」「亭主元気で留守がいい」が知られるが、こちらは英語のことわざであったり、よく似たことわざの変形だったりするのに対して、見出し語は、テレビのCMの文句がそのままことわざ化した珍しい例だ。直近の例では2013年1月12日の朝日新聞の健康問題を扱った記事で使われていた。

左ヒラメ右カレイ

よく似た魚のヒラメとカレイの見分け方をいう。ヒラメの目は両目が頭部の左側についているのに対して、カレイは右側についていることからいう。両方とも扁平な体で沿岸海底の砂に潜るように生息する。目が上を向いていることから、上層部に媚びへつらう人は「ヒラメ人間」と呼ばれる。作曲家・服部公一のエッセイ『アマゾンのワニ、ドナウの鯉』（ドーバー・ソールとラバー・ソール）に「ここの自慢料理はドーバー海峡でとれる—と称するが実はもう少し北海の沖らしいのだが—ソールとコッドの塩焼きである。ソールとはかのラバー・ソールのソールだが靴の裏や足の裏ではない、これはひらめのことである。日本では左ひらめ右かれいなどと寄り眼の位置で区別するようだが実は私にもよく判らない、味も型も似たもの同士だからである」とでてくる。

羊の皮を被った狼

悪意を隠して善人のように振る舞うことの譬え。新約聖書のマタイによる福音書7章15節に「偽預言者を警戒しなさい。彼らは羊の皮を身にまとってあなたがたのところに来るが、その内側は貪欲な狼である」と記載されており、これに基づいている。英語ではa wolf in sheep's clothingといわれている。日本では大正5年に出版された新渡戸稲造『自警録』（第4章）に「猫を被るとか、猫なで声で人を瞞着するとか、西洋でいう羊の毛を被る狼のごとく」とあるものの、一般に広まるのは戦後になってからと推測される。１９９２年からのメディア調査では２０１４年から4例がみられる。なお、伝来の日本のことわざでは大津絵にある「鬼の念仏」とか、仏典に由来する「外面如菩薩内心如夜叉」といったが、羊の皮バージョンにとって代わられた観がある。

一つ山に虎は二頭すめない

力の拮抗する複数の権力者は共存することはできないとの譬え。中国のことわざで日本の「両雄並び立たず」に相当する。英雄などを虎になぞらえたものだが、着想が同じようなものが世界中にある。そのうち動物に譬えたものとして、隣の韓国には「竜虎相うつと風雲を起こす」とあり、以下に「一つの森に二頭の虎（インド）」「二頭のコシカル（雄羊）は一つ鍋におさまらぬ（カザフスタン）」「二羽のオンドリは一つ掃き溜めで鳴くことはできない（ブルガリア）」「二頭の熊は同じ穴では暮らせない（ロシア）」「二頭のライオンは同じ敷き皮の上にはいられない（トルコ）」「一つの袋で二匹の猫は共存できない（ラテンアメリカ）」「二頭の豹が同じ森を歩くことはない（コンゴ）（ザイール）」「成熟した二頭の雄牛は同じ水飲み場には入れない（セネガル）」「二匹の蛇は同じ水たまりで水を飲まない（アフリカ・エウェ族）」がある。動物以外では「斧と棕櫚の堅木と相争えば必ずや両者が傷つく（インドネシア）」「匹敵する二人の天才は連合しない（ポルトガル）」「一頭の馬に二人の人間が乗れば一人は後ろに乗らなければならない（英語）」「一つの鞘に二本の刀はおさまらぬ（パキスタン）」など実に多彩だ。

人の欲は象を呑み込んだ蛇よりも大きい

人の欲望は限りがないとの譬え。中国に伝わる格言として、２００１年1月9日の毎日新聞一面コラム・余録で紹介された。自分の通常の胴回りよりはるかに太い獲物を呑みこむ蛇でも、さすがに象は呑めまいが、実際にヘビは体以上のものを腹に収める。日本にも欲望に関することわざは数多い。「千石を取れば万石を羨む」「欲の袋に底なし」「遣ること嫌いの取ること好き」「欲に頂なし」「長者富にあかず」などが挙げられる。むろん、外国にも多くあるが、抽象的なものには「欲望には休息がない（英語）」「持てば持つほど欲しくなる（フランス）」「持てば持つほど、さらに欲しくなる（ポルトガル）」「欲望には限りがない（旧ソ連・オセット族）」とあるし、インドのヒンディー語には日本と同じ「欲望には底がない」もある。動物などの譬えを使ったものでは「ふさふさ毛のヒツジがヤギに、お前の毛を少しくれという（英語）」「モグラが土を掘るよう（韓国）」「貪欲と乞食の袋には底がない（ドイツ）」「タバコがあるのに吸殻を欲しがる（インドネシア）」「部屋が手に入るとオンドルが欲しくなる（中国）」と多様な表現がみられる。

人寄せパンダ

人を呼び集めることのできる人やものの譬え。また、人気はあるものの実力が伴っていないことの譬え。昭和47年に日本にやって来たパンダは、瞬く間にパンダブームを巻き起こし、いまでも動物園で最も人気のある動物だ。この言葉は昭和56年の流行語となり、以降、流行語の枠に止まることなく、しっかりと定着した。ストリッパーとして活躍した二代目・一条さゆりは、１

998年の自著『ストリッパー』（昭和六十三年）に「『ロック座』の社長の斎藤恒久氏は、~中略~一見、優しそうで物静か。~中略~いったん怒り出すと、とたんに江戸っ子のべらめえ口調に変身し、それが実におっかない。でも、その怒りのなかに、なかなかの名言が入っていたりする。この間も、『一条さん、あんたはもう、人寄せパンダじゃないんだ。これからは息の長い踊り子にならなきゃダメだ』とお説教をくらったし、『よけいなところで笑うな！　こびるな！　シワが目立つ！　近よりがたい高貴な雰囲気を作れ』とも言われた」と記している。

日向に出たモグラ

環境が変わって、わけがわからずあっけに取られることの譬え。また、甚だしい窮地に陥ることの譬え。「日向に引っ張り出されたモグラ」ともいう。江戸時代には「もぐらもち（モグラの異称）を日向に出す」といっていた。類似した意味のことわざには「陸に上がった河童」「木から落ちた猿」があり、現代も使われている。日本にいるモグラは、森林の落ち葉や腐食層の下に暮らす種類もいるが、多くの人家近くにすむものは地中で暮らす。そのためか、太陽に当たると死ぬと誤解されるが、実際は昼間にも地表に出てくることがあるという。ただ、それが人目につかないので、そうした誤解につながるようだ。その意味では、この語句も、モグラの生態からすれば厳密には誤解といえるが、普通のひとの観察では認識できないのでことわざとしては止むを得まい。見出し語は、1992年10月17日の朝日新聞において当時の自民党の竹下派をめぐる記事の中で使われたものだ。なお、モグラが登場する言い回しには「夜鷹（江戸時代の売春婦）びっくりモグラモチ、モグラモチびっくり夜鷹の屁」というびっくりしたことを言う言葉遊びがあったという。夜鷹が放つおならには、地下のモグラもさぞびっくりしたのだろう。

ヒバリがローストになって落ちてくる

向こうから幸運が飛び込んでくることの譬え。空高く飛ぶヒバリがどうぞ召し上がれとばかりローストになって空から落ちてくるということから。この言い回しをメディアでみたのは2007年9月12日の毎日新聞一面コラム・余録であり、フランスのことわざとして紹介されていたもの。日本語訳としては、「ヒバリがこんがり焼けて口の中へ飛び込んでくる夢をみる」などとする表現もある。後者の語句には英語にも同じものがある。日本語の類句では「果報は寝て待て」「開いた口に牡丹餅」などが相当する。英仏と日本のものを比べると、英仏の方がスケールといい、イメージといい、日本をはるかに凌ぐ。西洋と日本のことわざの比較では、全体的な印象では日本のものの方が譬えが具体的であり、イメージ力が強い傾向が顕著だが、ここのは違っている。

無事これ名馬

丈夫で長持ちするのが一番だということの譬え。競馬から生まれた言い回しで、小説家の菊池寛によるとされる。菊池は1941年6月に日本競馬会の雑誌『優駿』に「無事之名馬」の題でエッセイを書いており、これが初めとみられている。しかし、実際には菊池と親しかった時事新報の岡田光一郎が『臨済録』にある「無事是貴人」をヒントに考え付いたものという。メディア調査リストでは、開始した1992年10月のスポーツニッポンの競馬関連記事に2度も使われており、もっと前から周知されていたことがうかがわれる。以降は、競馬に限らず、プロ野球、スケート等のスポーツや政治などのことにも使われており、競馬の格言から一般ことわざの仲間入りをしている。

豚に真珠

何の役にも立たない無駄、無用なことの譬え。豚に真珠を投げ与えることから。『新約聖書』マタイ伝7章に由来するもので、

「猫に小判」や「馬の耳に念仏」の西洋版。「豚に真珠を投げるな」との否定形で使われることもある。日本で早くに用いたのが尾崎紅葉で明治28年8月15日の『歌舞伎新報』１６１４号に「従つて之を演ずる俳優の蒙昧陋劣《もうまいろうれつ》なる、蜜柑《みかん》の皮を投付けても、渠等《かれら》は拝謝《はいしゃ》して之を懐にするくらゐの見識であれば、恁云《いこう》ふ恭敬《きょうけい》は、豚に真珠を投ずるが如きものであらうと。それも一理有るかは知れぬ」とある。

ブナの木に水一石

ブナの木一本につき水が一石（１００升）貯められるということ。「ブナの木一本、水一石」ともいう。ブナが群生する森は天然の貯水池といわれる。白神山地のブナ森は、山に降り注いだ雨は豊かで深い腐葉土を通して地中に溜まり、やがて豊かな清流となって流れ下る。そんな豊かな水流から、「ブナの森に水筒いらず」というユニークな言い回しも生まれている。どちらの語句もブナ森が〈水の森〉であることを言いあらわしたことわざといえる。二つとも、１９９３年11月29日のＴＢＳテレビ午後11時のニュース番組の白神山地リポートで視聴したものだが、これまでのことわざ辞典には載っていない。

踏まれた麦は強くなる

苦難を乗り越えた人はたくましく成長するという譬え。麦を成長させるには麦踏みという作業がある。霜柱を防ぎ、根の張りをよくするためだ。ちょうどカニの横歩きのようにして麦の上全体を踏む。実は、科学的な根拠もある作物育成法でもある。麦は踏まれると小さな傷を生じるが、その傷にエチレンという一種の植物ホルモンがでてくる。そのホルモンによって麦の茎は太く丈夫に成長するというもの。麦を人に譬えた農作業から生まれたことわざだ。ことわざとしては、ことわざ辞典には収載されておらず、戦後にでたいろはカルタにだけみられる。しかも昭和30年代の短い期間にでた5種類ほどにしかみられない。メディアの関連では、１９９６年に刊行された『踏まれた麦は強くなる―辛抱・値千金』と題する単行本のタイトルになった。著者は、初土俵以来91場所目で大関昇進を果たし、史上最も遅い出世となった大関・霧島。なお、図は戦後のいろはカルタにだけみられ、数も5～6点に限られるうちの一つ。

■「踏まれた麦は強くなる」

踏まれても咲くたんぽぽの笑顔かな

逆境にある者でも、そのうちに楽しく過ごせるようになるとの譬え。江戸時代の禅僧・良寛の句とされる。たしかにタンポポは踏みつけられても花を咲かせる強い生命力がある。そうしたタンポポの存在が、いま苦しい思いをしている人々の共感を呼ぶのであろう。大きな災害などで打ちのめされた人々の心の支えとなる語句であり、座右の銘にする人も少なくないようだ。見出し語との関連は定かではないが、「踏まれた草にも花は咲く」という語句もある。この語句はカルタにもなっており、その絵札の絵はタンポポだ。メディアでは２０１１年10月4日の毎日新聞夕刊2面の連載エッセイで良寛の句として紹介されている。

蛇のように賢く鳩のように素直であれ

賢さと素直さを併せ持つことが必要だということの譬え。『新約聖書』マタイ伝10章16・17節で用いられている。「わたしはあなたがたを遣わす。それは、狼の群れに羊を送り込むようなものだ。だから、蛇のように賢く、鳩のように素直になりなさい。人々を警戒しなさい。あなたがたは地方法院に引き渡され、会堂で鞭打たれるからである」とある。ずる賢いという言葉があるように、賢さには、それが過ぎればマイナスに働いてしまう要素が孕まれている。この意味では素直さと反対の概念になる。なので、相対立するものを同時に抱くことはやさしいことではない。しかし、状況によっては、こうした困難が求められ必要になることも現実には起こる。どちらかを選ぶのではなく…。見出し語は1993年8月25日の毎日新聞夕刊一面のミニコラム・近事片々で誘拐殺人への対処法として挙げられたもの。

蛍二十日に蝉三日

　盛りの期間が短いことの譬え。ホタルが二十日であり、セミが三日しかないということから。「セミは七日の寿命」ということわざがあるように、1週間しか生きないとされている。しかし、実際には羽化し成虫となってから3週間〜1ヶ月くらいは生きるという。種類により多少異なるが、卵から幼虫の間は土の中で木の根の樹液を吸って3年から7年を過ごすのだという。1週間説は、人間が飼育した場合で、餌が難しく摂取できずに餓死するためなのだそうだ。ホタルの方は、成虫の期間は1〜2週間であり、卵から成虫になるまでは約1年かかる。メディアでは1993年6月24日朝日新聞夕刊にホタルの季節に関する記事の中で用いられていた。また、同年8月29日の当時のテレビ朝日系列のクイズ番組での答えに使われてもいた。

馬糞《まぐそ》の川流れ

　結束していたものが求心力を失ってバラバラ状態になり崩壊していくことの譬え。「バフンの川流れ」ともいう。馬の糞が川の中に捨てられると、塊がゆるんで崩れ流されるということからいう。この言葉のメディアでの初見は、1992年10月4日のスポーツニッポンの政界記事の中だった。同年に佐川急便から5億円のヤミ献金を収賄した事件で議員辞職となった自民党の実力者・金丸信の言葉といわれる。政治に限らず、他の分野でも使われているが、とりわけ政治の世界でしばしばみられる言い回しだ。離合集散をくりかえす政党の状況を見事なまでに的確に譬えているものといえようか。

負け犬の遠吠え

　力のない者や弱い者が陰で空威張りすることの譬え。喧嘩に負けた犬が相手から遠ざかってから吠えることからいう。明治時代からみられることわざのようだが、早い用例では1970年の内田栄一の戯曲『ハマナス少女戦争』に「ほんとうに犬よ。ちゃんと鎖をつけてるから、たとえ聞いてもどうすることもできないんだから。吠えたって、負け犬の遠吠えだしねえ」とでてくる。また、1987年の井沢元彦の小説『邪神復活』（20）にも「『うまく表現できないが、ユダヤ独善主義《ドグマティズム》、カトリシズムもマルキシズムもそのカッコでくくれるような気がする。自分たちだけを正しいとして、他の見解や意見や倫理や習慣を一切認めようとしない。その独善主義によって、あんたたちは結局復讐されているんだ』『負け犬の遠吠えとして聞いておこう』」とある。他のことわざに「吠える犬は噛まぬ」というように実力のない者が大きな声を出すようだ。

正宗で大根を切る

　ものの使い方が間違っていることの譬え。名刀正宗で野菜の大根を切るということからいう。「正宗の刀で大根を切る」とも「正宗で薪を割る」ともいう。明治時代の辞典に採録されてはいるが、それほど広く用いられているものではない。ただ、戦前期のいろはカルタになったものが1点ある。朝鮮でつくられた珍しいもので「新案教育かるた」というものだ。新案の呼称がつくように、伝来の上方系統でも江戸系統でもない別の新案系統に属するもので字札は「正宗で薪割り」。

　文例は一つだけある。1979年の作家・井上ひさしの評伝『戯作者銘々伝』（三文舎自楽）に「小刀の切れが我が事ながら見事だ、惚れぼれする。いや、お米さんにいいところを見せようと踏ン張っているせいもあるが、じつは、この板木がすこぶるつきの良材でね、伊豆産の山桜なんだ。木理が細かく堅い、それでいて小刀を当てるとこっちが仰天するほど素直で、タテだろうがヨコだろうが斜めだろうが、はたまた逆さだろうが、どっちの方向へ小刀を引き押ししても、この通りサク、サクとよく切れる。そこでサクラという、かどうかは知らないが、正宗で大根を切っているような刃当たりだ」とある。ただ、この引用文での意味は切れ味が抜群との意味合いなので異なる使い方になる。作家自身がそれを意識して用いたかどうかは不明だが…。

松茸は取られる前に千人の股をくぐる

　新しいことや、人に知られていない価値あるものを獲得するには、先入観にとらわれず虚心坦懐に臨むことが大事だとの譬え。「松茸は千人の股をくぐる」ともいう。多くの人が探し回っても見つけられなかった松茸を1001番目の者が見つけたということから。この言い回しは、経済界ではマツタケを収益源とみて、意外にも身近なところにあるのに気付かないものと解釈している。技術の世界では、半導体研究で高名な西澤潤一が1989年の『「技術大国・日本」の未来を読む』（第5章　繁栄を続ける道は「独創」にあり）に「小竹無二雄先生は、著書のなかで、『松茸は、取られる前に千人の股をくぐる』と述べておられる。こんなところに松茸はない、と思っている場所に、あんがい松茸がある。ただし、『なさそうなところを探せばいいのだろう』と思って、砂漠や雑木林のなかを探しても見つからない。定説を疑いつつ、『なにかおかしい』と気づく独特のカンが働かないと、松茸は見つからない。発明、発見も同じである」と記している。

幹を見て葉を見ず

　根幹は押さえているものの、細部にまで行き届かないことの譬え。木の幹だけ見て、この木は大きいとか小さいとかいったレベルの観察ということになる。枝や葉まで見なければ、木の勢いや状態を知ることにならない。対象となる物事は、しっかりと全体を見なければ判断や対処を誤ってしまう恐れがあるのだ。もちろん、時間的な制約などがあれば話は別になるが…。ここの語句の反対の意味になるのが周知の「木を見て森を見ず」。こちらは西洋から入ってきたものだが、いまや、外来のものと意識されずに定着している。それに対して、見出し語の方は2009年11月17日の毎日新聞の時代を論じる記事でみられたものの、広がりはみせていない。ことわざ辞典にも載っておらず、ことによると誰かの創作か思いつきか、既存のもののもじりであるのかも知れない。

水が引けば蟻が魚を食べ、洪水の時は魚が蟻を食べる

　栄えたり衰えたりする世の中の栄枯盛衰の譬え。川や沼の水が枯れてしまえば魚は死んでしまうから、蟻に食われ、反対に、洪水になれば水にのまれた蟻は魚の餌になってしまうことから。タイのことわざ。このことわざのメディアでの初見は2008年12月3日の読売新聞。その後も2011年10月14日と2014年1月16日の毎日新聞一面コラム・余録で取り上げられた。なお、このことわざはカンボジアにもあるが、洪水が先になる「洪水の時は魚が蟻を食う、水がなくなると蟻が魚を食う」といっている。こちらのカンボジアのものも2004年10月16日の毎日新聞一面コラム・余録で紹介されていた。

水が淀めばボウフラが湧く

　旧態依然としたところには腐敗が生じるとの譬え。「水の流れぬ所にボウフラが湧く」ともいう。蚊の幼虫であるボウフラはたまり水などで湧き、流水では湧かない。水がひとところに留まってしまえばボウフラが湧くように、組織の体制や人事が新陳代謝もなく固定化し、停滞してしまえば淀みが生まれ、腐敗の温床となる。反対に「流れる水は腐らず」「流水腐らず」といい、常に活動していれば沈滞することも腐敗も生まれない。ちなみに、通常の水道水の場合、一日で滅菌剤の塩素は蒸発し、雑菌によって腐敗が始まるという。見出し語はことわざ辞典にはみられない語句だが、メディアでは1993年10月3日の毎日新聞は戦後政治に関する記事で用いられており、2005年1月19日の毎日新聞社説でも使われていたものだ。

水に落ちた犬を打て

窮地にある者にさらなる打撃を加えることの譬え。「水に落ちた犬を叩く」「水に落ちた犬は礫で打て」「池に落ちた犬は叩け「川に落ちた犬に石を投げる」といった色々なバリエーションがある。もともとは中国の小説家・魯迅が使った言い回しだが、「水に落ちた犬は打つな」といったものを逆用したものだ。戦後の用例では1977年の本田靖春の『誘拐』（捜査7）で「彼女は善意というものを、言葉の上ではなく、肌身に滲みて知った。しかし、同時に、極限まで打ちひしがれている人間を、それこそ水に落ちた犬でも叩くようにして、さらに打ちのめそうとするいわれのない憎悪の持ち主が、社会には少なからず潜んでいる」と使われている。現代のようなテレビやインターネットが普及した社会では、何かの過失のあったタレントや有名人が攻撃の対象になることがしばしば起こる。もちろん、そもそもの発端は本人が原因なのであるが、犯した罪に対する罰としてはとんでもなく過大なものになってしまう。これも現代社会の病理なのであろうか。

水を得た魚

適した環境や活動の場を得て自由に生き生きすることの譬え。魚が水の中に放たれたことからいう。この反対が「魚の水を離れたよう」であり、他の動物版では「木から落ちた猿」「陸に上がった河童」となる。この言い回しに古い例は見当たらない。江戸時代の古くには「渇魚の水を得る」といった。明治時代には「水を得る轍魚」の表現がでてくる。明治22年の矢崎嵯峨の舎の小説『流転』（其上）に「恋と言ふ事に思ひ到らぬ内、お露の心はもう恋で領されて仕舞ッた、林に相見ざる一日千秋となッて来た、而して其姿を見る度に、水を得る轍魚の思ひであッた」とでてくる。轍魚とは道に残された車の跡にいる魚なので、水を必死に求めているものだ。おそらく、渇魚↓轍魚↓魚といったプロセスで見出し語の言い回しになったものと推測される。見出し語の早い用例は1935～39年の吉川英治『宮本武蔵』（婆娑羅帖）に「むしろ、その眺望と薙刀のえがきは、限られた一室から、華雲殿全体の空間を持って、一躍、水を得た魚に似る」とある。

道に迷わば木を伐りて年輪をみよ

行き先がわからなくなったら、無闇に動き回るべきではないとの譬え。道に迷ったら年輪を確かめてみなさいということで、木の年輪は日の当たる南が広く、北が狭いとの見方からいう。ただ、この語句がいっていることは間違いだとする考えもある。木の年輪が方位に密接に関わっているというのは常識化している。ところが、実際の年輪は方位とは無関係であるとの異論がでてきている。たしかに、年輪には一様に等間隔にはなっておらず狭い方角と広い方角がある。しかし、その間隔の違いは方位によるものではなく、他の要因の働きによるのだという。山の木は南面の木はよく成長するが北面は成長が遅いのは確か。おそらく、この方位による成長速度の遅速が年輪に当てはめられたのではあるまいか。

麦わら蛸に祭り鱧

蛸は6月ころが、鱧は夏祭りころがおいしいということ。関西方面にみられる言い回し。麦わらは麦の収穫時期に当たる麦秋、初夏のころとなる。祭りは夏祭り。大阪の食材をいう言葉でもあり、淡路産の鱧と明石の蛸で飲む酒は極上といったところだろう。これに「桜鯛」を上につけて「桜鯛麦藁蛸に祭鱧」との言い回しもあるそうだ。こちらだと、口調もよい上、桜の時期の鯛も加わり、いっそう華やかとなり、さらに食欲がそそられよう。この言い回しのメディアでの初見は2010年7月2日の毎日新聞一面コラム・余録。なお、旬がずれてしまうと魚の王様の鯛であっても「麦藁鯛は馬も食わず」というから旬がいかに大事かわかる。

名馬に癖あり

名馬といわれるような馬には強い個性があるということ。並外れた才能の持ち主には強烈な個性があることの譬え。ここでの癖は、強い個性が存在することをいうものだから、そうした癖がなければ名馬ではないことになる。そうした類いのことわざには「癖なき馬は行かず」といわれ、役に立たないと見なされてしまう。見出し語は明治時代からみられるものだが、多用されたものではなかった。用例としては、1999年の元経済企画庁長官・田中秀征『舵を切れ─質実国家への展望』（第三章）に「時代を切り開く政治指導者は、しばしば上に逆らったり、上からうとんじられるものだ。そうでなければ、現在の指導者の水準を超えて進むことはできない。『名馬に癖あり』という。定型化された〝公認基準〟にあてはまる候補者が、政治指導者として育つものではない」とでてくる。

森が海の魚を育てる

豊かな森づくりをすれば海も豊かになり魚が育つということ。森・河川・海の連環での水循環のポイントを指す言葉。森に雨が降ると、地中にしみ込み、地表を流れて川に注がれ、海に到る。そうした過程で水の一部は蒸発し、再び雨となって地表に降る。これが地球の水の循環でそれに伴って生命が育まれる。命の源泉は豊かな水だ。そうした水は空から落ちてくる雨水ではなく、豊かな森によってつくられるという。深い緑の森に降った雨は地中などで栄養に富んだ水となり、川から海へと流れる。海に流れた豊かな水で魚も育つという連鎖だ。逆にいえば、森が貧しければ水も栄養がなく、魚にも及ぶ。つまり、生命を育む豊かな水をつくり出す森をつくることこそが、最も肝要なこととなるのだ。こうした距離も遠く、一見無関係にみえる森と海との関係は、生態系のメカニズムの解明によって、実は切っても切れない濃密な関係であることが明らかとなった。なお、見出し語のメディアでの初見は1994年3月31日の朝日新聞夕刊のコラム・窓を開ければ。

森は海の恋人

森と海との濃密な関係を象徴的に言い表わした言葉。自然環境を守る合言葉にもなっている。この言葉が生まれるきっかけは、カキを養殖してきた漁師が、海の汚染によってカキが育てられなくなり、その原因究明の旅の中から生まれたもの。豊かな森で培われた滋養に富んだ水が川から海に流れ、それによって豊かな海となり生き物を育てるのだという水の連鎖のメカニズムを発見したのだ。汚染された海の環境改善は海から遠く離れている森にあるとわかり、そこから漁師による森に木を植える植樹運動となり、いまや国民的な運動となるに至っている。この海の汚染の原因が森にあるという想像を超える発想の運動の経緯などは1994年に出版された畠山重篤『森は海の恋人』に著されている。メディアでこの言葉を見たのは2008年7月21日の毎日新聞一面コラム・余録だが、そこには「森は海の恋人、川は仲人」とあった。たしかに川が森と海の仲立ちとなっている。

八百屋で魚をくれ

見当違いなないものねだりをすることの譬え。また、無理難題をいう譬え。元警視総監・秦野章が言った言葉。「八百屋で魚を求める」「八百屋に魚くれ」ともいう。ここの類義のことわざは少なくない。よく知られているのが「木によりて魚を求む」だろう。他にも「氷を叩いて火を求む」「山に蛤を求む」「天を指して魚を射る」等とあるが、秦野の言ったのは、政治家に対する倫理の問題であった。１９８３年に田中角栄元首相が有罪判決を受け「政治家に古典道徳の正直や清潔などという徳目を求めるのは、八百屋に魚をくれと言うのに等しい」との言葉であった。１９８７年の劇作家・つかこうへいの小説『弟よ！』に『作家を息子に持つと、あちこち尻ぬぐいで気のやすまる暇がないです。ほら大林さんとこの早苗さん。一郎の子供はらんだちゅうて怒鳴りこんできましてね』『えっ』私はまた目の前がまっくらになった。『こらかあさん、よさんか。作家に道徳を求めたらいかん。作家に道徳を求めるちゅうことは、八百屋に行って、魚くれちゅうもんだ。ハハハ』」とでてくる。

痩せすぎてもラクダは馬より大きい

元来が立派なものは落ちぶれてもその価値は失われないとの譬え。「痩せて死んだラクダでも馬より大きい」ともいう中国のことわざ。日本の「腐っても鯛」に相当する。その他に「駿馬はやくざ馬にはならず（イギリス）」「象は死んでも９万ルピーの価値がある（インド）」「象はいかに落ちても十万マウンド（重さの単位）（パキスタン）」「犬は歯がなくなっても犬だ（ジプシー）」「虎は年をとっても斑点は失わない（スリナム）」「腐ってもヒラ（硬骨魚の一種）（朝鮮）」「よいワインはよい酢をつくる（フランス）」「貴族が嘘をつくはずがない（スペイン）」「ダイヤは泥の中に落ちても輝きは消えない（インドネシア）」など、色々なものに譬えた言い回しがある。なお、見出し語のメディアでの初出は２００５年９月17日の朝日新聞のNews Insideだ。

良きことは蝸牛の速度で歩く

本当によいことというものはゆっくり時間をかけながらやって来るものだということ。インド独立の父と呼ばれるガンジーの言葉。「良きことは蝸牛の速さでやって来る」などともいう。インドの独立にはなんと30年以上の歳月を要したのだから、その献身的な努力と忍耐は筆舌の及ぶところではあるまい。他方、現代を顧みれば、経済効率とスピードが求められる「蝸牛の歩み」とは対極となる世界で、これに乗り遅れれば落伍してしまう。とはいえ、すべてのものを効率とスピードに還元することはできないはず。「蝸牛の歩み」だからこそ成し遂げられたガンジーの功績はしっかり胸に刻み込んでおきたいものだ。見出し語のメディアの記事での初出は２０１２年10月20日の毎日新聞の63歳の読者の投書。

ロバにペンキで縞模様を描いてもシマウマにはならない

うわべを繕っても中身を変えることはできないとの譬え。イギリスの初の女性首相であったサッチャーの言葉。当時、英国での民営化の動きに対する皮肉としていわれたもの。英語のことわざには見出し語に相当するものはないとみられるので、ことによると既存のものをつくり変えたのではないだろうか。関連しそうな英語のことわざとしては、「金《きん》をつんでいてもロバはロバ」「ロバの頭を洗う者は石鹸と労力をむだにする」「ロバは旅に出ても馬となって帰らない」などが挙げられるのだが、どうだろうか。メディアでの初見は２００２年12月15日の毎日新聞のエッセイでサッチャーの言葉として引用されていた。

若葉は目の薬

初春の木々の瑞々しい緑の葉は目のためにもよいということ。「青葉は目の薬」ともいう。青葉の方は江戸時代初期には使われていたことわざだが、近年は見かけない。見出し語の方は、ことわざ辞典にはみられない言い回しで、ことわざ好きの探偵が活躍する高橋克彦のミステリー『偶人館の殺人』（１９９３年）にだけみられる。同著、第２章人嚙み馬にも合い口に「名倉には仕事の関係で時々酒をご馳走になるが、酒宴の直前に必ず肝臓強化剤を何粒か飲む。あそこまでして酒を飲む必要はないのに、と思っていた。『運命《さだめ》につける薬なし、ってね。いい言葉じゃないか。そういう潔さが昔の日本人にはあったんだ。若葉は目の薬、というやつもある。そんな薬なら大歓迎だけど』『珍しく分かりやすいことわざだな。なかなか奥深いとこをついてる』」とでてくる。

ワサビと浄瑠璃は泣いて誉める

ワサビは涙が出るほど辛味のあるものが良く、浄瑠璃も聴く者を泣かせるほどのものが上手だということ。この語句は、一見するとまったく関係性がうかがえないワサビと浄瑠璃の二つを並べた上で、実はそこに共通する所が一つだけあると落ちをつける形式になっている。この形式は三段なぞといわれるもので、何々と掛けて、何々と解く、その心は、とのパターンのもの。この語句でやってみると、ワサビと掛けて、浄瑠璃と解く、その心は、泣いて誉める、となる。このような三段なぞの形式になっていることわざは少なくない。「親の意見と冷酒は後できく」「嘘と坊主の頭はゆえない」「眼とソバ餅はねるほどよい」など、どれも心に当たるところに掛け言葉を利用して落ちにしているのだ。なお、見出し語はメディアでは2002年7月6日の読売新聞の一面コラム・編集手帳での掲載。

■コラム10　国際語？　としてのことわざ

ことわざには言語の壁のない国際語との見方がある。たしかに、世界中に似たような言い回しのことわざがあるのも事実。例えば中国の古典に由来する「朱に交われば赤くなる」という有名なことわざには世界各地にさまざまな類句がある。

○狼と一緒に旅する者は吠えるのを覚える　（ニカラグア）

○犬と寝れば起きたときにはノミが一緒　（ロシア）

この二つと同義の類句は東欧のチェコ、ポーランド、ウクライナ、エストニアや西欧諸国の英独仏、イタリア、オランダ、ポルトガルなどに広くある。狼の方には、

○狼に混じっていると狼のように吠えるようになる

が、中央アジアのウイグルやアフガニスタンにある。

他の動物になぞらえたものでは、

○ブタと寝る者は汚くなって起きる　（ポルトガル）

○ラバの後を付いて行く人は灰の中に転がる　（カザフスタン）

○ロバを並べてつなげると相手のたちがうつる　（アルメニア）

とある。鳥の例もある。

○一晩でも鶏小屋で寝れば暁には鬨《とき》　（チュニジア）

○白鳥といれば白鳥に、カラスといればカラスに　（タイ）

○サギの群れにいればサギに、カラスの群れにいればカラスに　（ラオス）

爬虫類の蛇や両生類のカエルにもあり、

○善と親しくすれば月の光、悪と親しくすれば蛇の毒　（モンゴル）

○池の中で夜を過ごせばカエルのいとこになって目覚める　（アラブなど）

人間にも無論ある。

○善人とともにいれば天国に住み、悪人とともにいればすべてが破滅　（バングラデシュ）

○泥棒と交われば泥棒になり、学者と交われば学者になる　（インドネシア）

○偽りの友は仲間を絞首台に追いやる　（スペイン）

○阿呆に交われば阿呆になる　（ネパール）

○狩人のそばにいれば狩人に、漁師のそばにいれば漁師になる　（ビルマ）

○善悪は友に依る　（日本）

植物や鉱物などの例もみられる。

○腐ったリンゴはそばのリンゴを腐らせる　（英語）

○ブドウはブドウを見ながら黒くなる　（トルコ）

○蓬も麻畑の中では真っ直ぐ伸びる　（韓国）

○曲がった木と隣合わせると真っ直ぐな木も曲がってくる　（セルビア）

○瓜をみて瓜は色づく　（パキスタン）

○松脂に触る者は手が汚れる　（英語）

○鉄によりかかる者は錆びる　（ポルトガル）

○あなたたちが私たちと席を同じくすれば私たちに似、鍋のそばにおれば黒くなる　（アフガニスタン）

○鍋に触れれば煤がつく、悪に触れれば傷がつく　（ウイグル）

○鍋に触れば煤で手が汚れる　（フィリピン）

○泥水に石を投げ込むな、泥のしぶきがかかる　（ブルガリア）

○麩にまみれりゃニワトリの蹴爪　（マルタ）

○粉ひき所のそばを通ると粉まみれになる　（タジキスタン）

○粉に近寄れば白くなり、墨に近寄れば黒くなる　（モンゴル）

○墨を近づければ黒くなる　（韓国）

○火と火薬は無二の親友　（バングラデシュ）

○火の近くに長いことあれば水を含んだ木でも燃える　（フィリピン）

○水は方円の器に従う　（中国）

最後の中国のものは、日本でも室町時代から使われている。

八　ことばの戯れ

兄貴はわしより歳が上

わかりきったことの譬え。当たり前だということ。この言い回しは、相手と話をしていて、相手がわかりきったことをしたり顔に言い立てる場合などの批評・批判として使われる。つまり、自分より歳が上の男だから兄貴であるから、歳が上というのは余分なことになる。そんな話の展開になっている時に当てはまる。同想の言い回しも多く、どれも面白い。「犬が西向きゃ尾は東」「雨が降る日は天気が悪い」「どこのカラスも黒い」「親父は男でおっかあ女《おなご》」「目は二つ鼻は一つ」など色々なものが題材に使われている。いちいち説明するまでもなくわかる。具体的な使用例の古いものがなかなか見当たらないが、見出し語が昭和期前にあった。三重県に伝わる子守唄の一つで、「雨が降る日は天気がわるい、兄貴はわしより歳が上」（『日本伝承童謡集成　第一巻子守唄』北原白秋編　１９４８年）とそのままを唄うものであった。子守唄にあったわけだが、どんな唄われ方をしたのだろうか。

アホの大足マヌケの小足

馬鹿者は足が大きく間が抜けている者は足が小さいという悪口。いうまでもないが、人間の器量が足のサイズの大きい小さいに関わるわけではない。こうした悪口には色々ある。体の大きい者には「ウドの大木」「大男総身に知恵が回りかね」、背の高い者には「半鐘泥棒」（昔の火の見やぐらに吊り下げられていた火事を知らせる鐘を盗む者）。反対に背の低い太った者には「フグの立ち泳ぎ」「立ち臼に孤《こも》（臼にワラのむしろを巻くことから）」、痩せた者には「骨皮筋右衛門」「蚊の臑《すね》の八つ割り（細い蚊のすねをさらに八つに割ることから）」などとある。その他にも、「カボチャに目鼻」「炭団《たどん》に目鼻」など顔に関するもの等々、これでもかというばかり種々豊富にある。いわゆる美しい言葉の対極になる相手を罵倒するような言葉は、普通には、支持されるものではないが、意想外な意味がある。それは、怒りや悪感情を言葉にして表に出すことで自分の感情の激化を押さえるという効果だ。あるいは、言葉にすることで暴力に至らないことにもなりうる。一言で悪感情のガス抜き効果というものなのだ。

蟻が十ならミミズが二十、蛇が二十五で嫁にいく

「ありがとう」といわれて、照れ隠しにまぜ返していうもの。「蟻が十」を「ありがとう」に掛ける。小さな蟻が十歳なら、はるかに細長いミミズは二十歳に相当し、もっと長い蛇は二十五歳で嫁入りをするというもの。類句は「蟻が鯛なら芋虫ゃクジラ」「蟻が十なら芋虫ゃ二十」「蟻が鯛ならミミズは鱧《はも》」「蟻が鯛ならミミズはイワシ」などある。語呂の響きのよい言葉遊びにもなっているものだが、実際の用例となるとなかなかでてこない。そうした中で見出し語は昭和25年に北原白秋により編纂された『日本伝承童謡集成6』に東京で採取されたものとして収録されている。

行く言葉が美しければ来る言葉も美しい

相手に言った言葉が美しければ、相手から返ってくる言葉も美しいということ。韓国のことわざ。日本の「売り言葉に買い言葉」に相当するとみられている。この言葉をメディアで初めてみたのは２００９年５月24日の朝日新聞の天声人語。天声人語では韓国のことわざとして２０１３年10月にも使われていた。しかし、ちょっと引っかかるものがある。日本のものは相手からの暴言に対して負けずに暴言で応じることで、古くは「売り言葉に買う言葉」といっていた。韓国のものは、自分の言葉が美しければ相手から美しい言葉が返り、汚い言葉なら汚い言葉が返るというものだ。つまり、日本のものは悪口の応酬なのに対して韓国は、自分の発する言葉のありようを問題にしているからだ。そして、言葉が発せられる方向が日本は相手から自分であり、韓国は自分から相手へ向く逆になっているのだ。韓国のものの言葉の方向性をもっと明確にしてある訳として「行く言葉」「来る言葉」ではなく「かける言葉」「返る言葉」との言い方のあることを知れば納得できるだろう。とはいえ日本のものも自分の方からとする場合もでてきているので、これなら韓国のものと重なってくる。

芋食ってぶう、豆食ってぴい

主に子供同士でおならを話題にした戯れ言葉。見出し語に続けて、透かしてスー、といった。いまの50代以上の人なら、１度や2度、耳にしたり口にしたことがあるだろう。ちょっと恥ずかしいことでも、明るく表に出してしまった方が精神的に健康だろう。隠そうとしたり、隠ぺい工作などをすれば気持ちは陰気になる。「出物腫《でものは》れ物ところ嫌わず」はおならや腫れ物はいつどこで出るかわからないことから、粗相した時の弁解に使うことわざだが、子供の場合なら明るく表現した方がよさそうだ。メディアでは１９９２年11月20日の朝日新聞夕刊一面ミニコラム・素粒子にでてきた。

上に馬鹿がつく

これ以上はない、極上のものとの意。具体的な言葉としては「馬鹿正直」が挙げられるので、おそらく、この語句を言い換えたものではないかと推測しているが…。現代のミステリー小説家・赤川次郎の『三毛猫ホームズの推理』には「――ま、いずれにしても今井はいつか警察に自首して出たと思いますね。奴はかなり神経が参ってた。上に馬鹿がつく正直者でね。学長に賄賂を贈っただけでも、良心の呵責に苦しめられてたんです」とある。

浮世の馬鹿は起きて働く

自分の怠惰を棚に置いて生真面目に働く者をからかうこと。この言い回しには前半がある。「世の中に寝るほど楽はなかりけり」とあって、その後にここの句が続くのだ。つまり、５・７・５・７・７のリズムになっていることから短歌であることがわかる。そして詠まれている内容から狂歌ということになる。狂歌は社会風刺や滑稽を詠む短歌の一種で江戸中期に大流行した。この語句は、明治時代に活躍した童話作家・巌谷小波『小波お伽百話』（一七）にある蟻と地虫（後でセミになる）のお話で「そこへ行っちゃァおれ様なんぞは、手前達のようにあくせくせずとも、時節さえ来れば雲の上だ。なんとえらい者だろう。手前達こそちっとあやかるように、おれの爪の垢でも呑んでおけい！　どりゃもうひと寝入り…、果報は寝て待て、寝るほど楽はなかりけり、浮世の馬鹿は起きて働くだ」とでてくる。この童話集は明治44年に刊行されたものだが、24枚のカラーの口絵があり、鏑木清方・中村不折・杉浦非水・梶田半古・武内桂舟などそうそうたる絵師たちが描いている。

嘘を築地の水天宮

嘘をついているとのしゃれ言葉。築地と嘘をツクを掛けた言い回し。築地も水天宮も言葉を整えるために添えられたもので意味はない。嘘をつくだけでは味も素っ気もないが、築地や水天宮がつくことによって言葉にリズムが生まれ、聞く者の耳に入ってくると考えられる。日本語には、同音異義語が豊富にあるため、こうした洒落言葉が盛んであった。見出し語には、他に「嘘を築地の御門跡《ごもんぜき》」との言い回しもあった。御門跡とは西本願寺の別院のこと。

うどん屋の釜で湯《ゆ》ばかり

口先ばかりで実行が伴わないこと。うどん屋の釜は、うどんをゆでるためのお湯を釜に沸かしており、その湯に言うの意の「ゆう」を掛けたしゃれ言葉。省略して「うどん屋の釜」ともいう。同じ意味の言い回しとしては「口舌の徒」があるが、表す文字に口舌の字が使われており直接的。対してうどん屋の方には、じかの語はなく間接的。一見すると具体的で無関係なものを引き合いにしてある分、奥の深さがある上、ユーモアもそなわって面白みがある。メディアでは、見出し語が使われたのは1993年6月13日の朝日新聞で政治改革が盛んに論議されていた時だった。

親父は男でおっかあ女《おなご》

至極当然で当たり前だということ。わかりきったことの譬え。この語句は、当たり前のことをしたに過ぎないのにしたり顔をするような人に対して使われる。こうした類のことわざは、すごく有名とはいえないが案外多くある。その中で最も知られているのが「雨が降る日は天気が悪い」の天気バージョンと「犬が西向きゃ尾は東」の犬バージョンだ。動物ものでは「ニワトリは皆はだし」とか「どこのカラスも黒い」など何種類かの鳥が登場するものもある。見出し語のような人間バージョンも多く、「親父は俺より年が上」「兄貴はわしより歳が上」とある。なお、見出し語が近年に使われた例は、2005年3月12日の読売新聞の一面コラム・編集手帳。

講釈師見てきたような嘘をいい

講釈師が演じる政談や軍記などは、まるでその場に居合わせたように詳細に語るがみな嘘っぱちだということの川柳。講釈師は、講談師とも軍談師ともいう。講談の特色の一つは、古い歴史上の話を時空を超えて臨場感あふれるものに仕立て観衆に提供すること。そのため、何百年の時間を超えて、例えば戦場の場面であれば、微にいり細にわたり現場を再現しようとする。観客が現在を忘れ歴史の現場に入れれば成功だろう。1979年の井上ひさしの『戯作者銘々伝』（馬場文耕）に「『志道軒が講釈申しあげたるに、宮様大いに賞讃したまへり』といふも、これは真ッ赤なる赤嘘なり。宮様の御感はなはだしきは志道軒の一口たはけにあらず、乞食の芥子《けし》の介子ノ介の品玉芸なり。…まったくもって、講釈師見てきたような嘘をつき、とはこのことじゃ。不愉快千万じゃのう」とある。

小言幸兵衛《こごとこうべえ》

口うるさい人のこと。古典落語に由来するもので、麻布の大家さんである幸兵衛さんが自分の長屋をまわって小言をいって歩いたことからつけられたあだ名であった。小言は、いまや耳遠くなった語句だが、不平や不満の言葉であり、口やかましい戒めの言葉でもある。人名化されたことわざといえるもので、日本のことわざの特色となっているともいえるものだ。この他の人名のことわざには、知らんぷりをする「知らぬ顔の半兵衛」、痩せた人で骨と皮だけの「骨皮筋右衛門《ほねかわすじえもん》」、わかった承知したとの「合点承知之助《がってんしょうちのすけ》」、二月と八月に天気は荒れる意の「二八月荒《にはちがつあ》れ右衛門《えもん》」、すてばちな「やけのやん八《ぱち》」、口先は気前がよいのにケチな「気前与三郎《きまえよ》

《さぶろう》、出すこと止八《やめはち》」、欲張りのことの「欲の皮の深右衛門《ふかえもん》」、夏の各地方の夕立ち雲をいう「丹波太郎《たんばたろう》、信濃次郎《しなのじろう》、近江三郎《おうみさぶろう》」、これでよしにしようの意の「これで吉田の兼好《けんこう》」、弔問に行き念仏を唱えるより接待の汁をお代わりする人の「念仏汁吸又左衛門《ねんぶつしるすいまたざえもん》」、そして「木七竹八塀十郎《きしちたけはちへいじゅうろう》」は木を植えるのは七月に、竹は八月に、塀を塗るのは十月がよいとの意になるものだ。

さよなら三角、また来て四角

子供の別れの言葉。言葉遊び歌の冒頭部分。これに続けて各地に色々なバリエーションがある。まず、東北地方の岩手は「〜、四角は豆腐、豆腐は白い、白いは兎、兎ははねる、はねるはのみ、のみは赤い、赤いはほほづき、ほほづきは鳴る、鳴るのは屁《おなら》、屁は臭い、臭いは便所、便所は高い、高いは空、空は青い、青いは海、海は広い、広いは世界、世界は円い、円いは毬、毬はあがる」。以下、違う箇所だけを記す。東海地方の静岡には「〜中略〜ほほづきぁ鳴る、鳴るは屁、屁えは臭い、臭いは糞、くうそは汚い、北がなければ、日本三角」と少し短くなる。九州の福岡では「〜跳ねるは蛙、蛙は青い、青いはバナナ、バナナは長い、長いは煙突、煙突は黒い、黒いは黒ん坊、黒ん坊は強い、強いは金太郎、金太郎は赤い、赤いはざくろ、ざくろは割れる、割れるはちんちん」と後半が大幅に違ってくる。近畿の奈良では「さいなら三角、〜中略〜兎は走る、走るは別当、別当は偉い、偉いは学者、学者はできる、できるはでんぼ、でんぼはうつる、うつるは鏡、鏡は割れる、我等は日本男子なり」となっている。

しっぺたと頬っぺたの違い

聞くだけだと似ているものの、ぜんぜん異なるということの譬え。「しっぺた」とは尻の方言。新潟県田上町の方言だそうだ。この語句を見たのは、ことわざミステリーともいえる1993年刊行の高橋克彦『偶人館の殺人』（一）だった。国際的デザイナー・矢的遥《やまとはるか》と広告代理店のスタッフ・池上佐和子が最初に待ち合わせた際に起きたできごとで、喫茶店の店名の「ポーチ」と自宅の「おうち」を取り違えたことであった。「佐和子には思い当たることがあった。『私…おうちの方に伺うと』一瞬の間があって、二人は吹き出した。矢的はおうちをポーチと聞き違えたのだ。『こんなことってあるんですね』『いや、ぼくも悪い。画廊の名倉さんの名前を出されたものだから、君もてっきりポーチをよく知っているもんだと』佐和子の知り合いの名倉とは、たいていこの店で会っていると言う。『知った道に迷うってやつだ。まさに、しっぺたとほっぺたの違いだな』『しっぺた？』『お尻。言葉は似ていても、ほっぺたではまるで意味が違う。おうちとポーチさ』」とでてくる。この手のことわざには「鑢《やすり》と薬《くすり》の飲み違い」があり、こちらも一字違いだ。

そうで有馬の水天宮《すいてんぐう》

そうでありますという意の軽口。「有馬の水」に「あります」を掛けたもので、久留米藩主有馬が江戸の藩邸に水天宮をまつっていたことからいう。明治43年に記録された三代目蝶花楼馬楽の落語『万金丹』に「角『和尚さん、それは蝿帳《はいちょう》でございます』岩『ハア左様か』角『それではどうぞ御経を一つ願ひます』岩『ハイハイ。デハこれから経を誦《よ》む、太郎坊いいかえ』太『アアよろしい、掛け合でやらう』岩『よし…南無阿弥陀仏、南無阿弥陀仏、都路は四十路《よそじ》余り、時《とき》帰《え》て咲くや江戸の花…』太『さうで有馬の水天宮、これぢァ築地へ帰られねぇ…』」とでてくる。

そうはイカの金玉

そうやすやすとはいかない、勝手にはできないよということ。「そううまくはイカの金玉」ともいう。うまくイカナイの意に対して、金玉の無いイカに「いかない（イカ無い）」を掛けたもの。性に関わる用語である金玉が使われているためなのか、ことわざ辞典への収載は日本で最大の4万5000語句を収めるもの以外にはないとみられる。メディアでは毎日新聞夕刊の芸能コラム「テレビ指南帳」で2004年と2005年に二度ばかり載っただけ。ところが、日常生活では、何度か直接、自分の耳で聞いているものなので、実際の使われ方とメディアでの扱いには落差があるとみられる。

だんだんよくなる法華の太鼓

物事がだんだんよくなっていく意のしゃれ言葉。法華宗の信者が叩く太鼓の音が徐々に高くなるように、物事がよく「成る」と太鼓がよく「鳴る」を掛けているもの。しゃれ言葉として現代も知られているものは、「その手は桑名の焼き蛤」「恐れ入谷の鬼子母神」「敵もさるもの引っ掻くもの」「蟻が鯛なら芋虫ゃクジラ」「よくゆえば悪くゆわれる後家の髪」などが知られているだろうが、見出し語もその一つといえよう。直接、耳にしたのは1993年で趣味で30歳から始めているテニスのコートの中であった。将棋や囲碁でもことわざを耳にする機会は少なくないが、草野球や草テニスでも同じだ。

痴人の空念仏《そらねんぶつ》

たわけ者が口にする意味のない願望の譬え。痴人は愚か者とか、馬鹿者のこと。この語句はことわざ辞典にはみられないもので、1990年の英文学者・中野好夫のエッセイ集『悪人礼賛』（自由主義者の哄笑1951年初出）に「次の第三次大戦が幾何級数的倍率をもって、いかに凄惨をきわめた人類文明そのものの危機を将来するであろうかは、直接原爆の効果を体験で知る世界唯一の国民、日本人にはすでにいやほど判っているはずである。戦争でなにか得だけをして、その程度で都合よく収まってほしいなどと考えるのは、それこそ身勝手きわまる痴人の空念仏というものであろう。戦争はもはや倫理的に悪であるばかりでなく、物理的にすでに悪なのである」とでてきている。日本のことわざで、痴人と空念仏の用語があるのはそれぞれに二つ程度なので、見出し語は、話の辻褄があわない意の「痴人夢を説く」と、慈悲深くよそおう「鬼の空念仏」あたりをヒントに新たに案出されたものの可能性がありそうだ。

でたらめと坊主の頭はゆったことがない

いいかげんなことを口にしたことはないということ。「ゆう」に、でたらめを「言う」と、坊主の頭を「結う」に掛けている。同じ内容の別の言い回しでは「嘘と坊主の頭はゆったことがない」が知られる。嘘の方は明治時代からみられるものだが、見出し語の方は1972年の小説家・有吉佐和子の戯曲『ふるあめりかに袖はぬらさじ』にだけみられるもの。それには「松本『大橋先生に、吉原のどこで会った』お園『どこだなんてあなた、私は大橋先生には大変ひいきにして頂いたんですもの。吉原のあっちこっちでお会いしてますよ。あれはコロリが流行る前後ですから、安政四年と五年ですね』園田『それなら恰度大橋先生が鋭気を養うためによく遊んでおられた頃だ。出たらめではあるまい』お園『まあ、私は出たらめと坊主の頭はゆったことのない女ですよ』小山『どうだ… 大橋先生は吉原ではもてただろうな』」とある。

唐辛子は辛く砂糖は甘い

当たり前だということの譬え。語義の説明がまったく不要な言い回し。それが、「唐辛子が甘く砂糖は辛い」となれば、物事があべこべなことといった解釈が可能で、普通のことわざのようになる。もちろん、そんなことわざは存在しないが、新しいことわざとして生まれる可能性はあるかも知れない。見出しは明治期に成立していた語句だが、実際にことわざとして使われるケースは稀だ。メディアでは2005年3月12日の読売新聞の一面コラム・編集手帳に記載された。しごく当然なことを、もっともらしくいう相手に対する皮肉として用いられたりする。この手のことわざには「雨が降る日は天気が悪い」「犬が西向きゃ尾は東」「親父は俺より年が上」「ニワトリは皆はだし」「雉の雌鳥や女鳥《おんなどり》」「お玉杓子が蛙になる」「火辺《かへん》は乾き水辺《すいへん》は潤う」「北に近けりゃ南に遠い」など、言葉遊びとしても使われる。

豆腐の角に頭をぶつけて死ね

簡単なこともできない者を罵倒すること。豆腐にどんなにぶつかろうが、死ぬはずがないことからいう。「豆腐で頭を打って死ね」ともいい、明治時代から使われる。大正11～12年の里見弴『多情仏心』（裏切者）に「自分の本心に沈潜してゐさへすれば、いくらなんでも、もうちつとはましな行為《おこなひ》が出来た筈だ。そんな風に、気持がふはつくと云ふのが、つまり人間としての鍛《きた》への足りない証拠だ！　駄目だ、駄目だ！ほんとうにしつかりしなきやァ駄目だ！男と生まれて完全に女に惚れることも出来ないくらゐなら、それこそ、豆腐の角へでも頭をぶつけて死んぢまふがい、んだ！」とある。

とんだところへ北村大膳

とんだところに来てしまったとのしゃれ言葉。とんだところに来たの「来た」を北村の「北」に掛けている。歌舞伎の中の科白の一節。『天衣紛上野初花《くもにまごううえののはつはな》』で河内山宗俊《こうちやまそうしゅん》が宮家の使いと偽って乗り込んできたのを、家臣の北村大膳に見破られて言ったもの。しゃれ言葉には、有名な「その手は桑名の焼き蛤」から、そうでありますの意の「そうで有馬の水天宮」、堪忍しなの意の「堪忍信濃《かんにんしなの》の善光寺」のようにことわざ辞典に収載されているものもあるが、未収録のものも数多い。見出し語のメディアでの初出は、2004年5月7日の毎日新聞夕刊の連載の芸能記事。近年、観たテレビドラマにも使われていたものがあった。2015年9月から2016年4月まで放送された朝のNHK連続テレビ小説『あさが来た』では、「雨降の太鼓」（ドンもならぬ＝どうもならぬ）、「都のサメ」（興〈＝京〉ざめ）の二つのしゃれ言葉を耳にした。昨今は、しゃれ言葉を見聞きする機会は減少しているものの、テレビや新聞に載った語句は、伝統的なことわざと同一視することはできまいが、ことわざに含まれる遊びの要素があるものなので、これからの新しいことわざとして加わってくる可能性があると考えられる。

ニラレバの世界にタラレバはない

真剣勝負に仮定の話は意味をなさないということ。この語句はことわざ辞典にはないもので、作家・村上春樹の作品にだけ使われているもの。2007年の『村上かるた　うさぎおいしーフランス人』（ニラレバの世界にタラレバはない）に「もしそこにニラがあっタラ、もっと料理が香ばしくできたのに？　もしそこにレバーがあレバ、お客にもっと喜んでもらえたのに？　あのなあ、そういうふざけたことを言うんじゃないよ。ニラレバの世界に、タラレバはないんだ。よく覚えておけ。まったく情けねえよな。ふがいなくって、おいらぽろぽろ涙がでるぜ。それでもおまえ、料理人のはしくれか？」とでてくる。見出し語は、この引用の文章を下敷きにして、章の題となり、一つのまとまった語句に完成されたものなのだ。いわば村上による創作句で最も新しい現代のことわざともいえる。なお、同著には、この語句を絵にした安西水丸のいろはかるたの絵も載っているので、村上式の新しいいろはカルタの「に」の語句とみることもできようか。

鼻糞丸めて万金丹

鼻糞を指先で丸めて丸薬のようにすることを冷やかす言葉。また、薬の効能のないない物からなることにもいう。万金丹は解毒などに効能があるとされる丸薬。「鼻糞万金丹」ともいう。明治期からみられるもので、早い用例が伝承童謡にみられる。「越中富山の薬屋さん、鼻糞丸めて万金丹、それを飲む奴、あんぽん丹」が岩手と宮城にあり、山梨や岐阜には「越中富山の、反魂丹、鼻くそまるけて、万金丹、それを食ふやた、あんぽんたん」とある。反魂丹は腹痛などに効く丸薬で富山の薬売りが全国に売り歩いた。さらに、高知には「越中富山の薬売り、鼻糞まるめて万金丹、それを買ふのがあんぽんたん、それを飲むのもあんぽんたん」といっていた。その他の地域にもバリエーションが伝わっている。

話に枝が咲く

話の筋道が本題からそれたり、拡散してしまうことの譬え。これまでのことわざ辞典の類にみられない言い回しだが、類句の「話に枝葉が咲く」は明治40年の俚諺集『日本俚諺大全』にある。見出し語は、明治36年に文豪・幸田露伴が書いた未完の小説『天うつ浪』（第三　其二十九）に「『御前《ごぜん》を食べるばかりに齷齪《あくせく》して死んで仕舞《しま》ふのだって、何程《いくら》下《くだ》らないか知れや仕《し》無《な》いわ』『ホヽヽ、お龍《りゅう》ちやんお前が悪いよ、目上《めうえ》に逆らつて！　第一話に枝が咲いて仕舞《しま》ふわネ。ぢやあお前は稽古事は為《す》る気は無し、静岡へは行くまいと云ふし、何様《どう》仕《し》ようと御《お》云《い》ひなの？　妾《わたし》の処へ来て妾の遊び相手になつてお呉《く》れの積りなの？」」とでてきている。

話の花が咲く

話が次々に交わされることの譬え。「話に花が咲く」「話に花を咲かせる」ともいう。明治時代ころからいわれるようになった言い回しで、早い方では、大正4年の長田幹彦の小説『未墾地』（二）に「晩餐《ばんさん》が済むと、炉には更らに新たな薪《まき》が入れられ、ぞくぞくと迫つてくる夜寒《よさむ》のなかで五分心《しん》の貧しい釣洋灯《つりランプ》をかきたてながら話の花が咲くのである。殊《こと》に村から上つて来る耕地廻《こうちまわ》りの馬車が酒や煙草《たばこ》を積んできた晩などにはその山家《やまが》らしい団欒《だんらん》が一層《いっそう》生彩《せいさい》を帯びてくるのであつた」とある。

腹に一物《いちもつ》、手に荷物《にもつ》

心中に企みを持つ意の「腹に一物」の一物に二（荷）物をかけた軽口で意味というほどのものはない。日本語は同音異義語が豊富であるため、音の重なりを利用した地口やダジャレがたくさんある。裏返してみれば、それだけ人々に好まれていたということになるが…。なお、見出し語の中の手が背になっている言い回しもあるが、そちらの方が腹と背となりより対照の妙があるようだ。メディアでの使用例は１９９８年11月20日の朝日新聞夕刊の一面ミニコラム・素粒子などだ。

春の日と金持ちの親類はくれそうでくれぬ

春は日のくれるのが遅いということに、金持ちの親類はケチで金品をくれることがないことに掛けたしゃれ言葉。「春の日で暮れそうで暮れん」ともいうが、見出し語は「暮れる」と「呉れる」を掛けて面白く表現され、より印象が強められている。反対に秋は日が短く「秋の日はつるべ落とし」といわれるし、「秋の日と娘の子はくれぬようでくれる」ともいう。秋の日の方は、「春の日と継母はくれそうでくれぬ」と対句をなしており、これが明治時代からみられることから、見出し語は、継母のバリエーションの可能性があるだろう。メディアでの初見は２００４年４月22日の読売新聞一面コラム・編集手帳。

見上げたもんだよ屋根屋のふんどし

ご立派だね、との揶揄のニュアンスを含んだしゃれ言葉。立派だとの意味になる見上げるに掛けていうもの。渥美清の演じるフーテンの寅さんの得意とする呼び込み科白の一節。これに続いて「見下げたもんだよ底まで掘らせる井戸屋の後家さん、上がっちゃいけないお米の相場、下がっちゃ怖いよ柳のお化け」と同音や類音を散りばめて滔々と続いていく。お世辞にも上品なもの言いではないが、独特のリズムと言葉の響きで聞く者を引きこむ力がある。メディアへの登場は２０００年になってからと遅いが、何と言ってもこの言葉は寅さん映画の圧倒的影響力に尽きている。

■コラム11　いろはカルタは日本のことわざの真髄

高名な文学者である芥川龍之介は、「我我の生活に欠くべからざる思想は或は『いろは』短歌に尽きているかも知れない」と遺著『侏儒の言葉』に記している。ここの、いろは短歌とは、当時のいろはカルタの別称だ。つまり、たった48枚のことわざのカードの中に人々の生活思想がそろっているといっているのだ。幼い子供のカードゲームとみなされるいろはカルタに対してだ。それまでのいろはカルタ観を根底から覆す見方であった。

いろはカルタの起こりは、江戸時代の元禄ころに、前身であるいろは順にはなっていないことわざをカルタにしたものに発する。江戸後期の初めころには現代あるような48枚のいろは順になったカルタが成立し、今日まで続いている。その間、京・大阪を主に西日本で支持された〈上方系〉、「犬も歩けば棒に当たる」で知られる江戸でつくられた〈江戸系〉、そして、〈上方系〉にも〈江戸系〉にも属さない〈新案系〉という三つの流れのものが、それぞれに展開した。ただ、上方系は大正時代までで消滅し、新案系はカルタの傍流のまま存続した。これに対して江戸系は、明治期には上方系を凌駕し全国に広まった。いろはカルタといえば江戸系を指すものとなり昭和20年まで続いた。戦後はカルタに収められた語句が大幅に異なるものが出てきたものの昭和20・30年代は〈犬棒かるた〉との呼称で親しまれた。そして昭和40年代以降には、あいうえお順になった44・45枚組のものも作られるようになった。現在までに発行されたいろはカルタは5００点をゆうに超える。その上、少しずつだが、今もなお新しい種類が見つかるのでさらに数は増す。

子供の室内ゲームの一つであったいろはカルタだが、実は大人も活用し、楽しんだものでもあった。その具体的な事例を挙げれば、諷刺画・落書・評判記（役者や講談師など）・浮世絵（主に役者絵）・番付（役者や落語家）・たばこ入れのデザイン・千社札・雑誌の表紙・商業チラシ・ポチ袋・絵葉書・天井画・人形が見られる。

特異な例では、幕末期のものと推定される枕絵（春画）がある。縦3センチ、横2・4センチの小さな折本仕立てのもので、2面に一つのことわざとその絵が描かれている。絵は四つあり、順番に

○井の縁の茶碗
○粋は身を食う
○ひもじい時の不味い物なし
○喉元過ぎれば熱さ忘れる

となっており、若い男女の絡み合いが性器の描写ともども描かれている。もう一つは絵巻。長さ6メートル58センチの画面に江戸の絵師・高久隆古による江戸系の一種48のことわざとその絵が描かれている。この枕絵と絵巻やその他の大人向けのものが数多くあることを知り、いろはカルタは子供の遊びとの見方は、一面を捉えているに過ぎないと認識するようになった。

このようないろはカルタを5万も6万もあることわざと比べてみると、

①コンパクトにまとまっている（基本が48句しかないのに多様な内容が凝縮されている）
②使い勝手が大変よい（語句の認知度が高いばかりでなく、ことわざと異なり、呼称だけで内容が想起できる）
③すべてに絵がついていて視覚的にも楽しめる
④遊びながらことわざが身につく優れた学習機能を備えている
⑤発祥から3００年の歴史ながら、全国レベルで展開した例は世界の中でも日本だけだった

という特長がある。

ことわざは世界中にみられるものだが、上記のような展開をしたのは日本のいろはカルタだけ。世界に誇りえる小さなことわざ集といえようし、膨大なことわざを極限まで凝縮したのがいろはカルタだと見なしている。

■コラム12　ことわざの視覚的な展開

ことわざは言語表現の一種だが、ことばの分野に留まらず、絵や彫り物、染物、焼き物、金工類にもみられ、多様なジャンルで表現されている。歴史的にも古代から現代まで続いており、膨大な作品が残されている。その主なものについては、4000余の図版に約2000のことわざを収録した『図説ことわざ事典』（東京書籍）を2009年に刊行したので、詳細はそれに委ねたい。

ここではハイライト的なものに限定する。まずは国宝で、鎌倉時代の春日大社に収められる「赤糸威大鎧《あかいとおどしおおよろい》」という立派な鎧と兜《かぶと》。取り合わせのよいことの譬えの「竹に虎」と「竹に雀」を全体に施した名品中の名品の鎧兜だ。次も国宝で室町時代に如拙《じょせつ》によって描かれた水墨画。捉えどころのないことの譬えである「瓢箪《ひょうたん》で鯰《なまず》を押さえる」をモチーフにしてある「瓢鮎図《ひょうねんず》」と呼ばれるもの。足利四代将軍・義持の命によって描かれたものだ。

絵画の世界では、水墨画で雪舟・土佐光信・長谷川等伯《とうはく》・海北友松《かいほうゆうしょう》・雲谷等顔《うんこくとうがん》。狩野派では元信・永徳・探幽・常信の狩野四天王や山雪その他。琳派の俵屋宗達・尾形光琳・酒井抱一・鈴木其一。江戸の人気絵師であった英一蝶《はなぶさいっちょう》、俳画の井原西鶴や与謝蕪村、風景画で知られる円山応挙、奇想の絵師として人気の伊藤若冲《じゃくちゅう》・曽我蕭白《しょうはく》・長沢芦雪《ろせつ》、妖怪画の鳥山石燕、銅版画の司馬江漢、禅画の白隠・仙厓《せんがい》、文人画の谷文晁・渡辺崋山など錚々たる面々がそろう。浮世絵であれば、春信・清長・歌麿・北斎・豊国・広重・国芳の有名どころはもとより、著名ではない絵師は枚挙にいとまがない。

絵巻に仕立てられたものも鳥羽絵を使った〈鳥羽絵狂句合〉、頼山陽による〈山陽六画詩〉、高久隆古による〈いろは譬絵巻〉とあるし、ことわざ図集ともいえる絵本類も多くある。漫画の先駆けとなる鳥羽絵の『軽筆鳥羽車《けいひつとばぐるま》』、和歌でことわざを解説する『絵本千賀乃浦』、狂歌を付した『絵本譬喩節《たとえのふし》』、150もの諺画集となる『諺画苑《げんがえん》』、俗語を交えた『諺臍《ことわざへそ》の宿換《やどかえ》』、戯画集の『暁斎《きょうさい》百図』など数多い。

明治時代になると、江戸時代ほどではないが、漆絵の柴田是真《ぜしん》、明治の広重とも称される小林清親《きよちか》、南画の富岡鉄斎、関西画壇の竹内栖鳳・橋本関雪、洋画の浅井忠、近代漫画の父といわれる北沢楽天、河童絵で知られる小川芋銭がいる。その他にも血みどろ絵師として知られる月岡芳年、童話作家の巌谷小波《いわやさざなみ》や、小説家の武者小路実篤、日本画家では横山大観・富田溪仙・川合玉堂らの作品もあれば、挿絵画家として有名な竹下夢二もいる。冊子や絵本では消息が謎の絵師・昇斎一景による『教訓言黒白』、英文の対訳を併記するローマ字で書かれた『JAPANESE PROVERBS AND PICTURES』（戸田桃泉画）などがある。戦後からでも、『ことばの芸術』（前谷惟光画）、『悪魔のことわざ辞典』（畑田国男）などのイラスト集の他に新聞の一コマ漫画や様々なイラストレーターの作品が新たに数多く生み出されている。

ことわざをモチーフにした作品には絵以外にも種々みられる。平安時代から、武具（鎧《よろい》・兜《かぶと》・鍔《つば》・目貫《めぬき》・小柄）、馬具（鞍・鐙《あぶみ》・轡《くつわ》）、茶道具（茶釜・香炉・花入れ・灰かき）、文具（硯箱・矢立・幻燈種板《たねいた》）、提げ物（印籠・煙草入れ・煙管《きせる》入れ・根付）、化粧具（鏡・櫛・紅板入）などの他、三猿の庚申塔、「獅子の子落とし」の高さ4～5メートルもある大きな石造物、種々の食器や衣裳や袱紗《ふくさ》、建築の部材の彫刻等がある。

ことわざが意匠化されたものは全国各地の神社・仏閣や、街の中にも見ることができる。筆者はそうしたことわざ図像を巡る旅を30年近く続け新たなことわざ図像との出会いを楽しんでいる。その一端は『ことわざの探検』（2002年、アリス館）で紹介したことがある。

著者略歴

時《とき》田《た》昌《まさ》瑞《みず》

1945年千葉県に生まれる．早稲田大学文学部卒業．
現在，日本ことわざ文化学会会長．
ことわざ研究，いろはカルタ研究等の第一人者として活躍している．
ことわざにまつわる多数の収集物は「時田昌瑞ことわざコレクション」として明治大学に収蔵されている．

多数の著書があり，以下にその一部を示す．
『図説日本のことわざ―絵と図像の文化―』（河出書房新社，1999）
『岩波ことわざ辞典』（岩波書店，2000）
『岩波いろはカルタ辞典』（岩波書店，2004）
『いろはカルタの文化史（生活人新書）』（NHK出版，2004）
『絵で楽しむ江戸のことわざ』（東京書籍，2005）
『ことわざで遊ぶいろはかるた（ほたるの本）』（世界文化社，2007）
『図説ことわざ事典』（東京書籍，2009）
『辞書から消えたことわざ（角川SSC新書）』（KADOKAWA，2014）
『思わず使ってみたくなる 知られざることわざ』（大修館書店，2016）
共著に『ことばのおもしろ事典』（朝倉書店，2016）がある．

ことわざのタマゴ
―当世コトワザ読本―

定価はカバーに表示

2018年 2月10日　初版第1刷

著　者　時　田　昌　瑞
発行者　朝　倉　誠　造
発行所　株式会社　朝　倉　書　店
東京都新宿区新小川町6-29
郵便番号　162-8707
電　話　03（3260）0141
FAX　03（3260）0180
http://www.asakura.co.jp

〈検印省略〉

教文堂・渡辺製本

ISBN 978-4-254-51056-0　C 3581　Printed in Japan

索　　引

太字数字は見出し項目となっていることを示す.
表現が少し異なるものも同じことわざとした.

ア　行

ああ言えばこう言う　76上
挨拶とほめ言葉にお金はかからない　**51**中
挨拶は心の窓を開く鍵　**51**中
挨拶より円札　51下
愛情は家庭をつくり，憎悪は家庭を壊す　49上
相手を憎んでも仲直りの余地は残しておけ，仲良くなっても敵になる可能性も考えておけ　**51**下
愛はすべてに打ち勝つ　49中
会うは別れの始め　50下, 123中
あうんの呼吸　158下
青柿が熟柿を弔う　123下
青は藍より出て藍より青し　124中
赤信号皆で渡れば怖くない　30上, **77**中
赤ちゃんは泣くのが仕事　**52**上
秋カマス嫁に食わすな　168下
秋鯖は嫁に食わすな　**1**中
空き樽は音が高い　**31**中, 49中
商いは飽きない　**1**中, 30上
秋茄子は嫁に食わすな　1中, 168下
秋の日と娘の子はくれぬようでくれる　203下
秋の日はつるべ落とし　203下
秋葉山から火事　108下
秋は一雨一度　**103**中
諦めは心の養生　**1**下, 28上
悪さかんなれば天に勝つ　**77**下
アクセルとブレーキを同時に踏む　**125**中
悪には悪を返せ　49中
悪法も法なり　**77**下
悪魔は絵で見るより黒くない　**31**中
悪魔は傲慢と不機嫌を好む　47上
悪魔は子供たちがいる家には入らない　61上
悪名は無名に勝る　**78**上
揚げ足をとる　76中
開けた口にはハエが入ってくる　49上
朝が来ない夜はない　**103**中
朝の果物は金　**2**上
朝は王様のように，昼は女王様のように食べなさい，夜は粗食にしなさい　**2**上
麻布で気が知れぬ　124下
朝に紅顔あって夕に白骨となる　50下, 102中
足は口ほどにものを言う　**31**下
足は第二の心臓　**31**下
足元から鳥の立つ　76上
足をすりこ木にする　76中
預ける時の恵比寿顔，借りる時の閻魔顔　**52**上
明日できることは今日するな　**2**中
明日の鶏より今日の卵　166下
明日の百より今日の五十　123中, 166下, 174下
明日は我が身　**78**上
頭が動けば尾も動く　**78**中
頭隠して尻隠さず　178下
頭剃るより心それ　123中
頭禿げても浮気はやまぬ　**32**上, 43上
新しい皮袋には新しい酒　**2**下, 124中
新しい酒を古い革袋に入れることはできない　19下
当たらずと雖も遠からず　76中
あちら立てればこちらが立たず　76中, 88中, 166中
悪貨は良貨を駆逐する　**125**中
暑さ寒さも彼岸まで　185上
後足で砂をかける　124下
後出しジャンケン　**52**中
後の祭り　49上, 76中, 158上
あなたたちが私たちと席を同じくすれば私たちに似，鍋のそばにおれば黒くなる　196下
あなたを祝えばこなたの恨み　166中
兄貴はわしより歳が上　102下, **197**中, 199中
姉はすげ笠，妹は日傘　123中
危ないところに銭がある　**78**下
危ない所に登らねば熟柿は食えぬ　78下
油手でうなぎを捕まえる　**159**中
油の一滴は血の一滴　**125**下
アフリカの水を飲んだ者は再びアフリカへ帰る　**103**下
阿呆に交われば阿呆になる　196中
アホの大足マヌケの小足　**197**中
甘い話には毒がある　**78**下
甘いものは別腹　**32**中
アマゾンで蝶が羽ばたくとテキサスで竜巻が起きる　**103**下
網で水をすくう　**125**下
網の目に風たまらず　126上
雨が降る日は天気が悪い　102下, 124下, 197中,

199中, 201下
雨が降れば傘をさせ　**3**上
雨降の太鼓　202中
アメリカがくしゃみをすれば日本が風邪をひく　**104**上
雨をよけて雨垂れにあう　172中
過ちては改むるに憚るなかれ　76上, 124下
過は人の常, 許すは神の業　**32**中
嵐の中を船出する　**104**中
嵐の日の決意は晴天の日には忘れられる　**104**下
嵐の前の静けさ　**105**上
蟻が鯛なら芋虫ゃクジラ　102中, 197下, 201上
蟻が鯛ならミミズはイワシ　198上
蟻が鯛ならミミズは鱧　198上
蟻が十なら芋虫ゃ二十　198上
蟻が十ならミミズが二十, 蛇が二十五で嫁に行く　30上, **197**下
蟻の熊野まいり　132上
蟻の天上　171上
蟻の塔を組む　50下
蟻のひげで須弥山を崩す　102中
蟻は甘きに集まる　76中
主人の目は牛を肥やす　**159**中
ｒのつかない月の牡蠣は食べるな　**3**上, 174下
あわてる乞食はもらいが少ない　2下
鮑の貝の片思い　49下
哀れなマカールに松かさが雨あられ　98上
案じるより感じる　3中
案じるより団子汁　**3**中

言いだし, こき出し, 笑い出し　102中
家に鼠あり国に賊あり　50中
家に火がついてから井戸を掘る　80下
家持ちより金持ち　86上
怒れる羊は虎をも倒す　**159**下
息の臭きは主知らず　11下
粋は身を食う　204中
イギリスに美味いものなし　**105**上
イギリス人にとって家は城　**105**上
行く言葉が美しければ来る言葉も美しい　**198**上
育児は育自　30上, **52**下, 57上
池の中で夜を過ごせばカエルのいとこになって目覚める　196中
いさかい果てての棒乳切り木　50中
意志あるところに道あり　**3**中
石が流れて木の葉が沈む　108下, 176上, 182上
石から血を採ることはできない　105中
石車に乗っても口車に乗るな　165上
石に花咲く　50下, 118中
石に布団は着せられぬ　123下
石の上にも三年　177下
医師の不養生　76上
石の物言う世の中　50下, 123下
医者学者長者　**53**上
医者智者福者　102下, 117上
医者とカボチャはひねがええ　**79**上
医者の不養生　53上, 76下
衣食足りて礼節を知る　76上, 124中
石を絞っても水はでない　**105**中
石を抱て淵に入る　50上
以心伝心　124中
いずくのカラスもみな黒し　**159**下
伊勢へ七度, 熊野へ三度　132上
伊勢屋稲荷に犬の糞　109上
急がば回れ　79中, 123中
急ぐと悪魔が手伝う　**79**中
板垣死すとも自由は死せず　**79**下
痛き傷には辛塩をそそぐ　49下, 130下
一衣帯水　76上
一円を笑う者は一円に泣く　**3**中
一眼の亀浮木に逢う　50下
一芸に秀でる者は多芸に通ず　**32**下
一樹の蔭一河の流れも他生の縁　50中
一怒一老一笑一若　**3**下, 30上
一度も登らぬ馬鹿, 二度登る馬鹿　**105**下
一難去ってまた一難　49中, 98上, 130下
一日一個のリンゴは医者いらず　**3**下
一日一笑医者いらず　**4**上
一日の遅れは十日の遅れ　167上
一年の計は元旦にあり　76上
一枚違えば家来同然　**79**下
一文惜しみの百知らず　76上
一夜の無政府主義より数百年にわたる圧政の方がまし　**80**上
一羽のツバメで春はこない　**160**上
一を聞いて十を知る　50下, 124中
一騎当千　46中
一挙両得　76中
一国一城の主　**105**下
一寸先は闇　3上, 158上
一寸延びれば尋延びる　76下
一寸の虫にも五分の魂　50中, 124中
一石で二人の敵を殺す　106上
一石二鳥　49中, **106**上, 158上
一石を投じる　**106**中
逝った魂と西に去った雨は帰ってこない　111下
一朝一夕　158上
一丁目一番地　**106**下
一頭の馬に二人の人間が乗れば一人は後ろに乗らなければならない　187中
一匹狼　124中, 158中, **160**中
鷸蚌の争い　176上
いつも柳の下にどじょうはおらぬ　123上
偽りの友は仲間を絞首台に追いやる　196中

射てしまった矢，こぼしてしまった水のごとし　111下
井戸から火が出たよう　118中
井戸での争いはつるべを持たない者が起こす　80下
井戸端会議　**126**上
井戸水が枯れたら津波がくる　**106**下
田舎のガリ勉より京の昼寝　14下, **80**中
犬が西向きゃ尾は東　102下, 124下, 164下, 197中, 199中, 202上
犬が人をかんでもニュースにはならない，人が犬をかんだらニュースになる　**160**下
犬が吠えても隊商は進む　**160**下
犬好きは犬が知る　**161**上
犬と猿　50上
犬と猿では丸く行かぬ　169中
犬となるも豪家の犬となれ　**161**中
犬と寝れば起きたときにはノミが一緒　196上
犬に魚の番　161下
犬になるとも大所の犬になれ　161中
犬に肉の番をさせる　**161**中
戌に棒あり，戌に棒なし　164上
犬に論語　178上
犬は家の貧しきを嫌わず　62上
犬は飼い主に似る　**161**下
犬は歯がなくなっても犬だ　194中
犬は人につき猫は家につく　161下, **162**上
犬も歩けば棒に当たる　204上
命長ければ恥多し　50中
井の縁の茶碗　204中
医は仁術　76上
茨の中にも三年の辛抱　177下
いま井戸を掘って，いま清水を飲みたがってもだめだ　**80**中
今ないたカラスがもう笑う　**162**中
芋食ってぶう，豆食ってぴい　**198**中
色事と金儲けは人に知られず行うもの　**4**中
色の白いは七難隠す　148中
鰯網で鯨を捕る　174下
鰯の頭は鴨の味　**162**中
鰯の頭も信心から　163上
鰯は海の米　162下
鰯は海の人参　162下
鰯百匹，頭の薬　162下
鰯も百回洗えば鯛になる　**162**下
言わぬが花　10中
言わぬは言うに勝る　50上, 123中
言われるうちが花　**53**中

飢え死ぬるとも二君に仕えず　**4**中
飢えた熊鷹が小雀を追う　**163**上
上に政策あれば下に対策あり　**80**下
上には上がある　138下
飢えには親子なく，貧には愛もぞ破る　**53**中
上に馬鹿がつく　**198**中
上ばかり見ているヒラメ　**163**上
上見ぬ鷲　50下
魚心あれば水心あり　76中
魚の目に水見えず，人の目に空見えず　173下
浮世の馬鹿は起きて働く　**198**下
動かざること山のごとし　182上
雨後のきのこ　**163**中
雨後の筍　76上, 158中, 163中
牛追い牛に追われる　**163**中, 176中
牛がいななき馬が吼える　108下, 176上
牛に経文　178上
牛に麝香　178上
牛に対して琴を弾ず　177下
牛に角あり午に角なし　30上, **163**下
牛に乗って牛を尋ねる　62上, 64下
牛に引かれて善光寺詣り　50上
牛の一突き　**164**上
牛の糞にも段々　102上
牛の小便十八町　164中
牛の涎は百里続く　**164**中
牛は牛連れ　76下
氏より育ち　50下
後ろから弾を撃たれる　**53**下
後ろに柱前に酒　**126**中
牛を豚に乗り換える　**164**中
嘘から出たまこと　76上
嘘つきは記憶がよくなければならない　49中
嘘つきは泥棒の始まり　81上
嘘つきは盗人より悪い　30上, **81**上
嘘と坊主の頭はゆえない　123上, 195下, 201中
嘘は常備薬，真実は劇薬　**4**下
嘘を築地の水天宮(御門跡)　**199**上
内の米の飯より隣の粟飯　115中
うち広がりの外すぼまり　76下
器は料理の着物　**126**中
打てば響く　76中
ウドの大木　197下
うどん蕎麦よりかか(カカア)の側　1中, 102中
うどん屋の釜で湯ばかり　**199**上
うなぎ登り　158中
鵜の真似をする烏　124中
鵜の眼鷹の眼　76下
卯腹辰腿寅背中　117上
産湯とともに赤ん坊を流す　**126**下
うまい話には裏がある　**81**上
旨いものは宵に食え　2中
馬が西に向かっても馬車が東に向かう　**164**中
馬に天保銭　178上
馬にニンジン　**164**下

馬には乗ってみよ，人には添うてみよ　123中
馬には乗るとも口車に乗るな　**165**上
馬の前に車をつけるな　176上
馬の耳に念仏　178上，189上
生まれながら貴き者なし　61上
生まれる前の襁褓定め　148上
馬を牛に乗り換える　164中
馬を贈られる時，その歯までは見ない　**165**上
馬を水辺に連れて行くことはできても飲ませることはできない　**165**中
膿み足を隠して他の腫れ足を発わす　50上
海も見えぬ舟用意　148中
海より酒で溺れる人の方が多い　19下
海を見る者は河を恐れず　**107**上
梅はその日の難逃れ　**165**下
梅は百花の魁　**165**下
梅は三毒を断つ　165下
裏には裏がある　**81**中，92中
売られた喧嘩は買う　**5**上
売り言葉に買い言葉　76上，198上
売り手よし，買い手よし，世間よし　**5**上
瓜に爪あり爪に爪なし　163下
瓜の蔓にナスビはならぬ　168中
瓜を二つに割る　123上
瓜をみて瓜は色づく　196下
うれしいことは早いほどいい　**81**中
膿んだものは潰せ　**5**中
運転は気配り目配り思いやり　21中
うんともすんとも言わぬ　76下
運命は勇者に微笑む　**81**下
運も実力のうち　**82**上
運を天に任す　76中

英雄色を好む　76中
英雄は英雄を知る　**53**下
笑顔にまさる化粧なし　**5**中
江川，ピーマン，北の湖　**32**下
枝の上の鳩よりも手の中の雀　166下
越中泥棒加賀盗人能登はやさしや草までも　117中
江戸っ子は五月の鯉の吹き流し　**107**中
江戸にないものは野暮と妖怪　**107**中
江戸の大関より地元の三段目　**107**下
江戸の敵を長崎に討つ　76上
江戸は諸国の吹き溜まり　**107**下
絵に描いた餅　50中，158中
画にかける餅，飢えをやむるにあたわず　50中
エビス様がアンパンを食べたよう　**33**上
海老で鯛を釣る　76上，123上
燕雀鳳を生まず　168中
縁の下の力持ち　158中

おいしい話にはワナがある　78下
老いてなお千里を思う心を持て　**5**下
老いては子に従え　124下
扇一本，舌三寸　**127**上
負うた子を七日尋ねる　64下
近江商人の歩いた後には草も生えない　**82**上
大嘘はつくとも小嘘はつくな　**5**下
大男総身に知恵が回りかね　197下
狼から逃れて熊にあう　172中
狼少年　**166**上
狼たちも満腹，羊たちも無疵　**166**中
狼と一緒に旅する者は吠えるのを覚える　196上
狼に混じっていると狼のように吠えるようになる　196上
大きな魚が小さな魚を食べる　**82**中
大木の下に小木育たず　179中
多くの知友は多くの黄金に勝る　**54**上
多くを知る者は語らず知らぬ者は多く語る　**33**中
犯した過ちは象が引っ張っても取り返すことはできない　111下
陸に上がった河童　50上，188上，192中
岡にもっこもち　**82**下
起きて半畳寝て一畳　123中
沖の船舶避難は沖へ　114中
お客様は神様　**6**上
屋上屋を架す　120中
屋上の鶴は手中の雀に如かず　**166**下
奥歯にものが挟まる　76中
遅れた正義はないに等しい　30上，**127**上
遅れてきた水牛は汚い水しか飲めない　**166**下
遅れてくる者は扉の後ろに座る　167上
遅れて着いた者はろくに選べない　167上
遅れるよりは待つがよし　**6**上
怒っても一日，笑っても一日　**6**中
奢れる者久しからず　50中
尾崎，谷口，堂の前　102下
押しつぶされたあげく，殴られる　98上
押してダメなら引いてみな　**6**下
押しの一手　**6**下
押し目待ちに押し目なし　**83**上
おしゃべりは道を短くする　74下
お女郎に小判　164下
恐れ入谷の鬼子母神　76中，102中，201上
おだてともっこには乗りやすい　79上
おだてともっこには乗るな　82下
お玉杓子が蛙になる　202上
お玉杓子は耳かきにならず　**127**中
落ちて梯子に挟まり雨にあってずぶ濡れになる　98上
お茶の子さいさい　**127**中
お茶を濁す　76上
夫の心と川の瀬は一夜に変わる　50下

夫は妻次第　**54**中
お天道様が西から出る　**108**上
男心と秋の空　34下, 76中
男つかむためには胃袋つかめ　**54**下
男の井戸は汲むほどよし　**33**中
男の顔は履歴書　**33**下
男の子と杉の木は育たぬ　**34**上
男のハートより胃袋つかめ　54下
男は敷居をまたげば七人の敵がいる　57中
男は自分の顔に責任を持て　**7**上
男は度胸女は愛嬌坊主はお経　35下, 102中
男やもめに蛆が湧き，女やもめに花が咲く　123中
驚き桃の木山椒の木　102中, 124下
同じ穴のムジナ　124下
鬼でも頼めば人を食わぬ　**55**上
鬼に金棒　49下, 67中, 124下
鬼の空念仏　201上
鬼の首を取ったよう　67中
鬼の手と仏の心を持つ　30中, **127**下
鬼の念仏　187上
鬼の眼からも涙　50下
鬼の留守に洗濯　67中
尾に鰭をつける　184下
斧と棕櫚の堅木と相争えば必ずや両者が傷つく　187中
己れより出るものは己れに返る　**83**上
己れを知り敵を知れば百戦危うからず　**7**中
帯に短し襷に長し　123中
お星様を売り買いする　**108**中
溺れる男に水をかける　**128**上
溺れる者の足を引く　182下
溺れる者は藁をもつかむ　124上, **128**中
お神酒あがらぬ神はない　**34**中
お神酒徳利　**55**上
思い立ったが吉日　2中, 50下
重き馬荷に上荷打つ　49下
面は顔　102下
親方日の丸　**108**中
親苦労するその子楽する孫乞食する　140中
親孝行したくないのに親はいる　**55**中
親孝行は真似にもせよ　**55**中
親父は男でおっかあ女　102下, 197中, **199**中
親父は俺より年が上　102下, 199中, 202上
親擦れより友擦れ　102中
親と主人は無理をいうもの　**55**下, 76上
親と上司は選べない　**56**上
親に先立つは不孝　60上
親に似ぬ子なし　168中
親の甘茶が毒になる　**56**上
親の意見と茄子の花に千にひとつの仇もなし　123上
親の意見と冷酒は後できく　123上, 195下
親の顔が見てみたい　**56**中
親の敵と魚は見たらとれ　**167**上
親の心子知らず　76下
親の臑をかじる　76下
親の背を見て子は育つ　**56**中
親の七光り　158中
親馬鹿ちゃんりん蕎麦屋の風鈴　102中
親馬鹿に子外道　**56**下
親は子に育てられる　**57**上
親を見て子をもらえ　**57**中
オリンピックには魔物がすむ　**128**下
終わりの始まり　**129**上
終わりよければすべてよし　**7**中, 124上
音楽に国境はない　**83**中
女が美しいと酒がうまい　**34**中
女心と冬日和　**34**下
女たちの言葉には蜜，心には毒　49中
女ならでは夜の明けぬ　**35**上
女に廃りなし　**35**中
女にはそってみろ，土地には行ってみろ　30中, **35**中
女には乗ってもおだてには乗るな　**35**下
女の顔は請求書　34上
女の黒髪には大象も繫がる　37上, 102上
女の敵は女　**57**中
女の脳みそは男よりよほど軽い　182上
女の眼には鈴を張れ　50下
女の友情はハムより薄い　**57**下
女は弱しされど母は強し　**58**上
女は度胸　**35**下
恩は石に刻み恨みは水に流せ　**7**下
恩を仇で返す　71上

カ　行

飼い犬に手を噛まれる　71上, 76上
飼い犬のスープをすする　**167**中
外国を知る者は必ず愛国者になる　**36**上
卵を累ぬる　49下
海水が引いたら高台へ逃げろ　**8**上
海図なき航海　**129**上
貝を以て海を汲む　50上
カエサルのものはカエサルへ　**8**上
カエルの子はカエル　168中
かかあ天下とからっ風　117上
加賀のかか楽　117上
柿が赤くなれば医者は青くなる　123下, 179上, 183上
カキが洟垂れを笑う　174下
蝸牛の歩み　194中
蝸牛の角の争い　111中
鉤を盗む者は誅せられ国を盗む者は諸侯となる

86下
学者の不身持ち　53上
学問に王道なし　**83**下
学問は長く人生は短し　**83**下
鹿児島の芋づる　118下
籠で水汲む　126上
過去に目を閉ざす者は現在にも盲目となる　**36**中
貸さず借りずに子が三人　**8**中
火事が氷って石が豆腐になる　30中, 102上, **108**下
賢い人には友がいない　**36**下
火事と喧嘩は江戸の華　**109**上
貸主は借主より物覚えがいい　**58**上
火事場泥棒　**109**上
家人の眼には英雄なし　**58**中
カステラ一番，電話は二番，三時のおやつは文明堂　151中
風はいつも貧乏人の目に吹く　98上
風邪を引いても後手を引くな　129中
堅石も酔人を避く　49下
片手でキリはもまれぬ　144下
勝ち馬に乗る　**167**中
勝ち将棋鬼のごとし　**129**中
勝ちに不思議の勝ちあり　**84**上
火中の栗をひろう　158下, **167**下
隔靴掻痒　76上
渇魚の水を得る　192中
渇して井を穿つ　80下
合点承知之助　46上, 123下, 199下
河童もけなせば溺れ死ぬ　30中, **168**上
勝てば官軍負ければ賊軍　123中
悲しむな，笑いは魂の栄養　29下
悲しんでばかりいれば寿命がちぢむし，笑ってばかりいれば病気にかかりにくい　29下
かなづちの川流　124下
蟹の子は蟹　**168**中
カニの念仏　**168**中
蟹は食うてもガニ食うな　102中
金が動けば人が集まる　97上
金が金を生む　**84**上
金がなくても生きていけるが雪がなくては生きていけない　**109**中
金がふえれば苦労もふえる　**84**中
金で面張る　85上
金と女は政治家の鬼門　**84**下
金にもの言わす　**85**上
金の切れ目が縁の切れ目　**85**中
金は一年，土地は万年　**85**中
金は三角にたまる　**8**中
金は出しても口は出さぬ　**8**下
金は天下の回りもの　121中
金は低きから高きに流れる　**85**下
金はフィールドに落ちている　132中
金持ちが神の国に入るよりも，らくだが針の穴を通る方がまだ易しい　150中
金持ち金を使わず　86上
金持ち苦労多し　86上
金持ち喧嘩せず　**86**上
金持ちと灰吹きは溜まるほど汚い　86上, 123上
金持ちになるほど，見張りの苦労　49上
金持ちは吝嗇漢　86上
金持ち船に乗らず　86上
金持ちより人持ち　**8**下, 30中
金を奪う者は殺され国を奪う者は王になる　86下
金を友に貸せば金を失い友を失う　**58**下
蚊の臑の八つ割り　197下
下半身には人格なし　**36**下
禍福は糾える縄の如し　115下, 129下, 141上, 176中, 182上
禍福は垣一重　**129**下
株を買わずに時を買え　**9**上
壁に耳あり　123下
火辺は乾き水辺は潤う　202上
果報は寝て待て　188中
カボチャに目鼻　197下
カマスの焼き食い一升飯　**168**下
神様，仏様，稲尾様　**37**上
カミソリの褌で尻切ってる　102下
雷から逃れて稲妻にうたれる　172中
髪の長きは七難隠す　**37**上, 148中
髪は女の命　37中
神は細部に宿る　**37**中
神は正直の頭に宿る　50下
髪結いの亭主　**37**下
鴨がネギ背負ってくる　102上
痒いところに手の届く　76上
カラスの頭が白くなる　118中
カラスの行水　178上
ガラスの心臓　**38**上
ガラスの天井　**129**下
カラスは仲間の目玉をえぐらない　**169**上
狩人のそばにいれば狩人に，漁師のそばにいれば漁師になる　196中
画竜点睛　76中
借りる時の恵比寿顔（地蔵顔），返す時の閻魔顔　33上, 123中
軽い返事に重い尻　123下
枯れ木も山の賑わい　123下, 134中
可愛い子には旅をさせよ　61中, 66下
かわいくて彼は結婚，よく考えて離婚　49上
乾いたタオルをしぼる　**130**上
川の急流の中で馬を乗り換えるな　**9**中
川向かいの喧嘩　92下
皮を切らせて肉を切れ　**9**下
寒明け七雪　**109**下

寒九の雨は豊作　110上
眼光紙背に徹す　**130**上
感情は声にでる　7上
肝胆相照らす　76中
干天の慈雨　**110**上
艱難汝を玉にす　**9**下, 76下
堪忍信濃の善光寺　202中
寒の中の雨は親の乳房　110上

聞いて極楽見て地獄　123中
木から落ちた猿　188上, 192中
雉子の頓使い　49下
聞き上手は話し上手　**10**上
樹々は果実の重みでたわむ　49中
聞くは言うに勝る　**10**中
木七竹八塀十郎　46上, 123下, 200上
雉の雌鳥ゃ女鳥　102下, 202上
机上の空論　76上, **130**中
疑心暗鬼を生ず　76中, 158中
傷口に塩　98上, 109中, **130**下
貴族が嘘をつくはずがない　194中
北に近けりゃ南に遠い　102下, 202上
吉凶は糾える縄の如し　141上
狐と狸の化かしあい　**169**中
狐につままれる　76中
狐の子は面白　168中
来てみれば聞くより低き富士の山　**110**中
木に竹を接ぐ　76中
木によりて魚を求む　194上
絹のハンカチを雑巾に使うな　**10**下
昨日の敵は今日の友　**58**下
昨日の娘は今日の婆　102上
着は季の先取り　**131**上
義は君子を動かし，利は小人を動かす　49下
気前与三郎，出すこと止八　46上, 123下, 199下
牛飲馬食　**169**下
九死に一生　76下
窮鼠猫をかむ　159下
キューリのようにクール　**169**下
兄弟他人の始まり　76上
今日できることを明日に延ばすな　2中, **10**下
今日という日は今日しかない　**11**上
京の着倒れ大阪の食い倒れ　123中
今日の魚より明日のための釣り竿　174中
今日の一針は明日の十針　**11**中
京の持ち味浪速の食い味　**110**中
巨人，大鵬，卵焼き　33上, **38**中
巨象が喧嘩すれば足元の草が苦しむ　**86**中
毀誉は他人の主張　14上
漁夫の利　176中
きれいな花にはトゲがある　**170**上
木を隠すなら森　**170**上
木を見て森を見ず　**170**中, 191中
金柑頭のハエすべり　131上
金銭の上に兄弟はない　**59**上
金時の火事見舞い　**131**上
銀の匙をくわえて生まれる　**131**中
金の卵を産む鵞鳥を殺す　**170**下
金をつんでいてもロバはロバ　194下

苦あれば楽あり　115下, 123下
空中の楼閣　76中
空腹は最良のソース　**131**下
腐ったリンゴはそばのリンゴを腐らせる　196中
腐っても鯛　177中, 194上
腐ってもヒラ　194中
孔子の倒れ　50上
愚者にとって沈黙は金　49中
愚者は経験を語り賢者は歴史を語る　**38**下
癖ある馬に乗りあり　171上
癖なき馬は行かず　**171**上, 193上
糞蠅の天上　**171**上
糞も味噌もいっしょ　123上
下さる物なら夏でも小袖　147下
朽木は柱にならぬ　**171**中
口車に乗る　76中, 79上
口に税はかからぬ　**86**中
口に蜜あり腹に剣あり　123中
口は禍の門　10上, 50中
口紅をつけても豚は豚　30中, **171**中
口も八丁手も八丁　76下
靴が合うかどうかは自分で履いてみて初めてわかる　**11**下
靴は靴屋　31下
靴をはかりて足を削る　108下
靴を隔てて痒きを掻く　144上
国を盗む者は王侯，貨を盗む者は富豪　**86**下
首くくりの足を引く　109中, 128上, 182下
熊野詣では足で悟る　**132**上
グラウンドに銭が落ちている　**132**中, 147上
暗がりの頬かむり　**132**上
車は海へ舟は山　108下
車を馬の前に置く　163中
来る者は拒まず，去る者は追わず　123下
クレオパトラの鼻がもう少し低かったら　**86**下
呉れることは火もくれぬ　147下
くれるのは日の暮れるのもいや　147下
玄人の底惚れ　**59**中
君子庖厨に遠ざかる　145上
君臨すれど統治せず　**87**上

景気の気は気分の気　**87**上
経済一流，政治は三流　**87**中
芸術は長く人生は短い　**11**下

継続は力なり　**12**上
桂馬の高飛び歩の餌食　129中
下戸の建てた蔵はなし　34中
下戸の建てたる蔵はなけれど後家の建てたる家多し　123中
下駄の雪　**110**下
結構毛だらけ猫灰だらけ　102中
結婚する前は両目をあけ，結婚したら片目をつぶれ　**12**中
結婚は人生の墓場　**12**下
煙を逃れて火に落ちる　172中
外面如菩薩内心如夜叉　187中
毛を吹いて疵を求む　50上
犬猿の仲　162上
喧嘩するほど仲がいい　**59**中
健康と忘却に勝る幸福はない　**13**上
健康のためなら死んでもいい　**38**下
健康は富なり　**13**中
賢者は敵からも多くを学ぶもの　49上
賢人二君に仕えず　50下
健全なる精神は健全なる身体に宿る　**13**下, 49中
現場百回　**87**下
権力と味噌は上層から腐る　30中, **87**下

恋と戦争では何でも正しい　**88**上
恋は曲者　59下
恋は思案の外　59下
恋は盲目　57中, **59**下
恋は闇　59下
小芋が育てば親芋は腐る　**60**上
幸運の女神は前髪をつかめ　**14**上
後悔先に立たず　111中
好機逸すべからず　2中
好奇心は猫を殺す　**171**下
孝経をひっさげて母の頭を打つ　50上
攻撃は最大の防御　**88**中, 124中
孝行をしたい時分に親はなし　55中
甲子園には魔物が棲む　**111**上, 128下
子牛が溺れた後で井戸を埋める　80下
好事門を出でず，悪事は千里を行く　49中, 50下
講釈師見てきたような嘘をいい　**199**中
洪水の時は魚がアリを食う，水がなくなるとアリが魚を食う　191下
行蔵は我に存す　**14**上
甲の損は乙の得　**88**中
幸福は単独でやってくる，不幸は手をつないでやってくる　**88**下
高木風を免れず　76下
公約と膏薬は張り替えるほど効く　**89**上
氷を叩いて火を求む　194上
ゴキブリにモラルを求める　30中, **172**上
故郷忘じ難し　103上
虎穴に入らずんば虎子を得ず　78下
虎口を逃れて竜穴に入る　**172**中
小言幸兵衛　**199**下
心は顔に似ぬもの　14下
心は顔をつくり，顔は心を表す　**14**中
乞食しても生まれ故郷　**14**下
乞食の粥でゆうばかり　102下
乞食は茶碗の音に目を覚ます　**15**上
五十六十は洟垂れ小僧　**39**上
五十歩百歩　76中
孤掌鳴らず　63中, 144下
鯒には姑の知らない身がある　**172**下
凝っては思案に能わず　76下
コップの中の嵐　**111**中
琴になり下駄となるのも桐の運　**172**下
言葉に税金はかからぬ　51中
言葉に銭金いらず　51中
子供叱るな来た道じゃ，年寄り笑うな行く道じゃ　**15**中, 30中, 66下
子供のいる家は市場，子供のいない家は墓場　61上
子供のない家庭には灯火がない　**60**下
子供は教え殺せ　61中
子供は大人の父　**60**上
子供は親の背を見て育つ　61中
子供は神様からの授かりもの　**60**中
子供は三歳までに一生分の親孝行をする　**60**中
子供は生活の塩　61上
子供は貧乏人の宝物　61上
子供を持たぬ者は天下第一の貧者　61上
粉に近寄れば白くなり，墨に近寄れば黒くなる　196下
粉ひき所のそばを通ると粉まみれになる　196下
子に甘きは世の常の習い　**61**上
子の可愛いのと向こう脛の痛いのはこたえられぬ　123上
この父(親)にしてこの子あり　168中
木の葉も落ちて根に帰る　**173**上
この世の地獄極楽は女という字の中にある　137中
子は親の鏡　**61**中, 168中
子は十年の預かりもの　**61**下
子は母の醜きを嫌わず　**62**上
こぼしたミルクの上に愚痴をこぼす　111下
こぼれた油は元の壺にはもどらない　111下
こぼれたミルクを嘆いても仕方がない　**111**中
米の飯とお天道様はついて回る　**89**上
米櫃の中まで知る　**132**下
子役と動物には勝てぬ　**132**下
子故の闇に迷う　50下
これで吉田の兼好　46上, 200上
転べば糞の上　98上

衣の下の鎧　**133**上
衣ばかりで和尚はできぬ　**133**上
転んだ上の蹴り　97下
転んでもただでは起きない　**15**中
コロンブスの卵　**133**中
壊れた茶碗は元どおりにはならない　111下
子を持てば七十五度泣く　60下
今度とお化けは出たことがない　**62**中
こんにゃく玉に目鼻をつけたよう　177上
金平糖にも角がある　**111**下
金平糖の綱渡り　76下, 112上
焜炉に目鼻　177上

サ 行

災害は忘れたころにやってくる　146上
最後に来たものは飲み分が一番少ない　167上
最後に笑う者が一番よく笑う　**89**中
最後のワラ一本がラクダの背を折る　**173**中
災難はドアからも窓からもやってくる　98上
さいは投げられた　**133**下
財布が重いと心は軽い　**134**上
幸い並び来たらず，禍いひとり行かず　90上
福はまなじりに盈たず，禍は世に溢る　90上
棹は三年艪は三月　**134**上
酒蔵あれど餅蔵なし　34中
肴荒らしも酒宴の座興　**134**中
魚と珍客は三日おけば臭う　**173**中
魚と水　49下
魚には水が見えない　**173**下
魚の陸見物　**173**下
魚の水を離れたよう　192中
魚は頭から腐る　**174**上
魚を与えるより釣り方を教えろ　30中, **174**中
先勝ちは糞勝ち　89中
先立つものは金　76上, **89**下
先の勝ちは貧乏勝ち　89上
先の雁より手前の雀　**174**中
先の雁より手前のヒバリ　174下
サギの群れにいればサギに，カラスの群れにいればカラスに　196中
先んずれば人を制す　124中
桜が散ったらカキは食べるな　**174**下
桜の花に梅が香を添える　**175**上
酒がある時は杯がなく，杯がある時は酒がない　**134**中
酒が体に入ると理性が器に入る　**39**中
酒が入れば知恵は出ていく　19下, 49中
酒米買うなら土地を買え　**15**下
酒のなかに真あり　19下
酒は燗，酌はたぼ　**134**下
酒は酒屋　**135**上
酒は疲れ切った人の勇気を高めるもの　49上
酒は百毒の長　**135**上
酒は百薬の長　29中, 50中, 135上
雑魚を数えて呑舟の魚を取り逃す　**175**上
サザエに金平糖　111下
砂上の楼閣　**135**中
サソリを恐れて逃げ毒蛇の口に落ちる　49中, 172中
運命につける薬なし　**89**下
サッカーと政治と宗教について口論してはいけない　**16**上
砂漠で針を探す　**112**上
砂漠に水をまく　**112**上, 113下, 114上
さよなら三角，また来て四角　**200**上
ザルに水を汲む　126上
猿は木から落ちても猿だが，議員は選挙に落ちればただの人　**175**中
去るも地獄残るも地獄　**135**下
去る者は日々に疎し　50中, 112中
三月の風，四月の雨が，五月の美しい花をもたらす　118上
三歳違えばエイリアン　**62**中
三時間待ちの三分診察　30中, 97中, **135**下
三度の飯より好き　**136**上
三度目の正直　158中
三年先の稽古　**16**中
三べん回ってワンといえ　**175**下
三方一両損　**62**下
サンマが出るとアンマが引っ込む　**175**下, 179上

試合に勝って勝負に負ける　**136**中, 141下
幸せから不幸まではただ一歩，不幸せから幸せまでは遠い距離　**90**上
四角な部屋を丸く掃く　123下, **136**中
自画自賛　76中
鹿を馬　50上
鹿を追う猟師山を見ず　145中
時間が薬　**112**中
シギとハマグリの争い　**176**上
事業と扇子は広げすぎると破れる　**136**下
自業自得　76中, 124中
地獄極楽裏表　**137**上
地獄の沙汰も金次第　85上
地獄の中の菩薩　30中, **137**中
地獄の門まで追い詰める　**137**下
地獄への道は善意で舗装されている　**137**下
事故は瞬間ベルトは習慣　21中
事故を呼ぶ酒が疲労がスピードが　21中
事実は小説(伝奇)よりも奇　76下, **138**上
死屍に(死者を)鞭打つ　149上
獅子の子落とし　66下, 205下
死児の齢を数える　**138**中
四十しざかり　**39**中

厠上，枕上，鞍上　**138**中
地震が起きたら海を見ろ　**112**下
地震雷火事親父　102下, 117上
至誠天に通ず　**16**中
士族の商法　147上, 152下
児孫のために自由を律す　**16**下
舌先三寸人を殺す　**39**下
滴り積もりて淵となる　102中
下には下がある　**138**下
舌は内臓の鏡　**40**上
七人の子はなすとも女に心許すな　71上
七分の勝ちを十分となす　185下
しっかり抱いて下に降ろして歩かせろ　**63**上
嫉妬に休日はない　**40**上
失敗は成功のもと　**17**上, 91下, 123中
疾風に勁草を知る　49下
しっぺたと頬っぺたの違い　30中, **200**中
尻尾が犬を振る　**176**上
自転車操業　**138**下
死に馬が屁をする　118中
死に馬に蹴られる　**176**中
死にたる人は生ける鼠に及かず　49下
死人に口なし　76上
死ぬまで現役　32上, **40**中
しのぎを削る　158中
芝居蒟蒻芋南瓜　102下, 117上
地盤看板かばん　**90**中
私腹を肥やす　76中
自分で自分の重みが知れぬ　11下
自分で自分の首を絞める　**90**中
自分で蒔いた種は自分で刈る　**17**上
自分に甘く他人に辛い　**40**中
自分の頭のハエを追え　**176**下
自分の顔に責任を持て　**17**中
自分のケツは自分で拭け　**17**中
自分のことは棚に上げる　**40**下
自分の屁は臭くない　**41**上
島原大変、肥後迷惑　**113**上
四面楚歌　124中
ジャガイモに目鼻をつける　**176**下
借金も財産のうち　**17**下
沙弥から長老にはなれぬ　76下
習慣は第二の天性　49中
十人十色　76上, 158中
十人の一歩は一人の十歩に勝る　**63**上
柔よく剛を制す　140下
手考足思　**41**上
儒者の儒者臭きは真の儒者にあらず　**139**上
手術は成功したが患者は死んだ　**139**上
主人の足跡は土地を肥やす　159中
主人の目が馬を太らせる　49上
酒池肉林　169下
出藍の誉れ　73下
朱に交われば赤くなる　196上
駿馬はやくざ馬にはならず　194上
省益あって国益なし　**90**下
正月は冥途の旅の一里塚　**139**中
小寒の氷大寒に解く　**113**上
上戸に酒，下戸に牡丹餅　**139**中
小事が大事を生む　**139**下
正直者が馬鹿をみる　**90**下
小事と大事は一目には見がたし　139下
小事に拘わりて大事を忘れる　175上
上手が鼻の先にぶら下がる　30中, **140**上
上手切らずに下手切らず　**91**上
掌中の珠　76上
商人と屏風は曲がらねば立たぬ　123上
小の虫を殺して大の虫を生かす　182下
勝負は下駄を履くまでわからない　**140**上
庄屋三代続かず　**140**中
小よく大を制す　**140**中
小利をすてて大利に付く　141下
食は命　**17**下
食は広州に在り　**113**上
女郎却って客となる　108下
書を読みて羊を失う　**177**上
知らぬ顔の半兵衛　46上, 123下, 199下
知らぬが花　**91**中
知らぬが仏　76上
知らぬは親ばかり　**63**中
知らぬは亭主ばかり　63下
知らぬ仏（神）より馴染みの鬼　72上
白羽の矢が立つ　158中
尻馬に乗る　76下
白猫でも黒猫でも鼠を捕るのがよい猫　**177**中
白星がなによりの薬　**140**下
白を黒にする　50上
人生には上り坂，下り坂，そしてまさかの坂がある　**18**上
人生の楽しみは酒と女　**41**中
人生は糾える縄の如し　**141**上
人生は短く技術は長い　49上
死んだ子の年を数える　138中
沈丁花は枯れても芳し　**177**中
辛抱する木に花が咲く（金がなる）　**177**下
人面獣心　50上
人類と獣類との間に女類がある　181下

水牛二頭が角つき合わせている間にギョウギシバが耐え切れずに傷む　183中
水牛のそばで竪琴を奏でる　**177**下
末は博士か大臣か　**63**下
据え風呂でごぼうを洗う　179下
好きこそ物の上手　76下

過ぎ去った水は水車を回さない　111下
優れたホメロスも時には居眠りをする　49中
少し愛して長く愛して　**64**上, 186下
筋書きのないドラマ　**141**上
雀網で雁　174下
すずめの行水　**178**上
すずめの涙　**178**中
雀変じて蛤となる　50上
捨て子はよく育つ　**64**中
砂長じて巌となる　50下
砂に頭を突っ込んだ駝鳥　**178**中
砂に水がしみ込む　113下
スピーチとスカートは短いほどいい　**141**中
すべての芸術は模倣から始まる　**18**上
すべての道はローマに通ず　**113**中
スポンジが水を吸う　**113**下
墨を近づければ黒くなる　196下
住めば都　50下
相撲で勝って勝負に負ける　**141**中
相撲は負けて覚える　**91**中
すりこ木に羽が生える　118中
寸善尺魔　50中
寸をまげて尺を伸ぶ　141下
寸を許して尺を失う　**141**下

性格は顔にでる　7上
成功せる愛は同情を乗せて走る馬車馬である，失敗せる愛は怨恨を乗せて走る馬車馬である　**64**中
政治は数，数は力，力は金　**91**下
成熟した二頭の雄牛は同じ水飲み場には入れない　187中
生食すれば医者いらず　179上
清濁あわせ吞む　123下
精出せば凍る間もなし水車　116中
急いては事を仕損じる　2下, 79中, 80中
青天の霹靂　76中
積善の家には必ず余慶あり　83上
関の山　76下
雪上に霜を加う　50中
雪中に炭を送る　**142**上
雪隠虫が天上する　171上
絶望の山から希望の石を切り出す　**142**上
絶滅を望むなら核を準備せよ　98中
背中に目はない　102下
背中の子を三年探す　**64**下
背に腹は代えられぬ　158中
セミは七日の寿命　190上
善悪は友に依る　196中
善意への道は地獄へ通じる　137下
千石を取れば万石を羨む　187下
扇子商法　**142**中
センスは服にでる　7上
戦争で最初に犠牲になるのは真実だ　**92**上
栴檀は双葉より芳し　124中
船頭馬方お乳の人　102下, 117上
船頭殺すに刃物はいらぬ雨の十日も降ればよい　150上
千読一行に及ばず　26上
善と親しくすれば月の光，悪と親しくすれば蛇の毒　196中
千日に刈った萱を一日に亡ぼす　123上
善人とともにいれば天国に住み，悪人とともにいればすべてが破滅　196中
善は急げ　2中
千聞は一見に如かず　50中
前門の虎，後門の狼　172中
千里の堤も蟻の穴から崩れる　123上

象から逃れて虎にであい，虎から逃れて鰐にであう　172中
雑巾で顔を逆なでする　**142**中
相続三年　**18**中
そうで有馬の水天宮　**200**下, 202中
象はいかに落ちても十万マウンド　194上
そうはイカの金玉　**200**下
象は死んでも９万ルピーの価値がある　194上
そうは問屋が卸さない　**92**上
草履片足，下駄片足　**142**下
草履片々，木履片々　142下
底に底あり　**92**中
袖の振り合わせも多生の契り　124中
その手は桑名の焼き蛤　102中, 201上, 202中
損して得取れ　136中

タ　行

体育は無駄，王になりたければ学問に励め　**18**下
対岸の火事　76下, **92**中, 124下, 158中
対岸の祭り　92下
大器晩成　124中
大魚は小池に棲まず　178下
大魚は支流に泳がず　**178**下
太鼓判を押す　**143**上, 158中
大根おろしに医者いらず　179上
大根時の医者いらず　**179**上
大山鳴動して鼠一匹　124上, **179**上
大事争うべし，些事構うべからず　**19**上
大事は小事より起こる　123中
大樹の下には美草なし　179中
大樹の下の小木　**179**中
大象兎径に遊ばず　178下
大同小異　76中
大は小を兼ねる　127中
大仏商法　**143**上

太平洋でゴボウを洗う **179**下
太平洋に目薬を差す **113**下
大砲よりバター **143**中
逮捕に勝る防犯策なし **92**下
ダイヤは泥の中に落ちても輝きは消えない 194中
高いところに土持ち 82下, 120中
鷹にあえる雉子 180上
鷹に会った雀 163上
鷹の前に出たすずめ **180**上
宝の持ち腐れ 76上, 124下, 158中
宝の山に入りて手を空しくして帰る 124中
多芸は無芸 123中
竹の子親まさり 73下
足して二で割る **143**中
助け舟を出す **143**下
出すことは舌を出すのも嫌い 147下
出すことは袖から手を出すも嫌い 147下
出すことは目の中の塵でもいや 147下
多勢に無勢 50中
ただほど高いものはない **93**上, 123中
立ち臼に菰 197下
ダチョウの策を行う 178下
ダチョウのように頭を砂に埋める 178下
立つ瀬がない **144**上
炭団に目鼻 197下
棚から牡丹餅 123上, 158中
他人の不幸は鴨の味 **180**上
他人の不幸は我が身の幸せ 180上
他人の悪口は蜜の味 69上
他人は自分の鏡 **41**中
他人を呪って井戸を掘る者は自分が中に落ちる 80下
楽しい道連れは馬車と同じ 74下
楽しきはビール，苦しきは旅路 49上
楽しみ極まりて悲しみを生ず 49下
頼む乞食は冷や飯食わぬ 55上
頼めば犬も糞を食わぬ 55上
タバコがあるのに吸殻を欲しがる 187下
足袋の上から足をかく **144**上
旅は人生，人生こそ旅 **144**中
旅は友情の墓場 **65**上
卵が先か，鶏が先か **180**中
卵は一つ籠に盛るな **19**中
卵を盗む者は牛をも盗む **181**上
卵を割らなきゃオムレツはつくれない **181**上
玉に瑕 50上
民の声は神の声 49中, **93**上
矯めるなら若木のうち 61上, 66下
ダモクレスの剣 **144**下
便りのないのはよい便り **93**中
鱈汁と雪道は後がよい 123上
足らぬものが余る 118中
樽から抜いたワインは飲まねばならぬ **19**下
足るを知る時この世は天国，足るを知らざる時この世は地獄 **93**下
暖雨に潤い百穀育つ **114**上
短気は身を滅ぼす腹切り刀 **19**下
団子に目鼻 177上
タンゴは一人で踊れない **144**下
男子厨房に入らず **145**上
断じて行わざるもまた勇なり **20**上
だんだんよくなる法華の太鼓 **201**上
段取り八分 **94**上
丹波太郎，信濃次郎，近江三郎 46上, 123下, 200上

地位が人をつくる **94**中
小さく生んで大きく育てる **20**中
小さな苦しみは愚痴を生む，大きな苦しみは知恵を生む **20**下
小さな親切，大きなお世話 **65**中
知恵を得ることは金にまさり分別を得ることは銀より望ましい 54中
近道は遠道 123中
力は知性に及ばない 49上
築城三年落城三日 30下, **94**中
智者の辺の童は習わぬ経を読む 50下
痴人の空念仏 **201**上
痴人夢を説く 201中
父教えざれば子愚かなり 61上
地方自治は民主主義の学校 **94**下
チャンスはピンチの顔をしてやって来る **20**下
注意一秒怪我一生 **21**上
中国がくしゃみをすれば日本が風邪をひく **114**上
長者富にあかず 187下
長者二代なし 140中
長者に情けなし 53上
長者の万灯より貧者の一灯 50中, 123下
蝶にも毛虫の時がある 30下, **181**中
塵も積もれば山となる 102上
沈黙は金，雄弁は銀 10中, 33中

つうと言えばかあ **65**中
使っている鍬は光る 116中
使わなければ駄目になる **41**下
月に群雲 76上
月は欠けてもまた満ちる **95**上
釣った魚に餌はいらぬ **181**中
津波がきたら沖に逃げろ **114**中
津波てんでんこ **21**中
津波の前には井戸が異常に濁る 107上
津波の前には潮が引く **114**下

燕一羽では春にならない　49上
妻を売りて博士を買う　**65**下
爪に火を灯す　76上, 中
爪の垢でも煎じて飲む　**145**上
強きを挫き弱きを助ける　**21**下
釣り師山を見ず　**145**中
釣りする馬鹿より釣り見る馬鹿が上　**145**下
釣りは道楽の行き止まり　145下
釣り針と金盥ほど違う　**145**下
鶴は千年, 亀は万年　50下, 102中

亭主元気で留守がいい　30下, **65**下, 186下
泥中の蓮　50下
敵に金を貸せば敵を得て, 友に貸せば友を失う　58下
敵に塩を送る　**146**上
敵の敵は友　66上
敵の敵は味方　**66**上
敵の敵はやはり敵　66中
敵もさるもの引っ掻くもの　102中, 201上
出すぎた杭は打たれない　**95**上
でたらめと坊主の頭はゆったことがない　30下, **201**中
鉄によりかかる者は錆びる　196下
鉄の馬を持つまで藁の馬に乗る　166下
鉄は熱いうちに打て　**21**下, 61中, 66下, 124上
鉄砲玉の使い　123下
出船によい風は入り船に悪い　88中, 123下, 166中
出物腫れ物ところ嫌わず　27中, 198中
出る杭は打たれる　95上
手を変え品を変え　76下
天から落ちてナツメヤシに引っかかる　172中
天才とは努力の異名　**41**下
天才は努力の結晶　42上
天災は忘れたころにやってくる　**146**上
天竺からフンドシ　102中
天知る地知る　50上, 124中
転石苔をむさず　116中, **181**下
天に口あり　76上
天に唾する　148下
天に二つの日無く, 国に二人の王無し　49下
天は人の上に人を造らず, 人の下に人を造らず　**42**上, 135上
天は自ら助ける者を助ける　**22**上
天を指して魚を射る　194上

トイレなきマンション　30下, **114**下
唐辛子は辛く砂糖は甘い　102下, **201**下
冬瓜が水に沈み, 土器の破片が浮かぶ　**182**上
冬至冬中冬はじめ　30下, **115**上
灯心で鐘を釣る　50下
灯台もと暗し　64下
豆腐で歯を痛める　118中
豆腐の上の原発　**146**中
豆腐の角に頭をぶつけて死ね　**202**上
豆腐屋にトンカツをつくれといっても無理　**146**中
とうもろこしに目鼻　177上
桃李物言わざれど, 下おのずから蹊をなす　49下
蟷螂力を合わせて車を覆す　63中
遠きは花の香, 近くは糞の香　50下, 62上
トカゲの尻尾切り　30下, **182**中
土方殺すに刃物はいらぬ雨の三日も降ればよい　150上
時は金なり　**22**中, 124上
毒にも薬にもならぬ　76中
どこのカラスも黒い　102下, 160上, 197中, 199中
どこの国でも屁は臭い　160上
どこのニワトリの声も同じ　160上
床の間の天井　**146**下
トコロテンの幽霊をコンニャクの馬に乗せる　102上
所の神様ありがたからず　36上
ドジョウの尾に蛇が食いつく　102上
どじょうを殺して鶴を養う　**182**下
年寄りっ子は三文安い　**66**中
年寄りっ子は優しく育つ　**66**中
年寄りと子供は動く赤信号　21上
年寄りの唾は糊になる　148下
年寄りの冷水　66下, 76中, 124下
年寄りは家の宝　**66**下
年寄りを失うことは図書館に火をつけるのと一緒　67上
隣の芝生は青い　**115**上, 124中
隣の花は赤い　49上, 115中
隣の貧乏鴨(雁)の味　69上, 180中
隣の牡丹餅は大きくみえる　115中
どの雲も銀色の裏地を持っている　**115**下
殿様商売　**147**上
どの若者の心にも一頭の獅子が横になっている　**42**中
飛び出すな車は急に止まれない　21上
鳶の子鷹にならず　168中
土俵には金が埋まっている　132中, **147**上
飛ぶ鳥の献立　148中
どぶに落ちた犬を打て　**182**下
ドブへ落ちた金平糖　111下
跳ぶ前に見よ　**22**中
トマトが赤くなると医者が青くなる　**183**上
富は多くの友をつくる　36下, 71下
虎に翼　49下
捕らぬ狸の皮算用　148中
虎の尾を踏む　50下

虎の口から逃げて狼の口に入る　172中
虎は死して皮を留め人は死して名を残す　123中
虎は年をとっても斑点は失わない　194中
虎変じて犬となる　50上
虎を描きて成らず，かえって狗に類す　49下
虎を防いで狼にあう　172中
取り込むなら元旦の葬式でも　147下
鳥無き里の蝙蝠　76上
鳥についばまれた畑に蒔いた種はもどらない　111下
鳥もちと理屈は何処にでもつく　**147**中
努力する者には神も援助したもう　49上
努力にまさる天才なし　**22**下
取ることなら地蔵の胸倉でも取る　**147**下
取ると言えば親の首でも取る　147下
泥棒と交われば泥棒になり、学者と交われば学者になる　196中
泥棒の提灯持ち　**148**上
泥棒を捕えて縄をなう　123上
泥水がきたないほど蓮の花は美しく咲く　185中
泥水に石を投げ込むな，泥のしぶきがかかる　196下
どんぐりの背比べ　123下
呑舟の魚は枝流に游がず　178下
とんだところへ北村大膳　**202**上
飛んで火に入る夏の虫　50下
どんな豪雨も止む　120上
トンビが鷹を産む　73下, 183下
トンビの子はトンビ　168中
貪欲と乞食の袋には底がない　187下

ナ　行

泣いて暮らすも笑うて暮らすも一生　**23**上
ナイルの水を飲んだ者はナイルに戻る　**116**上
流れる水は腐らず　**116**上, 192上
泣き面に蜂　49中, 98上, 109中, 120中, 130下, 176中
泣く子は育つ　**42**下
泣く泣くもよい方を取る形見分け　18中
仲人を見ておむつの支度　**148**上
情けには鬼の角も折れる　**67**上
情けの酒より酒屋の酒　1中, 102中
情けは人の為ならず　124中
ナスの蔓にキュウリはならぬ　168中
納豆時の医者いらず　**116**中
七つ雨と四十女の狂れ出しは止まぬ　43上
七つ下がりの雨と四十過ぎの道楽はやまぬ　**42**下
七つ褒め三つ叱る　**67**中
なにも咲かない寒い日は，下へ下へと根を伸ばせ　99上
何より勝つことが薬　140下
鍋に触れば煤がつく，悪に触れば傷がつく　196下
鍋に触れば煤で手が汚れる　196下
鍋蓋に目鼻　177上
ナポリを見てから死ね　**116**下
生壁を算盤で押さえる　177上
生兵法大けがのもと　91上
涙は女の武器　**43**上
ナメクジの江戸行き　102上
名を取って実を捨てる　136中
難産の子はよく育つ　**43**中

二階から目薬　114上
二階へ上げて梯子を外す　**67**下
憎く憎くの腹からいといとの子ができる　123中
憎まれっ子世に憚る　124下, 125中
肉を切らせて骨を断つ　**23**上
逃げた鯉が大きい　76下
逃げるが勝ち　123中
二足のわらじ　158中
日光見ずして結構というな　102中, 116下
日本人の奥さんを貰い，英国の家に住み，中華料理を食べ，米国の企業に勤める　**43**中
二度あることは三度ある　120中
二頭の熊は同じ穴では暮らせない　187中
二頭のコシカル（雄羊）は一つ鍋におさまらぬ　187中
二頭の象が喧嘩したら蟻は踏みつぶされる　**183**上
二頭の豹が同じ森を歩くことはない　187中
二頭のライオンは同じ敷き皮の上にはいられない　187中
二兎を追う者は一兎も得ず　76下, 124上, 158下, **183**中
二の足を踏む　158中
二の舞　124中, 158中
二八月荒れ右衛門　46上, 123下, 199下
二匹の蛇は同じ水たまりで水を飲まない　187中
日本の常識は世界の非常識　**95**中
女房貸すともすりこ木は貸すな　156中
女房元気で留守がいい　66上
女房鉄砲仏法　102下
ニラ，ニンニク，握り屁　102中
ニラレバの世界にタラレバはない　30下, **202**中
鶏が鳳を生む　**183**下
ニワトリは皆はだし　102下, 199中, 202上
二羽のオンドリは一つ掃き溜めで鳴くことはできない　187中
人間の一生は旅なり　**43**下
人間は人間にとって狼　**68**上
人間は病の器　**44**上
人間万事金の世の中　**95**中
人間万事塞翁が馬　115下, 176中

忍耐があれば針で井戸が掘れる　80下

糠に釘　53中
盗人に鍵を預ける　161下
盗人に金の番　161下
盗人に蔵の番　161下
命どぅ宝　**23**中
濡れ手で粟　76上

根がなくとも花は咲く　184下
猫が見てても視聴率　**183**下
猫と犬　162上
猫にあったネズミ　180上
猫に鰹の番　161下
猫に鰹節を預ける　161下
猫に小判　124下, 178上, 189上
猫に鼠　163上
猫にマタタビ　165上, 184上
猫の魚辞退　**184**上
猫の精進　184上
猫は飼い主に似る　162上
猫は九つの命を持つ　**184**上
猫も杓子も　76中
猫を被る　187上
根のなきことに葉は茂らず　**184**中
根深雑炊生姜酒　**116**下
根回し，かき回し，後回し　**95**下
寝耳に水　76下, 124下, 158中
眠れる獅子の口に鹿は入らない　49中
根もないことに枝葉をつけていう　**184**下
寝る子は達者　**44**上
念ずれば花開く　**23**下
念仏汁吸又左衛門　46上, 123下, 200上

能書の徳は七難隠す　**148**中
農鳥がくっきり出る年は豊作　**185**上
喉から手が出る　102上, 158中
ノドの乾く前に井戸を掘れ　80下
能登のとと楽　**117**上
能登はやさしや人殺し　**117**上
喉元過ぎれば熱さ忘れる　104下, 124下, 204中
野原に目あり，森に耳あり　49中
上り坂の儒家，下り坂の老荘　**24**上
飲ませる，抱かせる，握らせる　**96**上
飲む打つ買う　**44**中
乗りかかった船　19下
ノルウェー人はスキーを履いて生まれてくる　**117**中
暖簾に腕押し　53中, 76中, 124下
ノロシカを避けたら虎が現れる　172中
飲んだら乗るな，乗るなら飲むな　21上, **24**上

ハ　行

背水の陣　76下, 158中
灰吹きから蛇がでる　108上, 118中
墓石に唾　**148**下
墓石に鞭を加える　**148**下
馬鹿正直　76上, 198中
馬鹿につける薬なし　76中
馬鹿も休み休みいえ　**24**中
白刃の上を渡る　**149**上
白鳥といれば白鳥に，カラスといればカラスに　196中
白馬は馬にあらず　**185**上
薄氷を踏む　158中
バケツをひっくり返したよう　**117**下
箱根よりこなたに野夫と化け物なし　107中
恥の上塗り　76下
始めあるものは終わりあり　50中
始めよければ終わりよし　**24**下
蓮にあだ花なし　**185**中
バスに乗り遅れる　**149**中
蓮の糸で大石を釣る　126上
蓮の茎を折るときは筋を残せ　**185**中
裸の王様　**149**下
裸参り追剝に遭わず　**96**上
働かざる者食うべからず　**96**中
八十過ぎたら生き仏　**44**下
蜂の涙　178中
蜂のひと刺し　**185**下
這っても黒豆　102上
鳩が豆鉄砲を食ったよう　174上
鼻糞丸めて万金丹　**202**下
鼻毛でヤンマ釣る　102中
落語家殺すにゃ刃物はいらぬ欠伸三つですぐ殺す　**149**下
話上手の聞き下手　123下
話に枝が咲く　**203**上
話の花が咲く　**203**上
花の下より鼻の下　1中, 102中
花深きところ行跡なし　**186**上
花も実もある　50上
花より団子　124下
離れですき焼きを食う　**150**上
歯に衣きせぬ　76下, 158中
婆育ちは三百安い　66下
早（朝）起きは三文の得　25上
早く行きたいなら一人で行け，遠くまで行きたいなら人と一緒に行け　**24**下
早寝早起き病知らず　**25**上
腹に一物、手に荷物　**203**中
バラに棘あり　**186**上
バラには棘があるし，透明な泉にも泥の底がある

186中
バラはどんな名前で呼んでも甘く香る　**186**中
針とる者は車をとる　181上
針の穴にロープを通す　**150**中
春の雨は花の父母　**117**下
春の日と金持ちの親類はくれそうでくれぬ　**203**中
春の日と継母はくれそうでくれぬ　203下
春の雪と歯抜け狼は怖くない　123上
晴れの日に傘を貸し雨が降ったら取り上げる　30下, **150**下
腫れ物の上におでき　49中
半鐘泥棒　197下
反省だけならサルでもできる　30下, **186**中
麵包は蒸気機関の母なり　25上
ハンマーを持つ人にはすべてが釘に見える　**118**上

日暈雨傘月暈日傘　1下, 102中
日が西から出る　**118**上
比丘尼に櫛を出せ　126上
比丘尼に笄　150下
比丘尼に鬢搔きを贈る　**150**下
比丘尼にマラだせ　**151**上
肥後の引き倒し　**118**中
美人薄命　76下
左ヒラメ右カレイ　**186**下
ひだるい時にまずい物なし　131下
羊の皮を被った狼　**187**上
羊を駆って虎と闘わす　159下
匹敵する二人の天才は連合しない　187中
必要は発明の母　**25**上
必要は法を知らず　**96**下
日照りに不作なし　**118**下
人が動けば金も動く　**97**上
人が動けば食も動く　97上
火と火薬は無二の親友　196下
他人事と小俵はゆい易い　123中
一筋縄ではゆかぬ　158中
一つの鞘に二本の刀はおさまらぬ　187中
一つの体験は百冊の本を読むに勝る　**25**中
一つの袋で二匹の猫は共存できない　187中
一つの森に二頭の虎　187中
一粒で二度おいしい　**151**上
一つ山に虎は二頭すめない　**187**上
人の行かぬ道に花あり　97中
人の行く裏に道あり花の山　**97**上
人の痛いのは百年も我慢する　**68**上
人の命は地球より重い　**44**下
人の噂も七十五日　76中
人の幸，不幸は棺桶に片足を入れた時よくわかる　**45**上
人の心には天使と悪魔がすむ　**45**中
人の牛蒡で法事する　68中
人の賽銭によって鰐口を叩く　**68**中
人の背中は見ゆれど我が背中は見えぬ　11下
人の世話となると舌を出すのもいや　**68**中
人の提灯で明かり取る　68中
人の話を茶にする　**68**下
人の不幸は蜜の味　**69**上
人の振り見て我が振り直せ　41下
人の褌で相撲とる　68中
人の行方と水の流れ　22下
人の弓は引かれぬ　76中
人の欲は象を呑み込んだ蛇よりも大きい　**187**中
人は一代名は末代　50下
人はパンのみにて生きるにあらず　**45**中
一晩でも鶏小屋で寝れば暁には鬨　196上
人寄せパンダ　**187**下
一人相撲　76中
一人の百人力より百人の一人力　30下, **69**中
一人は立たぬ　63中, 144下
一人は万人のために，万人は一人のために　**69**中
一人娘と春の日は暮れそうでくれぬ　123上
人を誇るは鴨（雁）の味　69上, 180中
人を呪わば穴二つ　80下
人を見たら泥棒と思え　68上, 76中
人を見て法を説け　118上
日向に出たモグラ　**188**上
火に油を注ぐ　**118**下, 158中
火の近くに長いことあれば水を含んだ木でも燃える　196下
火のないところに煙は立たず　**119**中, 124上, 184中
火の中にも三年　177下
ヒバリがローストになって落ちてくる　**188**中
ひもじい時にまずい物なし　131下, 204中
ヒモは引っ張ることはできるが，押すことはできない　**151**中
百害あって一利なし　83中
百術は一誠に如かず　**25**下
百足蜈蚣の違い　186中
百年の恋も冷める　**69**下
百聞は一見に如かず　25下, 49下
百里の道も一足から　50下
百考は一つの行いに如かず　**25**下, 30下
冷や水で手を焼く　118中
病院通いは一日仕事　**97**中
氷山の一角　**119**中, 124中, 158中
瓢箪が水に沈み石が浮く　49中
瓢箪から駒　108上
瓢箪でナマズを押さえる　159中, 205上
瓢箪に目鼻をつけたよう　177上
比翼連理の契り　50下

開いた口に牡丹餅　188中
火をガソリンで消す　**119**下
貧すれば盗みもする　97下
貧賤友少なし　71下
ピンチでエラー，チャンスに凡退　**151**下
貧は悪魔の使い　**97**中
ピンピンコロリ　**26**上
貧福はあざなう縄の如し　**26**中
貧乏稲荷でとりえがない　102下
貧乏が戸口から入ってくると愛は窓から飛び出る　53中，71下
貧乏くじを引く　**151**下
貧乏と子供は宝　**26**中
貧乏人がシャツを日に干せば雨が降る　98上
貧乏人に力なし　49上

風前の灯火　76中
夫婦いさかい犬も食わぬ　76下
夫婦喧嘩は寝りゃなおる　**70**上
夫婦は合わせ鏡　**70**中
夫婦は他人，子供は肉親　**70**中
笛吹けど踊らず　124中，**152**上，158中
不機嫌ほど大きな罪はない　**26**下，30下，47上
武器は説得に屈する　154下
歩切れは切れ痔より痛い　**152**中
覆水盆に返らず　111下
フグの立ち泳ぎ　197下
武家の商法　**152**中
不幸中の幸い　**152**下
不幸はあらゆる藪陰に潜んでいる　90上
不幸はけっして眠らない　90上
不幸は二人連れでやってくる　**97**下
ふさふさ毛のヒツジがヤギに，お前の毛を少しくれという　187下
無事是貴人　188下
無事これ名馬　**188**下
武士の情け　**153**上
侮辱する人は侮辱され，嘲笑する人は嘲笑される　49上
侮辱を受ける者は大理石に書き，侮辱をする者は砂ぼこりに書く　7下
藤を以て錦につぐ　49下
部族あって国家なし　**98**上
ブタと寝る者は汚くなって起きる　196上
豚に真珠　**188**下
二人そろって育てる子は長者の暮らし　**70**下
二人で歩くと道のりは短くなる　74下
ブドウはブドウを見ながら黒くなる　196中
ブナの木一本，水一石　189上
ブナの木に水一石　**189**上
ブナの森に水筒いらず　189上
麩にまみれりゃニワトリの蹴爪　196下
歩のない将棋は負け将棋　129中，152中
踏まれた草にも花は咲く　189下
踏まれた麦は強くなる　**189**上
踏まれても咲くたんぽぽの笑顔かな　**189**下
冬の氷売り　120下
冬の晴天は嵐の親　34下
冬の雪売り　120下
冬の夜でさえも昼はやって来る　120上
フライパンから逃げたと思ったら今度は火の中　172中
降りかかる火の粉は払わねばならぬ　**27**上
降り出した雨は止み，来た客は帰る　120上
降りやまない雨はない　**120**上
ブルータスよお前もか　**71**上
ブレーキは早めにスピードは控えめに　21上，24中
降れば土砂降り　**120**中
プロクルステスの寝台　**153**中
踏んだり蹴ったり　76下，109中，120中，130下
文は人なり　**153**中

平気の平左衛門　123下
平和を望むなら戦争を準備せよ　**98**中
ヘソが茶を沸かす　102上
下手の考え休むに似たり　129中
下手の道具選び　48中
屁玉と金玉ほど違う　30下，**153**下
ヘチマの種は大根にはならぬ　168中
屁の三徳，酒の十徳　**154**上
屁の突っ張りにもならぬ　**154**中
屁は言いだし　62上
屁一つは薬千服にまさる　**27**中
蛇ににらまれたカエル　180上
蛇のように賢く鳩のように素直であれ　**189**下
蛇を描いて足を添える　123上
へぼ将棋王より飛車を可愛がり　129中
部屋が手に入るとオンドルが欲しくなる　187下
屁をひって尻すぼめる　124下，154上
弁慶の泣きどころ　46中
ペンは剣より強し　**154**下

坊さんのカンザシ買いと女の腕まくり　**154**下
坊主とタドンのおこったのは手がつけられぬ　123上
坊主に元結い　**155**上
忙中閑あり　**155**中
朋輩信用してもカカ信用するな　**71**上
法は家庭に入らず　**98**下
吠える犬は噛まぬ　190下
蛍二十日に蝉三日　**190**上
ボタンの掛け違い　**155**下
仏の手の平で踊る　**45**下

仏も昔は凡夫　50中
骨折り損のくたびれ儲け　53中, 123下
骨皮筋右衛門　**46**上, 197下, 199下
炎を逃れて火の中に落ちる　172中
褒める人には油断すな　35下, 79上
凡夫盛んにして神祟りなし　77下

マ　行

前で追従する者は陰で謗る　35下
曲がった木と隣合わせると真っ直ぐな木も曲がってくる　196中
馬糞の川流れ　**190**中
負け犬の遠吠え　**190**中
負け相撲の痩せ四股　**156**上
負けに不思議の負けなし　84上
負けるが勝ち　123中, 136中
馬子にも衣裳　186中
孫の可愛いのと向こう脛の痛いのは堪えられぬ　**46**中
孫は来てよし，帰ってよし　**71**中
孫は目の中に入れても痛くない　46中
まさかの時の友こそ真の友　**71**下
正宗で大根を切る　**190**下
まだ早いが遅くなる　**156**上
真っ逆さまの坂　18上
松茸は取られる前に千人の股をくぐる　**191**上
マッチ一本火事のもと　24中
松脂に触る者は手が汚れる　196下
祭りの日に妻を選ぶな　49上
まな板の鯉　124下
学ぶに老いすぎていることはない　**27**中
マムシの子はマムシ　168中
丸い卵も切りようで四角　123下
丸い月夜もただ一度　**98**下
丸盆に目鼻　177上
真綿で首を絞める　76上
マンゴーに水を注いで祖霊を喜ばせる　49中
万年筆と女房だけは他人に貸せぬ　**156**中

見上げたもんだよ屋根屋のふんどし　**203**下
磨かぬ玉に光なし　**27**下
ミカンが黄色くなると医者が青くなる　175下, 179上, 183上
右手で殴られ左手で握手　**99**上
右手にジャーナル，左手にマガジン　**156**下
見切り千両　**27**下
幹を見て葉を見ず　**191**中
見下げたもんだよ底まで掘らせる井戸屋の後家さん　203下
見ざる聞かざる言わざる　102中
見知らぬ悪魔より知り合いの悪魔の方がまし　**71**下
見知らぬ人の牛は草を食べ，私の牛は空腹で横たわる　49上
水多きところに雨降る　**120**中
水が引けば蟻が魚を食べ，洪水の時は魚が蟻を食べる　**191**下
水が淀めばボウフラが湧く　**191**下
水清ければ魚すまず　74下
水と安全はただ　**121**上
水鳥陸に惑う　50上
水に落ちた犬を打て　**192**上
水は高きから低きに流れる　**121**中
水は天下の回りもの　**121**中
水は方円の器に従う　196下
水を得た魚　**192**中
水を得る轍魚　192中
水を治める者は国を治める　**121**下
水を飲む人は井戸を掘った人の恩を忘れない　142上
水を以て石に投げる　49下
満ちていない壺は音を立てる　49中
道に迷わば木を伐りて年輪をみよ　**192**下
三日坊主　76下
三日三月三年　**72**上
三つ叱って五つ褒め七つ教えて子は育つ　66下, 67中
蓑のそばに笠が寄る　**157**上
実る程頭の下がる稲穂かな　49中
見舞いに行かないことも見舞い　**72**中
都のサメ　202中
見るは末代，直すは一時　**28**上
見るまえに跳べ　22下
身をつみて人の痛さを知れ　50中
みんなの務めは誰の務めでもない　**72**下

六日の菖蒲　50中
向かうところ敵なし　**46**中
昔の何がし，今の金貸し　102中
昔は昔、今は今　50中
ムカデが草鞋履く　102上
麦藁鯛は馬も食わず　193中
麦わら蛸に祭り鱧　**192**下
麦わら帽子は冬に買え　9中, **28**中
婿は座敷からもらえ，嫁は庭からもらえ　**72**下
難しいことを易しく，易しいことを深く，深いことを面白く　**28**中
娘は母親の作品　**73**上
鞭を惜しめば子供はだめになる　66下, **73**中
胸に一物，背中に荷物　**157**上
無用の長物　76中, 下
紫の朱を奪う　50中
無理偏に拳骨　**99**中

名山、名士を出だす **122**上
名人に定跡なし 129中
名人に二代なし **73**中
名馬に癖あり 171上, **193**上
名物に美味いものなし 105中
女神は謙虚と笑いを好む **46**下
目から鱗 **47**上, 124中, 158中
目から鼻へ抜ける 76中, 169下
目くそ鼻くそを笑う 123下, 174下
召使に英雄なし 36上
目白押し 158中
雌豚がいなくなった後, 腰を下ろして待ち, 豚小屋を補強した 49上
眼とソバ餅はねるほどよい 123上, 195下
目と鼻の先 **47**中
目には目を歯には歯を **47**下, 49中, 124上
目の上のたん瘤 76下
目の中に入れても痛くない 102上
目は口ほどに物を言う 48上
目は心の鏡 48上
目は心の窓 **48**上
目は二つ鼻は一つ 102下, 197中
目細鼻高桜色 102下
目病みに唐辛子の粉 98上
目を皿にする 76中
面壁九年 50中

燃える火に薪を添う 119上
燃ゆる火に油を注ぐ 119上
モグラが土を掘るよう 187下
餅は乞食に焼かせろ, 魚は殿様に焼かせろ 123中
餅は餅屋 31下, 135上
最も名誉ある復讐は許すこと **28**下
持つべきものは友 **73**下
持てば持つほど, さらに欲しくなる 187下
持てば持つほど欲しくなる 187下
物は試し 76中
森が海の魚を育てる 30下, **193**中
森は海の恋人 **193**下
門前の小僧習わぬ経を読む 123上

ヤ 行

八百屋で魚をくれ **193**下
ヤギ飼いがヤギにしくじる 163下
焼け石に水 76下, 112中, 114上
焼野の雉子夜の鶴 50下, 53下
やけのやん八 46上, 123下, 199下
鑢と薬の飲み違い 102中, 200下
痩せすぎてもラクダは馬より大きい **194**上
柳に風 76中
柳の枝に雪折れなし 76中
藪医者の病人選び **48**中
藪から棒 76下
藪薬師の病人選び 48中
藪をつついて蛇を出す 76中, 123上
病は市に出せ **29**上
病は口より入り, 禍いは口より出る 49下
山と山は出会わないが, 人と人は出会う **74**上
山に蛤を求む 194上
山の向こうはまた山 **122**上
遣ること嫌いの取ること好き 187下

勇敢なる人々に幸運は与えられたり 81下
幽霊の手打ちでしがいがない 102下
柚が色づくと医者が青くなる 179上, 183上
雪の上に霜 120中
雪は天からの手紙 **122**中
雪を逃れて雨にあう 172中
弓は張り過ぎて折れ, 精神はゆるんで折れる 49上
湯を沸かして水に入る 50中

よい法律家は悪しき隣人 **74**中
よい道連れは道のりを短くする **74**下
よいワインはよい酢をつくる 194中
羊頭を掲げて狗肉を売る 76下
良きことは蝸牛の速度で歩く **194**中
善き戦争はなく, 悪しき平和というものはない 30下, **99**下
よく泳ぐ者は溺れ, よく騎る者は落つ 49下
欲に頂なし 76下, 187下
欲の皮の深右衛門 200上
欲の袋に底なし 187下
欲望には限りがない 187下
欲望には休息がない 187下
欲望には底がない 187下
よくゆえば悪くゆわれる後家の髪 **99**下, 102中, 201上
横紙を破る 50中
汚れた服を着ていればどこにでも座れる 49中
酔っ払いはみなが避ける 49下
世の中に寝るほど楽はなかりけり 198下
蓬も麻畑の中では真っ直ぐ伸びる 196中
寄らば大樹の陰 161中
夜はどんなに長くとも夜明けは必ず来る 120上
弱いメダカは群れたがる **100**上
弱り目に祟り目 76下, 98上, 109中, 120中, 130下

ラ 行

来年の牛の足より今年のイナゴの足 166下
来年のことを言うと鬼が笑う 3上, 22下
楽あれば苦あり 50下, 84中
楽天主義者はドーナツを見る, 悲観主義者はドー

ナツの穴を見る　**157**中
楽は苦の種，苦は楽の種　123下
落花枝に帰らず　111下
ラバの後を付いて行く人は灰の中に転がる　196上
理屈と膏薬はどこにでも付く　147中，157下
理屈は後から貨車で来る　**157**下
竜虎相うつと風雲を起こす　187上
竜頭蛇尾　50下
両手に花　76中
両方よいのは頬かぶり　88下，166下
両雄並び立たず　187上
綸言汗の如し　50下

歴史は繰り返す　158下
歴史は夜つくられる　**100**中
練習はウソをつかない　**48**中

老少不定　60上
籠鳥の雲を恋う　50中
六，七分の勝ちを十分となす　30下，**100**下
ろくでなしが人の陰口　180中
ローソクは身を減らして人を照らす　123下
驢馬に騎りて驢馬を求む　64下
ロバにペンキで縞模様を描いてもシマウマにはならない　**194**下
ロバは旅に出ても馬となって帰らない　194下
ロバの頭を洗う者は石鹸と労力をむだにする　194下
ロバを並べてつなげると相手のたちがうつる　196上
論語読みの論語知らず　76上
論より証拠　76下，124下

ワ　行

若い時旅をせねば年寄っての物語がない　144中
若い時は二度ない　76下
若木の下で笠を脱げ　42中
わが田へ水を引く　76中
若葉は目の薬　**194**下
我が身をつねって人の痛さを知れ　124下
ワサビと浄瑠璃は泣いて誉める　**195**中
禍転じて福となす　21上，124中
禍は下から　50下
忘れることは人間の薬　2上
渡りに船を得る　50下
渡る世間に鬼はない　76下
鰐の口から逃れて虎の口に落ちる　172中
笑いは最高の良医　29下
笑いは人の薬　29下
笑いは百薬の長　**29**中，30下
笑いはよい血をつくる　29下
笑う門に福きたる　29下
和を以て貴しとす　124中

欧　文

A cat has nine lives.　184中
A drowning man will clutch at a straw.　128中
A fair day in winter is the mother of a storm.　34下
A friend in need is a friend indeed.　71下
A good beginning makes a good ending.　24下
A good lawyer, an evil neighbor.　74中
A good speech should be like a woman's skirt：long enough to cover the subject and short enough to create interest.　141中
A heavy purse makes a light heart.　134上
A liar is worse than a thief.　81上
A light purse makes a heavy heart.　134上
A rolling stone gathers no moss.　181下
A rose by any other name would smell as sweet.　186中
A stitch in time saves nine.　11中
a wolf in sheep's clothing　187上
A woman's mind and winter wind change often.　34下
After night comes the day.　103下
All for one and one for all.　69下
All's fair love and war.　88上
All's well that ends well.　7中
An apple a day keeps the doctor away.　4上
An empty barrel makes the most noise.　31中
An Englishman's house is his castle.　105上
Art is long and life is short.　12上
Attack is the best form of defense.　88中

Bad money drives out good.　125下
be born with a silver spoon in one's mouth　131中
Better the devil you know than the devil you don't know.　72上
bury one's head in the sand like an ostrich　178中

carry coals to Newcasle　120下
Continuity is the father of success.　12上
cool as a cucumber　169下
Curiosity killed the cat.　171下

Dog does not eat dog.　169上
Don't change horses in mid-stream.　9中
Don't kill the goose that lays the golden eggs.　170下
Don't put all your eggs in one basket.　19中

Don't put the cart before the horse. 163下, 176上
Don't throw the baby out with the bathwater. 126下

Envy never dies. 40中
Every cloud has a silver lining. 115下
Every man over forty is responsible for his face. 7上
Every rose has it's thorn. 170上
Everybody's business is nobody's business. 72下

Fact is stranger than fiction. 138上
Failure teaches success. 17上
Failures are the stepping-stones to success. 17上
Fish and guests stink after three days. 173中
Fortune favors the brave. 81下

Good company on the road is the shortest cut. 74下

Happiness is nothing more than good health and a bad memory. 13上
Haste is from the devil. 79中
Haste is of the devil. 79中
Haste makes waste. 79中
have one foot in the grave 45上
He laughs best who laughs last. 89中
He that will steal an egg will steal an ox. 181上
Health is a jewel. 13中
Health is better than wealth. 13中
heart of glass 38上
Heaven helps those who help themselves. 22上
Hunger is the best sauce. 131下

If you run after two hares you will catch neither. 183中
Injuries are written in brass. 8上
It is an ostrich policy. 178下
It is no use crying over spilt milk. 111中
It is the last straw that breaks the camel's back. 173中
It never rains but it pours. 120中
It takes two to tango. 144下

Japan as No.1. 87中
jump on the bandwagon 167下
Justice delayed justice denied. 127上

Keep your eyes wide open before marriage, and half shut afterwards. 12下
kill two birds with one stone 106上

Lend money to an enemy and you will gain him, to a friend and you will lose him. 58下
Lend your money and lose your friend. 58下
like looking for a needle in a haystack 112上
Look before you leap. 22中
Love is blind. 59下
Love me little, love me long. 64上

Man is a wolf to man. 68上
Misery loves company. 88下
Misfortunes never come singly. 88下
Money talks. 85上

Necessity is the mother of invention. 25上
Necessity knows no law. 96下
Never do today what you can put off until tomorrow. 2下
Never look a gift horse in the mouth. 165中
Never put off till tomorrow what you can do today. 2中, 11上
Never too old to learn. 27下
No man is a hero to his valet. 58中
No man is born wise. 61上
No news is good news. 93中
No rose without a thorn. 170上, 186中
No smoke without fire. 119中

Observe the mother and take the daughter. 57中
One crow never pulls out another's eyes. 169上
One man's loss is another man's gain. 88下
One swallow does not make a summer. 160上

Power corrupts. 87下

See Naples and then die. 116下
Seize the fortune by the forelock. 14上
Spare the rod and spoil the child. 73中
Storm in a teacup. 111中
Strike while the iron is hot. 21下

The best place to hide a leaf is in a forest. 170中
The child is father of the man. 60上
The cowl does not make the monk. 133中
The customer is king. 6上
The devil is not so black as he is painted. 31中
The dogs bark, but the caravan goes on. 161上
The eyes are the window of the soul. 48上

The fish always stinks from the head downwards.　174上
The grass is always greener on the other side of the fence.　115上
The noblest revenge is to forgive.　28下
The road to hell is paved with good intentions.　137下
The style is the man.　153中
The tail waggles the dog.　176上
The voice of the people is the voice of God.　93中
There is enough for everybody's need but not enough for everybody's greed.　93下
There is truth in wine.　19下
Time cures every disease.　112下
Time is a healer.　112下
Time is money.　22中
To err is human, to forgive divine.　32中
to hide a leaf in a forest　170中
Today you, tomorrow me.　78中

Use it or lose it.　41下

We will be able to hew out of the mountain of despair a stone of hope.　142上
When a dog bites a man, that is not news ; but when a man bites a dog, that is news.　160下
When poverty comes in at the door, love flies out of the window.　53中
When the wine is in, the wit is out.　19下, 39中
Where there's a will, there's a way.　3中
Wine has drowned more men than the sea.　19下
Winter weather and women's thoughts change often.　34下

You can put lipstick on a pig, but it's still a pig.　171中
You can take a horse to the water, but you can't make him drink.　165中
You can't put new wine in old bottles.　19下
You cannot make an omelet without breaking eggs.　181上

人名索引

関係する人名や引用文の著者名を五十音順に取り上げた.

ア　行

阿井景子(小説家)64中：捨て子はよく育つ
会田雄次(歴史学者)34下：女が美しいと酒がうまい，84下：金がふえれば苦労もふえる，142中：雑巾で顔を逆なでする
饗庭篁村(小説家)10上：艱難汝を玉にす，26中：貧福はあざなう縄の如し，96上：裸参り追剝に遭わず
赤川次郎(小説家)198中：上に馬鹿がつく
阿川佐和子(エッセイスト)127下：お茶の子さいさい
芥川龍之介(小説家)128中：溺れる者は藁をもつかむ
浅田次郎(小説家)108中：お天道様が西から出る
飛鳥圭介(コラムニスト)88下：幸福は単独でやってくる，不幸は手をつないでやってくる
渥美清(俳優)203下：見上げたもんだよ屋根屋のふんどし
アナン(国連事務総長)67上：年寄りは家の宝
安部修仁(吉野家ホールディングス社長)20下：小さな苦しみは愚痴を生む，大きな苦しみは知恵を生む
安倍晋三(首相)30下, 94下：築城三年落城三日
荒井正吾(県知事)143中：大仏商法
有島生馬(画家)106中：一石を投じる
有吉佐和子(小説家)93下：便りのないのはよい便り，30下, 201中：でたらめと坊主の頭はゆったことがない

飯田経夫(経済学者)165中：馬を水辺に連れて行くことはできても飲ませることはできない
生田葵山(小説家)14下：乞食しても生まれ故郷
井沢元彦(小説家)190下：負け犬の遠吠え
石井桃子(児童文学者)61下：子は親の鏡
石川淳(小説家)4中：飢え死ぬるとも二君に仕えず，13上：結婚は人生の墓場，35下：女には乗ってもおだてには乗るな，90中：自分で自分の首を絞める，93上：ただほど高いものはない，96下：働かざる者食うべからず，113中：すべての道はローマに通ず，153下：文は人なり，168中：蟹の子は蟹
石川啄木(歌人)68下：人の話を茶にする，155下：忙中閑あり
石坂晴海(ライター)156上：ボタンの掛け違い
泉鏡花(小説家)144上：立つ瀬がない
磯田道史(歴史学者)107上：井戸水が枯れたら津波がくる
板垣退助(政治家)79下：板垣死すとも自由は死せず
一条さゆり(ストリッパー)187下：人寄せパンダ
五木寛之(小説家)30中, 35中：女にはそってみろ，土地には行ってみろ，162上：犬は飼い主に似る
一休宗純(室町時代の僧)82中：大きな魚が小さな魚を食べる
伊藤比呂美(詩人)56中：親の顔が見てみたい
井上ひさし(小説家)28下：難しいことを易しく，易しいことを深く，深いことを面白く，30下，153下：屁玉と金玉ほど違う，157上：糞のそばに笠が寄る，159中：油手でうなぎを捕まえる，190下：正宗で大根を切る，199下：講釈師見てきたような嘘をいい
井原西鶴(作家)84中：金が金を生む
井深大(ソニー創業者)60中：子供は大人の父
井伏鱒二(小説家)99下：善き戦争はなく，悪しき平和というものはない
入江相政(侍従)70上：百年の恋もさめる
巌谷小波(児童文学者)145中：爪の垢でも煎じて飲む，145下：釣り針と金盥ほど違う，198下：浮世の馬鹿は起きて働く

ヴァイツゼッカー(ドイツの政治家)36中：過去に目を閉ざす者は現在にも盲目となる
上田誠仁(駅伝監督)99上：丸い月夜もただ一度
上田三四二(歌人)88中：攻撃は最大の防御
上野千鶴子(社会学者)39中：四十しざかり
宇田川文海(小説家)135上：酒は百毒の長
内田栄一(脚本家)190中：負け犬の遠吠え
内田百閒(随筆家)58下：金を友に貸せば金を失い友を失なう，178中：すずめの涙
内村鑑三(宗教家)26上：百考は一つの行いに如かず，64上：少し愛して長く愛して
宇野浩二(小説家)136上：三度の飯より好き

永六輔(放送作家)15中, 30中：子供叱るな来た道

じゃ，年寄り笑うな行く道じゃ
江上剛（小説家）87下：現場百回
榎本三恵子（ロッキード事件裁判被告の元妻）186上：蜂のひと刺し
エマーソン（米国の思想家）13中：健康は富なり
江見水蔭（小説家）81中：裏には裏がある，145下：釣りする馬鹿より釣り見る馬鹿が上

王貞治（プロ野球選手）11上：今日という日は今日しかない，106上：一国一城の主
大江健三郎（小説家）22下：跳ぶ前に見よ
大来佐武郎（エコノミスト）33中：多くを知る者は語らず知らぬ者は多く語る
大島清（性科学者）33下：男の井戸は汲むほどよし
大塚敬節（漢方医）136上：三時間待ちの三分診療
大橋喜一（劇作家）119下：氷山の一角
大原麗子（女優）64上：少し愛して長く愛して
大平正芳（政治家）30中，127下：鬼の手と仏の心を持つ
大宅壮一（評論家）2下：新しい皮袋には新しい酒，10下：絹のハンカチを雑巾に使うな，34上：男の顔は履歴書，149中：バスに乗り遅れる，181下：釣った魚に餌はいらぬ
大藪春彦（小説家）160中：一匹狼
岡本太郎（画家）43中：日本人の奥さんを貰い，英国の家に住み，中華料理を食べ，米国の企業に勤める
荻生徂徠（儒学者）18上：人生には上り坂，下り坂，そしてまさかの坂がある
小栗風葉（小説家）6中：遅れるよりは待つがよし，53中：飢えには親子なく，貧には愛もぞ破る
尾崎紅葉（小説家）6中：遅れるより待つがよし，13中：健康は富なり，16下：至誠天に通ず，22中：時は金なり，23上：泣いて暮らすも笑うて暮らすも一生，24中：馬鹿も休み休みいえ，25中：必要は発明の母，34上：男の子と杉の木は育たぬ，34下：女心と冬日和，35中：女に廃りなし，65下：妻を売りて博士を買う，69下：百年の恋も冷める，92下：対岸の火事，97下：貧は悪魔の使い，118中：日が西から出る，126中：後ろに柱前に酒，128中：溺れる者は藁をもつかむ，129下：禍福は垣一重，139上：儒者の儒者臭きは真の儒者にあらず，30中，140上：上手が鼻の先にぶら下がる，150下：比丘尼に鬢掻を贈る，152上：貧乏くじを引く，155下：忙中閑あり，161中：犬に肉の番をさせる，164中：牛を豚に乗り換える，173中：魚と珍客は三日おけば臭う，175上：桜の花に梅が香を添える，183下：鶏が鳳を生む，185上：白馬は馬にあらず，189上：豚に真珠
小山内美江子（脚本家）58上：女は弱しされど母は強し
大佛次郎（小説家）167中：飼い犬のスープをすする
小沢一郎（政治家）14上：幸運の女神は前髪をつかめ，25下：百術は一誠に如かず，89上：公約と膏薬は張り替えるほど効く
小沢昭一（俳優・マルチタレント）107下：江戸は諸国の吹き溜まり
織田作之助（小説家）130上：乾いたタオルをしぼる，143上：太鼓判を押す，157中：胸に一物，背中に荷物，178上：すずめの行水
小津安二郎（映画監督）146下：豆腐屋にトンカツをつくれといっても無理
オバマ（米国の政治家）30中，171下：口紅をつけても豚は豚
小渕恵三（政治家）7下：恩は石に刻み恨みは水に流せ

カ 行

籠池泰典（森友学園理事長）138上：事実は小説よりも奇
春日一幸（政治家）157下：理屈は後から貨車で来る
荷田春満（国学者）12中：継続は力なり
勝海舟（政治家）14上：行蔵は我に存す
仮名垣魯文（戯作者）35上：女ならでは夜の明けぬ，95下：人間万事金の世の中，134中：肴荒らしも酒宴の座興
金森トシエ（新聞記者）9上，30中：金持ちより人持ち
金子勝（経済学者）20中：小さく生んで大きく育てる，62下：三方一両損
金丸信（政治家）190中：馬糞の川流れ
上司小剣（小説家）130中：眼光紙背に徹す
ガッツ石松（ボクサー）73下：持つべきものは友，175中：猿は木から落ちても猿だが，議員は選挙に落ちればただの人
ガルブレイス（米国の経済学者）151中：ヒモは引っ張ることはできるが，押すことはできない
河井寛次郎（陶芸家）41上：手考足思
河合隼雄（心理学者）4下：嘘は常備薬，真実は劇薬
河合雅雄（霊長類学者）136上：三度の飯より好き，179中：大樹の下の小木
川西蘭（小説家）146上：敵に塩を送る
ガンジー（インドの思想家）93下：足るを知る時この世は天国，足るを知らざる時この世は地獄，194中：良きことは蝸牛の速度で歩く

菊田一夫（劇作家）108中：お星様を売り買いする
菊池寛（小説家）188下：無事これ名馬
菊池幽芳（小説家）61中：子に甘きは世の常の習い，67上：情けには鬼の角も折れる，91中：知らぬ

が花，128中：溺れる者は藁をもつかむ
岸恵子(女優)105上：嵐の前の静けさ
岸田秀(精神分析学者)9下：皮を切らせて肉を切れ，41上：自分の屁は臭くない
北大路魯山人(芸術家)126下：器は料理の着物
北沢豊治(健康長寿体操発案者)26上：ピンピンコロリ
北原白秋(詩人)197中：兄貴はわしより歳が上，30上，198上：蟻が十ならミミズが二十，蛇が二十五で嫁にいく
北村透谷(詩人)44上：人間の一生は旅なり，45中：人はパンのみにて生きるにあらず，92下：対岸の火事
木下順二(劇作家)84中：金が金を生む
木村曙(小説家)83上：己より出るものは己れに返る
邱永漢(経済評論家)40中：死ぬまで現役，113上：食は広州に在り
霧島(大相撲力士)189下：踏まれた麦は強くなる
キング牧師(公民権運動指導者)142上：絶望の山から希望の石を切り出す

陸羯南(政治評論家)122上：名山，名士を出だす
国木田独歩(小説家)22上：天は自ら助ける者を助ける，139下：上戸に酒，下戸に牡丹餅，183中：二兎を追う者は一兎も得ず
久保栄(劇作家)180下：卵が先か，鶏が先か
久保田万太郎(小説家)184下：根もないことに枝葉をつけていう
久米正雄(小説家)42下：泣く子は育つ
倉嶋厚(気象エッセイスト)120中：降りやまない雨はない
倉橋由美子(小説家)170下：金の卵を産む鵞鳥を殺す
グラッドストン(英国の政治家)30上，127上：遅れた正義はないに等しい
栗本薫(小説家)65中：小さな親切，大きなお世話
クリントン(ヒラリー，米国の政治家)129下：ガラスの天井
黒岩涙香(小説家)106上：一石二鳥
黒鉄ヒロシ(漫画家)180下：卵が先か，鶏が先か
黒田如水(戦国～江戸時代の武将)142下：草履片足，下駄片足

ゲーテ(ドイツの詩人)26下，30下：不機嫌ほど大きな罪はない
玄侑宗久(小説家)92下：対岸の火事

小池真理子(小説家)91中：知らぬが花
小泉純一郎(政治家)18上：人生には上り坂，下り坂，そしてまさかの坂がある，19上：大事争うべし，些事構うべからず，26上，30下：百考は一つの行いに如かず，63上：しっかり抱いて下に降ろして歩かせろ，67下：七つ褒め三つ叱る
小出裕章(工学者)146中：豆腐の上の原発
皇太子徳仁親王 74上：山と山は出会わないが，人と人は出会う
幸田露伴(小説家)105下：一国一城の主，203上：話に枝が咲く
幸堂得知(劇評家)55下：親孝行は真似にもせよ
幸徳秋水(無政府主義者)45中：人はパンのみにて生きるにあらず
小暮正夫(児童文学作家)26下：貧乏と子供は宝
九重親方(大相撲力士)140下：白星がなによりの薬
後藤宙外(小説家)8中：貸さず借りずに子が三人
小林清親(版画家)46下：向かうところ敵なし
小林弦彦(旧暦研究家)168上：火中の栗をひろう
小林信彦(小説家)171下：好奇心は猫を殺す
小林秀雄(文芸評論家)89中：最後に笑う者が一番よく笑う

サ 行

齊藤緑雨(小説家)32上：頭禿げても浮気はやまぬ，163中：雨後のきのこ，184中：根のなきことに葉は茂らず
柴門ふみ(漫画家)81中：うまい話には裏がある
早乙女貢(小説家)131中：金時の火事見舞い，155上：坊主に元結い
堺利彦(社会主義者)106中：一石二鳥
堺屋太一(評論家)36中：外国を知る者は必ず愛国者になる，128上：溺れる男に水をかける
坂口安吾(小説家)59下：恋は盲目
坂崎重盛(エッセイスト)30中，168上：河童もけなせば溺れ死ぬ
坂村真民(仏教詩人)23下：念ずれば花開く
さくらももこ(漫画家)83下：学問に王道なし
佐高信(評論家)14中：行蔵は我に存す，20上：断じて行わざるもまた勇なり，166中：狼少年，30中，172上：ゴキブリにモラルを求める
サッチャー(英国の政治家)194下：ロバにペンキで縞模様を描いてもシマウマにはならない
佐藤紅緑(小説家)180上：鷹の前に出たすずめ
佐藤春夫(詩人)12上：芸術は長く，人生は短い，37下：髪結いの亭主，138上：事実は小説よりも奇
里見弴(小説家)1下，30上：商いは飽きない，65中：つうと言えばかあ，202上：豆腐の角に頭をぶつけて死ね
里吉しげみ(劇作家)153上：武士の情け
佐野眞一(ノンフィクション作家)126下：産湯とともに赤ん坊を流す，176下：ジャガイモに目鼻をつける，177中：白猫でも黒猫でも鼠を捕るのがよい猫

サンコン(タレント)67上：年寄りは家の宝
三遊亭円遊(落語家)149下：落語家殺すにゃ刃物はいらぬ欠伸三つですぐ殺す

シェイクスピア(英国の劇作家)7中：終わりよければすべてよし，71上：ブルータスよお前もか，186中：バラに棘あり
塩川正十郎(政治家)150上：離れですき焼きを食う
塩野七生(歴史作家)7上：男は自分の顔に責任を持て
志賀直哉(小説家)128中：溺れる者は藁をもつかむ
司馬遼太郎(小説家)149上：墓石に鞭を加える
渋沢栄一(実業家)39上：五十六十は洟垂れ小僧
島桂次(NHK 会長)108下：親方日の丸
島田雅彦(小説家)119下：火をガソリンで消す
清水紫琴(小説家)10上：艱難汝を玉にす，22中：時は金なり，42中：天は人の上に人を造らず，人の下に人を造らず，91中：知らぬが花，169下：牛飲馬食
清水ミチコ(お笑いタレント)18中：すべての芸術は模倣から始まる
習近平(中国国家主席)11下：靴が合うかどうかは自分で履いてみて初めてわかる
シュヴァイツァー(ドイツ・フランスの神学者・哲学者・医者)13上：健康と忘却に勝る幸福はない
城山三郎(小説家)153上：不幸中の幸い
新藤兼人(映画監督)133下：さいは投げられた

杉下右京(テレビドラマの主人公)5上：売られた喧嘩は買う
鈴木健二(アナウンサー)70上：夫婦喧嘩は寝りゃなおる，176中：死に馬に蹴られる
須磨佳津江(アナウンサー)103中：朝が来ない夜はない

関容子(エッセイスト)153上：武士の情け

タ 行

高杉良(小説家)175下：三べん回ってワンといえ
高瀬文淵(評論家)92下：対岸の火事
高橋克彦(小説家)62上：子は母の醜きを嫌わず，78下：危ないところに銭がある，89下：運命につける薬なし，160上：いずくのカラスもみな黒し，195上：若葉は目の薬，30中，200中：しっぺたと頬っぺたの違い
高橋尚子(マラソンランナー)15下：転んでもただでは起きない，99上：丸い月夜もただ一度
高橋昌明(歴史学者)8中：カエサルのものはカエサルへ
田河水泡(漫画家)131下：空腹は最良のソース
滝沢馬琴(作家)105下：一国一城の主
竹田出雲(浄瑠璃作者)54中：夫は妻次第
田中角栄(政治家)91下：政治は数，数は力，力は金
田中秀征(政治家)193上：名馬に癖あり
田中真紀子(政治家)22上：鉄は熱いうちに打て，130下：机上の空論
谷崎潤一郎(小説家)35上：女ならでは夜の明けぬ，105上：嵐の前の静けさ，106中：一石を投じる
田原総一朗(ジャーナリスト)110下：下駄の雪，152上：笛吹けど踊らず
田山花袋(小説家)85中：金の切れ目が縁の切れ目
タレーラン(フランスの政治家)129上：終わりの始まり

チェスタートン(英国の小説家)170中：木を隠すなら森
近松門左衛門(作家)105下：一国一城の主
筑紫哲也(ジャーナリスト)23中：肉を切らせて骨を断つ
チャーチル(英国の政治家)141中：スピーチとスカートは短いほどいい
蝶花楼馬楽(落語家)200下：そうで有馬の水天宮

つかこうへい(劇作家)86上：金持ち喧嘩せず，194上：八百屋で魚をくれ
辻嘉一(料理人)91上：上手切らずに下手切らず
ツービート(漫才コンビ)77中：赤信号皆で渡れば怖くない
坪内逍遥(劇作家)25中：必要は発明の母，43上：涙は女の武器，58中：家人の眼には英雄なし，138上：事実は小説よりも奇，143下：助け舟を出す，176下：自分の頭のハエを追え
津本陽(小説家)4中：色事と金儲けは人に知られず行うもの，83上：押し目待ちに押し目なし
鶴岡一人(プロ野球監督)132中：グラウンドに銭が落ちている

デュマ(フランスの小説家)69下：一人は万人のために，万人は一人のために
寺島実郎(評論家)113下：太平洋に目薬を差す
寺田寅彦(物理学者)47上：目から鱗，119中：火のないところに煙は立たず，133下：コロンブスの卵，143下：足して二で割る，170下：木を見て森を見ず，175上：雑魚を数えて呑舟の魚を取り逃がす，179中：大山鳴動して鼠一匹
寺山修司(歌人・劇作家)6下：押してダメなら引いてみな，13下：健全なる精神は健全なる身体に宿る，38上：髪結いの亭主

戸板康二(演劇評論家)33中：エビス様がアンパン

を食べたよう
東海散士(政治家・小説家)10上：艱難汝を玉にす，21下：強きを挫き弱きを助ける，86下：国を盗む者は王侯，貨を盗む者は富豪
徳川夢声(漫談家)56下：親馬鹿に子外道
徳富蘆花(小説家)13下：健全なる精神は健全なる身体に宿る，54下：男つかむためには胃袋つかめ，59上：金銭の上に兄弟はない，110中：来て見れば聞くより低き富士の山，128中：溺れる者は藁をもつかむ，138上：事実は小説よりも奇
戸田桃泉(絵師)120下：水多きところに雨降る
杜甫(中国の詩人)5下：老いてなお千里を思う心を持て

ナ　行

永井荷風(小説家)32上：頭禿げても浮気はやまぬ，138上：事実は小説よりも奇
中上健次(小説家)71中：朋輩信用してもカカ信用するな
中勘助(小説家)162中：今ないたカラスがもう笑う
中島誠之助(古美術鑑定家)54上：英雄は英雄を知る，85下：金は低きから高きに流れる，121中：水は高きから低きに流れる
中曽根康弘(政治家)9下：川の急流の中で馬を乗り換えるな
長田幹彦(小説家)40下：自分のことは棚に上げる，85中：金の切れ目が縁の切れ目，119中：火のないところに煙は立たず，203中：話の花が咲く
なかにし礼(作詞家)83下：学問は長く人生は短し
中野翠(エッセイスト)27上：降りかかる火の粉は払わねばならぬ
中野好夫(英文学者)149下：裸の王様，151上：比丘尼にマラだせ，201中：痴人の空念仏
中坊公平(弁護士)69下：一人は万人のために，万人は一人のために
中村彰彦(小説家)173上：琴になり下駄となるのも桐の運
中村吉蔵(劇作家)53下：英雄は英雄を知る，93中：民の声は神の声
中村喜春(芸者)143下：助け舟を出す
中村星湖(小説家)45下：人はパンのみにて生きるにあらず，135中：砂上の楼閣
中谷宇吉郎(物理学者)122下：雪は天からの手紙
夏目漱石(小説家)64中：成功せる愛は同情を乗せて走る馬車馬である，失敗せる愛は怨恨を乗せて走る馬車馬である，30中，108下：火事が氷って石が豆腐になる，119上：火に油を注ぐ，148上：泥棒の提灯持ち，174上：魚の陸見物
奈良本辰也(歴史家)45上：人の命は地球より重い
西澤潤一(工学者)14上：幸運の女神は前髪をつかめ，127下：鬼の手と仏の心を持つ，191上：松茸は取られる前に千人の股をくぐる
新渡戸稲造(思想家)55上：鬼でも頼めば人を食わぬ，58中：家人の眼には英雄なし，187上：羊の皮を被った狼

野上弥生子(小説家)44上：寝る子は達者
野村克也(プロ野球監督)78下：頭が動けば尾も動く，84上：勝ちに不思議の勝ちあり，139下：小事が大事を生む，168下：カニの念仏

ハ　行

バイデン(米国の政治家)137下：地獄の門まで追い詰める
萩原智子(水泳選手)14中：心は顔をつくり，顔は心を表す
萩原葉子(小説家)65上：旅は友情の墓場
爆笑問題(漫才コンビ)22下：跳ぶ前に見よ
橋爪錦造(作家)27中：屁一つは薬千服にまさる
パスカル(フランスの哲学者)56下：クレオパトラの鼻がもう少し低くかったら
長谷川如是閑(ジャーナリスト)20上：断じて行わざるもまた勇なり
畠山重篤(養殖漁業家)193下：森は海の恋人
秦野章(警視総監)193下：八百屋で魚をくれ
服部公一(作曲家)186下：左ヒラメ右カレイ
服部誠一(号は撫松，文学者)68中：人の賽銭によって鰐口を叩く，161中：犬となるも豪家の犬となれ
鳩山由紀夫(政治家)150中：針の穴にロープを通す
羽生善治(将棋棋士)81下：運命は勇者に微笑む
林芙美子(小説家)106上：一国一城の主

樋口一葉(小説家)70下：二人そろって育てる子は長者の暮らし，86中：口に税はかからぬ
ビスマルク(ドイツの政治家)38下：愚者は経験を語り賢者は歴史を語る
ビット(英国の政治家)88上：権力と味噌は上層から腐る
ビートたけし(タレント) 154中：屁の突っ張りにもならぬ
人見一太郎(評論家)119上：火に油を注ぐ，130中：机上の空論，149上：白刃の上を渡る
日野原重明(医師)13上：健康と忘却に勝る幸福はない
ヒポクラテス(古代ギリシャの医学者)11下：芸術は長く人生は短い
ビュフォン(フランスの博物学者)153中：文は人なり
平尾誠二(ラグビー選手)126上：井戸端会議

平林たいこ(小説家)100上：弱いメダカは群れたがる
弘兼憲史(漫画家)62下：三歳違えばエイリアン，100中：弱いメダカは群れたがる，121上：水と安全はただ，182上：転石苔をむさず
ひろさちや(宗教評論家)137中：地獄極楽裏表，184上：猫の魚辞退
広瀬久美子(アナウンサー)48中：目は心の窓，180中：他人の不幸は鴨の味
広津和郎(小説家)131上：傷口に塩
広津柳浪(小説家)47中：目と鼻の先

福沢諭吉(思想家)13下：健全なる精神は健全なる身体に宿る，31中：空き樽は音が高い，42上：天は人の上に人を造らず，人の下に人を造らず，55下：親と主人は無理をいうもの，59上：昨日の敵は今日の友，89下：先立つものは金，95下：人間万事金の世の中，107上：海を見る者河を恐れず，130中：机上の空論，135上：酒は酒屋，156上：負け相撲の痩せ四股，182下：どじょうを殺して鶴を養う
福田赳夫(政治家)19上：大事争うべし，些事構うべからず，45上：人の命は地球より重い
福田恒存(文芸評論家)67下：二階へ上げて梯子を外す
福田康夫(政治家)186上：花深きところ行跡なし
二葉亭四迷(小説家・翻訳家)10上：艱難汝を玉にす，16中：至誠天に通ず，68上：人の痛いのは百年も我慢する，92上：そうは問屋が卸さない，92下：対岸の火事，161上：犬好きは犬が知る
ブライス(英国の歴史家)94下：地方自治は民主主義の学校
プラトゥス(古代ギリシャの劇作家)68上：人間は人間にとって狼
フランクリン(米国の政治家)30下，99下：善き戦争はなく，悪しき平和というものはない

別宮貞徳(英文学者)149中：バスに乗り遅れる

保阪正康(評論家)63下：末は博士か大臣か
細川護熙(政治家)143下：足して二で割る，178下：大魚は支流に泳がず
ボードレール(フランスの詩人)13上：結婚は人生の墓場
本田靖春(ジャーナリスト)192上：水に落ちた犬を打て

マ 行

牧太郎(新聞記者)8下：金は三角にたまる
正岡子規(俳人)169下：牛飲馬食
升田幸三(将棋棋士)15上：乞食は茶碗の音に目を覚ます，68下：人の世話となると舌を出すのもいや
増原良彦(宗教評論家)164上：牛の一突き，179下：太平洋でゴボウを洗う
マータイ(環境保護活動家)94上：足るを知る時この世は天国，足るを知らざる時この世は地獄
町田康(小説家)73上：婿は座敷からもらえ，嫁は庭からもらえ
松浦静山(平戸藩主)84上：勝ちに不思議の勝ちあり
松下幸之助(実業家)3上：雨が降れば傘をさせ
松本清張(小説家)110上：干天の慈雨
丸谷才一(文芸評論家)87上：君臨すれど統治せず

ミース・ファン・デル・ローエ(ドイツの建築家)37中：神は細部に宿る
水上瀧太郎(小説家)41中：人生の楽しみは酒と女，44中：飲む打つ買う
水上洋子(小説家)126上：網で水をすくう
三波春夫(歌手)6上：お客様は神様
三原脩(プロ野球監督)140上：筋書きのないドラマ
宮尾登美子(小説家)54上：多くの知友は多くの黄金に勝る，54中：夫は妻次第，59中：玄人の底惚れ，148中：能書の徳は七難隠す，156下：万年筆と女房だけは他人に貸せぬ
三宅花圃(小説家)100上：よくゆえば悪くゆわれる後家の髪
宮崎学(評論家)90下：自分で自分の首を絞める，100中：歴史は夜つくられる
宮本研(劇作家)27上：降りかかる火の粉は払わねばならぬ，154下：坊さんのカンザシ買いと女の腕まくり，30下，182中：トカゲの尻尾切り

向田邦子(脚本家)37下：神は細部に宿る，131中：銀の匙をくわえて生まれる
武者小路実篤(小説家)105上：嵐の前の静けさ
棟方志功(画家)186上：花深きところ行跡なし
村上浪六(小説家)175下：三べん回ってワンといえ
村上春樹(小説家)164下：馬が西に向かっても馬車が東に向かう，30下，202中：ニラレバの世界にタラレバはない
村田清風(長州藩藩士)110中：来て見れば聞くより低き富士の山

毛利子来(小児科医)66下：年寄りっ子は優しく育つ，169中：狐と狸の化かしあい
本明寛(心理学者)113下：スポンジが水を吸う，134中：酒がある時は杯がなく，杯がある時は酒がない
森鷗外(小説家)93中：民の声は神の声，130中：眼光紙背に徹す，133中：コロンブスの卵，159

下：主人の目は牛を肥やす
森田健作(県知事，タレント)95中：出すぎた杭は打たれない
森田誠吾(小説家)107中：江戸っ子は五月の鯉の吹き流し
森田草平(小説家)17上：自分で蒔いた種は自分で刈る
諸井薫(エッセイスト)59上：昨日の敵は今日の友，67下：二階へ上げて梯子を外す

ヤ 行

矢崎嵯峨の舎(小説家)192中：水を得た魚
安田善次郎(実業家)39上：五十六十は洟垂れ小僧
柳川春葉(小説家)171上：糞蠅の天上
柳田邦男(ノンフィクション作家)181下：釣った魚に餌はいらぬ
柳家小さん(落語家)136下：四角な部屋を丸く掃く
柳家小三治(落語家)44上：人は病の器
矢野龍溪(ジャーナリスト・政治家)152下：不幸中の幸い
山内昌之(歴史学者)129上：終わりの始まり
山岡鉄舟(政治家・思想家)16中：至誠天に通ず
山折哲雄(宗教学者)94上：足るを知る時この世は天国，足るを知らざる時この世は地獄
山口百恵(歌手)3下：一円を笑う者は一円に泣く
山崎豊子(小説家)18下：相続三年
山里永吉(画家)23中：命どぅ宝
山田久志(プロ野球選手)141中：筋書きのないドラマ
山田風太郎(小説家)77下：悪さかんなれば天に勝つ
山田美妙(小説家)130中：机上の空論，179中：大山鳴動して鼠一匹

ユウェナリス(古代ローマの詩人)13下：健全なる精神は健全なる身体に宿る
結城昌治(小説家)147上：殿様商売
柳美里(小説家)37中：髪の長きは七難隠す，129中：海図なき航海
湯木俊治(東京吉兆社長)136下：事業と扇子は広げすぎると破れる
由良三郎(小説家)65下：つうと言えばかあ，128下：溺れる者は藁をもつかむ，170中：木を隠すなら森

横田濱夫(経済評論家)96上：飲ませる，抱かせる，握らせる
吉川英治(小説家)192中：水を得た魚
吉田庫三(教育者，吉田松陰の甥)25下：百術は一誠に如かず
吉田兼好(徒然草の作者)53上：医者学者長者
吉田松陰(幕末の志士)16中：至誠天に通ず，130中：机上の空論
吉田昌郎(福島原発所長)30中，137中：地獄の中の菩薩
吉永小百合(女優)116下：ナポリを見てから死ね
吉村冬彦(寺田寅彦の筆名)163上：飢えた熊鷹が小雀を追う
淀川長治(映画評論家)136下：四角な部屋を丸く掃く
米沢富美子(物理学者)135下：三時間待ちの三分診療
米長邦雄(将棋棋士)46下：女神は謙虚と笑いを好む

ラ 行

リットン(英国の小説家)154下：ペンは剣より強し
笠信太郎(ジャーナリスト)152下：武家の商法
良寛(江戸時代後期の僧)189下：踏まれても咲くたんぽぽの笑顔かな
リンカーン(米国の政治家)7上，17中：男は自分の顔に責任を持て，9中：川の急流の中で馬を換えるな

魯迅(中国の小説家)182下，192中：水に落ちた犬を打て

ワ 行

ワイルド(英国の作家)157中：楽天主義者はドーナツを見る，悲観主義者はドーナツの穴を見る
若乃花(大相撲力士)147上：土俵には金が埋まっている
ワーズワース(英国の詩人)60上：子供は大人の父
渡邉恒雄(実業家)78上：悪名は無名に勝る
渡辺美智雄(政治家)78上：悪名は無名に勝る

トピックス索引

ア　行

愛国者　36上：外国を知る者は必ず愛国者になる
アセアン　183中：二頭の象が喧嘩したら蟻は踏みつぶされる
アフリカの飢饉　98上：部族あって国家なし
アベノミクス　151中：ヒモは引っ張ることはできるが，押すことはできない

育児　52上：赤ちゃんは泣くのが仕事，52下：育児は育自，61下：子は十年の預かりもの，63上：しっかり抱いて下に降ろして歩かせろ，70下：二人そろって育てる子は長者の暮らし
イスラム国　137下：地獄の門まで追い詰める
イラク戦争　80上：一夜の無政府主義より数百年にわたる圧政の方がまし，86中：巨象が喧嘩すれば足元の草が苦しむ，92上：戦争で最初に犠牲になるのは真実だ，110下：下駄の雪，178中：砂に頭を突っ込んだ駝鳥
医療問題　97中：病院通いは一日仕事，135下：三時間待ちの三分診察，139上：手術は成功したが患者は死んだ

内灘闘争　85下：金は一年，土地は万年

江川問題　32下：江川，ピーマン，北の湖，78上：悪名は無名に勝る

王宮遺跡の発見　86下：クレオパトラの鼻がもう少し低かったら
沖縄基地問題　120上：降れば土砂降り，150中：針の穴にロープを通す
オリンピック　117中：ノルウェー人はスキーを履いて生まれてくる，128下：オリンピックには魔物がすむ

カ　行

環境保護　93下：足るを知る時この世は天国，足るを知らざる時この世は地獄，109中：金がなくても生きていけるが雪がなくては生きていけない，139中：正月は冥途の旅の一里塚，193下：森が海を育てる，193下：森は海の恋人
観光　143上：大仏商法
官僚批判　90下：省益あって国益なし

企業経営　1中：商いは飽きない，3上：雨が降れば傘をさせ，87上：君臨すれど統治せず，130上：乾いたタオルをしぼる，138下：自転車操業，142中：扇子商法，147上：殿様商売，152中：武家の商法
銀行の姿勢　150下：晴れの日に傘を貸し雨が降ったら取り上げる

経済・開発支援　112上：砂漠に水をまく，165中：馬を水辺に連れて行くことはできても飲ませることはできない，174中：魚を与えるより釣り方を教えろ
健康法　4上：一日一笑医者いらず，29上：病は市に出せ，29中：笑いは百薬の長，38下：健康のためなら死んでもいい，41下：使わなければ駄目になる
原発　104下：嵐の日の決意は晴天の日に忘れられる，114下：トイレなきマンション，137中：地獄の中の菩薩，146中：豆腐の上の原発

交通事故　21上：注意一秒怪我一生，24上：飲んだら乗るな乗るなら飲むな
公民権運動　142上：絶望の山から希望の石を切り出す
コマーシャル　64上：少し愛して長く愛して，65下：亭主元気で留守がいい，186中：反省だけなら猿でもできる

サ　行

災害　8上：海水が引いたら高台へ逃げろ，21中：津波てんでんこ，104中：嵐の中を船出する，109上：火事場泥棒，113上：島原大変，肥後迷惑，114中：津波がきたら沖に逃げろ，114下：津波の前には潮が引く，121下：水を治める者は国を治める，122上：山の向こうはまた山，146上：天災は忘れたころにやってくる
集団的自衛権　118上：ハンマーを持つ人にはすべてが釘に見える
自由民権運動　79下：板垣死すとも自由は死せず
少子高齢化問題　32中：過は人の常，許すは神の業，44下：八十過ぎたら生き仏，55中：親孝行

したくないのに親はいる，66下：年寄りは家の宝
食欲・味覚　1上：秋鯖は嫁に食わすな，2上：朝は王様のように，昼は女王様のように食べなさい，夜は粗食にしなさい，32中：甘いものは別腹，168下：カマスの焼き食い一升飯，172下：鯒には姑の知らない身がある

スキャンダル　84下：金と女は政治家の鬼門，182中：トカゲの尻尾切り
スマトラ島沖地震　8上：海水が引いたら高台へ逃げろ
スマホ　138中：厠上，枕上，鞍上

政治家のモラル　171中：朽木は柱にならぬ，172上：ゴキブリにコラルを求める，174上：魚は頭から腐る，191下：水が淀めばボウフラが湧く，193下：八百屋で魚をくれ，199上：うどん屋の釜で湯ばかり
世界遺産　132上：熊野詣では足で悟る，189上：ブナの木に水一石
石油危機　125下：油の一滴は血の一滴
セックス・不倫　33中：男の井戸は汲むほどよし，36下：下半身に人格なし，39中：四十しざかり，40中：死ぬまで現役，42下：七つ下がりの雨と四十過ぎの道楽はやまぬ，179下：太平洋でゴボウを洗う
接待　96上：飲ませる，抱かせる，握らせる
選挙　52中：後出しジャンケン，89上：公約と膏薬は張り替えるほど効く，90中：地盤看板かばん，167中：勝ち馬に乗る，175中：猿は木から落ちても猿だが，議員は選挙に落ちればただの人
全共闘運動　156下：右手にジャーナル，左手にマガジン

タ　行

タイの内紛　185中：蓮の茎を折るときは筋を残せ
竹島問題　99上：右手で殴られ左手で握手
男女共同参画　129下：ガラスの天井

中国残留孤児問題　173上：木の葉も落ちて根に帰る
中国の社会経済　11下：靴が合うかどうかは自分で履いてみて初めてわかる，114上：中国がくしゃみをすれば日本が風邪をひく，177中：白猫でも黒猫でも鼠を捕るのがよい猫
中東和平　90上：幸せから不幸まではただ一歩，不幸せから幸せまでは遠い距離

テレビ放送　69上：人の不幸は蜜の味，87下：現場百回，132下：子役と動物には勝てぬ，138上：事実は小説よりも奇，183下：猫が見てても視聴率
テロ事件　160中：一匹狼

東京佐川急便事件　5下：大嘘はつくとも小嘘はつくな，144上：足袋の上から足をかく，190中：馬糞の川流れ
特別会計　150上：離れですき焼を食う
寅さんシリーズ　203下：見上げたもんだよ屋根屋のふんどし

ナ　行

成田空港建設反対運動　16下：児孫のために自由を律す

日航機ハイジャック事件　44下：人の命は地球より重い，156下：右手にジャーナル，左手にマガジン
日中国交正常化　142上：雪中に炭を送る

ネット炎上　192上：水に落ちた犬を打て

ハ　行

パレスチナ問題　51下：相手を憎んでも仲直りの余地は残しておけ，仲良くなっても敵になる可能性も考えておけ
反戦平和運動　23中：命どぅ宝，98中：平和を望むなら戦争を準備せよ，99下：善き戦争はなく，悪しき平和というものはない
パンダブーム　187下：人寄せパンダ

東日本大震災　21中：津波てんでんこ，104中：嵐の中を船出する，109上：火事場泥棒，114中：津波がきたら沖に逃げろ

平和ぼけ　121上：水と安全はただ，154中：屁の突っ張りにもならぬ

貿易摩擦　133上：衣の下の鎧
防災　69中：一人の百人力より百人の一人力，106下：井戸水が枯れたら津波がくる，112下：地震が起きたら海を見ろ
ポルポト派　28下：最も名誉ある復讐は許すこと

マ　行

三池闘争　135下：去るも地獄残るも地獄

森友問題　138上：事実は小説よりも奇

ラ　行

臨教審　130中：机上の空論

歴史　36中：過去に目を閉ざす者は現在にも盲目となる，38下：愚者は経験を語り賢者は歴史を語る，100中：歴史は夜つくられる
老人介護　26上：ピンピンコロリ
ロッキード事件　185下：蜂のひと刺し